企业社会责任驱动机制研究

——理论、实证与对策

杨春方 著

中山大学出版社
SUN YAT-SEN UNIVERSITY PRESS

·广州·

版权所有　翻印必究

图书在版编目（CIP）数据

企业社会责任驱动机制研究：理论、实证与对策/杨春方著.—广州：中山大学出版社，2015.7

ISBN 978-7-306-05298-8

Ⅰ.①企…　Ⅱ.①杨…　Ⅲ.①企业责任—社会责任—研究　Ⅳ.①F270

中国版本图书馆 CIP 数据核字（2015）第 143650 号

出 版 人：	徐　劲
策划编辑：	翁慧怡
责任编辑：	翁慧怡
封面设计：	曾　斌
责任校对：	杨文泉
责任技编：	何雅涛
出版发行：	中山大学出版社
电　　话：	编辑部 020-84111996，84113349，84111997，84110779
	发行部 020-84111998，84111981，84111160
地　　址：	广州市新港西路 135 号
邮　　编：	510275　传　真：020-84036565
网　　址：	http://www.zsup.com.cn　E-mail: zdcbs@mail.sysu.edu.cn
印 刷 者：	广州中大印刷有限公司
规　　格：	787mm×1092mm　1/16　23 印张　438 千字
版次印次：	2015 年 7 月第 1 版　2015 年 7 月第 1 次印刷
定　　价：	58.00 元

如发现本书因印装质量影响阅读，请与出版社发行部联系调换

内容简介

随着中国经济的迅速发展，人民生活水平的不断提高，公众对产品质量、安全、环境保护、劳工权益日益关注，要求企业切实承担起自己的社会责任。然而现实情况是，越是在欧美发达国家，企业越是广泛地承担社会责任，道德标准日益被看成是降低环境风险、增强企业比较优势的新的竞争力资源。而越是在中国这样迫切需要企业社会责任的国家，企业社会责任越是普遍缺失，甚至连水、食物、空气、土壤等人类赖以依存的物质基础都面临着严峻的挑战。现实问题的迫切性要求我们关注中国企业社会责任驱动不足的问题。所以，笔者选择中国企业的社会责任驱动机制作为研究的主题。

本书以文献研究为基础，以实证研究为重点，以规范性分析为主体，以案例分析为特色，对企业社会责任的外部驱动机制和内部驱动机制进行了全面的分析，对中国企业社会责任驱动机制的关键因素进行了实证检验，对企业社会责任缺失的文化、社会与制度根源进行了深入的探讨。

首先，通过对国内外研究文献的系统梳理，对企业社会责任思想的起源、历史背景、理论论争的历史发展、社会责任的各种定义、当前国内外的研究趋势进行了介绍，以便从总体上对国内外企业社会责任的研究概况进行把握。对企业社会责任内外部驱动机制的研究文献进行了整理和归纳，为后面研究的进一步展开提供了理论框架。并根据国家、社会、企业三者的相互关系及其历史演进的规律，将企业社会责任的治理机制创新性地划分为三种类型：市场治理、政府治理与社会治理。

其次，根据对中国中小企业国际博览会参展的中小企业的问卷调研资料，对企业社会责任驱动的关键因素进行了识别检验，指出中国企业社会责任外部驱动机制缺失的根本原因在于市民社会的不成熟与地方政府监管缺位。并运用基于企业、政府、社会三元结构的博弈理论分析法，从宏观层面上对中国企业社会责任外部驱动机制进行了分析。中国企业、政府、社会三方社会责任博弈结果表明，一个成熟的市民社会的缺失导致社会责任博弈中最重要的利益主体——公众利益代表的缺位，以及地方政府与企业利益目标的趋同，博弈的最终结果导致地方政府与企业合谋，社会责任被当成发展经济的成本而被"理性"地放弃。中国企业社会责任的外部驱动主要来自跨国企业全球性的生产扩张及社会责任从发达国家的市民社会向中国生产企业的逆向传递。在对外部驱动博弈分析的基础上，本书对中国企业社会责任内部驱动的有效性进行了实证检验。研究结果表明，总体来看，中国企业社会责任行为与企业绩效水平基本上是一致的。但在不同的地区、企业规模、行业条件下有所不同，东部地区企业社会责任要略高于中、西部地区，企业规模和行业的情况略为复杂。

再次，以道德决策理论、资源基础理论与背景依赖理论为基础，从公司经理、企业、社会环境三个维度，对企业社会责任缺失的根源进行了非道德的诠释。研究指出，企业社会责任缺失的主要原因不在于公司伦理或经理道德，而在于公司的资源能力及外部环境因素，如企业自身资源能力的制约，以利润为中心的企业组织结构和市场竞争机制的驱动，社会控制的失败、政府监管的缺位等。并进一步对中小企业社会责任驱动缺失的道德与非道德根源进行探索性的全面考查，指出中小企业社会责任的缺失主要应归咎于企业经营的艰难与盈利水平的普遍低下，对社会监督的规避也是重要的原因，但相较于大企业，中小企业接受的政府监管更为规范严格。这些研究都有助于我们冷静思考企业伦理缺失表象背后更深层次的经济、社会与制度根源，并探讨相应的解决路径。

最后，从中美比较研究的视角，进一步探讨了中国企业社会责任缺失的文化、社会与制度根源，指出中美企业社会责任的差异是中美民族文化差异的显性表现和外化，美国个人主义的文化价值观对个体权利的强调，对政府权力的怀疑与警惕，使美国形成了一种"大社会—小政府"的社会结构。社会的成熟与强大有效地保证或约束了政府与企业在以社会利益为本位的目标轨道上良性有序地运行。而中国集体主义的文化价值观对整体价值的强调，对政府干预的路径依赖，使中国形成了一种"强政府—弱社会"的社会结构。地方政府权力的扩张及其"经济人"特征的不断突出，社会的极度幼稚与社会约束机制的缺失，导致企业社会责任政府监管与社会约束的"双重缺失"，加剧了企业的社会责任问题。通过对丰田汽车中美召回案例的分析，真实生动地再现了丰田汽车社会责任双重标准的演进逻辑及其形成过程，检验了以上研究结论，为中国企业社会责任的有效治理提供了具体的借鉴。

总之，我们的研究结论是：中国企业社会责任的内部驱动，包括经营者伦理道德及企业对经济利润的追求是企业承担社会责任的内在动因，但这种内部驱动的有效性取决于相应的制度背景与社会环境；中国企业社会责任外部驱动机制缺失的根本原因在于市民社会的幼稚与不成熟；而地方政府职能定位的失误及其社会责任监管职能的弱化，加剧了企业的社会责任问题。因此，推进政府对社会与市场的权力让渡,促进地方政府社会责任监管职能的回归,推动市民社会的自主发展,逐步构建起政府、公民、社会、市场各方边界清晰的现代社会结构是化解中国企业社会责任问题的根本途径。

序

　　自由资本主义的弊端及其所带来的严重社会问题与社会危机，促进了企业社会责任理念的诞生，1924年英国学者谢尔顿正式提出企业社会责任的概念。随着20世纪60年代利益相关者理论的进一步提出，以及各种企业社会责任运动的蓬勃兴起，企业社会责任的理念日益深入人心，并以一种全球普适性的逻辑向世界扩展。

　　经历了工业化辉煌与创痛的西方国家对企业社会责任的理解与关注要远远高于中国，其政府与社会越来越要求企业在其发展战略中融入对社会、环境、道德的关切，承担起应有的社会责任，以共同应对日益严峻的经济、环境、社会问题。在欧洲，历史上"左翼"政治思潮的影响及阶级斗争的尖锐复杂，使其对社会稳定的强调高于对单纯经济增长目标的追求，甚至将企业承担社会责任看成是欧洲可持续发展的动力源泉，从而形成以政府为主导，政府、社会利益团体、企业三方谈判与协作来化解企业社会责任问题的模式。公司被天然看成是各种利益相关者的社会经济联合体，并自觉地承担起对社会的责任。在欧洲人看来，一个不能够承担社会责任的企业是对社会可持续发展的一种破坏，还不如不存在的好。在美国，自由主义的理念根深蒂固，政府在企业的社会责任问题上扮演着有限干预的角色，企业社会责任问题主要依赖于自主强大的市民社会的干预与企业的自主行为选择来实现。"大社会、小政府"的社会结构、自由主义市场的激烈竞争，促使企业的竞争形式日益从传统的价格、产品、技术、服务向更高形式的社会责任和消费者形象等软实力的方向发展，社会责任日益成为企业的最高竞争形式和新的竞争优势来源。

　　在中国，特别是改革开放初期，中国经济的成功几乎就是以牺牲社会责任成本为代价的。这种低工资、低环境成本、低价格的社会责任"零嵌入"增长模式，在带来中国经济高速增长的同时，也带来了日益严峻的社会责任问题。随着跨国公司全球性的生产扩张及全球企业社会责任运动的兴起，企业社会责任理念开始通过跨国企业的消费终端向中国国内生产企业逆向传递。在西方消费者运动的强大压力下，20世纪90年代初，众多的跨国公司开始对中国供应链企业进行社会责任的认证,企业社会责任开始传入中国并广泛传播。可以说,在当前中国这样的经济发展中的转型国家,其对企业社会责任的渴求远甚于欧美,然而现实是企业社会责任普遍缺失,如毒猪肉、假羊肉、三聚氰胺牛奶、塑化剂白酒、触目心惊的地沟油、严重的雾霾天气、堆积如山的垃圾、污染的地表水地下水、频发的矿难、强制性的拆迁、飙升的房价、日益增多的劳资纠纷等产物的出现。甚至连一些在母国被视为社会责任楷模的跨国企业巨头,如强生、丰田、奔驰、苹果等,一到中国也公然实施远低于母国的社会责任双重标准。严重的企业社会责任问题不仅恶化了中国的商业环境,影响了社会秩序的稳定与和谐社会的建设,甚至连生命赖以依存的物质基础也日益受到挑战。因此,系统全面地探讨企业社会责任缺失的根源与企业社会责任驱动机制的不足成为中国企业社会责任治理的首要问题。

然而,在过去的几十年里,尽管学者对企业社会责任的研究日益广泛深入,但具体微观而又相互矛盾的利益相关者群体界定使企业社会责任理论变成了高尚美妙的道德说教,社会责任与财务绩效关系的实证研究也从来没有一致性的结论,企业社会责任的"理论丛林"也没能为企业社会责任问题的解决提供切实有效的理论框架与实证支持。在对企业社会责任驱动机制的研究中,国外多从个人、组织或制度环境的单一视角来展开,缺少系统全面的探究。与国外成熟市场经济条件下,政府居中制定规则,企业与社会对等博弈的社会责任社会驱动相反,国内企业社会责任的理论与实践表现出强烈的政府驱动的路径依赖,社会驱动的研究几乎空白。而所有研究的共同特点,就是认为欧美发达国家背景下的企业社会责任理论与实践可以以一种普适性的逻辑向全球扩展,而忽略了企业社会责任理论赖以依存的中外社会结构、制度环境与文化背景的巨大差异。所以,超越于传统的利益相关者研究视角,用更广阔的视野、更合适的理论、更系统的方法,对企业社会责任的"动力机制"进行深入研究,构建企业切实承担社会责任的理论框架,仍然是一个迫切而重大的课题。有鉴于此,本书从个人、组织、制度环境的三维视角全面展开,以社会三元结构理论、一般交易理论、博弈理论、道德决策理论、资源基础理论、背景依赖理论为基础,采用文献研究、实证研究、博弈分析、规范研究、案例分析等多种方式,既从微观上探讨外部环境压力向企业社会责任行为转化的传导机制,也从宏观上解析企业社会责任行为发生的文化、社会与制度背景,以全面系统地厘清企业社会责任的驱动机制,解开企业社会责任驱动的"黑箱"。

本书首先系统介绍了国内外对企业社会责任驱动机制的研究,包括对企业社会责任的内部驱动(即道德驱动与经济驱动)及企业社会责任的外部驱动(即社会驱动与政府驱动)的各种研究。并根据国家、社会、企业三者的相互关系及其历史演进的规律,将企业社会责任的治理模式分为三种类型——市场治理、政府治理与社会治理,指出社会责任的社会治理是中国企业社会责任治理的发展方向。其次,通过问卷调查,对影响企业社会责任水平的内部驱动因素(经济动机和道德动机)和外部驱动因素(员工压力、社区压力、非政府组织压力、采购商的压力、市场竞争水平、政府干预、法制环境)进行了实证检验。然后从企业社会责任的三个主体,即企业、社会和政府博弈制衡的关系出发,从宏观上考察了中国企业社会责任的外部驱动机制。接着以规范研究的方式,从经营者个人、企业、环境(社会与政府)的三维视角对企业社会责任的缺失,特别是中小企业社会责任缺失的问题进行了系统的探讨,揭示了中国企业伦理缺失表象背后深层次的经济、社会与制度根源。最后从中美比较研究的视角,特别是对丰田汽车中美召回案例的分析,真实地再现了跨国公司中美社会责任双重标准的动态演进过程,揭示了中美企业社会责任差异的文化、社会与制度因素,为中国企业社会责任的有效治理提供了生动具体的借鉴。

本书的写作以笔者的博士论文为基础。在读博士期间,笔者曾参与了导师一个有关企业社会责任的国家自然科学基金课题的申报并获得成功,从此就走进了企业社会责任研究的殿堂。博士毕业后的五年里,笔者对企业社会责任问题的思索和研究一直没有停止过,并申请了多个企业社会责任研究的相关课题,发表了企业社会责任的相关论文20多篇。本书的出版也算是笔者多年思考的一个总结。鉴于企业社会责任研究的深度与广度,以及笔者对企业社会责任理解的有限性,对书中的不足之处,愿求教于大方之家,望不吝赐教。

目　　录

绪　论 ……………………………………………………………………（1）

 第一节　研究目的和意义 ………………………………………………（1）
  一、研究目的 …………………………………………………………（2）
  二、研究意义 …………………………………………………………（2）
 第二节　国内外相关研究 ………………………………………………（10）
  一、国外企业社会责任驱动机制的相关研究 ………………………（10）
  二、国内企业社会责任驱动机制的相关研究 ………………………（17）
 第三节　研究内容与方法 ………………………………………………（21）
  一、研究思路与技术路线 ……………………………………………（21）
  二、研究内容 …………………………………………………………（23）
  三、研究方法 …………………………………………………………（27）
 第四节　可能的创新点 …………………………………………………（29）
  一、超越传统的企业利益相关者驱动研究模式 ……………………（29）
  二、对中国企业社会责任治理的方向给出新的思考 ………………（30）
  三、探索跨领域、多方法的企业社会责任研究新范式 ……………（31）

第一章　企业社会责任的研究概况 …………………………………（32）

 第一节　企业社会责任思想的起源 ……………………………………（32）
 第二节　企业社会责任的理论论争 ……………………………………（34）
  一、贝利与多德关于公司管理者控制权的论争 ……………………（35）
  二、贝利和梅恩基于自由市场合理性的社会责任论争 ……………（38）
  三、公司社会责任思想的现代讨论 …………………………………（39）
  四、企业社会责任理论论争总结 ……………………………………（45）
 第三节　企业社会责任的定义及比较 …………………………………（46）
  一、企业社会责任的各种定义 ………………………………………（46）

二、企业社会责任概念的研究模型 …………………………… (51)
　第四节　国内外企业社会责任研究的趋势 ……………………… (58)
　　一、国外企业社会责任的研究趋势 …………………………… (58)
　　二、国内企业社会责任的研究趋势 …………………………… (65)

第二章　企业社会责任驱动机制研究基础与借鉴 …………………… (70)
　第一节　企业社会驱动机制研究状况 …………………………… (70)
　　一、企业社会责任内部驱动机制 ……………………………… (70)
　　二、企业社会责任外部驱动机制 ……………………………… (78)
　　三、企业社会责任驱动机制研究总结 ………………………… (83)
　第二节　基于市场、社会与国家的企业社会责任三元分析模式 … (85)
　　一、市场、社会与国家三元模式的提出 ……………………… (85)
　　二、基于三元结构的企业社会责任的主体与对象 …………… (87)
　第三节　基于交易理论的企业社会责任外部驱动机制分析 …… (90)
　　一、企业社会责任治理模型：一个交易理论的视角 ………… (90)
　　二、西方三种企业社会责任外部驱动机制的比较 …………… (93)
　第四节　企业、社会、政府的社会责任利益博弈分析 ………… (101)
　　一、政府是社会责任博弈的仲裁者 …………………………… (101)
　　二、企业社会责任是市民社会与企业利益博弈的结果 ……… (103)
　　三、企业社会责任博弈的历史演进 …………………………… (104)
　第五节　研究结论 ………………………………………………… (105)
　　一、经济驱动为主的多因素驱动是企业社会责任驱动的基本
　　　　形式 ………………………………………………………… (105)
　　二、政府监管是企业社会责任驱动的底线保障 ……………… (106)
　　三、社会压力是企业社会责任驱动的主体力量 ……………… (106)
　　四、企业社会责任是企业、社会和政府博弈制衡的结果 …… (107)

第三章　企业社会责任驱动模式的历史演进 ……………………… (108)
　第一节　企业社会责任治理模式的历史演进 …………………… (109)
　　一、企业社会责任的市场治理模式 …………………………… (109)
　　二、企业社会责任的国家治理模式 …………………………… (111)
　　三、企业社会责任的社会治理模式 …………………………… (113)
　第二节　三种企业社会责任治理模式的比较 …………………… (115)
　　一、三种治理模式共同趋势 …………………………………… (115)

二、三种治理模式差异分析 ……………………………………… (116)
　第三节　研究结论 ……………………………………………………… (117)
　　一、企业社会责任取决于社会和政府的博弈能力 ……………… (117)
　　二、企业社会责任的边界呈现出不断扩大的趋势 ……………… (118)
　　三、企业社会责任的社会治理是未来企业社会责任发展方向
　　　　…………………………………………………………………… (118)
　　四、中国企业社会责任的根本治理有赖于市民社会的成长 …… (118)

第四章　企业社会责任内外部驱动因素的实证检验 ……………… (119)
　第一节　文献述评 ……………………………………………………… (119)
　第二节　研究假设 ……………………………………………………… (121)
　　一、内部因素与企业社会责任的关系 …………………………… (122)
　　二、外部因素与企业社会责任的关系 …………………………… (124)
　第三节　研究方法 ……………………………………………………… (127)
　　一、变量的设计与测量 …………………………………………… (127)
　　二、模型的构建 …………………………………………………… (129)
　　三、资料的搜集 …………………………………………………… (130)
　第四节　研究结果 ……………………………………………………… (130)
　　一、多元线性回归分析结果 ……………………………………… (130)
　　二、内外部相关因素假设检验结果 ……………………………… (131)
　第五节　不成立假设的原因分析 ……………………………………… (132)
　第六节　研究结论 ……………………………………………………… (134)
　　一、对利润的追求是企业承担社会责任的重要内部驱动 ……… (134)
　　二、领导者的伦理道德是企业社会责任的重要内部驱动 ……… (135)
　　三、企业社会责任外部驱动来自跨国采购商订单压力 ………… (135)
　　四、社会压力没有成为中国企业社会责任的外部驱动 ………… (135)
　　五、政府监管没有成为中国企业社会责任的外部驱动 ………… (136)

第五章　企业社会责任外部驱动机制博弈分析 …………………… (137)
　第一节　基于博弈论的中国企业社会责任博弈分析 ………………… (137)
　　一、企业、社会、地方政府社会责任行为利益博弈分析 ……… (138)
　　二、中央政府的企业社会责任治理策略选择分析 ……………… (140)
　　三、证据支持 ……………………………………………………… (142)
　第二节　中国企业社会责任的外部驱动机制 ………………………… (149)

一、跨国企业的社会责任驱动机制 ……………………… (150)
　　二、跨国公司对下游生产企业的社会责任传导 ………… (153)
　　三、社会责任传导链中的中国企业 ……………………… (154)
　第三节　中国企业社会责任外来驱动机制的困惑 ………… (157)
　　一、社会责任的监督与核查问题 ………………………… (158)
　　二、社会责任成本的分担问题 …………………………… (158)
　　三、弄虚作假的问题 ……………………………………… (160)
　　四、权利主体的缺位问题 ………………………………… (161)
　　五、社会责任与经济发展的矛盾 ………………………… (162)
　　六、社会责任与司法主权的关系问题 …………………… (163)
　　七、非跨国企业生产链上的企业社会责任问题 ………… (165)
　第四节　中国企业社会责任外部驱动缺失的根源：市民社会 … (166)
　　一、中国市民社会的历史发展 …………………………… (166)
　　二、中国市民社会与社会结构 …………………………… (167)
　　三、中国市民社会发展的障碍 …………………………… (170)
　　四、对未来中国市民社会的展望 ………………………… (171)
　第五节　研究结论 …………………………………………… (173)
　　一、企业社会责任利益博弈的结果是地方政府与企业合谋 … (173)
　　二、企业社会责任外部驱动来自西方市民社会的逆向传导 … (174)
　　三、市民社会的成长是中国企业社会责任外部驱动形成的
　　　　关键 …………………………………………………… (174)

第六章　企业社会责任内部驱动机制有效性检验 …………… (175)
　第一节　文献述评 …………………………………………… (176)
　第二节　研究方法 …………………………………………… (178)
　　一、问卷的设计 …………………………………………… (178)
　　二、资料的搜集 …………………………………………… (180)
　第三节　研究结果 …………………………………………… (181)
　　一、企业综合绩效与企业社会责任基本情况 …………… (181)
　　二、企业综合绩效与社会责任相关性分析 ……………… (185)
　第四节　研究结论 …………………………………………… (188)
　　一、社会责任与企业绩效一般表现为正向相关关系 …… (189)
　　二、社会责任对企业绩效的促进作用是间接的 ………… (189)
　　三、企业社会责任的实施需要良好的外部条件 ………… (189)

第七章 企业社会责任驱动缺失的规范研究 (190)

第一节 企业社会责任缺失的个体因素：道德决策理论的视角 (192)
一、对公司经理的道德批判与期望 (193)
二、对公司经理道德缺失的误读与矫正 (194)
三、公司经理道德缺失与企业社会责任缺失 (195)

第二节 企业社会责任缺失的组织因素：资源基础的视角 (197)
一、企业社会责任缺失的根源：公司的治理结构 (197)
二、企业社会责任缺失的根源：企业文化 (199)
三、企业社会责任缺失的根源：企业的资源能力 (201)

第三节 企业社会责任缺失的制度因素：背景依赖的视角 (202)
一、企业社会责任缺失的根源：市场竞争机制 (203)
二、企业社会责任缺失的根源：政府监管缺位 (205)
三、企业社会责任缺失的根源："社会控制"失败 (207)

第四节 结论与建议 (209)
一、企业社会责任问题的解决不能依赖于企业伦理或经理道德 (210)
二、推进公司目标与企业文化的变革 (210)
三、构建公正有效的市场竞争机制 (211)
四、促使地方政府向社会责任型政府回归 (212)

第八章 中小企业社会责任问题的评价与矫正 (213)

第一节 中小企业社会的评价模式 (214)
一、企业应该承担哪些社会责任 (214)
二、如何评价中小企业的社会责任 (217)

第二节 对中小企业社会责任缺失的误读 (218)
一、将少数企业不负责任行为泛化为中小企业的普遍印象 (218)
二、把企业社会责任等同于对利益相关者期望的满足 (219)
三、把社会责任评比排名当成中小企业社会责任的评价依据 (220)
四、把慈善捐赠看成是衡量中小企业社会责任的标准 (220)
五、用大企业社会责任标准来衡量中小企业社会责任 (221)

第三节 中小企业社会责任不足的根源 (222)
一、中小企业与大公司谁具更强社会责任动机 (223)

二、中小企业社会责任缺失的根源：资源基础的视角 ……… (225)
　　三、中小企业社会责任缺失的根源：背景依赖的视角 ……… (228)
　第四节　研究结论 ………………………………………………… (233)
　　一、客观理性地评价中小企业的社会责任问题 ……………… (234)
　　二、通过企业发展与制度变革推动中小企业承担社会责任 … (235)
　　三、做大做强是中小企业承担社会责任的根本途径 ………… (235)
　　四、建立中小企业社会责任的有效监督机制 ………………… (236)
　　五、形成督促企业承担社会责任的外部环境 ………………… (236)

第九章　企业社会责任的文化背景：以美国为例 …………… (238)

　第一节　美国企业社会责任的文化背景 ………………………… (239)
　　一、美国企业社会责任问题的研究 …………………………… (239)
　　二、美国文化与美国企业社会责任 …………………………… (239)
　第二节　美国企业社会责任的文化驱动 ………………………… (241)
　　一、个性自由：对"货币选票"的自由竞争是企业社会责任
　　　　的动力 ……………………………………………………… (241)
　　二、自立自主：自主成熟的市民社会是推动企业社会责任的
　　　　主体 ………………………………………………………… (243)
　　三、自律自治：自治精神推动企业社会责任的自我道德调控
　　　　 ……………………………………………………………… (245)
　　四、人民主权："政治选票"推动的政府监管是社会责任的
　　　　保证 ………………………………………………………… (246)
　　五、分权制衡：构筑企业社会责任多元监管与制衡体系 …… (248)
　　六、权利至上：对权利的尊崇与敬畏推动全民维权的兴起 … (250)
　第三节　研究结论 ………………………………………………… (253)
　　一、美国企业社会责任是自由主义价值观的显性表现 ……… (253)
　　二、自主成熟的市民社会是驱动美国企业社会责任的主体 … (254)
　　三、自由竞争的市场机制是美国企业社会责任的基本动力 … (254)
　　四、美国企业社会责任的治理模式并不适用于所有国家 …… (255)

第十章　中美企业社会责任比较研究：背景依赖的视角 …… (257)

　第一节　中美企业社会责任的文化背景：个人主义与集体主义 … (259)
　　一、美国个人主义价值观的历史渊源 ………………………… (259)
　　二、中国集体主义价值观的历史渊源 ………………………… (260)

三、中美文化价值观对企业社会责任的影响 ……………… (261)
　第二节　中美企业社会责任的社会背景：大社会与弱社会 …… (262)
　　一、中美不同社会结构的历史渊源 ………………………… (262)
　　二、中美企业社会责任的社会背景比较 …………………… (264)
　第三节　中美企业社会责任的政治背景：小政府与强政府 …… (270)
　　一、各级地方政府的权力来源比较 ………………………… (270)
　　二、对地方政府的权力监督比较 …………………………… (273)
　　三、地方政府的职能定位：有限政府与全能政府 ………… (276)
　第四节　研究结论与启示 ………………………………………… (280)
　　一、推动企业社会责任的政府治理向社会治理转变 ……… (280)
　　二、推动地方政府从投资型政府向社会责任型政府转变 … (281)
　　三、建构企业社会责任治理的多元网络治理体系 ………… (282)

第十一章　丰田汽车中美召回案例比较研究 …………………… (283)

　第一节　跨国公司社会责任双重标准研究概述 ………………… (284)
　　一、跨国公司社会问题的研究概况 ………………………… (284)
　　二、中美社会背景的概略比较 ……………………………… (287)
　第二节　丰田汽车召回事件中的中美政府行为比较 …………… (288)
　　一、丰田汽车召回中的美国政府 …………………………… (288)
　　二、丰田汽车召回中的中国政府 …………………………… (289)
　第三节　中美社会对丰田汽车事件态度的比较研究 …………… (292)
　　一、非政府组织 ……………………………………………… (292)
　　二、新闻媒体 ………………………………………………… (293)
　　三、消费者 …………………………………………………… (294)
　　四、投资者 …………………………………………………… (295)
　第四节　丰田公司汽车召回中美双重标准比较 ………………… (296)
　　一、汽车召回态度的差异 …………………………………… (296)
　　二、汽车召回待遇的差异 …………………………………… (296)
　第五节　研究结论 ………………………………………………… (297)
　　一、跨国公司社会责任的双重标准源于外部压力的差异 … (297)
　　二、政府的主导与参与是跨国公司承担社会责任的基础 … (298)
　　三、成熟的市民社会是跨国企业承担社会责任的直接动力 … (299)
　　四、中国缺少企业社会责任的有效驱动机制 ……………… (300)

第十二章 结论与展望 (301)

第一节 研究结论 (301)

一、企业社会责任是经济利益基础上的多因素驱动 (301)

二、企业社会责任的"社会治理"是未来的发展方向 (302)

三、成熟市民社会缺失是中国企业社会责任缺失的主要原因 (303)

四、地方政府监管缺位是企业社会责任缺失的重要根源 (303)

第二节 对策建议 (304)

一、推进市民社会的成长发育 (304)

二、促进地方政府从投资型政府向社会责任型政府回归 (304)

三、推动"负责任"的经济增长 (305)

四、形成督促企业承担社会责任的良好社会环境 (306)

第三节 研究中的局限性及进一步研究的方向 (307)

附 录 (309)

附录一 研究期间发表的主要论文 (309)

附录二 研究期间主持参与的科研课题 (311)

附录三 "企业社会责任问题"的调查问卷 (312)

附录四 主要参考文献 (314)

绪　　论

本书以企业的社会责任驱动机制为研究对象，以文献研究为基础，以实证检验特色，以规范研究为主体，以案例分析为手段，对企业社会责任驱动机制进行了深入系统的研究。在宏观层面上，本书通过企业、社会、政府的一般交易理论分析和博弈分析探讨了企业社会责任的外部驱动机制，指出了中国企业社会责任外部驱动机制缺失的根本原因。在微观层面上，通过对企业的问卷调查，对中国企业社会责任内部驱动机制的有效性进行了实证检验，并对中国企业社会责任内外部关键驱动因素进行了识别，指出了中国企业社会责任缺失的微观特征。并通过规范研究的方式，将对企业社会责任驱动的探讨进一步扩展到文化、社会与制度层面，通过对美国企业社会责任文化价值观的驱动，及中美企业社会责任社会与制度背景差异的分析，阐明了企业社会责任驱动机制的文化、社会与制度根源。最后通过丰田汽车中美召回的案例分析，从企业、政府、社会互动比较的视角，清晰地再现了跨国公司中美社会责任双重标准的形成过程，揭示了中国企业社会责任生成环境与驱动机制缺失的根本原因，为中国企业社会责任的有效治理提供了生动的借鉴。本书从宏观到微观、从理论到实证、从定量到定性，全方位、多角度地对中国企业社会责任驱动机制的缺失进行了系统的剖析，为中国企业社会责任的建设提出许多独到有益的见解，目的在于推进中国企业社会责任理论与实践的不断发展，也是为了抛砖引玉，引发研究者进一步的思考。

本章为全书的一个概括性介绍，包括研究目的和意义、国内外相关研究、研究内容和方法、可能的创新点四个部分。

第一节　研究目的和意义

基于中国企业社会责任问题的日益严峻及中国企业社会责任驱动严重不足

的现实，本研究的目的及意义主要表述如下。

一、研究目的

（1）企业为什么会承担社会责任？企业承担社会责任的驱动因素有哪些？这些因素之间的相互关系是怎样的？它们如何对企业的社会责任行为产生影响？

（2）企业承担社会责任行为的外部驱动因素有哪些？在中国特定的民族文化、社会结构与制度背景下，这些因素如何对企业的社会责任行为产生影响？它们与中国企业社会责任行为的缺失有何关系？

（3）企业承担社会责任行为的内部驱动因素是什么？特别是对于占中国企业绝大多数比例的中小企业承担社会责任行为的内部驱动因素又在哪里？这些因素如何对企业的社会责任行为产生影响？

二、研究意义

（一）现实意义

1. 提升企业的社会责任水平是时代的需要

从纽约华尔街金融家们缺乏社会责任，见利忘"义"、见利忘"险"，把世界带入金融危机的灾难，到中国"5·12"地震中中国网民的"国际铁公鸡排行榜"，"社会责任"一词已引起越来越多的人前所未有的熟悉和关注。在百度搜索引擎中输入"企业社会责任"一词，可以找到相关网页约710万篇，用"Google"进行搜索，可以找到相关网页1190万篇。如果可以从管理学的角度来划分这个时代的话，那么，我们这个时代就是企业社会责任时代。在美国发生飓风灾难的时候，率先拯救居民的不是政府，而是沃尔玛、GE这样的公司。现在，企业的社会责任问题已明确列入西方国家几乎所有大企业的议程，公司社会责任报告正在成为商业世界一个永久的主题。许多企业都采用财务、环境、社会责任三者相结合的业绩汇报模式，以透明的方式向社会发布企业运作的综合绩效。《财富》和《福布斯》等商业杂志在企业排名评比时，都加上了"社会责任"标准。1992年，全球有26家公司披露社会责任报告，1999年上升至639家，2006年增加至2235份。短短的14年间，全球的公司社会责任报告猛增了近100倍。① 因此，有人说，企业管理正在从全面质量管理、环境管理走向社会责任管理，道德标准正日益成为保持企业竞争优势的关键因素。企业竞争已经从早期的产品竞争（如质量、价格、品种、款式的竞争），到中期的销售竞争（如广告宣传、促销策略、售后服务等方面的竞争），向当今的企业社会责任形象竞争模式转变。企业的社会责任、社会效益、社会影响力已经成为与人力、物力、财力相提并论的第四种资源，成为可降低环境风险、增加价值的新的国际竞争力资源。所以，研究如何提升中国企业的社会责任水平是时代的需要。

2. 研究企业社会责任驱动不足的问题是现实的迫切需要

近几年来，中国企业的社会责任意识迅速增强，企业社会责任的报告也迅速增加。2008年，中国有超过120家各类企业发布了企业社会责任报告或可持续发展报告。② 但中国企业社会责任的总体状况，特别是广大中小企业的社会责任状况仍然令人担忧。

第一，企业社会责任意识薄弱。中华慈善总会发布的全国范围内的《中国企业公民发展现状调查报告》表明，受访的350家有代表性的企业中，目前只有35%开始进行企业公民建设。③ 300多家受访企业中只有54%听说过"企业公民"这一概念。④ 有人甚至指出，如果按企业公民的5个具体化标准来衡量，我们今天几乎还没有地道的本土企业的企业公民。位居《财富》世界500强公司第32位的国家电网公司，在《财富》"2006企业社会责任评估"中只得到零分，位居500强倒数第一。大多数中国企业都没有社会责任管理的计划、记录和年度报告，也没有公布企业履行社会责任状况报告的意识。⑤

第二，劳工权益问题突出。在中国企业社会责任问题中，对劳工权益的损害尤为突出。如工资待遇低、随意拖欠、克扣农民工工资，工人的薪酬水平滞后于经济的增长等。有调查表明，农民工的工作质量状况依然堪忧，工作时间过长，70%的农民工被迫整周工作而无休息，每日工作时间在9～12小时的

---

① 参见中国企业联合会雇主工作部《关于企业社会责任认证情况的调研报告》，载《上海企业》2004年第12期，第31～33页。
② 参见李文《责任盘点——中国不平凡的2008年》，载《WTO经济导刊》2009年第1期，第29～31页。
③ 参见汤白露《少数者的荣耀与多数者的缺席》，载《21世纪经济报道》，2005-12-08（33）。
④ 参见李志强、郑琴琴《中国"现代乡绅"——企业家的社会责任》，载《上海企业》2006年第8期，第47～49页。
⑤ 参见李立清《企业社会责任评价理论与实证研究——以湖南省为例》，载《南方经济》2006年第1期，第105～118页。

占 67.4%，更有 14.1% 的农民工每天工作 12 小时以上。对相关保护性政策的了解方面，只有不到 5.0% 的农民工了解一些保护性政策。此外，70.6% 的农民工没有加班补助，80.0% 的用工单位没有提供书面合同，也不提供任何保险和工伤费用。①

在生产安全、职业健康问题方面，根据国家安全生产监督管理局的数据：从 2001 年到 2004 年，中国发生一次死亡 10 人以上的特大煤矿事故 188 宗，平均每 7.4 天一宗。2004 年，死亡人数超过 30 人的特别重大事故总共 14 宗，其中矿难 6 宗，占 42.8%。② 从 2008 年至 2012 年我国发生大大小小 800 多起矿难，平均每 2.3 天就会发生一起矿难；在这 800 多起矿难中，明确无人死亡的有 29 起，约占总矿难数的 3.6%；在这 5 年的时间里，死亡人数共计 6000 多人，即平均每起事故死亡约 7.4 人，平均每天死亡约 3.3 人。③ 中国煤炭产量占世界煤炭总产量的 37%，但事故死亡人数却占世界煤矿死亡总人数的 70%。2008 年中国百万吨煤的死亡率为 1.182，而美国煤矿 2006 年的百万吨死亡率为 0.045，英国、澳大利亚等国家实现了多年煤矿开采零死亡率。④

第三，资源消耗与环境污染问题严重。我国是世界上最大的制造业国家，同时也是世界上自然资源消耗最严重、污染最严重的国家。我国单位 GDP 的能耗是日本的 7 倍、美国的 6 倍、印度的 2.8 倍。单位 GDP 污染排放量是发达国家平均水平的十几倍，劳动生产率却是他们的几十分之一。中国在人均 GDP 400～1000 美元时，出现了发达国家人均 GDP 3000～10000 美元期间出现的严重污染。中国每日耗水量世界第一，污水排放量世界第一，能源消费和二氧化碳排放量世界第二。大气污染、水污染、城市垃圾、工业废弃物排放、水土流失、土地沙化和沙尘暴等环境问题已经成为制约中国经济社会发展的突出问题。⑤

第四，企业慈善公益理念尚未形成，企业捐赠积极性不高。美国每年通过各类基金会做出的慈善公益捐助达到了 6700 多亿美元，占到国民生产总值的

---

① 参见穆桂斌、沈翔鹰《农民工生存质量，满意度与心理健康状况调查——以河北省为例》，载《调研世界》2013 年第 4 期，第 35～39 页。
② 参见李碧珍《企业社会责任缺失：现状、根源、对策——以构建和谐社会为视角的解读》，载《企业经济》2006 年第 6 期，第 12～15 页。
③ 参见朱建华、徐龙震《浅论矿业权的物权化法律调整》，载《山西能源与节能》2012 年第 2 期，第 35 页。
④ 参见高兵、王丽艳《矿产资源的税费制度初探》，载《资源与产业》2007 年第 3 期，第 107～108 页。
⑤ 参见文炳洲《社会责任、核心价值与企业国际竞争力》，载《经济问题》2006 年第 8 期，第 45～46 页。

9%。相比之下，目前我国全部100多家慈善公益组织所掌握的资金只有50亿元左右，仅占国民生产总值的0.5%，99%的企业从未有过慈善捐助记录。中华慈善总会所获捐赠70%都是来自国外和港台地区，国内富豪们的捐赠不到15%。① 《福布斯》杂志公布的"2004年中国慈善榜"中，其评出的100位中国富豪七成没有出现，上榜富豪们的捐赠一般也只占其资产总额的百分之几。②

由此可见，解决中国企业的社会责任行为驱动不足的问题也是现实的迫切需要。

3. 提升企业社会责任水平是增强企业出口竞争力的需要

第一，社会责任问题严重地影响了我国中小出口企业。我国长期存在的企业社会责任问题，特别是在20世纪90年代中期，我国南方地区的出口加工企业相继发生了数起严重侵害职工权益的恶性事件，引起了国际社会的极大关注。在国际企业社会责任运动的强大压力下，从20世纪90年代以来，以美国服装、鞋类、玩具为主的跨国公司开始以国际标准为基础，用订单的力量，以合同的形式，制定供应商工厂行为准则，在全球范围内实施"人权查厂"，要求供应链企业改善工作环境、保护工人权利、发展社区伙伴关系。从1997年到2004年7月，已先后有8000多家中国企业接受过跨国公司关于社会责任的审核。③ SA 8000社会责任认证也开始在中国实施。我国大多数出口企业属于中小型企业，这些企业注册资本小，利润水平不高，经济实力弱。频繁的验厂与审核干扰了企业的正常经营环境，社会责任成本的开支降低了企业的竞争优势。许多企业因此濒于破产的边缘。

第二，社会责任问题加剧了我国的对外贸易纠纷。欧美已开始从社会责任方面来考虑关税的优惠问题，欧盟就规定达到国际劳工标准的产品，关税可以降到7%以下；2005年美国对中国彩电、纺织品的反倾销，就有美国的劳工组织参与；仅2002年，就有18个国家和地区对我国出口商品进行了60起反倾销和保障措施调查，合计涉案金额近10亿美元。中国已连续9年成为全球遭受反倾销调查数量最多的国家。另外，在个别国家甚至出现了专门针对华商与

---

① 参见文炳洲《社会责任、核心价值与企业国际竞争力》，载《经济问题》2006年第8期，第45～46页。
② 参见张彩玲《西方企业社会责任的演变及启示》，载《经济纵横》2007年第5期，第63～65页。
③ 参见许春燕《理性应对社会责任国际贸易新规则刍议》，载《企业经济》2008年第8期，第107～109页。

中国商品的暴力事件。①

综上所述，解决中国企业社会责任驱动力不足的问题，提升中国企业的社会责任水平，既是当今时代的需求，也是我国企业社会责任严峻现实的需要，也是缓解国际社会责任运动对我国出口贸易的压力，提升企业国际竞争力的需要。研究表明，当一国的 GDP 跨过 1000 美元大关后就进入了各种矛盾凸显期，社会责任问题的存在将使各种矛盾提前到来或使其复杂化。能否实现中华民族伟大复兴的"中国梦"，建立一个国家富强、人民幸福、文化繁荣、社会和谐、山清水秀的社会主义国家，解决企业社会驱动严重不足的问题是关键。

(二) 理论意义

相对于传统理论，严格意义上的企业社会责任思想则是 20 世纪的产物。② 20 世纪初，随着美国产业革命的进行，企业的日益巨型化，及其带来的一系列的社会与环境问题，为企业社会责任思想的产生奠定了基础。1924 年，英国的谢尔顿（Sheldon）③首先提出了公司社会责任的概念。20 多年后，鲍恩（Bowen）④对"商人的社会责任"正式加以定义："商人具有按照社会的目标和价值观去确定政策、做出决策和采取行动的义务。"于是，企业社会责任的系统化研究开始在西方国家兴起，20 世纪 80 年代在世界范围内形成企业社会责任研究的热潮，20 世纪 90 年代企业社会责任问题开始为中国学术界所重视和关注。

企业社会责任思想对传统的企业理论提出了挑战。用弗里德曼（Friedman）⑤的话来说，这是一种"颠覆性的学说"，"很少有一种思想，像要求公司管理者去接受社会责任而不是为股东赚取尽可能多的钱那样彻底地动摇我们自由社会的根基"。因此，社会责任思想的反对者对企业社会责任的支持者展开了激烈的批判。

企业社会责任的支持者对企业社会责任思想的捍卫主要从两个方面展开：一方面，他们通过规范性研究或理论研究积极寻求企业社会责任的理论依据，为企业社会责任实践提供理论支撑。他们将企业社会责任思想与 20 世纪 60 年

---

① 参见陈迅、卢涛、胡姝娟《企业社会责任对我国企业出口竞争力的影响研究》，载《科技管理研究》2006 年第 10 期，第 55～58 页。
② Pava M L, Krausz J. Corporate Responsibility and Financial Performance: The Paradox of Social Cost [M]. Greenwood Publishing Group, Inc., 1995: 4.
③ Sheldon O. The Philosophy of Management [M]. London: Sir Isaac Pitman and Sons, 1924.
④ Bowen H R. Social Responsibilities of the Businessman [M]. New York: Harper & Row, 1953: 6.
⑤ Friedman M. Capitalism and Freedom [M]. Chicago: The University of Chicago Press, 1962: 133.

绪　论

代初以弗里德曼为代表的斯坦福研究院提出的利益相关者理论相融合，并在90年代出现全面结合的趋势。另一方面，展开对社会责任行为与企业财务绩效关系的实证研究，力求从二者的一致性关系中为企业承担社会责任提供实证支持。

就第一部分即规范性研究或理论研究而言，可以说这是企业社会责任研究的一大特点。到目前为止，很大部分的社会责任研究仍然在致力企业社会责任内涵的诠释，包括企业社会责任的主体、企业社会责任的对象的界定等（如Makower[1]，Friedman[2]，EU[3]，Saleem[4]）。因为公司社会责任自问世至今仍然是个极富争议的话题，所以理论研究与规范研究可以为企业社会责任研究的深入与实践的进一步发展提供必要的理论基础和正当性理由。就如罗丽和伯曼（Rowley & Berman）[5]所说的："没有理论，就不会有公司社会责任。"20世纪60年代出现的利益相关者理论逐渐成为企业社会责任研究中应用最广泛、最深层次的理论基础。[6] 按照弗里曼和埃文（Freeman & Evan）等人的解释，企业由"一组"契约所构成，包括企业与管理者、雇员、所有者、供应商、客户及社区等相关利益者之间的契约，即"企业是所有相关利益者之间的一系列多边契约"。[7] 这些利益相关者都对企业的生存和发展注入了一定的专用性投资，他们或是分担了一定的企业经营风险，或是为企业的经营活动付出了代价，企业的经营决策必须要考虑他们的利益，并给予相应的报酬和补偿。[8]

与企业社会责任的反对者相比，企业社会责任的支持者缺乏像主流企业理论那样深厚的理论基础和严密的逻辑框架，特别是利益相关者理论在促进企业的社会责任方面存在明显的缺陷。主要原因在于企业的利益相关者群体范围过

---

[1] Makower J. Beyond the bottom-line [M]. New York: Simon & Schuster, 1994.

[2] Friedman M. Freedom and Philanthropy: An Interview with Milton Friedman [J]. Business & Society Review, 1989, 71: 11–18.

[3] EU Commission. Green Paper: Promoting a European Framework for Corporate Social Responsibility, 2001: 4.

[4] Saleem S. Corporate Social Responsibilities: Law and Practice [M]. London: Cavendish Publishing Limited, 1996.

[5] Tim R, Shawn B. A New Brand of Corporate Social Performance [J]. Business and Society, 2000, 39 (4): 397–418.

[6] Donaldson T, Preston L E. The Stakeholder Theory of the Corporation: Concepts, Evidence, and Implications [J]. Academy of Management Review, 1995, 20: 65–91.

[7] Freeman R E, Evan W. Corporate Governance: A Stakeholder Interpretation. Journal of Behavioral Economics, 1990, 19 (4): 337–359.

[8] Blair M M. Corporate "Ownership": A Misleading Word Muddies the Corporate Governance Debate [J]. Brookings Review, 1995 (winter): 16–191.

于具体和宽泛。几十年来,对哪些应该是企业主要的利益相关者群体,学术界一直争论不休。有人总结了自1963年斯坦福研究院涉足利益相关者问题开始,到90年代中期为止前后30多年时间里,西方学者对有关利益相关者分类方面的研究,发现了27种有代表性的利益相关者定义及分类。① 由于每个企业有自己不同的利益相关者群体,而每个利益相关者群体对企业的社会责任都有自己的理解和要求,这些要求往往是各不相同甚至是相互矛盾的。在实际管理过程中,要满足利益相关者的要求几乎是不可行的。可以推知,一个企业经理逃避社会责任的最好办法就是宣布对所有利益相关者负责:如果企业亏损了,他可以说,这是因为照顾了消费者的利益;反过来,如果产品要提价的时候,他也有足够的理由,因为他不能仅仅对消费者负责,还要考虑股东的利益;当然裁员的时候,他也可以解释为要照顾其他利益相关者的利益。

另一部分研究集中于探讨公司社会责任与公司财务业绩之间关系,属于实证研究。埃格里与罗尔斯顿(Egri & Ralston)② 对国际管理类期刊1998—2007年共10年间企业社会责任研究的文章进行了搜集,共321篇,其中75%(242篇)是实证研究。研究者多从企业社会责任行为与企业财务绩效的关系出发验证企业社会责任行为与企业绩效一致性。如曼古克与欧珍尼(Menguc & Ozanne)③、曼特班(Montabon)④ 等人研究了企业环境管理行为与企业绩效之间的关系,弗鲁曼(Frooman)⑤、普勒斯顿与班农(Preston & O'Bannon)⑥、斯坦威克与斯坦克威克(Stanwick & Stankwick)⑦、辛普森与科赫斯(Simpson

---

① 参见陈宏辉《企业利益相关者理论与实证研究》,浙江大学2003年博士论文。
② Egri C P, Ralston D A. Corporate Responsibility: A Review of International Management Research from 1998 to 2007 [J]. Journal of International Management, 2008 (14): 319 – 339.
③ Menguc B, Ozanne L K. Challenges of the "Green Imperative": A Natural Resource—based Approach to the Environmental Orientation—business Performance Relationship [J]. Journal of Business Research, 2005, 58 (4): 430 – 438.
④ Montabon F, Sroufe R, Narasimhan R. An Examination of Corporate Reporting, Environmental Management Practices and Firm Performance [J]. Journal of Operations Management, 2007, 25: 998 – 1014.
⑤ Frooman J. Socially Irresponsible and Illegal Behavior and Shareholder Wealth [J]. Business & Society, 1997, 36: 221 – 249.
⑥ Preston L E, O'Bannon D P. The Corporate Social-Financial Performance Relationship: A Typology and Analysis [J]. Business and Society, 1997, 36: 419 – 429.
⑦ Stanwick P A, Stankwick S D. The Relation between Corporate Social Performance and Organizational Size, Financial Performance and Environmental Performance: an Empirical Examination [J]. Journal of Business Ethics, 1998, 17 (2): 195 – 205.

& Kohers)① 等都对企业社会绩效与财务绩效的关系进行了研究。

然而，在公司社会责任与财务业绩关系的实证研究方面，学者们由于方法不同，内容有别，结论各异，至今未能达成共识。认为二者正相关、负相关或不相关的都有。② 对此，Ruf 等人③从理论和方法上总结了五个原因："公司社会绩效与公司财务绩效关系研究出现互相矛盾的结果，这是由于理论上和方法上存在的问题导致的。原因包括：①缺乏理论基础；②缺乏一个全面和系统的公司社会责任指标；③缺乏严密的方法；④样本规模和构成受到限制；⑤社会绩效和财务业绩变量不匹配。"也就是说，企业社会责任的实证研究也没能为企业承担社会责任提供一致有力的实证支持。并且这种实证研究以企业财务价值和经济利润为企业社会责任的唯一驱动，难以成为推演企业社会责任驱动的逻辑起点。④

综上所述，在过去的几十年里，尽管学者对企业社会责任的研究日益广泛深入，但企业社会责任研究仍然缺乏有力的理论支撑和足够的实证检验，企业社会责任的"理论丛林"也没能为中国的企业社会责任问题的解决提供切实有效的理论框架。所以，在中国，尽管大部分的企业家都在支持赞同企业社会责任，但这种理论往往被他们误解为一种高尚美妙的道德说教，甚至只是一种荣誉和时髦的话题，而很少将其当成行动的指南。甚至连那些在欧美一向被视为社会责任楷模的跨国巨头，一到中国也肆意弱化自己的社会责任水平，公然实施与母国不同的社会责任双重标准。所以，越超于传统的利益相关者研究视角，运用更合适的理论、更系统的方法，对企业社会责任的"动力机制"进行研究，探究企业社会责任的真实动因，构建企业切实承担社会责任的理论框架，仍然是一个迫切而重大的课题。

---

① Simpson G W, Kohers T. The Link between Corporate Social and Financial Performance: Evidence from the Banking Industry [J]. Journal of Business Ethics, 2002, 35 (2): 97 – 110.

② Pava L, Krausz J. The Association between Corporate Social Responsibility and Financial Performance [J]. Journal of Business Ethics, 1996 (15): 321 – 357.

③ Ruf B M, Krishnamurty M, Brown R M, Janney J J, Karen P. An Empirical Investigation of the Relationship between Change in Corporate Social Performance and Financial Performance: A Stakeholder Theory Perspective [J]. Journal of Business Ethics, 2001, 32 (2): 143 – 156.

④ 参见李伟阳《基于企业本质的企业社会责任边界研究》，载《中国工业经济》2010 年第 9 期，第 89～100 页。

第二节 国内外相关研究

什么是机制？词典中的解释为："原指机器的构造和动作原理，生物学和医学通过类比借用此词。""阐明一种生物功能的机制，意味着对它的认识从现象的描述进到本质的说明。"什么是公司社会责任的驱动机制呢？我们认为公司社会责任驱动机制应该是促使企业承担社会责任的动机、规范、条件及其相互作用、相互制约而形成的系统，是推动企业履行社会责任的动力。

从组织行为学的角度来看，企业的社会责任动机可分为外部动机和内部动机，外部动机包括社会的压力和制度的约束，而内部动机则是企业对自身经济利益和道德价值的追求。管理心理学认为，任何主体的行为都是在外在动机与内在动机的共同作用下发生的。外在动机是企业履行社会责任的客观保证，内在动机是企业承担社会责任的主观努力与自觉。外在动机只有转化为内在动机，才能激励企业去更好地承担社会责任。

尽管企业社会责任越来越广泛地为公众、企业甚至政府所接纳，并日益融入企业的日常经营与发展战略之中。然而，企业社会责任的驱动机制却一直是理论界尚未厘清、争论不休的焦点问题。[1][2] 如果企业社会责任是纯粹的"经济理性"或私利所驱动，那又还有什么倡导的价值？如果是纯粹的无私付出，那又为何能被企业接纳和追逐？为何同一家企业，在不同的国别中其社会责任行为又表现出巨大的差异？除了经济动因，是否还有超出"经济理性"的另一种驱动因素在发生作用？

下面介绍国内外学者在这些方面的研究状况。

一、国外企业社会责任驱动机制的相关研究

西方学者对企业社会责任的研究的最大特点是围绕利益相关者理论来展开，将利益相关者视为企业社会责任的主要驱动力量，认为企业的发展前景有赖于管理层对公众不断变化的期望的满足程度，也就是说，依赖于企业管理层

---

[1] Luo X, Bhattacharya CB. Corporate Social Responsibility, Customer Satisfaction, and Market Value [J]. Journal of Marketing, 2006, 70 (4).

[2] DiMaggio P J, Powell W W. The Iron Cage Revisited: Institutional Isomorphism and Collective Rationality in Organizational Fields [J]. American Sociological Review, 1983, 4 (48).

绪 论

对利益相关者利益要求的回应质量。① 科尔克与宾克斯（Kolk & Pinkse，2006）② 也对有关企业社会责任问题的研究进行了归纳总结，认为大量的相关研究都集中于利益相关驱动的研究，如：①如何识别利益相关者的特征（如Mitchell, et al.③；Starik④）；②检验在什么情况下，利益相关者如何影响企业的经营与决策（如Frooman⑤；Rowley⑥）；③研究企业不同的利益相关者战略（如Savage, et al.⑦；Jawahar & McLaughlin⑧）。具体驱动企业承担社会责任的主要因素如下：

第一，企业领导者。研究表明，企业社会责任问题的实质是企业高层管理者如何处理与企业有关的社会性问题，⑨ 高层管理者处于企业组织结构中的重要战略性地位，因此，他们处于企业感受利益相关者联系和压力感知的中心地位。⑩ 在这样的情景下，他们往往对感知到的强制性压力做出直接反应，代表企业做出许多行动决策。所以，从高层管理者对待企业社会责任问题的态度可以用于理解和预测其具体行为的发生。⑪ 科尔达诺与弗雷兹（Cordano & Frieze）甚至认为，企业高层管理者对于企业社会责任的行动和态度，是预测他们对该行动支持的一个重要因素，高层管理者的态度对于其所在企业具体社

---

① Donaldson T, Dunfee, T W. Integrative Social Contracts Theory: A Communitarian Conception of Economic Ethics [J]. Economics and Philosophy, 1995, 11 (1): 85 – 112.

② Kolk A, Pinkse J. Stakeholder Mismanagement and Corporate Social Responsibility Crises [J]. European Management Journal, 2006, 24 (1): 59 – 72.

③ Mitchell R K, Agle B R, Wood D J. Toward a Theory of Stakeholder Identification and Salience: Defining the Principle of Who and What Really Counts [J]. Academy of Management Review, 1997, 22 (4): 853 – 886.

④ Starik M. The Toronto conference: Reflections on Stakeholder Theory [J]. Business and Society, 1994, 33: 82 – 131.

⑤ Frooman J. Stakeholder Influence Strategies [J]. Academy of Management Review, 1999, 24 (2): 191 – 205.

⑥ Rowley T J. Moving beyond Dyadic Ties: A Network Theory of Stakeholder Influences [J]. Academy of Management Review, 1997, 22 (4): 887 – 910.

⑦ Savage G T, Nix T W, Whitehead C W, Blair J D. Strategies for Assessing and Managing Organizational Stakeholders [J]. Academy of Management Executive, 1991, 5 (2): 61 – 75.

⑧ Jawahar I M, McLaughlin G L. Toward a Descriptive Stakeholder Theory: An Organizational Life Cycle Approach [J]. Academy of Management Review, 2001, 26 (3): 397 – 414.

⑨ Windsor D. Corporate Social Responsibility: Three Key Approaches [J]. Journal of Management Studies, 2006, 43 (1): 94 – 114.

⑩ Jones T. Instrumental Stakeholder Theory: A Synthesis of Ethics and Economics [J]. Academy of Management Review, 1995, 20 (2): 404 – 437.

⑪ Hambrick D, Mason P. Upper Echelons: The Organization as a Reflection of Its Top Managers [J]. Academy of Management Review, 1984, 9 (2): 193 – 206.

会责任行动的采纳有显著正向影响。① 彼得里克与谢雷尔（Petrick &Scherer）研究了企业内部各层级管理者对待企业社会责任问题的态度，结果发现与外部环境接触较多的高层管理者对企业社会责任态度更为积极，从事内部事务的管理者，他们的社会责任倾向则相对较弱。② 蒂尔与许（Teoh & Shiu）通过企业经理对企业 SRI（社会责任投资）的态度，以及对该行动支持行为之间关系的研究发现，两者之间有显著正向关联。他们的研究还显示，企业高层管理者的态度对于其所在企业环保行为的决策选择有积极作用。③ 布克霍尔茨等人（Buchholtz, et al.）也曾经对企业资源投入与企业社会责任（以慈善责任为对象）之间的关系进行了研究，他们发现高层管理者（对企业慈善行为）的判断及决策对这类社会责任有非常重要的影响。④

第二，股东、投资人。一方面大量的研究表明，企业社会责任与企业的股票价格正向相关。好的社会责任形象能够带来公司股票价格的上涨，而不好的消息则可能带来公司资本市场的巨大损失，甚至破产。⑤ 世界银行在阿根廷、菲律宾等发展中国家的研究也证实了这个结论。所以投资者会尽可能地规避风险，会权衡企业放弃社会责任而带来的赔偿破产等不确定性损失，从而更倾向于投资承担社会责任的企业，并成为企业承担社会责任的资本驱动力。一些研究表明美国和加拿大的股票市场对企业社会责任行为的反馈十分显著。另一方面，债权人、供应商、经销商等企业利益相关者的社会责任理念在加强，对企业社会责任行为合法性要求也在不断提高，成为企业社会责任投入的重要动力。拉塞尔斯（Lascelles）的一份报告显示，具有较高环境风险的公司，从银行取得贷款支持的难度将远远大于主动进行绿色投入的公司。⑥

第三，政府或法律。也有学者从制度环境或规制压力视角分析企业社会责

---

① Cordano M, Frieze I H. Pollution Reduction Preference of US Environmental Managers: Applying Ajzen's theory of Planned Behavior [J]. Academy of Management Journal, 2000, 43 (4): 627 – 641.

② Petrick J A, Scherer R F. Competing Social Responsibility Values and the Functional Roles of Managers: Implications for Career and Employment Professionals [J]. Journal of Managerial Psychology, 1993, 8 (3): 14 – 21.

③ Teoh H Y, Shiu G Y. Attitudes Towards Corporate Social Responsibility and Perceived Importance of Social Responsibility Information Characteristics in a Decision Context [J]. Journal of Business Ethics, 1990, 9 (1): 71 – 77.

④ Buchholtz A K, Amason A C, Rutherford M A. Beyond Resources: The Mediating Effect of Top Management Discretion and Values on Corporate Philanthropy [J]. Business and Society, 1999, 38: 168 – 187.

⑤ Kim Y, Li H, Li S. Corporate Social Responsibility and Stock Rice Crash Risk [J]. Journal of Banking & Finance, 2014, 43 (6): 1 – 13.

⑥ Lascelles D. Only Clean and Green Borrow Need Apply [J]. Financial Times, 1992, 19.

任驱动机制。规制压力主要指具有法律权威或者与法律权威相类似的组织所颁布的、有利于社会稳定和秩序保持的法律、规则、政策等要素,① 与组织的市场合法性与政治合法性密切相关。它的核心理念在于:组织内嵌于政治环境,规则和权力体系拥有的权威和赏罚制度对于组织的长远发展有重要影响,因此,企业有很强的动力将其市场战略或非市场行为与法律法规的强制力、政府的意见保持一致。② 阿奎莱特等人(Aguilera, et al.)在研究组织参与社会正向变革时曾在工具主义、关系维持和道德需要三个维度上总结了政府引导对企业参与社会责任活动的影响。③ 坎贝尔(Campbell)在分析企业可能履行社会责任行为的因素中,将政府规制放到了制度性因素的首位。而瞿(Qu)基于中国饭店行业进行的实证研究进一步说明,企业感知的CSR法律条款越全面、政策执行越彻底、管理标准越具体,越能激发企业创建和执行社会责任管理体系。④ 此外,在环境管理相关研究中亦有研究指出,政府政策的变革是导致企业采用"公司环境审计管理方法(EMA)"最普遍的推动因素。⑤

第四,雇员。企业社会责任的重要表现之一是注重员工的安全、薪酬、职业生涯规划、福利和失业保障,雇员出于其自身利益的驱动会督促企业履行社会责任。此外,雇员对企业价值观的认同还会影响其工作态度。社会认同理论认为,人们对自己所属社会范畴的认识可能基于多种因素,如他们工作的企业、他们参加的社团、他们所在的社区等,这些社会范畴内的成员关系会影响个人的自我概念。⑥ 因此,如果企业的使命、愿景和价值观能够得到员工的认同,将在一定程度上提升员工的工作绩效。已有实证研究证明,企业的社会责任活动能够影响现有雇员的满意度和忠诚度。⑦ 还有研究指出,企业的社会责

---

① Scott W R. Institutions and Organizations [M]. Thousand Oaks, CA: Sage, 1995.

② Wei Q, Burritt R. The Development of Environment Management Accounting: An Institutional View [A]. Schaltegger S. Environmental Management Accounting [C]. Eco – Efficiency in Industry and Science, 2008, 24: 233 – 248.

③ Aguilera R V. Putting the S Back in Corporate Social Responsibility: A Multilevel Theory of Social Change in Organizations [J]. Academy of Management Review, 2007, 32 (3): 836 – 863.

④ Qu R. Effects of Government Regulations, Market Orientation and Ownership Structure on Corporate Social Responsibility in China: An Empirical Study [J]. International Journal of Management, 2007, 24 (3): 582.

⑤ Milstein M, Hart S, York A. Coercion Breeds Variation: The Differential Impact of Isomorphic Pressures on Environmental Strategies [M]. Stanford: Stanford University Press, 2002.

⑥ Ashforth B E, Mael F. Social Identity: Theory and the Organization [J]. Academy of Management Beview, 1989 (14): 20 – 39.

⑦ Bridges S, Harrison J K. Employee Perceptions of Stakeholder Focus and Commitment to the Organization [J]. Journal of Managerial Issues, 2003, 15 (4): 498 – 509.

任活动能够树立更加积极的企业形象，从而吸引高素质的员工以获得竞争优势。①② 图尔本与格林（Turban & Greening）对前人的实证研究结论进行了回顾，总结出良好的企业社会表现比提供待遇条件更能吸引求职者，潜在求职者的意向与其感知的企业形象相关，具有环保立场的雇主企业更有吸引力，同时证实了在社会责任表现上得分高的企业拥有更为积极的声誉，进而表现出对潜在求职者的吸引力。③ 所以，企业社会责任可以影响现有雇员的忠诚，并通过影响企业的形象和声誉来影响潜在求职者的求职意向，增加企业选择员工的主动权，进而达到提高企业绩效的目的。

第五，消费者。20 世纪 90 年代以来，一些学者开始关注对企业财务绩效影响最大的利益相关者群体——消费者对企业社会责任的态度和响应。早期研究多采用实验法推断企业社会责任与消费者响应的因果关系。研究证明，积极履行社会责任可以增加企业消费者的满意度和信任度，影响消费者对企业的评价和购买意愿，④⑤⑥ 而产品的契合度、消费者的介入度、企业能力（创新能力和产品质量）等则对上述影响具有调节作用。⑦ 因此，企业的社会责任活动通过增加消费者满意、信任与认同，影响消费者的购买意向和产品感知质量，进而通过消费者的购买行为和口碑传播，实现了经济绩效的增长。这种利益的获得又反作用于企业，促使其继续履行社会责任。巴伦⑧提出了一个企业直接于市场竞争的企业社会责任激励模式。一家企业是道德激励并自愿公开与生产相关的负外部性。另一家自我利益驱动型企业则只有在足够的外部压力时才公开其外部性。道德激励的公司设定市场价格以吸引看重减少公司外部性的消费

---

① Rynes S L, Barber A E. Applicant attraction strategies: An organizational perspective [J]. Academy of Management Review, 1990 (15): 286 – 310.

② Fomhrun C, ShanlBy M. What's in a name? Reputation Building and Corporate Strategy [J]. Academy of Management Journal, 1990 (33): 233 – 258.

③ Turban D B, Greening D W. Corporate Social Performance and Organizational Attractiveness to Prospective Employees [J]. Academy of Managemenl Journal, 1996, 40 (3): 658 – 672.

④ Luo X M, Bhattacharya C B. Corporate Social Responsibility, Customer Satisfaction, and Market Value [J]. Journal of Marketing, 2006, 70 (4): 1 – 18.

⑤ Sen S, Bhattacharya C B. Does Doing Good Always Lead to Doing Better? Consumer Reactions to Corporate Social Responsibility [J]. Journal of Marketing Research, 2001 (5): 225 – 243.

⑥ Mohr L A, Webb D J. The Effect of Corporate Social Responsibility and Price on Consumer Reponses [J]. The Journal of Consumer Affairs, 2005, 39 (1): 121 – 147.

⑦ Berens G, Riel CBM, Bruggen G H. Corporate Associations and Consumer Product Responses: The Moderating Role of Corporate Brand Dominance [J]. Journal of Marketing, 2005, 69 (6): 35 – 48.

⑧ Baron D P. A Positive Theory of Moral Management, Social Pressure, and Corporate Social Performance [M]. Working Paper. Stanford University, 2007.

绪 论

者，自我利益驱动的公司则以低价销售吸引对企业社会责任并不关注的消费者。如果公众能够区分是公司道德导致企业的社会责任，道德企业的目标更易于实现，能带来更高的经济利润。

第六，非政府组织。非政府组织（Non-Governmental Organizations，简称NGO）是独立于企业和政府之外的非营利的、具有社会公益性的、实现会员共同意愿、按章程开展活动的一种社会组织形式。它经常代表了那些受企业行为影响最大，但在社会上却被边缘化，声音难以被人们所听到的一般公众。[1][2] 有研究认为非政府组织是最有力的非管理层利益相关者或第二利益相关者，他们对企业社会责任具有重要的影响。[3][4][5] 尽管从理论上来说，所有的利益相关者都关注企业的社会责任行为。但研究表明非政府组织更有力地影响了公司的经营与决策，并反过来影响了公司的社会责任行为。[6][7] 非政府组织的具体措施包括：给媒体提供企业社会责任相关信息，组织消费者抵制购买，向企业示威抗议，以最终影响企业社会责任决策。[8] 许多非政府组织还向全球管理当局倡议对企业社会责任行为的监管，如绿色和平组织提出了一整套倡议企业责任的波帕尔倡议。而且，自1970年以来，外部社会与环境的审计日益成为非政府组织最为常用的促进企业社会责任行为的工具。[9] 学者们也认为应该更多地

---

[1] O'Dwyer B, Unerman, Bradley J. Perceptions on the Emergence and Future Development of Corporate Social Disclosure in Ireland: Engaging the Voices of Non-governmental Organisations [J]. Accounting, Auditing and Accountability Journal, 2005, 18 (1): 14–43.

[2] Unerman J, Bennett M. Increased Stakeholder Dialogue and the Internet: Towards Greater Corporate Accountability or Reinforcing Capitalist Hegemony? [J]. Accounting Organizations and Society, 2004, 29 (7): 685–707.

[3] Arenas D, Lozano D J, Albareda L. The Role of NGOs in CSR: Mutual Perceptions among Stakeholders [J]. Journal of Business Ethics, 2009, 88: 175–197.

[4] Deegan C, Blomquist C. Stakeholder Influence on Corporate Reporting: An Exploration of the Interaction between the Worldwide Fund for Nature and the Australian Minerals Industry [J]. Accounting Organisation and Society, 2006, 31 (4–5), 561.

[5] Doh J P, Guay R. Corporate Social Responsibility, Public Policy, and NGO Activism in Europe and the United States: An Institutional-stakeholder Perspective [J]. Journal of Management Studies, 2006, 43 (January): 48–73.

[6] Bendell J. Barricades and Boardrooms [M]. Geneva: UNRISD Publication, 2004.

[7] Scherer A G, Smid M. The Downward Spiral and the US Model Business Principles: Why MNEs Should Take Responsibility for Improvement of Worldwide Social and Environmental Conditions [J]. Management International Review, 2000, 40 (4): 351–371.

[8] Yang X, Rivers C. The Antecedents of CSR Practices in MNCs' Subsidiaries: A Stakeholder and Institutional Perspective [J]. Journal of Business Ethics, 2009, 86 (2): 155–169.

[9] Johnson H H. Corporate Social Audits: This Time Around [J]. Business Horizons, 2001, 44 (3): 29–36.

去根据非政府组织提供的环境与社会审计来督促企业承担社会责任。①

第七,竞争者。企业的社会责任行为还受到竞争对手的制约。因为竞争者的社会表现能够影响消费者的态度和购买行为,如果本企业的社会表现不佳,还可能导致消费者流失。特拉克(Terlaak)曾研究发现,一些企业之所以愿意进行环保(如ISO 14000)行动认证,并非屈从于主管部门或环保组织的压力,而仅仅为应对来自行业内其他已经获得该证书企业的竞争性压力。② 罗格斯顿与于塞斯(Logsdon & Yuthas)认为,当企业的高层管理人员制定和开展对利益相关者产生影响的政策和行动时,通常会参照同行企业(尤其是产业内领导企业)的行为,以此作为指导自己行为的标杆。③ 班塞尔与罗斯(Bansal & Roth)的实证研究进一步表明,企业高层管理者感受到模仿其他企业行为的压力时,会影响他们对于该行动的认知程度,及形成相应的理性动机和行动。④ 从企业社会责任的相关研究来看,一些研究表明当某些企业的社会责任行为进入该行业并且成为产业规范时,会成为行业内其他企业仿照的标准,后者会参照模仿该规范而表现出更多的社会责任行为。

综上所述,国外对企业社会责任的驱动因素研究相当广泛,这些企业社会责任的驱动因素主要分布在三个层次:一是制度层次,主要包括利益相关者压力、模仿的力量、贸易压力、顾客评价和购买决策、利益相关者行动、标准认证、第三方评价和国家背景等;二是组织层次,主要包括组织利益、企业使命、企业价值观、组织形式、CEO薪酬结构、社会问题参与和社会责任的组织激励等;三是个体层次,主要包括企业社会责任的管理者承诺和激励、企业社会责任培训、CEO价值观、CEO对利益相关者价值的强调和员工价值观等。⑤ 但总的来看,这些研究仍然存在一系列的不足:

第一,多数研究都从具体的利益相关者群体视角来展开,研究视角过于微观而具体。由于都从单一层次来探讨企业社会责任的驱动因素,缺乏跨越层次的探究,难以对企业社会责任的影响机制有全面系统的认识。对企业社会责任

---

① Spence C. Social Accounting's Emancipatory Potential: A Gramscian Critique [J]. Critical Perspectives on Accounting, 2009, 20 (2): 205 – 227.

② Terlaak A. Order without Law? The Role of Certified Management Standards in Shaping Social Designed Firm Behavior [J]. Academy of Management, 2007, 32 (3): 968 – 985.

③ Logsdon J M, Yuthas K. Corporate Social Performance, Stakeholder Orientation, and Organizational Moral Development [J]. Journal of Business Ethics, 1997, 16 (12/13): 1213 – 1226.

④ Bansal P, Roth K. Why Companies Go Green: A Model of Ecological Responsiveness [J]. Academy of Management Journal, 2000, 43 (4): 717 – 736.

⑤ Aguinis H, Glavas A. What We Know and Don't Know about Corporate Social Responsibility: A Review and Research Agenda [J]. Journal of Management, 2012, 38 (4): 932 – 968.

的制度驱动,特别是不易为人们所感知的规范压力,如民族文化、价值观、规范信念等隐性规范压力的研究极为缺乏。①

第二,所有研究都是基于欧美发达国家的社会背景,特别是以美国为社会背景的,② 对亚洲、非洲等不同的历史文化、制度环境与经济发展水平下的企业社会责任驱动因素的研究却很少涉及。即使这些研究结果对解释欧美国家的企业社会责任现象是有效的,但能否成为中国企业社会责任治理的参考与借鉴仍然值得怀疑。

第三,缺少从个体、企业与制度层次的综合研究视角展开的研究。如施瓦兹与卡罗尔(Schwartz & Carroll)③等从综合视角来研究企业社会责任的影响机理并提出企业承担社会责任的经济、制度与道德动力,但他们的研究相对笼统宽泛,没有深入到企业内部,忽略了企业组织层次和个体层次的内在机制的分析,没有厘清从制度压力向企业社会责任结果之间的转化过程,"企业黑箱"仍然未被打开。

二、国内企业社会责任驱动机制的相关研究

在中国,改革开放以来的经济高速增长正是建立在低工资、低福利、低环境污染成本的基础之上的,这种低社会责任成本的发展模式日益受到全球企业社会责任运动的挑战。20 世纪 90 年代,随着各跨国公司对中国供应链企业社会责任认证的实施,国内学者也开始研究和介绍企业社会责任理论。第一本以企业社会责任命名的著作是 1990 年袁家方主编的《企业社会责任》。此后,法学家刘俊海将企业社会责任首次引入公司治理研究,认为"公司不能仅仅以最大限度地为股东营利或赚钱作为自己存在的唯一目的,而应当最大限度地增进股东利益之外的其他社会利益"④。2000 年后对企业社会责任的研究逐步达到一个高潮⑤。对企业社会责任驱动机制的研究也逐步展开,其中关注最多的企业社会责任驱动因素有如下几方面:

---

① Qian W, Burritt R. The Development of Environment Management Accounting: An Institutional View [C]. Eco – Efficiency in Industry and Science, Sponger Science & Business Media B. V, 2008.

② Jamali D, Mirshak R. Corporate Social Responsibility (CSR): Theory and Practice in a Developing Country Context [J]. Journal of Business Ethics, 2007, 72: 243 – 262.

③ Chwartz M S, Carroll A B. Corporate Social Responsibility: A Three-Domain Approach [J]. Business Ethics Quarterly, 2003, 13 (4): 503 – 530.

④ 参见刘俊海《公司的社会责任》,法律出版社 1999 年版,第 6~7 页。

⑤ 参见卢代富《企业社会责任的经济学与法学分析》,法律出版社 2002 年版。参见常凯《经济全球化与企业社会责任运动》,人民出版社 2004 年版。

第一，政府。在中国，政府是企业社会责任驱动因素的主要研究对象，因为政府仍然是资源和合法性的关键来源。到目前为止，中国政府仍然保持对经济发展的高度控制和公民生存发展的部分选择权。除了通过国家发展战略和行业政策影响企业发展外，各级政府还拥有分配关键资源的权力（如土地、资金等），通过发放商业准入、项目审批、财政补贴和税收豁免（或滞纳），以及提供基础设施①等，影响企业经营活动。正因为如此，许多企业更加服从政府意志而不是市场选择，企业与管理者也努力建立各种政治联系以获得政府的各种优惠、避免威胁，以及获得个人的权力和地位。所以，政府在对企业社会责任的激励、引导、监督、规范中起着至关重要的作用。

第二，消费者。随着中国市场经济的发展，市场在资源配置和影响企业运营方面发挥着越来越重要的作用，消费者越来越成为影响企业经营行为的决定性因素。到 2007 年，69.32% 的工业销售额、78.11% 的城镇就业，以及 71.81% 的固定资产投资是由非国有经济实现的。就产品市场来说，同年 93.19% 的产品价格是由市场决定的。② 因此，市场竞争成为关键的因素，企业社会责任行为能否为消费者所认可，并能通过消费者转化为额外的收益成为企业承担社会责任的重要驱动力。基于一项中国酒店管理者的调查发现，市场导向是企业履行社会责任最重要的预测变量。③ 辛杰从消费者企业社会责任对品牌资产的影响、期望与动机出发研究企业社会责任的表现，通过对 744 位有效被访者的问卷调查，证实企业社会责任表现对品牌资产有显著正向影响作用，消费者的 CSR 期望一致性部分中介了企业社会责任表现与品牌资产的关系。消费者的企业社会责任感知调节了企业社会责任期望与品牌资产的关系。在消费者的责任消费驱动下，企业践行社会责任不再只是成本和约束，而是机会、核心能力和竞争优势的来源。④

第三，员工。企业之间的竞争，归根到底是人才的竞争，吸引优秀人才进入企业才是企业取得竞争优势的前提。所以，对人才的竞争可能会成为驱动企

---

① Li H B, Meng L S, Wang Q, Zhou L A. Political Connections, Financing and Firm Performance: Evidence from Chinese Private Firms [J]. Journal of Development Economics, 2008, 87: 283 – 299.

② 参见樊纲、王小鲁、朱恒鹏《中国市场化指数》，经济科学出版社 2010 年版。

③ Qu R. Corporate Social Responsibility in China: Impact of Regulations, Market Orientation and Ownership Structure [J]. Chinese Management Studies, 2007 (3): 198 – 207.

④ 参见辛杰《企业社会责任对品牌资产的影响：消费者期望与动机的作用》，载《当代财经》2012 年第 10 期，第 70～79 页。

业承担社会责任的重要因素。① 有研究指出，承担社会责任强化了企业的社会声誉和社会形象，有利于吸引和稳定高素质的员工队伍。② 对那些企业竞相争抢的高素质人才，物质报酬对他们来说已经居于次要地位，他们更看重企业的社会口碑和工作的社会地位。即使企业提供了高报酬，但企业对其他社会主体不守法律、不讲道德的行为也会对人才的工作选择产生不利影响和心理阴影。当企业不道德的行为殃及员工本人或影响企业生存的时候，最有能力的人往往是最先离开的人。宋鸿与程刚③通过对求职大学生的问卷调查表明，在中国情境下，企业社会责任显著地影响了人才市场上求职者的求职意愿。所以，企业社会责任的自觉履行将有助于企业吸引人才，企业在拥有更多的人才后可以进一步强化企业竞争优势。

第四，非政府组织。非政府组织是具有很强的独立性、自治性、公益性、非营利性、志愿性、民间性的社会组织，是西方社会驱动企业承担社会责任的主体。改革开放以来，中国的非政府组织（NGO）如雨后春笋般发展。民政部公布，截至2011年末，全国共有社会组织45.75万个。对非政府组织的研究也成了学界关注的焦点之一。但由于种种原因，非政府组织在中国先天性发育不足，对企业社会责任的驱动没有表现出应有的作用。学者们对非政府组织的研究多专注于非政府组织面临的内外部困境及其成长路径的探究。戴昌桥④运用理论与实证相结合的方法，对中国非政府组织现状进行分析，得出中国非政府组织发展现状为注册登记困难、数量少，但增长快、草根式组织较多、志愿性低、独立性弱、资金来源的实质单一化、组织官僚色彩浓、税收优惠制度不完善。李源畯⑤提出了建设中国特色非政府组织的途径，包括建立一个比较完善的且符合非政府组织发展的法律法规体系，加强与国际社会的关系和自身的改革，重视公民意识的培养和民主观念的增强等。

第五，制度因素。陶岚与郭锐⑥从组织合法性的视角分析企业社会责任驱

---

① 参见王艳婷、罗永泰《企业社会责任、员工认同与企业价值相关性研究》，载《财经问题研究》2013年第1期，第98～103页。

② 参见沈占波、赵永新《社会资本视角下企业社会责任的创新驱动分析》，载《江苏商论》2008年第6期，第154～156页。

③ 参见宋鸿、程刚《企业社会责任对企业人才吸引力的影响》，载《湖北大学学报》（哲学社会科学版）2012年第5期，第129～132页。

④ 参见戴昌桥《中国非政府组织现状探析》，载《求索》2012年第4期，第60～62页。

⑤ 参见（韩）李源畯《中国特色的非政府组织：挑战与应对》，载《世界经济与政治》2008年第9期，第74～80页。

⑥ 参见陶岚、郭锐《企业环境管理行为的驱动因素分析——基于制度合法性理论》，载《经济纵横》2013年第12期，第137～141页。

动机制，指出组织行为不仅受效率机制的制约，还受到法律、观念、政治、社会等多维度复杂因素的引导和渗透，这些外部制度环境因素通过利益相关者规范合法性、道德合法性和认知合法性的认同，对组织行为进行影响和塑造。驱动企业承担社会责任的外部制度因素主要包括：一是政策环境对企业社会责任行为的影响，包括政府强制与激励。二是社会环境对企业社会责任人的影响，这种影响主要是通过消费者、投资者和非政府组织对企业施加的道德合法性压力而实现的。三是文化、地域因素对企业社会责任行为的影响。该因素主要将企业置于社会宏观环境中，通过文化传统、社区规范、价值观念变迁、区域人口特征（强调性别、年龄、文化程度、职业、收入等）、经济发展水平等形成的文化、行为认同合法性而形成的。虽然学者们对企业社会责任外部制度因素进行了分析，但这些研究多建立在规范分析的基础上，没有足够的实证支持。

综上所述，中国企业社会责任驱动机制的研究表现出如下特征：

第一，明显表现出对政府驱动的路径依赖。由于中国"强政府—弱社会"的社会结构与现实，及计划经济时期政府"全能主义"角色定位和政府权力对经济、社会，甚至思想文化领域的高度渗透的影响，对政府驱动作用的强调成为中国企业社会责任研究中最为重要的特色。然而，有研究表明，政府利益的目标与社会利益的目标并不总是一致的。由于中国目前政治体制中缺乏有效的分权制衡，法治基础薄弱，新闻自由不足，以及政府决策过程不透明等，政府经常在伸出扶持之手之外还可能伸出掠夺之手。① 然而，结合中国实际情况，探讨政府对企业社会责任驱动功能的缺失的研究却极为少见。

第二，对企业社会责任社会驱动的研究不足。在对企业社会责任驱动机制的综合研究中，社会驱动往往被忽略。崔秀梅将企业社会责任的驱动机制分为市场驱动机制、政府驱动机制和道德驱动机制。市场驱动机制是企业社会责任的内在驱动力，主要目的是追求企业的潜在经济利益。政府驱动机制主张通过政府规制改变企业投资行为。道德驱动机制则从伦理和道德的角度来解释企业社会责任行为。② 苏蕊芯与仲伟周③将民营企业社会责任驱动分为道德驱动、经济驱动和政治驱动三种。民营企业的性质和目标决定了其受到的经济驱动和政治驱动的影响远远大于其本身所具有的道德驱动的影响。在他们的研究中都

---

① Shleifer A, Vishny R. Politicians and Firms [J]. Quarterly Journal of Economics, 1994, 109 (4): 995 – 1025.

② 参见崔秀梅《企业绿色投资的驱动机制及其实现路径——基于价值创造的分析》，载《江海学刊》2013年第3期，第85～91页。

③ 参见苏蕊芯、仲伟周《履责动机与民营企业社会责任观——由"富士康连跳"现象引发的思考》，载《理论与改革》2010年第5期，第56～58页。

没有以非政府组织为主体的社会压力的驱动。这也与我国非政府组织的幼稚与不发育现状有关。

第三，借鉴照搬西方企业社会责任的研究模式与研究结论。企业社会责任理论与实践源于西方，并在西方得到了深入广泛的研究，取得了丰硕的研究成果。借鉴西方企业社会责任驱动机制的理论成果可以更好地促进中国企业社会责任的建设。然而，任何一种理论都是特定社会背景的产物，是由其赖以依存的社会结构、政治背景、民族文化所影响和塑造的。中西方经济、社会、政治与文化背景的巨大差异，决定了西方企业社会责任的研究结论不一定能适用于中国。这就是为什么在西方运行得很好的企业社会责任理论与实践，一到中国就被扭曲为生产企业、影子公司，甚至地方政府共同造假，以应对跨国公司社会责任查厂的现象。也解释了为什么在母国是践履企业社会责任楷模的跨国公司，一到中国就放弃或逃避自己社会责任的原因。

总之，西方对企业社会责任驱动机制的研究多从个人、组织或制度环境的单一视角展开，缺少系统深入的研究。国内对企业社会责任驱动机制的研究带有明显的政府驱动的路径依赖，对社会驱动机制研究不足，且忽略了中西企业社会责任驱动机制社会背景的巨大差异。有鉴于此，本研究试图从个人、组织、制度环境的三维视角全面展开，既从微观上探讨外部环境压力向企业社会责任行为转化的传导机制，也从宏观上分析企业社会责任行为发生的文化、社会与制度背景，以全面系统地厘清企业社会责任的驱动机制。

第三节 研究内容与方法

本书采用实证研究与规范研究相结合，定性研究与定量研究相结合，解释性研究与描述性研究相结合，企业问卷调查与个案分析相结合的方式，从管理学、经济学、社会学、政治学等多个领域对企业社会责任的驱动问题展开研究。具体的研究思路与方法如下：

一、研究思路与技术路线

首先通过文献研究，对有关企业社会责任驱动机制的研究状况进行了深入的分析和总结，对本书中企业社会责任驱动机制研究的理论基础与研究借鉴进行了阐述，以从总体上把握国内外企业社会责任驱动机制的研究概况，为后面研究的展开提供技术框架和理论支撑。并从企业、政府、社会三元结构及其互动博弈的关系出发，创造性地将企业社会责任治理划分为市场治理、政府治理和社会治理三种模式，对三种模式的特点与利弊进行了比较评析，为中国企业社会责任的治理提供一个基本的方向与宏观的借鉴。

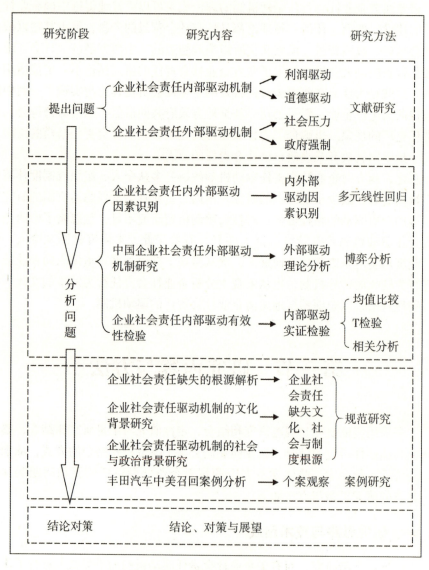

图1　研究的技术路线

然后通过对中小企业的问卷调研资料，以实证定量的方式对企业社会责任内外部关键驱动因素进行检验识别，了解企业社会责任内部驱动因素与外部驱动因素及其与企业社会责任水平的真实关系。在此基础上，通过基于企业、社会、政府三元结构的博弈分析法来探讨中国企业社会责任外部驱动缺失的根源。再通过对问卷调查资料的统计分析检验企业社会责任内部驱动的有效性，或企业社会责任与企业绩效关系的一致性。

接着，通过规范研究的方式，从道德决策理论、资源基础理论、背景依赖理论、文化维度理论等不同视角，探讨企业社会责任缺失与企业伦理道德、资源能力、社会监督、政府监管，甚至与民族文化和社会背景之间的关系，分析企业社会责任缺失的根源"应该是什么"的问题。最后通过对丰田汽车中美召回的案例分析，从中美比较研究的视角，将前面的研究结论与理论假定都置于具体事件与真实背景中进行检验和考察，以进一步揭示中国企业社会责任缺失的文化、社会与制度根源，为中国企业社会责任的治理提供参考与借鉴。

具体研究思路及技术路线详见图1。

二、研究内容

全书共十二章，分别采用不同的研究方法，对中国企业社会责任的驱动机制展开系统的研究。

第一章至第三章主要是对企业社会责任的相关研究进行文献综述，包括企业社会责任驱动机制研究的纵向演进与横向剖析等。

第一章以时间为序，对企业社会责任思想的历史渊源、发生发展、三大阶段的理论论争、企业社会责任的各类定义、纷繁复杂的研究模型、当前国内外社会责任的研究趋势进行了详细的介绍。以让读者从对企业社会责任的历史追溯中洞悉企业社会责任的纵向演进，从对企业社会责任的横向剖析中把握企业社会责任的动态拓展，以便对企业社会责任的研究概况有一个粗略的理解和总体的把握。

第二章对企业社会责任驱动机制的相关研究文献进行了分类介绍和归纳整理。首先将企业社会责任的驱动机制划分为两大方面，即内部驱动（道德驱动与利润驱动）与外部驱动（政府驱动与社会驱动），然后对散见于国内各个学科领域有关企业社会责任驱动争论的文献从正反两方面进行了归纳整理。企业社会责任与财务绩效关系的模糊不清使学者们在企业社会责任驱动的立场上泾渭分明，针锋相对。是责任优先，还是利润优先？是无私付出，还是利益交换？是自主承担，还是外部压力？来自管理学、经济学、社会学、伦理学等各个领域的中外学者展开了激烈的交锋。随着各派观点的纷呈展开，读者在体味学术思辨的精彩睿智的同时，也可感受企业社会责任的博大与精深。接着从企业、社会、政府三个主体的制约平衡关系出发，构建起企业社会责任的驱动机制模型。并对企业社会责任驱动研究相关的理论，包括社会三元结构理论、一般交易理论、博弈论等进行介绍。理论模型的构建与相关理论的介绍，为后面研究的展开提供了理论基础和技术框架。

第三章从社会结构的独特视角，从企业、社会、政府三者力量的变迁及相互关系的历史演进中深入探讨了西方企业社会责任问题的演化轨迹，创新性地将企业社会责任问题的治理依次划分市场治理、国家治理和社会治理三种模式。并从历史背景、理论内涵、时间阶段、治理主体、治理方式、促进力量、治理对象、治理目标、治理有效性、治理成本等方面对以上三种模式进行比较分析。指出企业社会责任的社会治理既避免了自由主义模式下企业追逐利润最大化而导致的严重的社会责任问题，也避免了福利国家模式下国家治理的高昂成本。与市场治理和国家治理模式相比，社会治理不仅有效，而且成本更低，是未来企业社会责任治理的发展方向和最佳选择，为中国企业社会责任治理的战略选择提供了借鉴。

第四章至第六章主要通过对企业社会责任驱动机制的实证研究与博弈分析，从微观上把握企业社会责任的关键驱动因素，从宏观上厘清企业社会责任驱动的基本框架。

第四章主要是通过对参加中国中小企业国际博览会的中小企业的问卷调研，应用 SPSS 进行相关分析和回归分析，来识别企业社会责任的关键驱动因素，包括内部驱动变量（经济动机、道德动机）和外部驱动变量（员工的压力、社区的压力、非政府组织的压力、采购商的压力、市场竞争水平、政府干预、法制环境等）。结果表明，经济动机、道德动机、跨国采购商的订单压力是企业承担社会责任的重要内部驱动。而社会压力和政府监管等外部驱动缺失。

第五章通过博弈分析探究企业社会责任的外部驱动。首先通过地方政府、企业、社会三方完全信息的静态博弈分析，指出在地方政府追求 GDP 增长、企业追求利润最大化、社会弱势的均衡条件下，三方博弈的结果必然是地方政府不监管，企业不履行。尽管在帕累托效率上远不如其他几种博弈选择，但企业和地方政府的收益却为最大化，所以这是该博弈唯一的纳什均衡。此时社会损失最大。接着，在作为全社会利益的代表的中央政府可能会对地方政府监管缺位进行处罚的条件下，通过中央政府和地方政府社会责任监管的混合策略动态博弈分析，指出中央政府在选择治理策略时，从治理成本和治理收益的角度出发，加重对地方政府监管缺位的处罚虽不能在长期中使地方政府更尽职，但却最终降低了企业不履行社会责任的概率。

第六章就是对中国企业社会责任内部驱动机制的有效性，即对企业社会责任与企业绩效关系的一致性进行实证检验，试图通过证明公司社会责任可以增加企业财务绩效，或证明公司可以"行善并赚钱（do good and do well）"，或者更进一步，能证明公司可以"通过行善来赚钱（do well by doing good）"，来为企业社会责任的实施找到有效的内在驱动。运用 SPSS 软件对中小企业国际博览会的问卷调查资料进行统计分析，包括均值比较、T 检验、相关分析等，结果表明，企业社会责任与企业绩效一般表现为正向相关关系，企业社会责任对企业绩效的促进随着企业所在的地区、企业规模、行业状况的不同而不同，并且，良好的经济、文化、制度环境更有利于社会责任对企业绩效的提升。

第七章至第十章，主要应用规范研究方法，从道德决策理论、资源基础理论、背景依赖理论、文化维度理论等不同视角，探讨企业社会责任缺失与企业伦理道德、资源能力、社会环境、政府监管，甚至与民族文化之间的关系。

第七章从经营者个人、企业组织层面、外部环境的三维视角系统探讨社会责任缺失的原因。基于道德决策理论的分析表明，企业社会责任行为是公司经理道德取向与企业资源能力和外部制度约束共同作用的产物，因此，企业社会责任缺失不能等同于公司经理的道德缺失或主观恶意。基于资源基础理论的分析表明，企业以利润为中心的权力分割制度与组织结构、公司资源能力与赢利水平的低下、对处理经济问题以外的社会问题的能力和知识的不足，是企业社会责任驱动缺失的内在根源。基于背景依赖理论的分析表明，市场交易成本收益核算中社会责任的"零嵌入"模式、政府监管的缺位、社会控制的失败是企业社会责任驱动缺失的外在根源。

第八章探讨如何评价中小企业社会责任问题。首先，结合企业"一元社会经济组织"本质观及其对企业社会责任的相关界定，创造性地提出了企业社会责任评价标准的多元扩展模式，构建了对不同规模、不同性质、不同生命周期阶段企业的差异化评价模型。依据这一评价模式，对中小企业的社会责任现状进行了评价，分析了公众对中小企业的社会责任问题的种种误读和曲解。接着从经理个人、企业、外部环境三个层次分析了中小企业社会责任不足的根源。规范分析表明，中小企业经营者应该比大公司经理具有更强的社会责任动机，但经营的艰难、大企业的垄断与挤压、利润的微薄是中小业社会责任驱动不足的内在根源。从外部驱动来看，对社会监督的规避也是中小企业社会责任驱动不足的重要原因，但相较于大企业，中小企业接受的政府监管更为规范严格。

第九章以美国为例，探讨企业社会责任驱动机制的文化背景，即企业社会责任与民族文化的关系。依据霍夫斯泰德的文化维度理论，构建起基于文化维度的企业社会责任背景依赖模型。从民族文化的全新视角出发，分析美国自由主义核心价值观的历史渊源，以及这些价值观如何影响美国公众的价值判断，如何塑造美国的经济、社会和政治运行体系，如何影响美国企业社会责任的行为范式，进而如何决定美国企业社会责任治理的基本模式。研究表明，美国"自由、平等、自立、分权、权力至上"等核心价值理念在深层次上约束和塑造了美国企业的行为范式，促使美国企业不断调适自己的行为，以满足社会的期望与共同价值准则，承担起对社会责任的责任。可以说，美国企业社会责任驱动模式实际上是美国自由主义价值观的显性表现和外化。正是由于文化背景的巨大差异，美国企业社会责任驱动模式并不适用于所有国家。

第十章通过中美比较研究的方式，分析中美企业社会责任与文化、社会与政治背景的关系。首先从中美两国个人主义与集体主义的文化价值观出发，分析企业社会责任差异的文化根源。然后比较中美两国社会公众，包括非政府组织、新闻媒体、消费者、投资人对企业社会责任的立场观点与行为态度的差异，揭示出中美企业社会责任行为差异的社会根源。最后从中美地方政府的权力结构、权力监督、职能定位等视角，分析中美企业社会责任差异的政治根源。研究表明，美国个人主义的文化价值观对个体权利的强调，对政府权力的怀疑与警惕，使美国形成了一种"大社会，小政府"的社会结构。社会的成熟与强大较好地保证或约束了政府与企业在以社会利益为本位的目标轨道上良性有序地运行。而中国集体主义的文化价值观强调整体价值，漠视个体权利。对权威的服从，对政府干预的路径依赖，使中国形成了一种"强政府，弱社会"的社会结构。地方政府权力的扩张及其"经济人"特征的不断突出，社会的极度幼稚与社会约束机制的缺失，导致企业社会责任政府监管与社会约束的"双重缺失"，加剧了企业的社会责任问题。

第十一章通过案例研究的方式，采用中美比较的方法，将前面的研究结论与理论假定置于具体事件与真实背景中进行检验和考察。通过对丰田汽车中美召回过程中两国社会、政府与企业三个主体的行为互动与利益博弈的对比分析，来探讨丰田公司社会责任双重标准的生成路径与演化机制，生动地展现跨国公司社会责任双重标准的生成图景，并清晰地揭示跨国公司社会责任双重标准的文化、社会与制度根源，为中国企业社会责任的治理提供生动具体的借鉴。

第十二章总结了全书的研究结论，提出了企业社会责任问题的具体应对策略，并指出了本书研究的局限性，以及未来进一步研究的方向。

本书具体的内容结构参见图2。

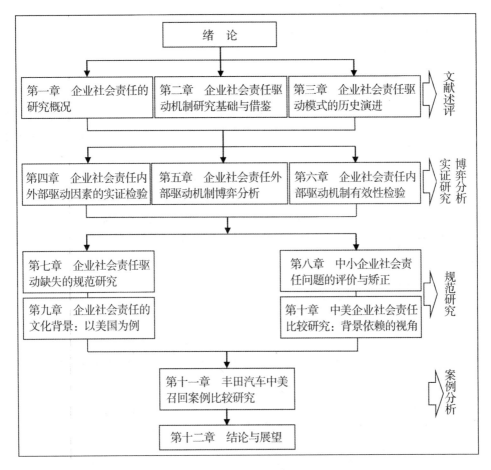

图2　内容结构

三、研究方法

没有绝对完美的研究方法，只有最合适的研究方法的组合。鉴于企业社会责任问题的复杂与精深，本书采用了采用实证研究与规范研究相结合，定性研究与定量研究相结合，解释性研究与描述性研究相结合，企业问卷调查与个案分析相结合的方式，从个人、组织、制度环境的三维视角全面展开，既从微观上探讨外部环境压力向企业社会责任行为转化的传导机制，也从宏观上解析企业社会责任行为发生的文化、社会与制度背景，以全面系统地厘清企业社会责任的驱动机制。

（1）以文献研究为基础。文献研究是科学研究的基础工作，在广泛搜集国内外文献资料的基础上，对企业社会责任总体研究概况进行了介绍，以时间为序，对企业社会责任理论与实践的发展进行了纵向梳理，对企业社会责任的内涵及研究趋势进行了横向比较分析。也对分散于各处的零散的企业社会责任驱动机制的研究文献进行了归纳和整理，并分门别类地进行了介绍。

（2）以实证研究为重点。本书最大的特色就是实证研究。我们对中国第四届中小企业国际博览会参展的中小企业进行了企业社会责任问题的问卷调查，得到了200多份中小企业社会责任问题的有效问卷。我们通过SPSS 15.0统计软件对中国企业社会责任与绩效的关系进行了检验，对不同地区、不同规模、不同行业的企业的社会责任水平与绩效的关系进行了均值比较、独立样本t检验、相关性分析。然后，我们又对企业社会责任的内外部驱动因素与企业社会责任水平的关系进行了多元线性回归分析，以识别企业社会责任水平的关键驱动因素。

（3）以规范研究为主体。前面的实证研究分析了企业社会责任驱动机制"是什么"的问题。在实证研究结论的基础上，通过规范研究的方式，以道德决策理论、资源基础理论、背景依赖理论、文化维度理论为依据，结合中国企业社会责任的实际，从经营者道德、企业能力、外部环境的三维视角，深入探讨了企业社会责任驱动机制"应该是什么"的问题。详细地分析中国企业社会责任驱动机制是否符合这些理论或判断标准，偏离的程度如何，应该如何应对等。并在规范研究基础上，创新性地提出了基于"一元社会经济组织"本质观的企业社会责任多元评价扩展模式。

（4）多种研究方法相结合。通过一般交易理论的分析，从企业、社会、政府三个主体的一般交易关系出发，探讨了企业社会责任的发生、起源及其本质特征。通过企业、社会、政府三方的博弈分析，探讨企业社会责任的外部驱动机制，应用完全信息静态博弈分析与混合策略的两阶段动态博弈两个模型，分析了中国企业社会责任外部驱动机制缺失的根本原因及其治理策略。通过对丰田汽车中美召回的个案分析，采用中美对比研究的方式，将有关企业社会责任的研究结论放到真实背景和具体事件中加以检验，以验证以上研究结论。

第四节 可能的创新点

本书从研究方法、研究内容、研究结论等方面，对企业社会责任的理论研究与实践发展做出了若干创新。

一、超越传统的企业利益相关者驱动研究模式

传统的企业社会责任驱动为利益相关者驱动模式，认为企业的发展有赖于管理层对利益相关者不断变化的期望的满足程度，也就是说，依赖于企业对利益相关者利益要求的回应质量。[1] 国内外大量的文献也都集中于研究利益相关者如何影响企业的经营活动，如何识别企业的利益相关者，如何采取相应的利益相关者战略等。[2] 然而具体微观而又利益矛盾的利益相关者群体的界定使企业社会责任理论根本无法实施，而企业社会责任与企业财务绩效关系的实证研究也没有得出一致性的结论，所以，传统的利益相关者驱动模式没能为企业社会责任问题的解决提供切实有效的理论框架和动力机制，以至于企业社会责任理论变成了一种高尚美妙的道德说教，而不是企业行动的指南。所以，超越利益相关者研究视角，从更广阔的研究视野，用更合适的理论、更系统的方法，构建企业切实承担社会责任的理论框架，仍然是一个迫切而重大的课题。

本书超越于传统的利益相关者驱动视角，从个人、组织和制度环境的三维视角全面展开，以社会三元结构理论、一般交易理论、博弈论、道德决策理论、资源基础理论、背景依赖理论为基础，采用文献研究、实证研究、博弈分析、规范研究、案例分析等多种方式，既从微观上探讨外部环境压力向企业社会责任行为转化的传导机制，也从宏观上解析企业社会责任行为发生的社会背景，探讨企业社会责任缺失表象背后深层次的社会结构、制度环境甚至民族文化的根源。与传统的基于财务价值为中心的单一利益相关者驱动研究模式相比，其研究视野与空间要广阔得多、丰富得多，当然也更具挑战性和探索性。

---

[1] Donaldson T, Dunfee T W. Integrative Social Contracts Theory: A Communitarian Conception of Economic Ethics [J]. Economics and Philosophy, 1995, 11 (1): 85 – 112.

[2] Kolk A, Pinkse J. Stakeholder Mismanagement and Corporate Social Responsibility Crises [J]. European Management Journal, 2006, 24 (1): 59 – 72.

二、对中国企业社会责任治理的方向给出新的思考

企业社会责任的研究纷繁复杂。阿吉斯与格拉夫斯（Aguinis & Glavas）将西方企业社会责任问题的研究分为三个层次：一是制度层次，包括利益相关者压力、法律规范、政治制度、民族文化等；二是组织层次，包括组织利益、企业使命、企业价值观、组织形式、社会问题参与和社会责任的组织激励等；三是个体层次，包括企业社会责任的管理者承诺和激励、CEO价值观、员工价值观等。① 然而，西方企业社会责任的研究多从个人、组织或制度层次的单一层面展开，缺少跨越层次的探究，难以形成对企业社会责任驱动机制全面系统的认识。加上研究者来自不同的社会背景、文化背景、制度环境以及不同的研究方法和行业数据，从而形成了"仁者见仁，智者见智"混沌繁杂的研究图景。尽管国内学者从企业管理、法律、政府监管等不同视角对如何借鉴西方企业社会责任治理模式作出了有益的思考。②③ 然而，如果不能抽象概括出西方企业社会责任治理的本质和精髓，中国企业社会责任问题的治理依然迷茫困惑。

本书从社会三元结构的研究视角出发，根据西方企业、社会和政府三者力量对比及其权力边界的历史演进，创造性将企业社会责任的治理模式划分为市场治理、政府治理、社会治理三种模式。指出自由主义的市场治理最具弹性，成本最低，但却是最不可靠与最不可信的形式。国家治理或政府治理是一种"硬约束"，它最缺少弹性却也是最有效的方式，但信息不对称及官僚主义带来了治理与谈判的高昂成本、国家权力的膨胀、巨额的财政负担及腐败等问题。企业社会责任的社会治理模式强调通过社会公众的压力将企业的社会责任问题内化于企业的市场交易行为之中，它既避免了自由主义模式下企业追逐利润最大化而导致严重的社会责任问题，也避免了国家治理模式下的高昂成本，刚好弥补了市场治理与政府治理的明显缺陷，不仅有效，而且成本更低，是未来中国企业社会责任治理的发展方向。这一结论有利于突破混沌繁杂的理论困局，为中国企业社会责任治理的战略选择与宏观应对指明方向。

---

① Aguinis H, Glavas A. What We Know and Don't Know about Corporate Social Responsibility: A Review and Research Agenda [J]. Journal of Management, 2012, 38 (4): 932 - 968.
② 参见王丹、聂元军《论政府在强化企业社会责任中的作用——美国政府的实践和启示》，载《理论探索》2008年第6期，第120～123页。
③ 参见张乐新《论公司社会责任的国际践行与我国的实现路径》，载《求索》2012年第10期，第179～180页。

三、探索跨领域、多方法的企业社会责任研究新范式

国际上,企业社会责任的研究要么集中探讨企业社会责任与企业财务绩效之间的关系,属于实证研究,要么专注于企业社会责任概念的界定与理论的完善,属于理论研究或规范研究。[1] 前者更好地解释了企业社会责任"是什么"的问题,却难以把握企业社会责任的宏观架构,及提出新的理念框架。后者虽然探究了企业社会责任"应该是什么"的问题,却无法把握企业社会责任理论向企业社会责任行为转化的微观机制。事实上,任何一种研究方法都有其自身的局限性,没有绝对最佳的研究方式。对企业社会责任驱动这一复杂的社会现象,只有多种研究方式的恰当组合,才能更好地达到研究的目的。

本研究采用实证研究与规范研究相结合、定性研究与定量研究相结合、大样本调研与个案分析相结合,系统深入地分析企业社会责任驱动机制。首先通过文献综述的方式,系统介绍了国内外社会责任驱动机制的研究概况。然后通过企业问卷调查,对企业社会责任的驱动因素进行实证检验。并通过企业、社会和政府三者关系的博弈分析,考察了中国企业社会责任的外部驱动机制。接着以规范研究的方式,分析了中国企业伦理缺失表象背后的文化、社会与制度根源。最后通过丰田汽车中美召回案例分析和国别比较,将企业社会责任的假设置于具体的事件经历与社会背景中进行观察,将抽象的研究结论用具体的事实贯穿为一个整体来加以检验。这种跨领域、多角度、多方法的分析,对探讨企业社会责任驱动机制提供了全新的研究范式。

---

[1] Egri C P, Ralston D A. Corporate Responsibility: A Review of International Management Research from 1998 to 2007 [J]. Journal of International Management, 2008 (14): 319–339.

第一章 企业社会责任的研究概况

本章主要是对企业社会责任思想的起源、历史背景、理论论争的情况、企业社会责任的各种定义、研究的趋势等做一个概略的介绍，从而从总体上把握国内外企业社会责任的研究状况，为后面企业社会责任研究的展开提供一个理论基础和技术框架。

第一节 企业社会责任思想的起源

企业社会责任虽然是个新概念，但它实际上是对古老哲学新的阐释与演绎。如果从更广泛、更久远的意义上来考察企业的社会责任问题，我们可以发现，企业社会责任的观念事实上与企业存在发展的历史一样久远。如果仅仅在"遵法度、重伦理、行公益"的一般意义上讨论企业社会责任，而暂时忽略其现时代特色，则企业社会责任理念可谓源远流长。此种思想，甚或可以追溯至古代社会的商人社会责任观。在古希腊，人们即要求商人在经商时关注社会福利和公共道德。具有趋利秉性的商人在人们心目中是十分卑微的，"商人比奴隶的地位高不了多少"[①]。

在中世纪，教会的力量异常庞大。在教会的眼中，营利动机是反基督教的，商人和商业体系都是不值得信赖的，商业亦被教会定位为只为社会公共利益而存在。商人必须绝对诚实，必须遵从商业伦理直接赋予的道德义务，包括价格公平，支付雇员工资；照料基尔特（Guild，即行会或同业公会）成员，并关心其所在社区的普遍福利。教会的教义在中世纪文化中的渗透是如此之全

---

① Eberstadt N. What History Tells Us About Corporate Responsibilities [J]. Business and Society Review, 1978: 18.

第一章 企业社会责任的研究概况

面,以至于商人对自身存在的道德性也产生了怀疑。①

进入重商主义时代后,几千年来鄙视商业和商人的传统观念被一种全新的经济学说和政策体系——重商主义所取代。在国家本位和重商主义的双重作用下,作为公共利益的国家利益即是不断地增加国库的金银储备量。② 商人的社会责任,主要在于保证此种利益,企业实际上成了主要服务于政府从国外获取利润的准公共企业(quasi-public enterprise)。

继重商主义之后,人类社会步入了工业化时代,工商业获得长足发展。在这一时期,亚当·斯密的自由放任思想受到社会的普遍青睐并为各资本主义国家的经济政策所遵奉;利润最大化风靡一时,成为经济主体行为最高乃至唯一的指导原则。经济主体只要在符合法律、伦理的最低要求下实现最大利润,即算尽到了社会责任;而其公益活动也只有在能为自身带来明显利益时,方为恰当。这种古典自由主义的经济理论认为主体对自身利益的追求会自然地达致全社会的普遍福利,故利润最大化在观念上亦异化为经济主体的社会责任。至于本来意义上的社会责任所关注的伦理及公益等事项,虽然没有被抛弃,但已被贬斥到次等地位。产业革命以及经济竞争中资本家的成功与衰微,则被社会达尔文主义者解释为一种物竞天择、适者生存的自然选择的结果。在自由放任和个人本位原则下,将个人自由地追求私利与全社会普遍福利相等同,将个体最大限度谋利与其承担社会责任相等同,使商人的社会责任变得虚无缥缈。与其说是对社会责任的张扬,毋宁说是对社会责任的拒绝。

尽管当时一些企业开始参与社区建设、向穷人捐款、兴办教育的慈善活动。但这些都是个人行为,而不是企业行为。换句话说,企业主完全可以支配他个人的财富来"行善事",但企业是不用承担社会责任的。这种观念一直延续到20世纪初,为近世许多社会问题的凸显埋下祸根,也迫使人们重新审视商人社会责任的本质。

正如西方学者所描述的一样,尽管人们可以很容易地从《圣经》中追溯到企业社会责任古老而悠久的根源,但严格意义上的企业社会则是20世纪的产物。③ 20世纪初,克拉克最早提到了企业社会责任的思想。1916年克拉克(Clark)在《改变中的经济责任的基础》一文中指出,"大家对于社会责任的

---

① Saleerm S. Corporate Social Responsibility: Law and Practice [M]. Cavendish Publishing Limited, 1996: 10-11.
② Clarence C. Walton, Corporate Social Responsibility [M]. Wadsworth Publishing Company, Inc., 1967: 26.
③ Pava M L, Krausz J. Corporate Responsibility and Financial Performance: The Paradox of Social Cost [M]. Greenwood Publishing Group, Inc., 1995: 4.

概念已经相当熟悉，不需要到了 1916 年还来重新讨论，但是迄今为止，大家并没有认识到社会责任中有很大一部分是企业的责任，……因为商人和学者仍然被日渐消失的自由经济的阴影所笼罩着"。"我们需要有责任感的经济原则，发展这种原则并将它深植于我们的商业伦理之中。"①

正式提出企业社会责任概念的是英国学者谢尔顿（Sheldon）。1924 年他在其著作《管理哲学》（*The Philosophy of Management*）中，把公司社会责任与公司经营者满足产业内外各种人类需要的责任联系起来，并认为公司社会责任含有道德因素在内。② 但这些似乎并没有引起人们的关注。直到 1953 年，随着鲍恩的《企业家的社会责任》（1953）一书的出版，企业社会责任才正式为人所知。③ 此书开启了企业社会责任概念的现代辩论。鲍恩在书中把企业社会责任定义为商人按照社会的目标和价值，做出相应的决策、采取理想的具体行动的义务。从此，企业社会责任的研究开始兴起，到 20 世纪 80 年代达到一个高潮，20 世纪 90 年代开始进入中国，并为中国学术界所重视。

第二节 企业社会责任的理论论争

理论与实践是推动企业社会责任运动的两只车轮，没有对传统企业理论的批判和对企业社会责任合理性的理论论证，企业社会责任运动的实践就不可能达到应有的效果。

企业社会责任要求企业放弃传统的利润最大化的目标，在追求利润的同时必须兼顾社会的利益，这无疑是对资本主义奉为绝对的自由企业制度和利润最大化原则的根本动摇和颠覆，故在对待企业社会责任问题上，传统理论的固守者与其背叛者和修正者之间的论争呈现出前所未有的激烈场面。在不断的论争中，企业社会责任的思想也日益丰富并臻于成熟。学术界围绕着公司是否应当承担社会责任的争论从 20 世纪 30 年代一直持续至今。一些著名的法学家、经济学家和管理学家都从各自的立场出发，围绕什么是企业社会责任，企业社会

---

① Clark J M. The Changing Basis of Economic Responsibility [J]. The Journal of Political Economy, 1916, 24 (3): 209-229.

② 参见徐光华、陈良华、王兰芳《战略绩效评价模式：企业社会责任嵌入性研究》，载《管理世界》2007 年第 11 期，第 166~167 页。

③ Bowen H R. Social Responsibilities of the Businessman, New York: Harper & Row, 1953.

责任的正当性，企业如何承担及承担多少社会责任等问题纷纷提出自己的观点的看法。我们以时间为序，将这些论争分为三个大的阶段进行介绍。

一、贝利与多德关于公司管理者控制权的论争

20世纪初，美国公司的股权日趋分散，加上严重的信息不对称，股东对企业管理者很难实施切实有效的制约。这种公司所有权与控制权分离，使得企业管理者在事实上脱离了来自股东的实质性监控，可以利用自己对公司的控制权去追求股东利益之外的目标。以股东利润最大化作为企业管理者唯一目标的传统便因公司管理者行为的权限和自由度的日益扩张而受到了严重挑战。企业管理者行使公司控制权的责任问题引起了美国理论界的广泛重视。哥伦比亚大学法学院教授贝利（Berle）即是一位较早地要求对企业管理者过度的权力和自由加以约束的学者。

1931年，贝利在《哈佛法学评论》上发表《作为信托权力的公司权力》一文，全面地表达了他在公司权力问题上的传统观念，揭开了第一场关于"公司的管理者是谁的受托人"的争论的开端。贝利认为，管理者只是公司股东的受托人，而股东的利益总是在其他对公司有要求权的人的利益之上。"所有赋予公司或者公司管理者的权力，无论是基于公司的地位还是公司的章程或者同时基于这两者，只要股东有利益存在，这种权利在任何时候都必须只用于全体股东的利益。因此，当行使权力会损害股东利益时，就应该限制这种权力。"①

贝利的观点立即遭到了哈佛大学法学院教授多德（Dodd）的激烈回应。贝利文章发表后的第二年，多德（1932）在《哈佛法学评论》上发表了著名的《公司管理者是谁的受托人》一文，对贝利提出的商事企业的唯一目的在于为股东赚取利润、企业管理者只是股东的受托人的观点提出了质疑。多德文中提出了一个更宽泛的受托原则，坚决否定公司存在的唯一目的是为股东创造利润。他说："公司作为一个经济组织，在创造利润的同时也有服务社会的功能。"② 多德强调，法律之所以允许和鼓励经济活动并不是因为它是其所有者

---

① Berle A A. Corporate Powers as Powers in Trust [J]. Harvard Business Review, 1931, 44 (7): 1049-1074.
② Dodd E M. For Whom Are Corporate Managers Trustees? [J]. Harvard Business Review, 1932, 45 (7): 1145-1163.

利润的来源，而是因为它能服务于社会。① 在对日益高涨的企业社会责任呼声、不断壮大的企业社会责任运动以及初见端倪的相应法律观念变革进行全面考察之后，多德进而认为，企业财产的运用是深受公共利益影响的，除股东利益外，法律和舆论在一定程度上正迫使商事企业同时承认和尊重其他人的利益；企业管理者应因此树立起对雇员、消费者和广大公众的社会责任观，"社会责任感"（a sense of social responsibility）亦将成为企业管理者"妥适的态度"（the appropriate attitude）而得到采纳；企业的权力来自企业所有利益相关者的委托，并以兼而实现股东利益和社会利益为目的；不仅要通过确立一定的法律机制促使企业承担对社会的责任，而且控制企业的管理者应自觉地践行这种责任。②

贝利（1932）③ 在紧随的一期《哈佛法学评论》上立即做出了回应，文章的题目就是"公司管理者是谁的受托人：一点说明"。针对多德力图进行制度变革的激进观点，贝利主要从两方面提出了异议：其一，让企业管理者成为企业所有利益相关者的受托人并对他们负责尚欠缺操作性。贝利指出："在你能够提供一套清晰而又可予实行的对其他人负责的机制之前，你就不得放弃对这一观点的强调：企业之存在目的，唯在为股东谋取利润。"其二，缘于其一，企业管理者对股东的信义义务的任何淡化，都只能有助于推行其他潜在利害关系人的主张，这将形成企业管理者放弃利润最大化而追求范围广泛的其他社会目标的不能控制之权力。不过，贝利相信，在未来的某一时期，股东以外的各种利益集团对企业资产和收益的权利主张终将得到考虑，企业创造的财富亦将在股东和这些利益集团之间公平地予以分配，相应地，企业管理者最终会对企业潜在的利害关系人负担起法律所要求的广泛的社会责任。④

实际上，贝利在回应多德时，他和米恩斯（Means）的《现代公司与私有财产》一书已经出版。在这本书中他们已经接受了多德提出的宽泛的信托原则。提出现代公司"不再是一个私人经营单位，而是已经成为一个机构"⑤，

---

① Dodd E M. For Whom Are Corporate Managers Trustees? [J]. Harvard Business Review, 1932, 45(7): 1145–1163.
② Dodd E M. For Whom Are Corporate Managers Trustees? [J]. Harvard Business Review, 1932, 45(7): 1145–1163.
③ Berle A A. For Whom Corporate Managers Are Trustees: A Note [J]. Harvard Law Review, 1932(45): 1367.
④ Sheikh S. Corporate Social Responsibility: Law and Practice [M]. Cavendish Publishing Limited, 1996: 155.
⑤ Berle A A, Means G C. The Modern Corporation and Private Property [M]. New Brunswick: Transaction Publishers, 1932 (reprinted in 1991), preface.

由于所有权与经营权的分离,"消极的股东已经放弃了要求公司只为他们的利益而经营的权力",同时,社会可以"要求现代公司不只是服务其所有者或控制者而是要服务整个社会",管理者是"完全中立的技术官僚(purely neutral technocracy),他们必须平衡社会不同团体的各种要求,并根据公共政策而不是私人贪婪的原则给每个团体分配公司收入的一部分"①。贝利和米恩斯的这些看法清楚表明,他们事实上已经接受了多德所谓企业管理者的"更大范围的受托人职责原则"。

有意思的是,在贝利改变其想法的同时,多德也改变了自己的初衷,转而接受贝利(1931)早期的观点。1942年,多德在回顾20世纪30年代那场关于管理者受托责任的讨论时,他承认,他所提出的"建议公司管理者在一定程度上作为劳动者和消费者的受托人"的观点是草率的。从1932年到1942年的十年间,美国罗斯福政府的"新政"大量地干预经济活动,多德开始将自己对管理者期望的社会责任转寄希望于政治国家。多德(1942)认为,既然这些利益团体已经加强了他们相对于公司的法律地位,那么他们的受托人就是律师。也就是说,在社会责任可以借由法律保护来实现,公司不需要再承担相应的社会责任。

1954年,贝利在《20世纪的资本主义革命》一书中总结了这场源于30年代的讨论:"20年前,我和已故的哈佛大学法学院的多德教授有过一场争论,笔者认为,公司的权力是对股东的受托责任,而多德教授主张,这种权力是对整个社会的受托责任。这场争论以赞同多德的观点结束(至少到目前为止)。"② 这表明,贝利已不再把企业管理者的职能限于组织企业的经营活动以最大化股东利润,而作为既具经济动机,又负有社会责任的企业的所有利益相关者之受托人看待。

贝利和多德在从20世纪30年代起到50年代结束的关于公司受托责任的讨论表面上看说是争论,其实二者的观点在根本上看是一致的,都认同现代公司是一个负有社会责任的社会组织,管理者负有宽泛的受托责任,他们分歧的焦点只是在于现实中是否缺乏一个使得现代公司及其受托人承担社会责任的机制,贝利(1932)担心管理者的权力不受约束而提出用股东的权力来限制管理者。他们的讨论延续了20多年,其间两位学者的观点发生了很有意思的变

---

① Berle A A, Means G C. The Modern Corporation and Private Property [M]. New Brunswick:Transaction Publishers, 1932 (reprinted in 1991):355-356.
② Berle A A. The 20th Century Capitalist Revolution [M]. New York:Harcourt, Brace and Company, 1954:169.

化,直至 1954 年以贝利完全赞同多德(1932)的观点,认同公司社会责任以及管理者宽泛的受托责任结束。

二、贝利和梅恩基于自由市场合理性的社会责任论争

贝利和多德关于公司控制权责任的论争,最后以贝利的认输而结束,但关于企业社会责任的争论却继续走向深入。

1962 年,梅恩在《哥伦比亚法学评论》上发表《对现代公司的"激烈批判"》一文,深入探讨了现代公司的政治地位、现代公司的作用等,对贝利关于现代公司要承担社会责任的观点进行了激烈的驳斥,"虽然贝利曾一度很认真地考虑了少数重要的管理者手中所掌握的不受控制的权力,但是他现在认为这不是一个主要的问题。今天,贝利发现他可以容忍这种权力,因为管理者受到他所说的'公共意识'的控制。公共意识之所以能发挥作用,是由于管理者认识到某些行动的正确性或者是为了避免政府行为而采取某些行动的必要性"。"贝利从来没有说清楚,为什么公司管理者在这些决策上会比其他人做得更好。"[1] 在梅恩看来,管理者并不一定具有承担社会责任的能力,而且让一个生意人完全介入到捐赠活动中并取代市场的作用是一种很糟糕的决策机制。说到底,梅恩的立场就是要坚持自由市场经济,"如果公司要在一个高度竞争的市场上出售产品,他就不可能从事大量的非利润最大化的活动,如果他一定要这样做,那么很可能就无法生存"[2]。

面对梅恩的批驳,贝利毫不客气地给予了回击。在 1962 年同一期《哥伦比亚法学评论》上紧接着梅恩那篇《对现代公司的"激烈批判"》的就是贝利的回应《公司制度的现代功用》。贝利(1962)主要是否定了古典的自由市场经济在现代社会的合理性。在贝利(1962)看来,最初由亚当·斯密在《国富论》中提出的古典的自由市场理论已经不再适用于现代公司。少数几百家公司主导了整个经济,三至四家大公司就控制了一个行业,同时大量的股票分散在消极股东的手中,自由市场理论已经失去了完全竞争的市场条件。如果硬要将现代公司放到自由市场的框架里去,会显得十分"别扭"。贝利指出,"我认为,这是 19 世纪观点的最后挣扎。梅恩已经尽了他最大的努力,但是事

---

[1] Manne H G. The "Higher Criticism" of the Modern Corporation [J]. Columbia Law Review, 1962, 62 (3): 399 – 432.

[2] Manne H G. The "Higher Criticism" of the Modern Corporation [J]. Columbia Law Review, 1962, 62 (3): 399 – 432.

实要困难得多"①。"在全世界几乎就不存在一个地方，古典的自由市场制度不受到控制，不是受到全国性的经济计划的影响，就是受到针对某些行业的特定计划的控制，美国也不例外。"②

梅恩始终坚持自己的观点。同年 9 月，在《公司责任、商业动机以及现实》一文中，梅恩（1961）更是预言，公司社会责任会造成垄断和政府管制的增加。在梅恩看来，在一个完全竞争的行业中，公司的捐赠行为带来的成本增加会危及公司的生存，所以他断言"公司所能承担的非经营成本越高，征收的垄断租金就越高"。而垄断和政府管制这两个可能的结果都会威胁到自由经济制度，自然不是梅恩所能容忍的。

与贝利和多德自 20 世纪 30 年代起到 50 年代结束的讨论相比，贝利和梅恩在 20 世纪 60 年代的这场争论有着本质不同。一是争论的问题的不同。贝利和多德的讨论针对的是管理者的受托责任，而贝利和梅恩的争论是以古典自由市场理论为基础的传统的企业理论与现代企业理论之争，问题更为尖锐。二是基本的立场不同。贝利和梅恩的根本出发点都是认同公司是一种社会组织，利润最大化不是公司唯一的目标，而梅恩则是站在截然相反的立场上，认为公司只是一种经济组织，强调公司社会责任会危及自由市场经济。所以两场争论的结果也大不相同。贝利和多德先后公开表示接受对方的观点，而贝利和梅恩的争论，立场截然不同，观点针锋相对，最后双方也无法达成共识。

三、公司社会责任思想的现代讨论

在两场论战之后，关于公司社会责任思想的争论范围在不断拓展，并且向纵深方向推进。由于企业社会责任涵盖的问题极为广泛，吸引了不同学科领域和不同价值取向的学者不断加入进来，使社会责任的研究全面展开，精彩纷呈，极大地丰富了社会责任的理论资源。

（一）自由主义对公司社会责任思想的批驳

（1）弗里德曼（Friedman）：企业的社会责任就是增加利润。在企业社会责任的诸多反对者中，芝加哥学派的观点最具代表性和影响力。其中，弗里德曼就是极力倡导经济自由主义，反对国家干预，反对社会责任的经济学家。进

---

① Berle A A. Modern Functions of the Corporate System [J]. Columbia Law Review, 1962, 62 (3): 433 – 449.

② Berle A A. Modern Functions of the Corporate System [J]. Columbia Law Review, 1962, 62 (3): 433 – 449.

入20世纪70年代后,他对企业社会责任的批评更是趋于公开化和激烈化,可以说,"在美国,企业的主要甚至唯一目标是最大化股东利润的传统观点,最经常的是与荣膺诺贝尔奖的经济学家弗里德曼相联系的。"① 在《资本主义与自由》中,弗里德曼提出了他对企业的社会责任的观点,他将企业的社会责任表述为:"在这种经济中,企业仅具有一种而且只有一种社会责任——在法律和规章制度许可的范围之内,利用它的资源和从事旨在于增加它的利润的活动。这就是说,从事公开的和自由的竞争,而没有欺骗或虚假之处。"② 在他之后发表的《企业的社会责任》一文中还有两处表述,一处表述为:在遵守基本的社会规则——既指包含在法律中的社会规则,又指包含在伦理习惯中的社会规则——的同时,尽可能多地赚钱。另一处表述为弗里德曼对企业社会责任的总结:在自由社会,存有一项且仅存一项企业社会责任,这就是在遵守游戏规则的前提下使用其资源从事旨在增加企业利润的各种活动,或者说,无欺诈地参与公开而自由的竞争。③ 弗里德曼实际上将企业社会责任与企业营利最大化等而视之。

弗里德曼将企业社会责任与企业利润相等同,对企业的社会责任范围限定于法律和道德的边界内,主要有三条理由。第一,由于股东是企业的所有者,管理者是股东的雇员,股东与管理者是委托—代理关系,这一关系决定了管理者对股东的信义责任,因此,管理者必须按照股东的利益行事。而股东的目标被假定为追求利润最大化,因而这也就成为管理者的当然目标。管理者如果在管理过程中牺牲企业利益,按照社会利益行事,他实质上就侵犯了股东的利益,是非法处置作为所有人的股东的资产的行为。若单个股东愿意将其收入赠给慈善事业,则他们得自由而为之,因为这些财产是他们自己的;若企业管理者希望承担其对社会的责任,则他们应以其自己的资金、时间和精力为之,而不得慷股东之慨,或者分散其经营企业的时间精力;若私人的慈善捐助不足以满足社会的期望和要求,则政府有责任以税收的方式聚集必要的资金以解决之,而不能通过企业管理者代表企业攫取股东的财产来缓解这种资金供求矛盾。第二,促进社会福利是政治机构的责任,企业的管理者承担社会责任是越俎代庖。弗里德曼指出,企业负担社会责任,意味着企业管理者必然以某种非

---

① Beauchamp T L, Bowie N E. Ethical Theory and Business Practice (Forth Edition) [M]. Prentice Hall, Englewood Cliffs, New Jersey 07632, 1996:49.

② Friedman M. Capitalism and Freedom [M]. Chicago:Chicago University Press, 1962.

③ Friedman M. The Social Responsibility of Business Is to Increase Its Profits [N]. New York Times, 1970-09-13.

着眼于企业利益的方式而行事，例如，其应避免产品价格的上涨，以致力于抑制通货膨胀，尽管产品价格上涨符合企业的最大利益；其应不考虑企业的最大利益或在超越于法律要求就减少污染支付额外费用，以致力于改善环境；其得以牺牲企业的利润为代价，录用"到哪儿都需要救济的难民"（Hardcore），而非唾手可得的合格员工，以致力于缓解和消除贫困。弗里德曼认为，凡此种种忽略企业最大利益而追求所谓普遍社会利益的做法，均系企业管理者耗费他人钱财之表现。就其谋求社会责任而减少了股东收益而言，他在花费股东的钱财；就其谋求社会责任增加了企业成本并因此而提高了产品价格或降低了雇员的工资而言，他在花费消费者或雇员的钱财。若在此意义上进而引申，则可以认为，企业管理者追求社会责任，实则征税并决定税收用途之行为。此种取向，不仅有违一般政治原则，而且将在实践中产生严重的弊害。而税款之征收和使用，向为政府的基本职能，允许企业管理者承担此项职能，无异于把作为股东代理人的企业管理者变成公众的雇员或国家公务员；从现实地看，企业管理者尽管被认为是经营企业的专家，却并非处理和解决社会问题的能手，由其决定向谁课税、课征多少以及税款投向何方等重大、复杂的事项，显然为其力所不逮，若勉为其难或任其为之，非但不能妥善处理社会矛盾，企业管理者本身亦将最终招致消费者、股东和员工的抛弃。第三，让企业承担社会责任会损害自由社会的基础。在弗里德曼心目中，企业利润归股东所有并只能由其处置，此乃企业利害关系人间合同安排的结果。依此合同安排，雇员和管理者获得工资，作为其所提供劳务之报酬；原材料供应商根据供求法则，通过与企业直接谈判之方式，取得其所提供给企业产品之价款；当地社区则通过税收方式从企业获得利益。扣除这些支出后的剩余资金，则为企业实现的利润，依照协议，其应属股东所有；股东出资于企业，即表明其承担了一定的风险，利润也就应是他们依合同承担风险的回报。弗里德曼进而认为，此种建立在自愿基础上的合同安排不仅是正当的，而且可以最大化经济自由，并进一步为政治自由创设必要之条件。与此相反，让企业负担社会责任，必将打破这种建立在自由之上的和谐秩序，并最终引致社会的混乱。

弗里德曼指出，"很少有其他倾向能够像企业管理者接受社会责任而非奉守为股东赚取尽可能多的钱那样，严重地动摇我们的自由社会的根基"；"企业社会责任"乃"极具颠覆性的学说"①。

（2）哈耶克与波斯纳对社会责任的批判。在企业社会责任的反对者中，

---

① Friedman M. The Social Responsibility of Business Is to Increase Its Profits [J]. New York Times Magazine, September 13, 1970.

两位学者哈耶克与波斯纳的观点值得提及。与弗里德曼一样，作为一位诺贝尔经济学奖得主，哈耶克也是自由秩序的著名倡导者，其关于自由社会的理论构建亦颇具影响。在哈耶克看来，自由乃一种人的状态；在此状态中，一些人对另一些人所施以的强制（coercion），应在社会中被减至最小可能之限度。① 自由可以提供一些为全面计划管制的社会所没有的东西，这就是自律、革新与创造。在他的观念中，企业社会责任是有悖于自由的；企业参与社会活动的日渐广泛必导致政府干预的不断强化。因为，企业应服务于特定公共利益以践行其社会责任的观念愈是深入人心，则政府作为公共利益的当然代言人有权要求企业必须为一定行为的论调便越是令人信服；从长远来看，企业及其管理者根据自己的判断而行善的权力必然是暂时的，他们将最终为这短暂的自由付出高昂的代价，那就是不得不按照被当作公共利益代言人的政治权威之命令行事。② 显然，哈耶克对企业社会责任的拒绝，主要是建立在由企业社会责任到政府干预、由政府干预到损害自由的推断之上的，哈耶克以其在学术界尤其是经济学界的崇高地位而使其企业社会责任观与其理论体系一道得以广泛传播。

而另一位企业社会责任的反对者波斯纳的企业社会责任观，则因其在法律的经济分析方面取得的卓越成就而令人瞩目。依波斯纳之见，企业之目标，唯在利润最大化；人们全无必要因企业疏于关注社会问题而焦虑、悲伤。他列举了公司承担社会责任、不以利润最大化为唯一目标的危害：首先，试图以最低成本为市场生产产品而又改良社会的经理，最终可能将一事无成。其次，公司社会责任的成本会在很大程度上以提高产品价格的形式由消费者来承担，这不仅损害了消费者利益，而且最终企业亦会被逐出市场。最后，公司履行社会责任会降低股东自己履行社会责任的能力；而与此相反，公司利润最大化却可以增加股东的财富，股东可以以这种资源来对政治、慈善捐款等作出贡献。③ 在这里，波斯纳对企业社会责任的分析以及对企业目标的选择，是着重建立在他的法律效率观的基础之上的。

（二）对企业社会责任观的支持

（1）部分传统自由市场理论信奉者转而支持企业社会责任观点。20 世纪

---

① 参见哈耶克《自由秩序原理》，邓正来译，生活·读书·新知三联书店 1997 年版，第 3～4 页。

② Hayek F A. The Corporation in a Democratic: In Whose Interest Ought It and Will It Be Run? [M]. In H. I. Ansoff (ed.), Business Strategy, Harmondworth, 1969: 266.

③ 参见波斯纳《法律的经济分析（下）》，蒋兆康译，中国大百科全书出版社 1997 年版，第 544～547 页。

第一章　企业社会责任的研究概况

60 年代以来也有众多倡导和支持企业社会责任的理论观点。在这方面，最引人注目的，莫过于一些传统自由市场理论的信奉者在企业目的问题上放弃了对一元主义的利润最大化理论之绝对推崇，转而公开表现出对企业社会责任一定程度的接受。例如，曾对贝利主张企业社会责任、认为企业管理者是企业所有利害关系人之受托人极为不满的梅恩，此时已采取了一种较为激进的态度来看待企业社会责任问题。他认为，对于企业管理者追求利润以外的目标不能施以太严格的限制，他们得从事一定形式的非最大化利润的行为，诸如为慈善捐赠等，只要此等社会行为得为企业及其股东带来直接的或间接的利益，即为恰当，因为这些行为所体现的，乃一种"开明的自利"（an enlightened self-interest）之哲学观。[1]

另一位思想发生转变的颇具影响的学者是弗里德曼。20 世纪 80 年代末，弗里德曼修正了其以前的观点，他提出，只要企业负担社会责任能够给企业带来直接的经济利益，或者企业履行社会责任系缘自股东的指示，则企业利润最大化可以与企业社会责任和谐共存。弗里德曼还进一步确信，在某些场合，企业的社会性行为的确可以使企业获得金钱利益或者取得产生金钱利益的广告效应。亦正因为如此，弗里德曼进而认为，企业履行社会责任，得视为企业追求自身利益过程中的妥适行为，而且，此种行为之目的，与其说是为了公共利益，毋宁说在于谋求企业的自我利益。[2] 由上述介绍不难看出，无论是梅恩，还是弗里德曼，他们对企业目的的定位在方法论上并未彻底摆脱"唯利是图"的窠臼，以至于以一种自利观解释和检验企业社会责任的正当性。但尽管如此，他们对企业社会责任某种程度的认可，仍然是十分明显的。

与梅恩和弗里德曼对企业社会责任的接受仅仅是出于企业或股东本位之考虑不同，在这一时期，另有诸多学者立足于对企业所有利害关系人的关爱而力倡企业社会责任。例如，20 世纪 60 年代以来兴起的管理学派极力主张企业社会责任，针对公司，他们认为，"董事和经理们是站在与公司经营所涉及的股东、雇员、代理商、原材料及设备供应商乃至全社会等各种利益的交叉点上，这些利益中很难说谁占主导地位，董事们需同时满足它们"[3]。这一肇始于 20 世纪 60 年代初的利益相关者理念经过美国弗吉尼亚大学弗里曼教授等众多学

---

[1] Sheikh S. Corporat Social Responsibility: Law and Practice [M]. Cavendish Publishing Limited, 1996: 26-27.

[2] Friedman M. Freedom and Philanthropy: An Interview with Milton Firedman [J]. Business and Society Review, 1989, 71: 11-14.

[3] 参见张开平《英美公司董事法律制度研究》，法律出版社 1998 年版，第 167 页。

者的努力，最终风靡于当今理论界，成为企业社会责任的深层次的理论基础。

（2）利益相关者理论的兴起。利益相关者理论的鼻祖弗里曼给利益相关者下了一个日后成为经典的广义定义："一个组织里的利益相关者是可以影响到组织目标的实现或受其实现影响的群体或个人。"[①] "利益相关者指那些在公司中存有利益或具有索取权的群体。更确切地说，我把供应商、客户、雇员、股东、当地的社区以及处于代理人角色的管理者包括到这一群体里。"唐纳森[②]（Donaldson）曾表示："相关利益者理论家对居于现代经济和管理理论中心的传统观点提出了挑战。"[③] 唐纳森所说的现代经济和管理理论中心的传统观点就是指"股东价值最大化"理论。

相关利益者理论具有两大理论基础，一个是契约理论，另一个是产权理论。根据契约理论，企业由"一组"契约所构成，这"一组"契约中也包括企业与管理者、雇员、所有者、供应商、客户及社区等相关利益者之间的契约，每一个参与订立契约者实际上都向企业提供了自己的专有资源，作为交换，他们的权益应该都要被照顾到。股东与管理者之间的委托代理契约其实只是相关利益者与管理者之间契约的一种。在产权理论上，利益相关者理论主张，必须从多元理论的角度来重新定义产权，即根据自由意志论、功利主义和社会契约论的原则达到多元"分配公正"（distributive justice）。按照自由意志论者的观点，财产所有权者可以自由地处置自己的资产，但根据功利主义原则，这种处置不得损害他人的利益需求。按照社会契约论，经济主体在财产分配和使用上必须相互沟通和相互理解。这种多元"分配公正"的理论最终肯定了企业利益相关者的利益。[④]

相关利益者理论和公司社会责任出现了相互结合的趋势，两者的全面结合出现在20世纪90年代。相关利益者理论不仅为公司社会责任研究提供了理论依据，而且明确了公司社会责任的定义，找到了衡量公司社会责任的正确方法。

在企业社会责任的定义方面，克拉克森（Clarkson）认为社会责任的各种定义缺乏清晰和特定的规范性内涵。克拉克森批评说，诸如"为谁承担社会

---

① Freeman R E. Strategic Management: A Stakeholder Approach [M]. Boston: Pitman Publishing Inc., 1984: 46.

② Freeman R E, Reed D L. Stockholders and Stakeholders: A New Perspective on Corporate Governance [J]. California Management Review, 1983, 25 (3): 88 – 106.

③ Donaldson T. The Stakeholder Revolution and the Clarkson Principles [J]. Business Ethnics Quarterly, 2002, 12 (2): 107 – 111.

④ Donaldson T, Preston L. A Stakeholder Theory of the Corporation: Concepts, Evidence, and Implications [J]. Academy of Management Review, 1995, 20: 65 – 91.

责任?""对什么事情做出回应?""由谁以及用什么标准来判断公司社会表现?"之类的合法性问题都没能让企业管理者得到满意和有意义的答案。克拉克森甚至说,公司社会责任、公司社会回应和公司社会表现这几个概念之所以出现失败、混乱和误解,主要是"社会"一词含义不清,很容易让人从"中性"的"社会"一次联想到"社会主义"那一面去。利益相关者概念为其明晰了社会责任的范围,将社会责任的对象确定为现实的利益相关者,为利用利益相关者关系来衡量公司社会责任的理论提供了思路。[①]

利益相关者理论也使公司社会责任的研究找到了正确衡量公司社会责任的方法。公司社会责任的早期研究在对究竟如何衡量公司社会责任没有一致的认识,导致基本方法上出现混乱。无论是早期出现的"声誉指数法"和"内容分析法"还是较迟相继推出的《财富》"公司声誉评级法"、"TRI法"和"公司慈善法"都存在前述的种种问题。而"从相关利益者理论的角度,公司社会业绩则是用公司是否满足多重相关利益者的需要来加以衡量"[②]。20世纪90年代后,从与相关利益者之间关系来衡量公司社会责任的KLD指数在公司社会责任研究中得到了普遍的应用。KLD指数主要是从与相关利益者之间关系的角度来衡量公司的社会责任,这样,公司社会责任被演化为公司与相关利益者的关系。因此,KLD指数体现了相关利益者理论的精华,难怪相关利益者的理论大师伍德(Wood)和琼斯(Jones)把它看成是公司社会责任研究中"研究设计得最好、也最容易被理解"的衡量方法。[③]

除了上述学者以外,这一时期力倡企业社会责任影响较大的学者还包括英国的希克博士(Dr Saleem Sheikh)、美国布鲁金斯研究所(The Brookings Institution)高级会员布莱尔(Margart M. Blair)女士,等等。在这里我们不再一一详述。

四、企业社会责任理论论争总结

从以上企业社会责任实践与理论的历史发展来看,企业的社会责任其实是

[①] Clarkson M B E. A Stakeholder Framework for Analyzing and Evaluating Corporate Social Performance [J]. Academy of Management Review, 1995, 20 (1): 92 – 117.

[②] Ruf B M, Krishnamurty M, Robert B M, Janney J J, Karen P. An Empirical Investigation of the Relationship between Change in Corporate Social Performance and Financial Performance: A Stakeholder Theory Perspective [J]. Journal of Business Ethics, 2001, 32: 143 – 156.

[③] Wood D J, Jones R E. Stakeholder Mismatching: A Theoretical Problem in Empirical Research on Corporate Social Performance [J]. The International Journal of Organizational Analysis, 1995, 3 (3): 229 – 267.

一个历史的范畴；是社会演进到一定阶段后的产物；是社会大众共同利益推动而形成共同的价值观，进而推动形成社会运动和社会压力集团使然。这种压力施加于企业从而影响到企业利润的实现，迫使企业主动调整自己的行为，承担相应的社会责任。面对公众的利益和社会的压力，再强有力的理论辩白和观点的论争，都显得无济于事。从贝利自认失败，到弗里德曼最终赞同社会责任，都表明了私人利益对公众利益的服从。正是这种社会利益和公众的压力，形成了对企业行为的社会调控，造成企业行为利己与利他的统一、社会责任与利润追求的统一、外部驱动与内部驱动的统一。

第三节　企业社会责任的定义及比较

到目前为止，很大部分的社会责任研究仍然在致力于企业社会责任内涵的诠释，如企业社会责任的对象、主体、范围、利益相关者的界定等。在没有弄清这一问题之清，其他的研究将很难展开。

从20世纪上半期开始，无论是社会责任的支持者还是反对者，都试图努力对企业社会责任的概念给出一个清晰的定义。特别是20世纪70年代，对CSR的定义达到了一个高峰。但无论是褒还是贬，对于什么是公司社会责任，他们都没有给出一个明确和可被广泛接受的定义。而且有关企业社会责任的概念的说法也越来越多，包括企业责任、企业伦理、企业反应、企业表现、企业公民等。有的将其看成是慈善捐赠，有的将其看成是遵纪守法，有的将其看成是关心环境、关爱社会。我们可以对这些定义进行归纳梳理，从中寻找企业社会责任的本质特征，及其对企业社会责任驱动的相关界定。

一、企业社会责任的各种定义

（一）鲍恩（1953）：公司社会责任概念的提出

早在1930年，谢尔顿就在开始思索与谈论企业社会责任。但第一个从企业对社会责任的视角对企业社会责任给出完整定义的人是鲍恩（1953）。[①]1953年，鲍恩的划时代著作《商人的社会责任》（*Social Responsibilities of the*

---

① Bowen H R. Social Responsibilities of the Businessman [M]. New York: Harpor & Row, 1953.

Businessman)被公认为标志着现代公司社会责任概念构建的开始。鲍恩首先明确了"企业（business）"指的是当时的数百家大公司，可以统称为大企业；"商人（businessman）"指的是这些大公司的经理和董事；"社会责任原则（doctrine of social responsibility）"指的是一种思想，认为商人自愿承担社会责任是改善经济问题和更好地实现我们追求的经济目标的可行方法。综合起来，"商人的社会责任"是指"商人具有按照社会的目标和价值观去确定政策、做出决策和采取行动的义务"①。

鲍恩的概念中包含了三个重要的内容。一是强调了承担公司社会责任的主体是现代大公司。② 二是明确了公司社会责任的实施者是公司管理者。鲍恩认为管理者是"被强制（forced）"和"被劝说（persuaded）"考虑社会责任的，尤其是大公司所有权与经营权的分离，为这种思想的发展提供了"有利的环境"。③ 三是明晰了公司社会责任的原则是自愿。这点将公司社会责任与法律约束和政府监管加以区分。卡罗尔（Carroll）对鲍恩和他提出的公司社会责任概念给予了很高的评价，认为鲍恩可以因此称得上是"公司社会责任之父"④。

（二）戴维斯（1960、1967）：公司社会责任概念的完善

戴维斯（Davis）是在 1960 年对企业社会责任进行定义的人之一。戴维斯⑤提出，如果站在管理学的角度来看，公司社会责任是指"商人的决策和行动至少有一部分不是出于公司直接的经济和技术利益"。这里，他借用了鲍恩的"商人"一词。戴维斯分析了公司社会责任的两面性：一面是公司社会责任的经济性，由于商人管理的是社会中的经济组织，所以他们在影响公共福利的经济发展方面对社会负有很大的责任；另一面是公司社会责任的非经济性，商人同时负有培养和发展人类价值观的责任，这是截然不同的一类社会责任，无法用经济价值的标准来进行衡量。所以，戴维斯总结说，公司社会责任意味公司对他人具有"社会—经济"和"社会—人类"两种义务，而通常大家都忽略了"社会—人类"义务。戴维斯认为企业社会责任指"企业对问题的思

---

① Bowen H R. Social Responsibilities of the Businessman [M]. New York：Harpor & Row，1953：6.
② Bowen H R. Social Responsibilities of the Businessman [M]. New York：Harpor & Row，1953：7.
③ Bowen H R. Social Responsibilities of the Businessman [M]. New York：Harpor & Row，1953：103.
④ Carroll A B. Corporate Social Responsibility：Evolution of a Definition Construct [J]. Business & Society，1999，38（3）：268-295.
⑤ Davis K. Can Business Afford to Ignore its Social Responsibilities? [J]. California Management Review，1960，2（3）：70-76.

考应当超越企业狭窄的经济、技术和法律要求。企业应该以一种实现社会利益与企业追求的传统经济效益相统一的方式来考虑企业的决策行为对外部社会的影响的责任。""法律终止的地方也就是社会责任开始的地方。一家企业如果仅仅只是满足于法律的最低限度的要求是不负责任的,因为任何一家追逐企业利润最大化的企业都能做到。社会责任要求更进一步,要求企业接受超越于法律要求之上的社会责任。"

(三) 美国经济开发委员会：社会责任的同心圈模型

在1970年,对企业社会责任问题的研究迅速增加,利益相关者的理论开始出现。这一时期最为重要的一个定义来自于经济发展委员会[①]所下的定义。在美国经济开发委员会于1971年发布的《商事公司的社会责任》报告中,该机构明确表示:"企业的职责要得到公众的认可,企业的基本目的就是积极地服务于社会的需要——达到社会的满意。"报告用三个同心圈、两个大类来对企业社会责任这一概念的外延加以描述。其中,同心圈的最里圈是企业必须履行的经济职能方面的基本责任,如产品、就业以及经济增长等；中间一圈包括企业在执行经济职能时对社会价值观和优先权的变化应采取积极态度的责任,如尊重员工、对消费者负责和保护环境等；最外一圈则是指那些新出现的尚不明确的责任,它要求企业必须自觉地参与到改善社会环境的活动中来。[②] 美国经济开发委员会还把企业社会责任行为区分为两个基本类别：一是自愿性行为,即由企业主动实施且企业在实施中发挥主导作用；二是非自愿性行为,由政府引导或通过法律规定加以强制执行。该报告把企业社会责任具体化为"企业对社会负责的一系列行为或任务",为此后美国的企业社会责任讨论奠定了基调。

(四) 弗里德曼：公司唯一的社会责任就是尽可能多地赚钱

作为反对公司社会责任思想的代表人物,弗里德曼站在他一贯信奉和宣扬的自由经济的立场上对公司社会责任进行诠释。首先,他澄清了公司社会责任的承担者是管理者而不是公司。他指出公司是虚拟的人,其责任也是虚拟的,所以公司作为一个整体是不能负有责任的。要分析公司社会责任,第一件事是

---

① CED (Committee for Economic Development). Social Responsibilities of Business Corporations [R]. New York, 1971.

② CED (Committee for Economic Development). Social Responsibilities of Business Corporations [R]. New York: 1971.

必须明确社会责任是针对谁而言的。他认为只有自然人才能承担责任，因此承担社会责任的人是商人，包括业主或公司管理者，如果论及所有权与经营权相分离的现代公司的社会责任，那么承担者就是公司管理者。其次，他用四种花钱的方式作比喻区分了公司管理者作为委托人和代理人履行社会责任的不同意义。第一种花钱方式，你为自己花自己的钱，在这种情况下，钱的花费是最明智的。第二种是你用你自己的钱为别人购买产品或服务，如我们给某人赠送圣诞礼物。在这种情况下，我们花钱的能力取决于我们对接受礼物的人的爱好的满足与理解能力。只要看一眼圣诞节后的百货公司就可以明白顺利完成这一任务的艰巨性。第三种就是我们花别人的钱来满足自己，比如当我们报销账单时。在这种情况下，我们很少有节约的念头，因为是别人付费。最后一种情况是我们花别人的钱帮别人办事。根据弗里德曼的观点，这正是那些政治家所做的，因此，他高度怀疑政府明智地花费这些钱的能力。假如大企业的所有权与控制权分开，经理人承担社会责任也是在花别人的钱，而且是为了广泛的社会的利益，不是为了雇主的利益。所以，他们必须对他们的行为负责。[1]

基于上述分析，弗里德曼声称："在自由经济中，企业有且仅有一个社会责任——只要他处在游戏规则中，也就是处在开放、自由和没有欺诈的竞争中，那就是要使用其资源并从事经营活动以增加利润。"[2] 1970年，弗里德曼发表在《纽约时报》上的《企业社会责任》一文的结尾处再次重申了他对公司社会责任所下的这个定义。[3] 1989年，《商业与社会评论》刊登了对弗里德曼的访谈记录，篇首语为"自由市场的主要捍卫者看社会责任"。时隔多年，弗里德曼依旧坚称：公司确实有社会责任，那就是"在遵守法律和相应的道德标准的前提下尽量多挣钱"[4]。

在1980年和1990年，很少有企业社会责任的定义，但人们更致力于测量和实施企业社会责任的研究。与企业社会责任紧密相关的新的概念大量出现，如利益相关者理论、企业道德、企业治理、企业反应、企业社会绩效和企业公民。这些概念紧密相关却又各不相同，导致企业社会责任的概念更加复杂。

---

[1] Waldman D A, Siegel D. Theoretical and Practitioner Letters: Defining the Socially Responsible Leader [J]. The Leadership Quarterly, 2008 (19): 117 – 131.

[2] Friedman M. Capitalism and Freedom [M]. Chicago: The University of Chicago Press, 1962: 133.

[3] Friedman M. Social Responsibility of Business [M]. In "An Economist's Protest: Columns in Political Economy". New Jersey: Thomas Horton and Company, 1970: 184.

[4] Friedman M. Freedom and Philanthropy: An Interview with Milton Friedman [J]. Business & Society Review, 1989, 71: 11 – 18.

(五) EU (2001、2002): 欧盟提出的公司社会责任概念

2001年7月18日,欧盟委员会发布了题为"推动欧洲的公司社会责任框架"的绿皮书,旨在发起一场关于公司社会责任的广泛讨论,包括欧盟如何推动欧洲和全球公司社会责任,特别是如何实践并且是创造性地实践公司社会责任,如何增进透明度,如何提高评估的可信度和有效性。欧盟希望通过对这些问题的讨论,在欧洲建立一个推动公司社会责任的框架。这份绿皮书将公司社会责任定义为:"公司在自愿的基础上,将社会和环境问题与公司经营活动结合在一起,将公司和相关利益者的合作结合在一起。"① 2002年7月2日,欧盟又公布了《关于公司社会责任:企业对可持续发展的贡献》的文稿,作为"对去年绿皮书的跟进并推出欧盟的公司社会责任发展战略"。其中依然沿用原来绿皮书中关于公司社会责任的定义,但同时还明确公司的作用是"通过创造社会所需的产品和服务,特别是通过持续地创造就业机会,为其所有者和股东创造利润并同时增加社会福利"。并指出,"今天,商业上持续的成功和股东财富的增加,不可能只通过最大化短期利润获得,而是要通过市场引导下的负责任的行为才能实现"。欧盟的报告认为,尽管对公司社会责任存在很多种认识,但在三个方面是一致的:第一,公司社会责任是公司在法律要求之上,自愿采取的行为,因为公司认为这样做符合其长期利益;第二,公司社会责任本质上是与持续发展的概念联系在一起的,持续发展要求企业将经营活动的经济、社会和环境影响结合在一起;第三,公司社会责任不是公司核心活动之外可以任意选择的"附加品",而是如何管理经营活动的一种方法。②

欧盟的观点在理论上对公司社会责任概念有两个发展:一是将公司社会责任与可持续发展联系在一起,并建立了一个三角模型,经济、社会和环境构成三角形的三个边,有社会责任感的公司通过在其经营活动中将这三个方面相结合,支撑起社会的可持续发展,同时经济、社会和环境之间互相依存;二是将公司社会责任与相关利益者思想联系在一起,公司社会责任在公司相关利益者管理的过程中实现。③

有关企业社会责任的定义见仁见智,无以穷尽,我们在以上内容中只是介

---

① EU Commission. Green Paper: Promoting a European Framework for Corporate Social Responsibility [R]. 2001:4.

② Communication from the Commission, Concerning Corporate Social Responsibility: A Business Contribution to Sustainable Development [R]. 2002.

③ Communication from the Commission, Concerning Corporate Social Responsibility: A Business Contribution to Sustainable Development [R]. 2002.

绍了一些有代表性的社会责任的定义。可以说，没有哪个概念会像"企业社会责任"这样有着各种不同的定义。各国学者至今仍未达成一致的意见，而且现有的各种定义也遭到了诸多指责。正如萨里姆（Salem）所评价的那样，"也许，公司社会责任的概念是无法准确定义的，可能只能进行描述"①。不少学者认为，"企业社会责任"一词含义模糊，单凭这一点它就已失去了存在的意义。企业社会责任未能准确地规定企业的行为标准，充其量只不过是企业、政府和消费者团体相互斗争的工具。② 如韩国学者李哲松（2000）认为，"企业社会责任"一词未能具体揭示其责任的内容，无法起到行为规范的作用。③ 美国法学家曼恩教授指出："眼下非常时髦的企业社会责任的概念，仍未获得一个清楚的界说。直到最近，仍然无人做出努力把这一提法融入企业行为的系统理论之中。"④

也有学者对企业社会责任概念大加赞赏。斯通认为，企业社会责任的含义固然模糊不清，但恰恰由于该词模糊不清而获得了社会各界广泛支持。沃塔盛赞企业社会责任是个"绝妙的词汇"。这个词有含义，但因人而异。许多人把它与慈善捐款等同起来，有人认为它意味着企业要有社会良心，很多人认为它是正当性的同义语，少数人主张企业社会责任作为一种信托义务，要求商人比普通百姓要遵守更高的道德标准。⑤ 总之，企业社会责任成了企业行为"公平"、"正义"、"责任"的无所不包的代名词。

由于企业社会责任本身就是企业对社会期望的一种反应，而社会期望在不同的时期和不同的对象眼中都是不同的，它只能随着社会寄予企业新的期望而在社会生活中不断进行调适。但不管如何变化，在以下几个方面都是相同的：①企业社会责任的目的是在执行其经济职能的同时，最大限度地增进社会福利，或者促进企业生存于其中的社会的可持续性发展。②企业在追求股东利益的同时，必须承担对员工、社区和环境的责任。也就是说，如果说企业社会责任的定义存在差异，那就主要是在于企业社会责任的承担程度和方式的差异。

二、企业社会责任概念的研究模型

学者与研究人员自 1960 年以来建立了各种各样的模型来解释企业社会责

---

① Saleem S. Corporate Social Responsibilities: Law and Practice [M]. London: Cavendish Publishing Limited, 1996.
② 参见刘俊海《公司的社会责任》，法律出版社 1999 年版，第 6～7 页。
③ 参见李哲松《韩国公司法》，中国政法大学出版社 2000 年版，第 55 页。
④ 刘俊海《公司的社会责任》，法律出版社 1999 年版，第 4 页。
⑤ 参见刘俊海《公司的社会责任》，法律出版社 1999 年版，第 3 页。

任，我们主要讨论其中的五个，以增进对企业社会责任的进一步理解。

(一) 企业社会责任的同心圈模型

美国经济发展委员会（CED）1971 年[①]在《商事公司的社会责任》一文中，对企业社会责任（CSR）给出了一个的三同心圈的定义："里面的圆圈包括有效地执行经济功能的基本责任——产品、就业和经济增长。中间的圆圈包括实施经济功能所必需密切关注的社会价值与优先权的变化，要求企业满足环境保护，尊重员工，以及消费者对产品信息、公平交易和免遭损害的强烈期望。外面的圆圈代表企业应该更广泛地参与提升社会环境的活动中新出现的和不确定的责任。"这一定义首次给出了一种企业、员工和社区与环境相结合的综合定义方法。具体见图 1-1。

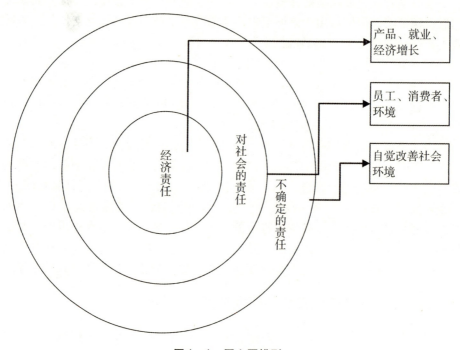

图 1-1 同心圈模型

---

① CED（Committee for Economic Development）. Social Responsibilities of Business Corporations. New York：1971.

(二) 卡罗尔的四部分模型

1979 年，卡罗尔（Carroll）① 试图对 1950 年到 1970 年的企业社会责任的概念进行整合，便提出了他的四部分模型，他认为企业社会责任包括四种：经济责任、法律责任、道德责任和自愿责任。这四种责任不是相互排斥的，也不是一种从对经济的关注的一个极端到对社会的关注的另一极端之间的连续状态，这四种责任对任何企业都同时存在，但历史表明，企业在早期更强调经济的责任，然后是法律责任，最后是道德责任和自愿责任。实际上他的四部分模型是 CED 同心圈模型的扩展。具体形式见图 1-2。

图 1-2　四部分模型

经济责任：首要的社会责任是经济责任。无论如何，企业是我们社会中基本的经济单元，因此，其有责任提供并销售社会需要的产品和服务以获得利润。

法律责任：企业作为社会的一部分，必须遵守社会的法律和规定。社会希望企业在法律的框架内履行他们的经济职能。

道德责任：即使前面两类责任体现了道德标准，但还有一些行为与活动不在法律规定的范围之内，却是社会成员所期望的，满足这类期望的行为属于道

---

① Carroll A B. A Three-Dimensional Conceptual Model of Corporate Performance Business and Society Review [J]. The Academy of Management Review, 1979, 4 (4): 497-505.

德责任。道德责任很难被定义，因此也是企业最难处理的责任。

自愿责任：自由决定的责任是社会没有给出清楚明确的信息的责任，需要企业自己去决定和选择。这些工作通常是纯粹自愿的，或纯粹是出于道德价值观的驱动。

卡罗尔关于企业社会责任的分类在之后的研究中被广泛接受。[1][2][3] 然而，这一分类没有考虑到社会成员与消费者，对此，克拉克森（Clarkson）[4]指出，卡罗尔的分类回答了"企业负责什么"的问题，却没有说明"企业对谁负责"的问题。同时唐纳森与普勒斯顿（Donaldson & Preston）[5] 也指出，企业不是对整个社会负责，而只对企业利益相关者负责，只有那些利益相关者才能影响企业的活动或受企业活动的影响。

（三）企业社会责任的需求层次模型

图佐尼罗和阿曼迪（Tuzzolino & Armandi）[6] 运用需求层次模型来说明企业是怎样进行利他活动的。他们借用马斯洛（Maslow）[7] 的需求层次理论模型，以此来提供一个更为清晰的、对企业的利润最大化原则加以扩展的社会责任概念模型。图佐尼罗和阿曼迪认为，企业的需求层次与马斯洛的个人需求层次相似。个人最基本的需求层次是生理需求，企业的首要动机是保持利润以维持企业的生存。第二个层次的企业动机是安全。企业更关注自己的活动如增强其竞争性，以保持相对于其他企业的竞争优势。第三个层次是归属动机。在这一水平上，企业关注于与行业协会建立关系，得到商业出版物的赞誉，与立法者讨价与合作。第四个层次是地位动机，代表对权力的需求、获得，企业主要关注于获得地位、产品主导、市场份额、形象建立与价格领导。最后是企业自

---

[1] Swanson D L. Addressing a Theoretical Problem by Reorienting the Corporate Social Performance Model [J]. Academy Management Review, 1995: 20 (1): 43 – 64.

[2] Wartick S L, Cochran P L. The Evolution of the Corporate Social Performance Model [J]. Academy of Management Review, 1985, 31 (1): 33 – 42.

[3] Wood D J. Corporate Social Performance Revisited [J]. Academy Management Review, 1991, 16 (4): 691 – 718.

[4] Clarkson M B E. A Stakeholder Framework for Analyzing and Evaluating Corporate Social Performance [J]. Academy Management Review, 1995, 20 (1): 92 – 117.

[5] Donaldson T, Preston L E. The Stakeholder Theory of the Corporation: Concepts, Evidence, and Implications [J]. Academy Management Review, 1995, 20 (1): 65 – 91.

[6] Tuzzolino F, Armandi B R. A Need Hierarchy Framework for Assessing Corporate Social Responsibility [J]. Academy of Management Review, 1981, 6, (1): 21 – 28.

[7] Maslow A H. Motivation and Personality [M]. New York: Harper Row, 1954.

我实现的需求，包括内部与外部各方面的需求。内部的需求因素包括员工关系、工作满意、薪酬计划、目标一致性及财务盈余。外部因素包括企业在公平机会、消除污染、产品可靠性、企业慈善与社会福利等方面满足或超越社会的期望。对社会负责任的企业是自我实现的企业。图佐尼罗和阿曼迪的概念可以通过图1-3加以表示。

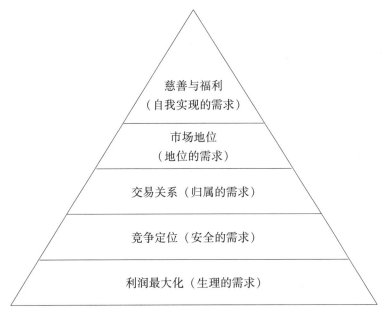

图1-3 需求层次模型

（四）企业社会责任的金字塔模型

为了更好地展示企业社会责任的含义，卡罗尔[1]后来将他的四部分模型扩展成了一个"企业社会责任金字塔"模型。卡罗尔指出四种社会责任（经济责任、法律责任、道德责任和自愿责任）组成了企业全部的社会责任，这四种责任可以描绘成一种金字塔形状（图1-4）。可以肯定，所有这些责任在一般情况下通常都存在，只是近年来道德与自愿责任有了更突出的地位。

经济责任：企业是作为经济实体而存在的，其首要动机就是提供产品和服务满足社会成员的需求，同时达到追求利润的目的。其他的社会责任都由企业

---

[1] Carroll A B. The Pyramid of Corporate Social Responsibility：Toward the Moral Management of Organizational Stakeholders [J]. Business Horizons, 1991, 7-8: 39-48.

的经济责任所决定的,没有经济责任,其他的责任无从谈起。

法律责任:社会不仅仅要求企业为追求利润而存在,同时企业要遵守法律法规。法律责任尽管是作为金字塔模型的第二层来展现企业社会责任的层次递进,但是它与经济责任一起被认为是自由企业制度的基础。

图1-4 金字塔模型

道德责任:经济与法律责任包括了伦理标准,如公平与正义,道德责任主要指那些没有被写进法律的且被社会成员所期望或禁止的行为或活动。道德责任包括消费者、员工、经理、股东和社区所关注的关于公平、正义或保护利益相关者权利的一系列标准、原则或期望。过去十多年的企业伦理运动确立了企业道德责任的牢固基础。即使它处于企业社会责任金字塔的第三层,但必须认识到它与法律责任是相互作用的。也就是说,当社会存在着高于法律要求的更高期望的时候,它会经常促进现行法律的拓宽与扩展。

自愿责任:自愿行为包括对更高社会期望的反应和让企业成为好公民的企业行为。它包括积极地参与促进人类福利的活动与项目。它与道德责任的显著区别就是,它不是伦理或道德所期望的范围之内的。社会希望企业捐赠钱物、设备和企业人力致力于人道事业,但如果企业没有这样做,社会也不会认为企业是不道德的。因此,慈善更具自愿或自由决定的性质。

（五）企业社会责任的三领域模型

施瓦兹与卡罗尔（Schwartz & Carroll）[①] 提出了企业社会责任的三领域模型（如图1-5），它包括三个责任领域：经济、法律与道德领域。严格地说，除了自愿责任因其动机的差异而被分别归于道德责任和经济责任之中以外，这些领域通常是与四部分模型和金字塔模型是一致的。

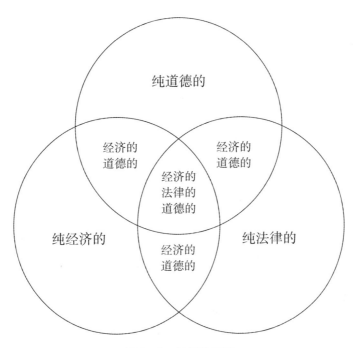

图1-5　三领域模型

经济领域：经济领域主要指那些在经济方面给企业带来直接或间接的积极影响的行为。在这一点上，它与卡罗尔[②]的经济责任的定义是相同的。其活动基于两个相关的标准：利润最大化和股东价值最大化。直接的经济活动包括增加销售的活动。间接经济活动包括如提升员工士气和企业公众形象的活动。因此，任何致力于提升利润和股东价值的行为都被认为是基于经济动机的。可以认为绝大

---

① Schwartz M S, Carroll A B. Corporate Social Responsibility: A Three-Domain Approach [J]. Business Ethics Quarterly, 2003, 13 (4): 503-530.

② Carroll A B. The Pyramid of Corporate Social Responsibility: Toward the Moral Management of Organizational Stakeholders [J]. Business Horizons, 1991, 7-8: 39-48.

多数的企业行为在本质上可能都是经济的。但是，也可能有一些行为可能会超越于经济领域之外，如果当有利可图的机会出现时他们不想最大化利润（最小化损失），或者他们参加这些活动却没有认真考虑可能给企业带来的经济后果。

法律领域：企业社会责任的法律领域属于企业对国家或当地政府的司法行为或通过法律原则所表现出来的社会期望的反应。

道德领域：道德领域指普通公众或利益相关者所期望的企业的伦理责任。这一领域包括对国内或全球的道德规范做出的反应。

三领域模型也有助于消除在卡罗尔的金字塔模型中各领域的层级关系理解的不一致性，提供了一种更好地区分企业活动的完整模式。

第四节 国内外企业社会责任研究的趋势

一、国外企业社会责任的研究趋势

20世纪末至今，国外对企业社会责任的研究热点及趋势主要集中于对企业社会责任的测量、企业社会责任与财务绩效之间关系、企业社会责任投资、企业社会责任的影响因素等几个方面，这一时期对企业社会责任理论的研究更加系统和深入。

（一）对企业社会责任绩效的测量

在国外，对企业社会责任的测量至今仍是一个测量方式复杂多样而且最难以处理的问题。

在实证研究领域，对企业社会责任的测评方法是多样化的。奥利斯克等人（Orlitzky, et al.）[1] 指出，目前没有普遍认可的企业社会表现测评方法，现有的测评方法主要有四种类型：

（1）对企业社会责任的披露进行分析。通常对企业年报、股东的信息或其他企业信息披露进行内容分析。格雷等人（Gray, Kouhy & Lavers）[2] 指出，

---

[1] Orlitzky M, Schmidt F L, Rynes S. Corporate Social and Financial Performance: A Meta-analysis [J]. Organization Studies, 2003, 24 (3): 403–411.

[2] Gray R, Kouhy R, Lavers S. Corporate Social and Environmental Reporting: A Review of the Literature and a Longitudinal Study of UK Disclosure [J]. Accounting, Auditing, and Accountability Journal, 1995, 8: 47–77.

企业社会责任信息披露一般分为环境信息披露和社会信息披露，环境信息披露指披露与自然环境、环境保护和资源使用方面的信息；社会信息披露指披露有关公司与社区、员工和社会关系方面的信息。但该方法的使用受到批评，因为年报以及其他文献资料往往反映的是企业主观选择和自我披露的信息，而不是实际的企业社会责任状况。

（2）企业社会责任声望评估。这是一种比较普遍的企业社会责任绩效测量法，以美国《财富》杂志的"财富声望指数"最为著名。所有声望指数都是依据一个假设：企业声望指数是潜在的企业社会责任价值观和行为的反映。《财富》名誉调查的结果主要来自于对企业高级经理人、董事和财务分析专家的调查，通过0～10量标来分析名誉的八大特征，进而鉴定行业内排名前十的企业，从而形成一个比较全面的企业名誉指标。许多研究者都引用这一评估指数的数据库信息。例如，麦圭尔等人（McGuire, Sundgren & Schneeweis）①对企业社会责任与企业财务绩效关系的研究，斯宾塞和泰勒（Spence & Taylor）②的企业社会责任与企业财务绩效关系的综述中都采用了该标准。但《财富》调查的企业数量十分有限，并且有许多学者认为，声望与现实之间是有距离的，声望评估指数容易受企业操纵媒体的能力影响。

（3）社会审核。这是对企业社会责任的操作和可观察到的结果的评估。通常是由第三方按照一套系统的评估指标对企业的社会责任表现进行系统的评估，结果比较客观、可靠。在企业社会责任研究领域中，KLD（即被Kinder, Lydenbeig & Domini开发的社会绩效企业目录）指数最为著名。KLD指数涵盖了诸多行业里的多个方面，且时间跨度较长，可以较好地评估公司社会业绩的变化。KLD指数从公司与相关利益者之间八个方面的关系来衡量公司的社会责任，其中主要的是社区关系、员工关系、自然环境、产品的安全与责任以及妇女与少数民族问题等方面。③ KLD指数涵盖了列入标准普尔500指数的公司及列入多米尼社会指数中的150家公司，共超过800家公司。KLD指数是由独立的分析师在广泛调查基础上建立起来的，从与相关利益者之间关系的角度来衡量公司的社会责任，按李克特（Likert）五分刻度制衡量每一家公司在上述

---

① McGuire, Sundgren, Schneeweis. Corporate Social Responsibility and Firm Financial Performance [J]. Academy of Management Review, 1988 (4): 854–872.

② Spencer B A, Taylor G S. A within and between Analysis of the Relationship between Corporate Social Responsibility and Financial Performance [J]. Akron Business and Economic Review, 1987 (3): 7–18.

③ 其他三个方面分别是核能、军备和南非事务。不过这三项具有很强的时效性。究竟是否需要从这三个方面来评价一个公司的社会责任也非常值得商榷，实际上学术界也存在激烈的争论。大部分学者均忽略掉这三方面。

五方面对待相关利益者的态度，其中 -2 为消极对待相关利益者，+2 为积极对待相关利益者。较为客观可信。但 KLD 也有缺点，如伍德和琼斯（Wood & Jones）[1]指出：第一，KLD 指数的评价刻度太过定性化，也非常粗糙；第二，没有赋予不同相关利益者以不同的权数；第三，受政治因素所影响，例如，KLD 指数中包括了南非问题在内，而公司并没有给出为什么要考虑这类因素而不考虑其他因素的理由；第四，虽然多米尼社会基金的业绩表现好于标准普尔 500，但并不能说明 KLD 指数的有效性，它只不过说明"善有善报"的说法有一定道理。也有人指出，《财富》调查跟 KLD 指标有些本身就是来自于财务信息的相关数据，所以如果用这些指标作为企业的社会责任绩效的测量标准，就很容易得到企业的社会现效与企业的财务绩效的正向关系，从而影响结论的准确性。[2]

（4）管理企业社会责任的原则与价值观分析。通常采用测量法分析企业文化中蕴含的价值观与原则，例如行为感知测量法。这种方法的主观性较强，可操作性差，难以得到客观严谨的结果。

可以说，企业社会责任研究的历史就是对企业社会责任绩效进行测量的历史。测量方法的多样性也导致了各种研究结果的不一致性和不可比性。因而，开发出一种普遍适用的、更为严谨科学的测量工具应该是企业社会责任领域未来的研究方向。

（二）对企业社会责任与企业财务绩效之间关系的研究

企业社会责任与企业财务绩效的关联性问题是 20 多年来国外企业管理领域研究的一个热点问题。由于越来越多的消费者、员工、供应商、社区、政府和一些股东鼓励企业对社会责任进行更多的投资，那么社会责任投资对企业财务绩效的影响如何就成了企业经营者和研究人员所关注的焦点。

20 世纪 70 年代中期，国际上就开始通过实证的方法来研究企业社会责任（CSR）与企业财务绩效（CFP）的关系，主要是关于一些简单而又重要的问题，如"污染有利可图吗"。随后的一些实证研究主要集中测试了股市的收益与企业社会责任的关系，这些研究只对一个维度的企业社会责任如环境污染感

---

[1] Wood D J, Jones R E. Stakeholder Mismatching: A Theoretical Problem in Empirical Research on Corporate Social Performance [J]. The International Journal of Organizational Analysis, 1995, 3 (3): 229 - 267 (239).

[2] Griffin J J, Mahon J F. The Corporate Social Performance and Corporate Financial Performance Debate: Twenty-five Years of Incomparable Research [J]. Business & Society, 1997 (1): 5 - 31.

兴趣。据马戈利斯与沃尔什（Margolis & Walsh）[①] 统计，截至2001年，公开发表的关于公司社会责任与财务业绩关系的实证研究共有122篇，这些文章无论在方法上还是对企业绩效的评估上都有了许多创新。研究者对多个产业的大企业进行了有代表性的研究，他们利用来自企业的会计数据作为企业财务绩效的评价指标。企业社会责任的评估也由单一的指标向多指标转换，许多研究还采用了专门的企业社会责任评价体系，如"财富企业名誉调查"、KLD、企业有毒废弃物排放量排行目录、企业伦理投资排行目录、SA 8000等。尽管这些研究在方法论上不断改进，但关于企业社会责任与企业财务绩效关系的实证研究的结论仍然存在争议。

在20世纪70年代的16项研究当中，大部分的研究表明两者是正相关，有4项研究表明两者的关系不确定或者没有影响，有1项研究表明两者成负相关。20世纪80年代的研究结果就比较分散，27项研究中有5项表明两者的关系不确定或者没有影响，在其余的研究中，一半的研究结果表明正相关，另一半的研究结果表明负相关。在20世纪90年代的8项研究中，有7项研究表明两者成正相关关系。综合以上研究结论，20世纪后30年的研究中，大部分的研究结果表明CSP与CFP成正相关，承担社会责任的企业会有较高的利润。有责任的企业如强生、可口可乐、IBM、3M、施乐等，在20世纪50年代到90年代的年增长率达到11.3%，而同期道琼斯行业平均增长水平约为6.2%。[②]

在1997年第1期《商业与社会》上，格里芬与马翁（Griffin & Mahon）[③] 发表了题为"公司社会责任与公司财务业绩之争"的文章，对从1972年到1994年间这一领域中经过同行评审发表的51篇研究进行了回顾。他们发现，得出公司社会责任与公司财务业绩负相关结论的论文共20篇，其中20世纪70年代1篇、80年代16篇、90年代3篇；认为正相关的文献共33篇，20世纪70年代12篇、80年代14篇、90年代7篇；还有9篇研究没有得出明确的结论。这51篇研究中，部分文章还同时得出正相关和负相关，或正相关和不相关，或负相关和不相关等不一致的结论。

[①] Margolis J D, Walsh J P. Social Enterprise Series No. 19 – Misery Loves Companies, Whether Social Initiatives by Business？[M]. Harvard Business School Working Paper Series, No. 01 – 058, 2001.

[②] Margolis J D, Walsh J P. Social Enterprise Series No. 19 – Misery Loves Companies, Whether Social Initiatives by Business？[M] Harvard Business School Working Paper Series, No. 01 – 058, 2001.

[③] Griffin J J, Mahon J F. The Corporate Social Performance and Corporate Financial Performance Debate: Twenty-Five Years of Incomparable Research [J]. Business and Society, 1997, 36 (1): 5 – 31,

罗曼等人（Roman，Hayibor & Agle）① 在格里芬与马翁的基础上，对同样的51份研究并加入最新的4份研究重新进行了分类，得出了与格里芬与马翁不同的结论。他们将9份被格里芬与马翁看作负相关的研究归入正相关的一类，因为这9份研究发现较差的公司社会责任造成同样较差的财务业绩，这显然是正相关关系；还有6份被格里芬与马翁看作存在或正或负关系的研究则被列入没有明确结论的一类；另外还有11份研究由于存在研究方法上的缺陷被剔除在外。最后，罗曼等人报告说，得出公司社会责任与公司财务业绩正相关的结论的研究有33份，没有发现这两者之间存在关系的研究有14份，只有5份研究认为公司社会责任与公司财务业绩负相关。在采用了更加严格的分类方法之后，发现了更多的公司社会责任与公司财务业绩关系正相关的证据。

也有学者认为，企业社会责任与企业绩效的关系为非线性的倒"U"形关系。即最初企业的社会责任的支出带来的边际收益是上升的，但到达一定水平之后就处于最优状态，继续增加社会责任投资反而会降低企业的财务绩效。这一理论具有一定的现实解释力，它表明，"过度"地提高企业社会责任（向零排放的目标）的成本是极其高昂的，有可能损害企业的利润。它也对如此多的试图寻找企业社会责任与企业财务绩效之间一种简单的正的或负的相关关系的努力都遭到失败的原因给出了部分的解释，因为被调查的企业都处于"倒U"形曲线的不同位置上，其社会责任成本收益关系可能是正的也可能是负的，所以想找到一种简单的关系是很难的。②

（三）对企业社会责任投资的深入研究

对社会负责任的投资（SRI）也称可持续性投资、伦理投资或绿色投资，它关注的是企业社会责任的实现，其基本原则是通过资本引导，促进企业对社会负责任的行为；是一种将融资目的和社会、环境以及伦理问题相统一的融资模式，任何与社会责任相关的投资都可以被看作是社会责任投资。

现代的SRI运动始于1971年的柏斯全球基金（Pax World Fund），该基金由抗议越战的牧师发起，他们创办了一个共同基金，把认为不合道德的公司剔除出他们拥有的所有股票组合之外。"任何真正关心伦理、道德、宗教或政治

---

① Roman R M, Hayibor S A, Bradley R. The Relationship between Social and Financial Performance: Repainting a Portrait [J]. Business and Society, 1999, 38 (1): 109 – 123.

② Lankoski L. Determinants of Environmental Profit. An Analysis of the Firm-level Relationship between Environmental Performance and Economic Performance [D]. Helsinki, Finland: Helsinki University of Technology, 2000.

原则的个人或群体应该至少在理论上保持他们的投资与他们的原则相一致"①。此后，SRI 基金纷纷成立。从 20 世纪 90 年代末开始，各国 SRI 资金急剧增长，并随之引起了一些重大变化。首先，原来的 SRI 是以零售基金为主体，现在则以养老金、保险公司、宗教基金、工会基金等这些机构投资者为主流，其中开放式养老基金和宗教基金表现得特别活跃；其次，实施的方式从原有主要依靠负面筛选股票的方法（即将其认为不符合伦理要求的公司从投资组合中排除出去）转向"三腿凳"结合的方法（即将股票筛选、股东行动主义和社区投资三种方法相结合），以一种更积极的方式来推动企业社会责任的实施；最后，一些国家如美国、英国、加拿大和澳大利亚等国政府通过立法、政策等手段来推动 SRI 基金的发展。社会责任投资迅速扩展到奥地利、德国、日本、瑞士等许多发达国家。此外，几大证券市场都推出相应的社会责任指数来支持 SRI 的实施，如美国的道琼斯可持续全球指数（DJSGI）和纳斯达克社会指数（Nasdaq Social Index）、英国的《金融时报》社会指数（FTSE4 Good World Social Index）和日本晨星社会责任投资指数（Morning Star Japan KK）。

企业社会责任投资一般遵循两个原则，一是股东与利益相关者原则，即金融机构必须对利益相关者给予更多关注，以避免无形风险；二是"三重底线"原则，即所有投资都必须同时符合社会、环境和经济标准，即社会责任标准。这样，一方面企业获得了公众的信任和支持，社会又从企业的社会责任投资中获益，从而达到"双赢"的目的。

由于 SRI 行业投资的迅速增加，学者们的研究也迅速增加，SRI 基金的管理和绩效以及与传统基金的比较研究一直是研究的热点。

（四）企业社会责任行为影响因素的研究

大量的研究检验了内部与外部的阻碍或驱动企业社会责任管理的因素（如 Henriques & Sadorsky,② Sharma, et al.③ Skjaerseth & Skodvin④）。主要研

---

① Miller A. Green Investment, in Green Reporting: Accountancy and the Challenge of the Nineties [M]. Owen, D. (ed.). London: Chapman and Hall, 1992: 242 - 255.

② Henriques I, Sadorsky P. The Determinants of Firms that Formulate Environmental Plans. In Research in Corporate Social Performance and Policy. Sustaining the Natural Environment: Empirical Studies on the Interface between Nature and Organizations [D]. Greenwich, London, JAI Press, 1995: 67 - 97.

③ Sharma S, Pablo A L, Vredenburg H. Corporate Environmental Responsiveness Strategies: The Importance of Issue Interpretation and Organizational Context [J]. The Journal of Applied Behavioral Science, 1999: 35 (1): 87 - 108.

④ Skjaerseth J B, Skodvin T. Climate Change and the Oil Industry: Common Problems, Different Strategies [J]. Global Environmental Politics, 2001, 1 (4): 43 - 63.

究的问题是什么因素驱动企业实施社会责任行为？各个因素的影响有多大？

伦科斯克（Lankoski）[①] 研究了几种主要的环境利润关系的决定因素，包括技术、制度（管制的与经济的运行规则）与可见度。研究结果中没有什么意外的发现。

许多学者（如 Marz, et al.[②] Quazi & O'Brien,[③] Rojsek[④]）分析了经理的社会倾向，或对企业社会责任的看法态度，对企业社会责任的影响。出乎意料的是，经理们积极的社会责任态度都起因于社会期望的偏见。

布拉姆与培恩（Brammer & Pavein）[⑤] 的研究表明，不同行业的企业行为与不同类别的社会绩效对社会绩效与企业声誉之间的关系产生了重要的影响。一些行业企业有显著的环境外部性，如冶金、资源采掘、造纸和纸浆、火力发电、水和化学行业，他们可能会遭到当地社区、管制者与环境压力团体的严格审查，这些行业的环境绩效是同好的企业声誉密切相关的。相反地，那些环境问题不显著的行业，如商业服务业和高技术部门则相反，增加环境绩效投入可能会伤害企业的财务绩效，因此使债权人和股东不满，进而会伤害企业的整体声誉。在烟草和烈性酒行业面临着高度可见的社会问题，他们被认为产生了很大的社会外部性（如犯罪和健康）而容易招致强有力的管制（竞争、安全和征税）。在建筑部门、运输部门和资源采掘行业，工厂的健康与卫生状况相对地要受到更高的关注。总之，企业声誉与企业社会绩效之间的关联性实质上取决于企业面对的利益相关者的具体环境。如果社会绩效与企业活动相关的话，那么就应更多地加以重视。

除了行业因素外，企业规模可能也影响企业社会绩效与企业声誉之间的关联性。规模与许多问题相关。首先，大企业对外部团体高度可见，公众对他们

[①] Lankoski L. Determinants of Environmental Profit. An Analysis of the Firm – level Relationship between Environmental Performance and Economic Performance [D]. Helsinki, Finland：Helsinki University of Technology, 2000.

[②] Marz J W, Powers T L, Queisser T. Corporate and Individual Influences on Managers' Social Orientation [J]. Journal of Business Ethics, 2003：46, 1 – 11.

[③] Quazi A M, O'Brien D. An Empirical Test of a Cross – national Model of Corporate Social Responsibility [J]. Journal of Business Ethics, 2000, 25：33 – 51.

[④] Rojsek I. From Red to Green：Towards the Environmental Management in the Country in Transition [J]. Journal of Business Ethics, 2001, 22：37 – 50.

[⑤] Stephen B, Pavein S. Building a Good Reputation [J]. European Management Journal, 2004, 22 (6)：704 – 713.

的活动也更为了解,① 更易于遭到利益相关者团体的严格审查,他们对来自利益相关者的负面反应在商业上表现得更为脆弱。②③ 其次,大企业比小企业有更大更多的各类利益相关者,因为他们有更多的地理市场和产品市场。因此,他们更易于遭到来自利益相关者的社会责任要求。最后,企业规模本身就是一个有争议的问题。因为一些企业已经有了与许多国家经济活动相当甚至更高的规模,这些企业对个人、当地社区和更广泛的社会的责任至今都是争论的焦点。

二、国内企业社会责任的研究趋势

国内企业社会责任问题的提出主要来自于跨国企业在中国的供应链企业中实施生产守则和社会责任认证而开始的,是跨国企业凭借资本强势在中国强制实施的结果。所以,中国企业社会责任问题的研究没有国外那样久远的历史和深厚的理论基础,主要还处在介绍、引进和深化国外的相关社会责任理论问题,并结合中国的实际情况研究相应的国际社会责任应对策略。

(一) 大力介绍与引进西方社会丰富成熟的社会责任理论

企业社会责任源于西方,随着我国对外经济贸易的发展和对外交流的逐步深入,国际企业社会责任运动及理论开始导入我国。伴随着各大跨国公司制定的数百个生产守则在我国出口企业的广泛实施,对西方企业社会责任理论的研究和介绍迅速增加。

张斌④介绍了西方社会的社会责任的理论论争,以及西方社会的社会责任运动实践,包括法律制度的变迁、非营利组织的推动和证券市场的约束。张斌指出了公司社会责任的实践价值,如提升公司声誉,增加产品竞争力,减少管制和降低谈判成本,提高员工生产率,等等。

---

① Tversky A, Kahneman D. Judgement under Uncertainty: Heuristics and Biases [J]. Science, 1974, 185: 1125 – 1131.

② Roberts R W. Determinants of Corporate Social Responsibility Disclosure: An Application of Stakeholder Theory [J]. Accounting Organisations and Society, 1992, 17: 595 – 612.

③ Watts R I, Zimmermann J L. Towards a Positive Theory of the Determination of Accounting Standards [J]. The Accounting Review, 1978, 53: 112 – 134.

④ 参见张斌《公司社会责任——从理论之争到实践》,载《会计之友》2006 年第 10 期,第 52～53 页。

郑若娟[①]从概念演进的视角对西方企业社会责任理论进行了回顾，包括企业社会责任概念的提出、界定和扩展，并介绍了各种衍生概念、主题来丰富对CSR的研究的情况，包括社会回应、公共责任、企业社会责任绩效、经济伦理、利益相关者理论、企业公民、社会责任投资等西方的研究热点前沿问题。郑若娟指出未来的企业社会责任研究将基于不断发展变化的社会环境和期望，构建一个更系统的、更具可操作性的CSR理论框架。

刘笑霞[②]介绍了西方学术界对企业承担社会责任问题的争论，以及企业社会责任问题上形成的三种代表性的观点：反对社会责任论、一元社会责任论和多元社会责任论。结合西方学者的研究成果，分析了我国企业承担多元社会责任的客观要求与历史依据，并澄清了企业社会责任与"企业办社会"和无限社会责任之间的区别。

沈洪涛[③]通过梳理西方学者有关公司公民的研究文献，将西方企业社会责任研究中的最新理念"公司公民"引入中国。他从公司公民概念的提出、与传统公司社会责任概念的关系、公司公民的本质、公司公民的全球化以及公司公民行为的衡量等方面全面介绍了西方国家社会责任研究的最新进展和成果，并对公司公民概念的贡献和局限性进行了评价。

可以预见，未来中国企业社会责任理论与实践的发展不可能与过去半个世纪所积累的社会责任理论成果相分离，而将是在充分继承与吸收西方社会责任研究成果的基础上，结合中国企业的社会责任实践，不断地整合、创新、开拓、发展的过程。

（二）研究社会责任条件下的中国对外贸易问题

在国际企业社会责任运动严重地冲击了我国对外贸易的低成本比较优势，有人甚至认为，国际贸易的规则将可能因此而改变，沿海很多外向型企业已经感觉到这场运动所释放出来的压力。所以，面对迫切的现实问题，很多国内学者都专注于采取何种策略应对这场社会责任运动给中国出口企业带来的不利影响，以何种策略改变中国企业的社会责任问题上的不利形势。

---

① 参见郑若娟《西方企业社会责任理论研究进展——基于概念演进的视角力》，载《国外社会科学》2006年第2期，第34～39页。
② 参见刘笑霞《论企业社会责任的多元性》，载《现代财经》2007年第4期，第75～81页。
③ 参见沈洪涛《21世纪的公司社会责任思想主流》，载《外国经济与管理》2006年第8期，第1～9页。

黎友焕、叶祥松[①]指出，中国企业的社会责任问题的研究过于专注应用研究而非理论研究，具体表现在三个方面：其一，争论焦点在于企业社会责任对贸易的影响。现有的国内研究文献大部分从这个问题作为切入口研究企业社会责任，并引发了一系列的争论，包括企业社会责任运动是否增加企业的生产经营成本，从而削弱我国产品的国际竞争力，企业社会责任生产守则的广泛推行是否为西方发达国家对我国的社会贸易壁垒等问题；其二，在怎么来应对国际企业社会责任运动的措施上，不少学者都提出将企业社会责任列入法规框架以确保企业的实施；其三，很多学者都提出应该尽快推出我国的企业社会责任国际标准，以此建立与国际企业社会责任运动力量对话的平台。

许春燕[②]介绍了西方企业社会责任运动的情况，指出了遵守国际企业社会责任标准对提高企业可持续竞争力的重要性，要求中国企业理性地应对。

陈迅等人[③]分析了社会责任运动对我国出口竞争力的影响，提出了企业自律和建立外部监督机制相结合的社会责任应对方式，外部监督包括法律监督、政府监管和社会监督三种方式。

中国劳动科学研究所课题组[④]专门对中国企业的社会责任问题进行了深入的调研和分析，对中国企业提出了以下应对策略：加深对企业社会责任问题的研究，形成统一的认识，在此基础上采取协调一致、相互配合的对策措施；区分企业社会责任运动的实施方式，实行不同的应对策略，当前主要是应对跨国公司的查厂验厂；充分准备，积极参与，在国际劳工标准之争中发挥我国应有的作用；完善立法，减少落差，提高我国劳动保障立法的可执行力；强化执法，完善劳动保障诚信制度，切实改善我国的劳工状况；推动产业升级，实现外贸战略多元化。

可以说，随着中国企业国际化参与的进一步加深和企业社会责任问题影响的深入，研究中国的社会责任应对问题，提高中国企业在国际市场竞争力的问题将会越来越突出。

[①] 参见黎友焕、叶祥松《谈企业社会责任理论在我国的发展》，载《商业时代》2007 年第 7 期，第 33～34 页。

[②] 参见许春燕《理性应对社会责任国际贸易新规则刍议》，载《企业经济》2008 年第 8 期，第 107～109 页。

[③] 参见陈迅、卢涛、胡姝娟《企业社会责任对我国企业出口竞争力的影响研究》，载《科技管理研究》2006 年第 10 期，第 55～58 页。

[④] 参见劳动科学研究所课题组《企业社会责任运动应对策略研究》，载《中国劳动》2004 年第 9 期，第 4～11 页。

（三）研究企业社会责任与企业绩效的相关关系

国内对企业社会责任问题的研究主要集中在规范研究领域，多为理论定性研究。而国外对企业社会责任问题的研究主要在实证研究领域。但近些年来，也有一些国内学者开始对中国企业的社会责任问题进行实证研究，特别是对中国上市公司的社会责任会计信息披露情况与企业财务绩效之间的关系的研究成为我国企业社会问题研究中的一个新趋势。

贺远琼与田志龙等人[①]通过对大学 EMBA 和在职 MBA 学员发放问卷调查，通过回归分析来探讨在总体外部环境、外部环境不确定性小和外部环境不确定性大三种情况下，企业社会绩效和经济绩效之间的关系。结果表明，企业社会绩效对经济绩效有显著正影响，特别是在不确定程度更大的外部环境中，社会绩效对经济绩效的正作用更显著。

李正[②]通过中国证监会官方网站巨潮网站搜索上海证券交易所上市公司的年报，从中查寻六大类（环境问题类、员工问题类、社区问题类、一般社会问题、消费者类、利益相关者类）共包含十五小类活动的信息披露情况，有披露则得 1 分，全额披露再得 1 分，没有披露则 0 分。财务数据和公司治理数据来自 CCER 数据库和 Wind 数据。得到研究样本 521 家，使用 SPSS 11.5 统计软件进行回归分析，对企业财务绩效与企业社会责任信息披露的关系进行了研究，结果表明二者呈显著负相关。

马连福和赵颖[③]以在深圳证券交易所上市的公司为样本，对上市公司社会责任信息披露程度及其影响因素进行了实证研究。研究发现，我国上市公司社会责任信息披露的总体状况较差，公司绩效、行业属性及规模是影响我国上市公司社会责任信息披露的重要因素，而独立董事比例及董事长与总经理是否两职合一，两个公司治理结构变量均未表现出对社会责任信息披露的显著影响。

陈玉清和马丽丽[④]抽样分析了我国上市公司社会责任会计信息披露的现状，同时通过建立上市公司对利益相关者承担的社会责任贡献的指标体系，揭

---

① 参见贺远琼、田志龙、陈昀《企业社会绩效及其对经济绩效的影响》，载《经济管理》2006 年第 7 期，第 6～10 页。

② 参见李正《企业社会责任信息披露影响因素实证研究》，载《特区经济》2006 年第 8 期，第 324～325 页。

③ 参见马连福、赵颖《上市公司社会责任信息披露影响因素研究》，载《证券市场导报》2007 年第 3 期，第 4～9 页。

④ 参见陈玉清、马丽丽《我国上市公司社会责任会计信息市场反应实证分析》，载《会计研究》2005 年第 11 期，第 76～81 页。

示了我国深市、沪市所有上市公司的真实社会贡献，并实证分析了市场对这一信息的反应。实证结果表明，现阶段这一信息与我国上市公司价值的相关性不强，但是，由于行业特色的存在，不同行业之间的价值相关性迥异。这一实证结果给我国社会责任会计的发展带来了一些有意义的启示。

王怀明和宋涛[1]以上证180指数上市公司为样本，以企业对国家、员工、投资者和公益事业的社会责任贡献作为企业社会责任的评价指标，采用统计性描述和混合截面回归分析的实证研究方法来探究社会责任与企业绩效之间的关系。研究发现，我国上市公司对国家、投资者和公益事业的社会责任贡献与企业绩效正相关，而对员工的社会责任贡献与企业绩效则是负相关的关系。

在上述研究中，除了贺远琼等人运用问卷调查搜集数据外，其他都是采用上市公司的社会责任信息披露作为自变量。除了贺远琼等人与王怀明和宋涛两份研究结论支持或部分支持社会绩效与经济绩效的正相关外，其他三个结论都表明二者不相关或负相关。从总体来看，我国企业社会责任信息与企业绩效的相关关系并不显著。

---

[1] 参见王怀明、宋涛《我国上市公司社会责任与企业绩效的实证研究——来自上证180指数的经验证据》，载《南京师大学报（社会科学版）》2007年第3期，第58～62页。

第二章 企业社会责任驱动机制研究基础与借鉴

到目前为止，对企业社会责任驱动机制的全面、系统、深入的研究还没有，本章主要通过对散见于不同领域的学者对企业社会责任的争论与探讨的文献资料加以搜集整理，从企业社会责任的内部驱动和外部驱动两大方面，对企业社会责任驱动机制的相关研究文献进行介绍。同时，介绍了几种企业社会责任的相关理论，为后面的研究奠定理论基础。

第一节 企业社会驱动机制研究状况

企业社会责任的驱动机制可以分为内部驱动与外部驱动两大方面，内部驱动主要包括经济驱动与道德驱动，外部驱动主要包括政府驱动与社会驱动。

一、企业社会责任内部驱动机制

鲍恩在谈到企业社会责任时，就明确提出了公司社会责任的原则是自愿，这点将公司社会责任与法律约束和政府监管加以区分。[①] 1972年，在与另一名经济学教授沃利奇（Wallich）之间关于企业社会责任的辩论中，鲍恩提出"任何关于企业社会责任可行定义的另一方面是，企业的行为必须是自愿的"[②]。他特别强调，对社会责任的承担只有出于纯粹自愿的行为才算是合格的，并且为此而付出的必须是企业真实的支出而不是个人的慷慨捐助，法律等

---

① Bowen H R. Social Responsibilities of the Businessman [M]. New York: Harper & Row, 1953: 103.

② Carroll A B. The Pyramid of Corporate Social Responsibility: Toward the Moral Management of Organizational Stakeholders [J]. Business Horizons, 1991 (34): 39 – 48.

强制要求承担的责任不应包含在企业社会责任之列。我们把这种企业实施社会责任的自愿和主动称为企业社会责任的内部驱动。

尽管大部分有关企业社会责任与企业财务绩效关系的实证研究都表明二者正相关（如 Margolis & Walsh,[①] Griffin & Mahon,[②] Pava & Krausz,[③] 郭红玲[④]），从而为企业主动承担社会责任提供了有力的实证支持。但仅仅揭示企业社会责任与企业财务绩效是一致的，或当二者关系一致时再实施社会责任显然是不够的。问题是社会责任与财务绩效在什么时间、什么情况下关系是一致的？二者的相关程度有多大？这些都是企业经理人在社会责任决策中经常面对的实际问题。在实际中，二者关系往往是模糊不清，甚至相互矛盾，企业经理人只能依靠自己的直觉来进行判断。在这种情况下，企业经理人该如何进行决策？是社会责任优先，还是利润优先？是真诚地履行社会责任的承诺，还是仅仅将社会责任当成实现利润的手段和工具？在这方面，学术界有两种相互冲突的观点。

（一）企业社会责任的道德驱动

有研究者认为，企业社会责任的内部动机不应该在于对经济利益和追求，而是企业的伦理准则和企业领导的道德价值观所驱动，这种对社会承担责任的道德价值观应该贯穿于企业的领导战略决策与普通员工的日常行为之中，成为企业履践社会责任的动力源泉。应该将社会责任的目标置于经济利润最大化的目标之上，应该真诚切实地履行社会责任，成本和利润只能是企业社会责任决策中考虑的因素之一。

第一，道德驱动不能让位于成本决策。一般的研究都认为企业的社会责任行为需要支付一定的成本，主要是高额的现金支出成本。在对西班牙有大企业的经理的座谈中，一些经理就表示，在公开场合，他们都支持赞同社会责任，但实际上社会责任的收益能否抵消其成本，他们都感到怀疑。[⑤] 但有研究者认

[①] Margolis J D, Walsh J P. Social Enterprise Series No. 19 – Misery Loves Companies, Whether Social Initiatives by Business? [M]. Harvard Business School Working Paper Series, No. 01 – 058, 2001.

[②] Griffin J, Mahon J. The Corporate Social Performance and Corporate Financial Performance Debate: Twenty – Five Years of Incomparable Research [J]. Business and Society, 1997 (36): 1.

[③] Pava L, Krausz J. The Association between Corporate Social Responsibility and Financial Performance [J]. Journal of Business Ethics, 1996 (15): 321 – 357.

[④] 参见郭红玲《国外企业社会责任与企业财务绩效关联性研究综述》，载《生态经济》2006年第4期，第83~86页。

[⑤] Husted B W, Allen D B. Strategic Corporate Social Responsibility and Value Creation among Large Firms [J]. Long Range Planning, 2007 (10): 594 – 610.

为,企业的社会责任行为是可以选择的,许多社会责任行为实际上只是一些与领导者的社会责任价值观相关的日常管理行为或管理方式,并不一定会产生显著的成本。[1] 比如,对企业内部员工的社会责任,包括员工的健康、安全、满意度、员工关系、员工多样化、培训与发展等多方面的内容,这是 Kinder, Lydenberg, Domini (KLD) 社会责任评估的重要指标,也被证明是促进企业绩效的重要因素。有时候负责任的领导在提升员工的社会责任方面可能完全不用现金支出。如西南航空公司授权其在加拿大的分公司 WestJet 的经理,允许员工在工作与决策中拥有更多的权力,提高了员工的士气和自主性。又如,研究表明,妇女在领导能力上可能有某些方面的优势,赞成员工多样化的领导可能会鼓励妇女的正常发展,允许其晋升到各级领导岗位,尽管这样做可能违背了企业的惯例。在企业的外部责任,如产品和服务质量方面,全面质量管理能提高产品质量而不会提高成本,甚至会降低成本。又如,企业经理人定期与关键利益相关者或社区成员进行对话,加强领导人和外部利益相关者的沟通与合作,树立企业的社会责任形象,这也不需要太多的现金支出。所以,高昂的成本不能成为否定企业社会责任道德驱动的理由。

第二,过于强调利润目标反而会损害企业的财务绩效。一般的研究都认为,企业经理人正直诚实,以对社会责任负责任的方式进行经营能促进企业的财务绩效。那么,与更专注于企业利润的管理者相比谁更能提升企业的财务绩效呢?萨利等人(Sully, Washburn & Waldman[2])对 17 个国家的 500 多名经理进行了调查研究,调查内容包括了影响其决策的最重要的两组因素与价值观念:第一组被称为经济学价值观念,包括优先考虑利润、成本控制、保持市场占有率;第二组被视为利益相关者价值观念,包括尊重雇员与雇员发展、客户、环境问题以及社区福利。研究还评估了他们在决策中的专断程度,他们所在公司相对于竞争对手的财务表现,以及他们愿为公司额外付出和做出个人牺牲的程度。调查结果显示,相对于更加强调利润和成本控制的经理人,侧重于平衡多个利益相关者需求的经理人反而为公司取得了更好的财务绩效。并且,这些经理人往往会被别人看成是天才或富有远见的,而那些过于强调利润的经理人则被视为独裁者。这表明,高层经理过于强调利润最大化目标,尽管他们付出了足够的努力,其利润最大化的目标反而不能实现,甚至还被下属看成是

---

[1] Waldman D A, Siegel D. Theoretical and Practitioner Letters: Defining the Socially Responsible Leader [J]. The Leadership Quarterly, 2008 (19): 117 – 131.

[2] Sully L M, Washburn N T, Waldman D A. Unrequited Profits: Evidence for the Stakeholder Perspective [D]. Washington D C: the Gallup Leadership Institute Summit, 2006.

独裁的、没有远见的领导。相反，更尊重利益相关者群体的经理反而取得了更好的财务结果。当然，这不是说经理们不应该关心赢利和成本控制等问题，而是说，为了实现利润和成本控制等目标，企业将不得不以伦理道德作为企业社会责任行为的重要驱动，不得不平衡多个利益相关者的要求，有时甚至有必要对没有明确回报的行为进行投资。

第三，不道德的企业经营成本更高。抛弃道德准则，节省必要的社会责任支出可能要支付更高的社会责任成本，如环境污染带来的巨额处罚，员工不满导致的低生产率、产品质量问题引起的投诉与顾客流失等。更有企业因缺乏社会责任或企业经理人缺乏强有力的道德标准给企业带来了灾难，如美国第七大公司、放松政府管制的著名先锋和美国新经济企业的突出典型安然公司的破产就是如此。安然公司采取各种措施，包括会计欺诈等不负责任的方式来提升股票价格，增加股东价值，最终导致了这家年营业收入过千亿美元的公司的破产，使其各利益相关者，包括股东、员工、经理人，以及有关的主要金融机构遭受了重大损失，对美国的经济运行也形成了阶段性的重大冲击。[1] 托马斯等人（Thomas et al.）[2] 研究证明，与缺乏社会责任的企业相比，企业的诚实、正直与负责任的经营行为，降低了企业的经营风险，减少了不必要的费用支出，包括政府罚款、律师及审计费、调查费用等，以及许多难以量化的隐性成本，如声誉损失、士气低落、员工离职、顾客流失等，从而最终提升了企业的财务绩效。并且，太多的企业不负责任行为与道德败坏，最终的结果就是社会诚信的丧失与欺诈之风盛行，以及普遍的法律约束与政府管制。法律的制定与通过、相应机构的设置、普遍严格的行政监督与审查，这些都会造成整个社会的低效率与福利损失，以及对企业创新行为的扼制，是整个社会的一种倒退。

第四，真正的社会责任要求企业的良知与无私的付出。奥利斯克等人[3]认为，如果社会责任沦为伪装的利润最大化行为，那么它就被歪曲成了道德空泛、毫无意义、进而完全无法识别的概念。真正的社会责任要求企业的良知、道德的示范、无私的付出、长期的投入和一致性的行动，而不是纯粹的利益交换。研究表明，如果对企业的社会责任没有一个强有力的承诺，没有管理层价值观的有力支持，也没有连贯的过程和活动来加以推进，只是把社会责任作为

---

[1] 参见李豫川《美证交会支持安然股东"大索赔"》，（2006-6-10）[2008-01-30]，http://www.cs.com.cn/xwzx/04/200706/t20070610_1120398.htm。

[2] Thomas T, Schermerhorn J R, Dienhart J W. Strategic Leadership of Eethical Behavior in Business [J]. Academy of Management Executive, 2004, 18（2）：56-66.

[3] Orlitzky M, Schmidt F L, Rynes S L. Corporate Social and Financial Performance：A Meta-analysis [J]. Organization Studies, 2003, 24（3）：403-441.

一项不道德的营销花招或手段加以实施，或者以一种功利性的方式来赞同企业道德或社会责任，那么它最终必然会失败，企业也不能从中获得经济回报，甚至被外界看成是虚伪的、不真诚的，反而会为企业带来有害的结果。[①] 例如，企业高层为了增加客户的满意度，以提升企业的销售收入，制定措施将经理和雇员的奖罚与客户的满意度联系起来。但是如果企业并不是真心地从顾客利益的角度出发，缺乏真诚的社会责任承诺及集体协作，那么这一政策可能无法实施。因为企业的低层经理与员工很快就会明白，高层领导人对顾客的关心并不是真心实意的，因而也缺乏足够的激励以完全履行。至多只是简单地寻找相应的办法来应付这一规定，以使客户在表面上得到了更好的服务。并且，在很多情况下，社会责任与企业利润之间的关系是不清楚的，如果过于强调社会责任行为的功利性，强调社会责任行为与企业利润之间一对一的交易，精确地计算社会责任能否带来收益，能够带来多少收益，那么最终的结果，就如赫斯特德与杰西（Husted & Jesus）[②]所说的，企业经理们将在社会责任决策中感到无所适从，最终什么社会责任行为也无法做出，也无助于企业实现利润最大化。

（二）企业社会责任的经济驱动

大部分学者认为，企业社会责任的目标和动机就是利润最大化，在企业的社会责任决策中，利润应该被首先考虑，只有当社会责任能为企业带来利润时，社会责任才被考虑。

第一，增加企业利润就是承担社会责任。诺贝尔奖得主弗里德曼[③]认为，作为企业股东的法定代理人，企业经理人对增加股东价值负有契约责任，所以，企业经理人在决策中第一位要考虑应该是如何"在遵守法律的前提下运用其资源参与经济活动以增加利润"，而不是社会责任。如果企业经理人真心想促进社会的进步，他们应该以私人身份牺牲自己的利益来这样做，而不是作为股东的代理人来花费股东的钱。从代理理论的角度来看，在现代企业中，企业的社会责任决策由经理人来做出，而社会责任的费用却股东来支付，也就是说，经理人实施社会责任行为却不用自己的任何花费，这意味着经理人可能会滥用企业本来可以更好地用于企业价值增值或者回报股东的资源，或者说经理

---

① Orlitzky M, Swanson D L. Value Attunement: Toward a Theory of Socially Responsible Executive Decision Making [J]. Australian Journal of Management, 2002 (27): 119 – 128.

② Husted B, Jesus S J. Taking Friedman Seriously: Maximizing Profit and Social Performance [J]. Journal of Management Studies, 2006 (43): 75 – 91.

③ Friedman M. The Social Responsibility of Business Is to Increase Its Profits [N]. New York Times, 1970 – 09 – 13 (122 – 126).

人可能是在利用企业社会责任推进自己的事业或者其他个人利益。[①]

国内也有学者指出，利润本身就是社会考核企业，或者说考核企业家是否真承担责任的最重要指标。因为利润是度量企业为消费者创造的价值高于企业使用这种资源的社会成本的尺度，所以，在使用同样资源的前提下，一个企业的利润水平越高，这意味着企业为社会创造的价值越大，尽到的社会责任就越多。[②]

第二，企业只应追求有回报的社会责任。学术界对企业社会责任的研究中，企业社会责任与财务绩效关系是最为关注的内容之一。从20世纪70年代至今，有关企业社会责任与企业绩效关系的实证研究迅速增加，绝大部分研究结论都认为，企业应该参与社会责任行为，因为它们可以为企业带来利润。正如麦克威廉姆斯与西格尔（McWilliams & Siegel）[③] 所说的，既然社会对企业社会责任行为有足够的需求，并且满足这些需求可以为企业创造利润，那么企业就应该承担社会责任。

麦克威廉姆斯与西格尔[④]在其研究中将企业的社会责任行为分为三类：利他主义、胁迫的利己主义、对社会责任的战略利用。利他主义主要是企业真诚地希望承担社会责任，即企业追求社会责任，而不考虑这些行为对企业利润的影响。胁迫的利己主义指当企业被强制要求（如法律或其他因素）承担社会责任时他们才会采取行动。社会责任的战略利用是指明当社会责任行为能提升企业的利润水平时，企业才参与。研究证明，只有当企业战略性利用社会责任，而不是利他主义或胁迫的利己主义，才是对社会对企业都最为有利的。即只有当社会责任投资有明确的回报时，企业才应该追求其社会责任行为。

第三，经济学视角的企业社会责任利润最大化。有更多的学者不是从管理学，而是从经济学的角度来观察企业的社会责任。管理学学者一般更倾向于关注经理面对企业社会责任时的道德选择，但经济学家更为关注的是企业社会责任选择的结果，而不是参与这一行为的动机。他们从"理性经济人"的假设出发，认为企业的社会责任决策实际上是一种投资决策，应该进行理性的、精

[①] Wright P, Ferris S P. Agency Conflict and Corporate Strategy: the Effect of Divestment on Corporate Value [J]. Strategic Management Journal, 1997, 18 (1): 77-83.

[②] 参见张维迎《正确解读利润与企业社会责任》，载《长三角》2007年第11、12期，第30～33页。

[③] McWilliams A, Siegel D. Corporate Social Responsibility: A Theory of the Firm Perspective [J]. Academy of Management Review, 2001 (26): 117-227.

[④] McWilliams A, Siegel D. Corporate Social Responsibility: A Theory of the Firm Perspective [J]. Academy of Management Review, 2001 (26): 117-227.

确的分析和评估，以获得对企业最为有利的结果。也就是说，企业经理人应该摒弃道德的因素，理性地、现实地看待商业世界，不仅要考虑企业社会责任行为与企业财务绩效是否正向相关，或者社会责任能否提升企业的竞争优势，还应该进行严格的、规范的、量化的社会责任行为成本/收益分析，保证企业社会责任投资的收益最大化。① 这些收益包括企业声誉的提升、销售的增加、对产品收取溢价的能力，或者通过社会责任行为来雇用或保留熟练的员工（这有利于提高企业生产率和增加产品的质量，在服务行业尤为重要），等等。这些额外的收益应该和企业社会责任的支出相平衡，以弥补企业社会责任投资的机会成本。如果在现实的市场竞争环境中，企业的社会责任投资不能取得相应的回报，导致了企业利润水平的降低和市场份额的损失，进而失去了既有的竞争优势，从长远来看，这对企业无疑是一个灾难。福特汽车公司宣布将开发"氢能源"汽车作为公司的重要发展战略，并因此被誉为全美国"最绿色的公司"之一。然而，大量的投资与有限的收入却使福特公司陷入了巨额的财务亏损。②

鞠芳辉、谢子远等③也认为企业的社会责任是利润驱动的。从成本收益的角度来看，只有当收益超过成本，承担社会责任才是企业值得选择的策略或者说只有当外在压力转换成内在经济动因时，"企业才会从不自觉地适应到自觉地改变"，使社会责任真正得到实现。目前，国内企业很少能够将企业社会责任与企业的核心目标结合在一起，这是企业社会责任行为缺乏驱动力的主要原因。

第四，企业只能满足影响企业利润的关键利益相关者的需求。对企业社会责任能否促进企业财务绩效的研究表明，企业社会责任对企业财务绩效的作用可能是积极的，也可能是消极的。④ 也就是说，企业社会责任能否提升企业的财务绩效仍然值得怀疑。一些研究中对经理们的访谈也表明，企业社会责任行为能否得到回报，经理们在实际决策中也难以确定。⑤ 另一方面，随着经济全

---

① Siegel D, Vitaliano D. An Empirical Analysis of the Strategic Use of Corporate Social Responsibility [J]. Journal of Economics and Management Strategy, 2007, 16 (3): 773 - 792.

② Muller J, Fahey J. Hydrogen Man [EB/OL]. http://www.forbes.com/forbes/2004/1227/046_print.html. 2004 - 12 - 27/2010 - 03 - 20.

③ 参见鞠芳辉、谢子远、宝贡敏《企业社会责任的实现——基于消费者选择的分析》，载《中国工业经济》2005 年第 9 期，第 91～98 页。

④ Griffin J J, Mahon J F. The Corporate Social Performance and Corporate Financial Performance Debate: Twenty - five Years of Incomparable Research [J]. Business and Society, 1997, 36 (1): 5 - 31.

⑤ Husted B W, Allen D B. Strategic Corporate Social Responsibility and Value Creation among Large Firms: Lessons from the Spanish Experience [J]. Long Range Planning, 2007 (40): 594 - 610.

球化与企业经营的日益国际化,企业的内外部利益相关者对企业社会责任的要求在不断增加,许多利益相关者日益要求企业,特别是跨国企业,致力于更为广泛的社会发展目标,并与其他力量一起解决世界所面临的人道危机及当地问题,如贫穷、疾病、气候变化和环境恶化,甚至腐败、人权、公众参与、政治民主与地区冲突,等等。[①] 正如维尔克(Wilcke)[②] 所说的一样,"社会想获取的一切东西几乎都被包括在企业社会责任之中"。

然而企业的资源是有限的,面对日益广泛的,甚至相互矛盾的利益相关者要求,以及社会责任对企业财务绩效作用的不确定性,企业唯一现实的选择就是围绕企业的利润目标,识别出最能影响企业利润水平的关键利益相关者群体并满足其需求,以达到提升企业绩效的目的。偏离企业的利润目标与财务能力,过度追求企业社会责任比不承担社会责任更加糟糕。如最早承诺将"绿色"石油作为企业发展战略的 BP 能源公司,很快发现自己难以满足利益相关者不断增加的期望而被迫放弃这一战略,首席执行官约翰布朗被迫辞职。贝纳通声称他们将促进社会道德的进步作为其品牌定位的一部分,并为此做了大量的工作,但最终遭受挫折而放弃了这一目标,却因此遭到大部分忠诚客户的批评,被斥为伪君子。[③]

(三)研究结论

总结以上的内容可以看出,道德驱动的社会责任观与利润驱动的社会责任观表面上是对立的,但实际上也有共通之处。利润驱动的观点虽然强调股东的利益,但也强调企业经营的守法、不欺诈、不欺骗的法律、道德底线。道德驱动社会责任观虽然强调非股东的利益相关者利益,但也强调满足这些利益要求可以更好地回报股东。也就是说,二者都承认股东价值和利润目标,只是后者更强调通过满足非股东利益相关者的需求来实现。这就是为什么在对企业经理们的访谈中,经理们一方面承认企业利润是最重要的,另一方面在实际行动中却又将产品质量与平衡利益相关者需求放在最重要的位置,只字不提股东利益

[①] Warhurst A. Future Roles of Business in Society: the Expanding Boundaries of Corporate Responsibility and a Compelling Case for Partnership [J]. Futures, 2005 (37): 151 – 168.

[②] Wilcke R W. An Appropriate Ethical Model for Business and a Critique of Milton Friedman's Thesis [J]. Independent Review, 2004, 9 (2): 187 – 209.

[③] Husted B W, Allen D B. Strategic Corporate Social Responsibility and Value Creation among Large Firms: Lessons from the Spanish Experience [J]. Long Range Planning, 2007 (40): 594 – 610.

与企业利润的原因。① 企业是经济组织，必须进行成本收益的考虑，企业的社会责任行为可能是功利性的，或者是功利与道德的混合形式，但是，纯粹出于道德动因承担社会责任的十分少见。在现实中，道德和经济动因也往往难以区分。因为很多道德的动因可以被解释为是为了长期经济利益。因此，在影响企业社会责任的内在驱动中，以经济驱动为主的多因素驱动是最常见的形式。

二、企业社会责任外部驱动机制

在市场环境条件下，如果企业社会责任并非政府强制，任由企业自行选择，消费者的社会责任意识不强，那么在企业社会责任问题上肯定会出现"搭便车"的现象。② 比如，企业污染给社会带来了负的外部性，在企业面对三重底线的社会责任与财务绩效的平衡问题上，经济与社会和环境之间的关系可能是负相关的，那么要求企业主动实施社会与环境责任可能不太现实。③ 相反，强有力的管制或巨大的社会压力却可能实现企业的社会责任。

早年曾将企业社会责任的驱动主要寄希望于企业的"自愿"和"主动"的鲍恩，在1970年就对自己提出的公司社会责任概念中的"自愿原则"就进行了修正，认为是不可行的。如鲍恩④自己所言，尽管他还是对公司能够自愿承担社会责任存有希望，同时也承认，公司与工会组织结盟、控制媒体、影响政府，其权力是如此强大和广泛，自愿的社会责任已不再能有效地约束公司，必须看到很多迫切的社会问题，如种族平等、减少污染、保护自然资源以及产品质量等，不能仅仅依靠公司自愿承担社会责任来解决。所以，他放弃了"自愿原则"，转而提出，公司社会责任概念的有效性建立在社会控制公司的基础上。

可见，社会责任与企业绩效的一致性，并不意味着企业社会责任问题的自动解决，应然、可然不等实然、必然。因此，有学者呼吁，在今天的市场经济条件下，企业自己无法解决自己的社会责任问题。要达到这一目标，要求政

---

① Hussein M M. Corporate Social Responsibility from the Corporate Perspective：A Delphi Study of Selected Information Technology Companies [D]. U. S.：Capella University, 2006.
② 参见杜兰英、杨春方、吴水兰、石永东《中国企业社会责任博弈分析》，载《当代经济科学》2007年第1期，第95～98页。
③ Orlitzky M. Social Responsibility and Financial Performance：Trade – off or Virtuous Circle? [J]. Business Review, 2005（8）：37 – 42.
④ Bowen H R. Rationality, Legitimacy, Responsibility：Search for New Directions in Business and Society [M]. Epstein D M &Votaw D. (ed.), California：Goodyear Publishing Company, Inc, 1978：122.

府、企业、公民更积极地参与与合作,以达成一致行动。①

(一)企业社会责任的政府驱动

政府管制或政府驱动,是指企业超越他们直接的经济利益,实行法律要求的强制性责任或遵从其他"游戏规则"。②③ 美国经济发展委员会(CED)④ 在1971年发布的《商事公司的社会责任》,将企业的社会责任根据企业的驱动类型分为两大类:一是自愿性行为,即由企业主动实施且企业在实施中发挥主导作用;一是非自愿性行为,由政府引导或通过法律规定加以强制执行。政府对企业社会责任行为的管制表现在两个方面,一方面,政府作为公众的监护人和企业私利与社会公益的仲裁人,通过法律法规等形式积极引导、规范企业社会责任的发展方向和层次,确保其沿着正确的轨道前进。这种管制或制度约束是企业行为的底线,违背了相关的法律法规,企业将失去生存的合法性。另一方面,由于某些企业造成的难以通过市场机制来解决的负的外部性问题,政府也应该通过对企业社会责任的管制来解决。

吉夫(Givel)⑤ 研究表明,企业承担企业社会责任的主要目的是为了建立一个良好的政府关系,提升企业的公众形象,以避免更为麻烦的政府管制。烟草行业也通过行业性的集体努力来提升企业社会责任,来规避对本行业的严厉管制。

达米特(Dummett)⑥ 通过与澳大利亚等国的大型企业的高级经理、权威学术人士、企业研究人员和环保人士的关于企业环境责任驱动因素的面谈表明,政府立法或管制是企业承担环境责任的第一位的驱动因素。并且,令人惊奇的是,企业经理们对来自政府强制企业实施更高水平环境责任的政策都表现出高度的支持,虽然在立法的类型上有所分歧。大部分的参与者都认为,"需

---

① Málovics G, Csigéné N N, Kraus S. The Role of Corporate Social Responsibility in Strong Sustainability [J]. Journal of Socio – Economics, 2006, 12 (6): 1.

② Carroll A. A Three-Dimensional Conceptual Model of Corporate Social Performance [J]. Academy of Management Review, 1979, 4 (4): 497 – 505.

③ Windsor D. Corporate Social Responsibility: Three Key Approaches [J]. Journal of Management Studies, 2006, 43 (1): 93 – 114.

④ CED (Committee for Economic Development). Social Responsibilities of Business Corporations [M]. New York: 1971.

⑤ Givel M. Motivation of Chemical Industry Social Responsibility through Responsible Care [J]. Health Policy, 2007 (81): 85 – 92.

⑥ Dummett K. Drivers for Corporate Environmental Responsibility [J]. Environment, Development and Sustainability, 2006 (8): 375 – 389.

要一种政府立法的引导",希望政府采取更积极的措施去激励或强制企业承担更高水平的环境责任。他们认为政府的立法"创造了一种确定的"及"公平竞争的环境",避免了所谓的"搭便车"现象。①

不过,也有研究认为,政府的干预在很多情况下是多余的或者是低效的。研究表明,社会责任与财务绩效相互促进的,互为因果的。企业自己会根据内外部的权变因素进行分析进而承担相应的社会责任以取得更好的财务绩效。②政府通过立法过多干预,可能潜在地破坏了企业自身对社会与环境问题的创新性解决办法③。

巴登(Baden)④等人对英国中小企业的调查研究表明,中小企业不喜欢政府管制。将近一半的企业表示他们对政府管制或政府强加的企业社会责任标准表示不满。即使82%的人说他们很遵守环境标准。40%的人仍然担心政府管理带来的麻烦。值得注意的是,33%的企业认为强加的社会责任标准会降低他们的社会责任水平,强求一致性的责任标准会导致"天花板效应"。即企业将强制的标准看成是最高标准,而不是最低标准,使部分企业降低社会责任水平。

杜兰英、杨春方⑤等人通过对企业、政府、社会三者之间的利益博弈分析指出,如果没有中央政府的监管,企业与地方政府必然从自身利益最大化出发,做出有损于社会的行为。

田志龙与贺远琼等人⑥认为,在中国经济转轨阶段,政府是企业面临的最大利益相关者,关注政府事项及政策变化是企业有效经营的前提条件。作者通过对海尔集团、宝洁(中国)有限公司、四川新希望集团的案例研究首次提出,在中国不同性质的企业社会责任行为的驱动因素是不同的。

---

① Dummett K. Drivers for Corporate Environmental Responsibility [J]. Environment, Development and Sustainability, 2006 (8): 375 – 389.

② Orlitzky M. Social Responsibility and Financial Performance: Trade – off or Virtuous Circle? [J]. Business Review, 2005 (8): 37 – 42.

③ Kanter R M. From Spare Change to Real Change: The Social Sector as Beta Site for Business Innovation [J]. Harvard Business Review, 1999, 77 (3): 122 – 132.

④ Baden D A, Harwood I A, Woodward D G. The Effect of Buyer Pressure on Suppliers in SMEs to Demonstrate CSR Practices: An Added Incentive or Counter Productive? [J]. European Management Journal, 2009.

⑤ 参见杜兰英、杨春方、欧国家、石永东《中国企业社会责任博弈分析》,载《当代经济科学》2007年第1期,第95~98页。

⑥ 参见田志龙、贺远琼、高海涛《中国企业非市场策略与行为研究——对海尔、中国宝洁、新希望的案例研究》,载《中国工业经济》2005年第9期,第82~90页。

(二) 企业社会责任的社会驱动

社会驱动或社会压力包括来自社会团体或利益相关者群体的压力。西方很多的企业社会责任研究都是从某一特定的利益相关者群体对企业压力的视角来展开的。社会压力作为企业的外在驱动机制之所以存在，是因为企业与员工、社会、环境的共生关系越来越明显，从某种意义上说，企业是各种利益相关者利益的集合，这些利益相关者都对企业的生存和发展注入了一定的专用性投资，他们或是分担了一定的企业经营风险，或是为企业的经营活动付出了代价，理应要求企业对他们承担责任。[1][2] 而企业的生存和发展取决于它能否有效地处理与各种利益相关者的关系。当企业的生产经营活动忽视了某一方面利益相关者的利益要求时，这些利益相关者可以联合起来抵制企业的行为，也可以选择离开，无论是抵制还是离开，都可能影响企业的发展。这些来自社会的利益相关者包括：股东、消费者、员工、社区、非政府组织、竞争者，等等。

达米特（Dummett）[3]对企业的外部驱动因素，如：市场优势、保护或提升声誉和品牌、规避风险、或响应事故或环境的威胁、来自股东的压力、来自消费者的压力、来自非政府组织压力、社会期望等因素对企业环境责任的驱动作用，与企业高级经理、学术人士、环保人士和企业研究人员进行了逐一面谈。根据他们的重要性的评价，大致上可以得出了以下结论：保护或提升企业的形象声誉、成本节约、规避风险或对企业环境责任的不利报道、社会期望等因素是企业环境责任的重要外部驱动因素，而追求市场优势、股东的压力、消费者压力并不是重要的现实驱动因素，对环境非政府组织的看法则存在争议，部分企业领导不愿意承认非政府组织的积极作用，而环保主义者和学术人士都普遍承认非政府组织的积极作用。

布莱克与尼伯格（Brekker & Nyborg）[4]研究表明，雇用和激励高素质的员工是企业承担社会责任的重要驱动因素。如果负责的企业（绿色）与不负责的企业（棕色）均衡地存在的话，高道德动机的员工会自己选择进入绿色工

---

[1] Freeman R E. Strategic Management: A Stakeholder Approach [M]. Pitman Publishing Inc. 1984.

[2] Mitchell R K, Agle B R, Wood D J. Toward a Theory of Stakeholder Identification and Salience: Defining the Principle of Who and What Really Counts [J]. Academy of Management Review, 1997, 22 (4): 853–886.

[3] Dummett K. Drivers for Corporate Environmental Responsibility [J]. Environment, Development and Sustainability, 2006 (8): 375–389.

[4] Brekke K A, Nyborg K. Attracting Responsible Employees: Green Production as Labor Market Screening [J]. Resource and Energy Economics, 2008 (30): 509–526.

厂，并最终导致每一家棕色企业退出市场。

在对企业社会责任的社会驱动因素的研究中，对消费者或客户驱动因素的研究最多。越来越多的研究表明，企业承担社会责任是因为日益增强的关键利益相关者集团——消费者对承担社会责任的企业更多、更持续的支持所驱动。①②

郭红玲③认为，企业社会责任的驱动主要来自于消费者。她提出在激烈竞争的市场环境中，一些主要的利益相关者可以通过两个途径促进企业承担社会责任。一是通过政府，制定法律和法规，强制企业承担责任；二是通过市场，用货币选票，迫使企业承担责任。前者只能对企业起到强制的约束作用，但是，却很难激励企业的主动性和积极性。而后者则可以不需要太大的成本而迫使企业主动积极地承担社会责任。这种货币选票来自于两个市场：资本市场和产品市场。对于一个规范的市场来说，企业的资本市场的表现往往又以产品市场为基础，而产品市场的收益主要来自于消费者的支持。因而，在自由化的市场经济下，消费者的"货币投票"对商品生产者和销售者具有终极影响力。

卢代富分五个阶段介绍了西方工业化以来的企业社会责任运动，如劳工运动、环保运动、消费者运动等，这些形成了西方企业社会责任发展的外部驱动因素。④

也有学者从更为综合的角度探究企业的社会责任问题。如朱锦程⑤提出了在中国建立政府、企业与社会三者之间的合理的关系，在多元主体（政府、企业、社会）之间形成合理关系的基础上，通过明确各自的角色定位并相互协作，确保中国的企业社会责任监管机制得以构建。

邓婷、刘兴阳⑥对促进企业履行社会责任的推动力量进行了分析。在探究推动企业执行和完善自身社会责任体系的外界影响因素时，他们指出具有推动

---

① Lichtenstein D R, Drumwright M E, Braig B M. The Effects of Corporate Social Responsibility on Customer Donations to Corporate-Supported Nonprofits [J]. Journal of Marketing, 2004, 68 (4), 16 – 32.

② Luo X M, Bhattacharya C B. Corporate Social Responsibility, Customer Satisfaction, and Market Value [J]. Journal of Marketing, 2006, 70 (4)：1 – 18.

③ 参见郭红玲《基于消费者需求的企业社会责任供给与财务绩效的关联性研究》，西南交通大学管理科学与工程博士学位论文，2006 年。

④ 参见卢代富《发达国家企业社会责任运动》，载《WTO 经济导刊》2006 年第 7 期，第 94～95 页。

⑤ 参见朱锦程《政府、企业与社会三者关系中的中国企业社会责任监管机制》，载《社会科学战线》2007 年第 1 期，第 303～305 页。

⑥ 参见邓婷、刘兴阳《生存即责任——漫谈企业社会责任》，载《人力资源》2008 年第 7 期，第 14～23 页。

作用的前三名为政府、媒体、消费者,后三位为大学、非营利性组织、股东。这说明企业比较重视在社会中有较大影响力的群体,比如政府和媒体。而企业主管部门也是企业自身认为比较有推动作用的一方。他们综合后得出结论,认为"媒体"、"消费者"、"政府"和"企业"四大方面在推动企业履行社会责任方面起到了比较大的作用。

三、企业社会责任驱动机制研究总结

在对企业社会责任内外部驱动机制的研究的观点可以归纳为四种:①企业社会责任的驱动主要来自于外部,如政府管制、法律约束、社会压力(如消费者)(如 Luo & Bhattacharya,① 郭红玲②)。②企业社会责任行为的驱动不是来自于外部压力,而主要来自于企业内部,包括企业对利润的追求,特别是企业家的"做正确的事"的价值观念(如 Perrini③,鞠芳辉等④)。③认为企业社会责任的外部驱动与内部驱动的作用几乎相同,或者对二者密不可分,共同作用于企业的社会责任行为。⑤ ④认为企业社会责任的外部驱动与内部驱动的作用在不同的环境条件下会有所不同。它由企业经理的社会责任价值观念、消费者对企业社会责任行为回报的高低、股东的相应反应等因素综合决定。⑥

在综合以上企业社会责任驱动研究的基础上,我们将企业社会责任的驱动因素主要归纳为两大类别,四种驱动因素。即内部驱动机制:经济驱动、道德驱动;外部驱动机制:政府管制、社会压力。其中社会压力来自于员工、社区、消费者、非政府组织、采购商、竞争对手等。主要的研究结构模型如图 2-1 所示。

由图 2-1 可知,企业社会责任的发生实际上涵盖了三个领域:市场、社会和国家,包括了三个主体:企业、社会和政府。企业、社会和政府三者间的

---

① Luo X M, Bhattacharya C B. Corporate Social Responsibility, Customer Satisfaction, and Market Value [J]. Journal of Marketing, 2006, 70 (4): 1-18.

② 参见郭红玲《基于消费者需求的企业社会责任供给与财务绩效的关联性研究》,西南交通大学管理科学与工程博士学位论文,2006 年。

③ Perrini F. SMEs and CSR theory: Evidence and Implications from an Italian Perspective [J]. Journal of Business Ethics, 2006, 67 (3): 305 - 316.

④ 参见鞠芳辉、谢子远、宝贡敏《企业社会责任的实现——基于消费者选择的分析》,载《中国工业经济》2005 年第 9 期,第 91~98 页。

⑤ Juholin E. For Business or the Good or All? A Finnish Approach of Corporate Social Responsibility. Corporate Governance [J]. 2004, 4 (3): 20 - 31.

⑥ Baron D P. Managerial Contracting and Corporate Social Responsibility [J]. Journal of Public Economics, 2008 (92): 268 - 288.

制约与平衡关系形成了西方社会企业社会责任问题的外部化解机制。企业社会责任与企业利润目标的一致性，企业形象声誉与企业价值最大化的趋同性，以及企业的道德自觉，为企业自觉主动地实施社会责任提供了主观上的可能性，是企业实施社会责任行为的内部驱动因素。社会对企业不履行社会责任的负面反馈、政府对企业社会责任缺失的法律管制是企业社会责任行为的外部驱动。当利益相关者的诉求转化为控制企业经营活动外部性的联合行动，并通过法律和市场的力量得以表达，那么社会压力就会转化成政府对企业的管制。因而企业的社会责任是政府、社会压力的外在约束和企业自身内在自觉的有机统一，是主、客观的统一，是主动实践与被动实践的统一。政府和社会的外在压力与企业的内部驱动相结合，才能推动企业社会责任朝着良性的方向发展，从而逐步地推动企业解决与其行为相伴的一系列环境与社会问题。下面我们试图从企业、社会、政府三者的利益互动关系出发，介绍几种企业社会责任驱动相关的理论，为后面的研究提供可资借鉴的理论基础。

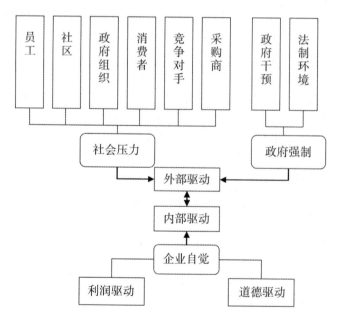

图2-1 企业社会责任驱动机制模型

第二节 基于市场、社会与国家的企业社会责任三元分析模式

一、市场、社会与国家三元模式的提出

在对人类生活的共同体（即广义的社会）进行研究时，国内外学者提出了各种各样的结构分析模式，最为常见就是二元分析模式和三元分析模式。二元分析模式的典型是"国家—市民社会"构架，洛克、黑格尔、马克思等人曾以此作为其理论分析的框架之一。在二元结构的基础上，哈贝马斯又提出"公共领域—经济—国家"的三元分析模式。此后，柯亨·阿拉托提出了"市民社会—经济—国家"的模式，莱斯特·W.萨拉蒙提出了"政府部门—营利部门—非营利部门"的分析模式，我国学者康晓光在系统分析上述理论后又具体阐述了其"政治领域—经济领域—社会领域"的模式。[①]

除萨拉蒙模式外，上述各类三元理论的架构，主要是概念上的差异，其内涵则基本相同。其中，"公共领域"与"市民社会"、"社会领域"相对应，"经济"与"经济领域"、"国家"与"政治领域"也基本上是一致的。萨拉蒙范型的三个领域与其他理论的三个领域也具有对应关系，只是前者讨论的主要是家庭以外的组织领域，而后者则还包括家庭和个人。

其中，经济领域又称市场领域，其活动主体主要是企业。企业是一系列要素契约的组合，通过要素契约来节约产品市场的交易费用，以高效率地提供私人物品。政治领域的活动主体主要是政府，它通过财政税收为社会提供垄断性公共物品，满足社会的需要，并对全社会的政治、经济进行宏观把握与控制。社会领域指国家或政府系统，以及市场或企业系统之外的所有民间组织或民间关系的总和，它是官方政治领域和市场经济领域之外的民间公共领域。其组成要素是各种非营利组织和非企业的公民组织，包括公民的维权组织、各种行业协会、民间的公益组织、社区组织、利益团体、互助组织和公民的某种自发组合等等。由于它既不属于政府部门（第一部门），也不属于市场系统（第二部门），所以人们也把它们看作是介于政府与企业之间的"第三部门"（the third

---

[①] 参见董溯战《美国社会保障制度中的国家、市场与社会功能之比较研究》，载《经济体制改革》2004年第2期，第134~137页。

sector)。三者关系见图2-2。

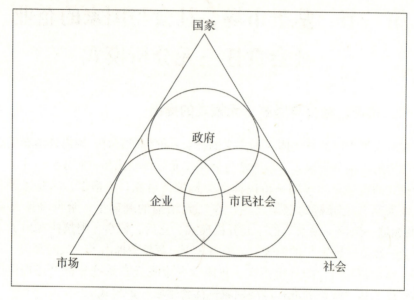

图2-2　企业、市民社会、政府的三元结构

西方对三者的相互关系的传统探讨与结论一般认为，市场是资源配置的最有效率的方式，是整个社会的基础性领域。但是，一个放任的、不受制约的市场机制，必然带来市场失灵及严重的企业社会责任问题，这需要市民社会的自我调节机制及政府的干预加以弥补。国家是社会利益的代表，在提供公共物品、保持社会稳定、进行宏观控制等方面起着重要的作用。但国家职能也可能出现"失效"，包括效率低下、权力的自我膨胀和腐败，最终导致对社会利益的危害。这需要市民社会对国家权力的外部制约及引进市场机制加以修正。市民社会是社会成员利益表达的重要工具，是企业社会责任生长的土壤，是防止权力腐败和异化的重要手段。但市民社会对个人权利和自主性的过度张扬，或者超越政治的过度发展，必然导致贫富分化的加剧，尖锐的社会对立和政治动荡，甚至引起社会秩序的瓦解和重构。这时就需要政治国家的干预和法律的强制。

也就是说，无论是市场、政治国家，还是市民社会，其能力都是有限的，"不论公共部门还是私人部门，没有一个行动者能够拥有解决综合、动态、多样性问题所需要的全部知识与信息，也没有一个行动者拥有足够的知识和能力去应用所有有效的工具"①。市场、社会、国家三者之间既存在着相互矛盾、相互对立和相互制约的关系,又存在着相互合作、相互依赖和相互促进的关系。任何一个领域的问题的解决都离不开其他两者的制约与互动。所以,从三者的相互关系与联系互动中,去分析市场领域所产生的社会责任问题,对我们宏观上把握与领略社会责任的外部驱动机制提供了一个很好的视角。

二、基于三元结构的企业社会责任的主体与对象

在进行社会责任外部驱动机制分析前,首先我们必须对企业社会责任的主体、对象进行必要的界定。有人根据企业、社会、政府"三分法"将企业的社会责任分为三种,第一,是企业的经济责任,在这里企业是作为一个"逐利"的法人主体出现的,对企业内部利益相关者负责。第二,是企业法律责任。在这里企业是作为一个"守法"的法人主体出现的,是对政府的责任。第三,是企业社会责任。在这里,企业是作为一个"社会公民"出现的,是对社会的责任。与企业这一主体分别在经济、法律(亦代指政治)和社会三个领域的责任相联系就形成了企业的经济责任、企业的法律责任和企业对社会的责任,即企业的道德及扩展责任这三个"属概念"。② 具体见图2-3。但事实上,这种广义的界定不利于我们对企业社会责任的理解分析,在这里,我们对企业社会责任的主体、对象进行如下界定。

(一)企业社会责任的主体是企业

企业是当代社会最基本也是最主要的经济单元,企业组织化的经济行为完成了许多单靠个人力量无法完成的事情,极大地推进了社会的进步。但企业权力的不断扩张与零散的社会个体力量之间的失衡,使企业能很容易地从事一些个人很难从事的有弊社会的活动。③ 一旦企业对社会做出不负责任的行为,不管是故意的,还是出于疏忽,都会对社会产生巨大的危害。所以在理论上,对企业是否应该承担社会责任的争议似乎已没有意义,人们都根据道德诉求④或

---

① Kooiman J. Governance and Governability: Using Complexity, Dynamics and Diversity [M]. In Modern Governance, London: sage, 1993.

② 参见李立清《企业社会责任评价理论与实证研究——以湖南省为例》,载《南方经济》2006年第1期,第106页。

③ Cropanzano R, et al. Accountability for Corporate Injustice [J]. Human Resource Management Review, 2004 (14): 108.

④ Jones T M, Wicks A C. Convergent Stakeholder Theory [J]. Academy of Management Review, 1999, 24 (2): 206–214.

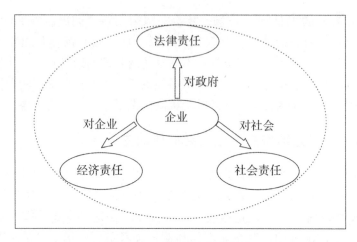

图 2-3 企业社会责任结构

社会理性①要求企业在社会中承担更为广泛的社会责任。企业作为有别于自然人的组织体,是否具有承担自己社会责任的主体资格呢?法学上曾经存在三种学说:法人拟制说、法人否认说和法人实在说。20 世纪以来,关于法人本质的法人实在说已为法学界绝大多数学者所接受。该说认为,法人并非法律的虚构,亦并非没有团体意志和利益,而是一种客观存在的主体,这种主体具有独立于其成员个人利益和意志的团体利益和意志,具有表达共同意志或实现共同目的的组织,且法人的意志由法人机关实现,法人机关的行为即法人的行为。现代企业一般都是拥有独立财产和具有独立人格的法人,都具有主体资格,企业法人能够而且应该成为责任主体,也就是说,具有独立人格的企业应该是企业社会责任的责任主体。

(二) 企业社会责任的对象是社会公众

企业社会责任本身是一个动态的概念,其社会责任的对象也处于不断的扩展之中,随着整个社会的发展和社会对企业的期望的变化而变化。从最初的员工、消费者、社区、供应商、经销商、债务人等,到现在的自然环境和人类社会,都成了企业社会责任的对象。在 1971 年美国经济发展委员会所发表的一份报告《商事企业的社会责任》中,将企业社会责任划分为"三个同心圈":最里圈,包括明确的有效履行经济职能的基本责任,比如产品、就业以及经济

---

① Post J E, Preston L E, Sachs S. Redefining the Corporation:Wealth [M]. Stanford, CA:Stanford University Press, 2002.

增长等基本责任;中间一圈,包括在执行这种经济职能时对社会价值观和优先权的变化采取积极态度的责任,比如保护环境、尊重人权,以及消费者希望得到更多的信息、公平对待、避免受到伤害等;最外圈,包括新出现的还不明确的责任。也就是说,企业的社会责任随着公众利益和期望的变化而越来越广泛,企业社会责任就是指企业应以一种符合甚至超过公众期望的方式来经营。即公众的利益和期望是企业社会责任的对象。从法学角度看,在企业的社会责任问题上,如果笼统地以社会公众作为企业社会责任的相对人,必然会因为责任义务的相对方不确定性,从而使企业社会责任虚构化。按照各国的通常理解,企业社会责任的相对方是企业的非股东利益相关者,系指在股东以外,受企业决策与行为现实的和潜在的、直接的和间接的影响的一切人,具体包括雇员、消费者、债权人、所在社区以及资源和环境的受益者等方面的群体。

(三) 国家和政府不是企业社会责任的对象

国家或政府是否企业社会责任的相对方,即企业社会责任是否包括企业对国家或政府的责任?毫无疑问,企业要对国家或政府承担各种责任,如纳税、接受国家或法律的监管等。企业不纳税或者偷税漏税都会减少政府的财政收入,从而使政府运转失灵,并最终危害社会利益。然而,企业对国家或政府的责任与企业对社会的责任毕竟是两种不同的责任形态。前者以国家或政府本位为出发点,重在实现国家或政府利益。后者则以社会本位为着眼点,旨在维护和提升社会利益。尽管国家是社会利益的总代表,国家或政府利益与社会利益在绝大多数情况下,是一致的和互动的,但在市场经济体制下,国家利益和社会公共利益并非总是一致的。国家利益虽然要兼顾全社会的利益,但从根本上说主要是统治阶级的利益;除了共产主义、社会主义社会以外,所谓国家利益与社会公共利益的一致,只不过是统治阶级"为了达到自己的目的就不得不把自己的利益说成是社会全体成员的共同利益"[1] 而已。在某些时候,国家或政府对自身利益的追求会与社会利益发生偏差,在极端的情况下,由于国家或政府的非理性,国家或政府对自身利益的追求还可能会严重背离社会利益。[2]因企业社会责任主要关注的是社会利益而非国家利益,企业对国家或政府的责任从根本上讲并非企业社会责任,故国家或政府也自然不是企业社会责任的相对方。此外,依法治理论,企业作为经济组织,对国家或政府负有的义务应严格限于法律的范围之内。将国家或政府视为企业社会责任的相对方,易导致国

---

[1] 参见马克思、恩格斯《马克思恩格斯选集》(第1卷),人民出版社1972年版,第609页。
[2] 参见卢代富《企业社会责任经济学与法学分析》,法律出版社2002年版,第98页。

家或政府对企业社会责任的滥用,不利于抑制国家或政府的"公"权力对企业"私"权利的侵害。[1]

第三节 基于交易理论的企业社会责任外部驱动机制分析

西方国家企业社会责任的治理大致经历了这样几个阶段,首先是工业化以来的自由主义的市场经济模型,1930年的经济大萧条及其后的西方资本主义的经济危机,导致福利国家的企业社会责任治理模型的出现。但这一模型最近几十年来受到越来越多的挑战。在政治上,如解除政府管制及公共设施的私有化,最典型的就是英国撒切尔时代激进的私有化运动。在经济或财政预算上,如欧洲人口的老龄化趋势及对福利需求的不断增长,导致西欧各国有限财政难以承载过度的公共福利支出。人们开始寻求新的解决办法。解除管制与私有化的政治运动、日益增长的全球化、商业自由的不断扩展、对主权国家职能的限制,这一系列的倾向我们经常称之为新自由主义。然而在过去10多年里,一种新的趋势——对社会和环境问题的关注迅速增加,如经合会跨国企业指南、欧盟的全球协议、社会责任投资的增长、市民与非政府组织不断发动的针对环境与社会问题的社会运动。企业社会责任开始大量地出现于各个国家和企业的议事日程。这些运动的力度和频率已足以让我们认为,一种新企业社会责任的治理模型已经开始出现。我们暂时将一企业社会责任的治理模型称为"社会治理"模型。下面,我们从交易理论的视角,分析(新)自由主义模型、福利国家模型和"社会治理"模型的异同,探讨"社会治理"模型对企业社会责任的外部驱动。

一、企业社会责任治理模型:一个交易理论的视角

为了研究这种"社会治理"模型的特点,我们的分析基于韦伯(Weber)理想模型概念[2],采用交易理论的形式,这样我们可以与新自由主义和福利国

---

[1] 参见王玲《论企业社会责任的涵义、性质、特征和内容》,载《法学家》2006年第1期,第136～142页。

[2] Weber M. The Theory of Social and Economic organisation [M]. New York: in Parsons T. (Ed), The Free Press/Machmillan, 1964.

家的模型进行比较,以检验这一新模型中的市民社会、企业和政府之间的相互作用及其对企业社会责任问题的解决机制。我们假定三个模型中都包括三个核心角色,即市民社会、企业和政府(图2-4)。

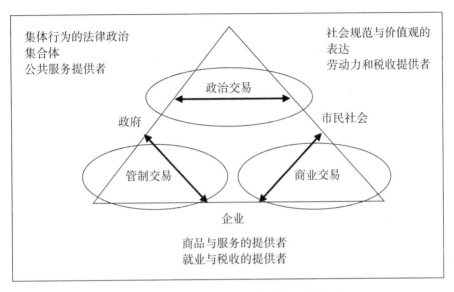

图2-4 社会责任治理中的角色与交换领域

根据传统的政治与经济理论分析:

(1) 市民社会指一种这样的领域,其中的规范准则的制定与实施都是根据政治投票人的意愿来进行。[①] 根据与商业领域的关系,市民社会代表政治消费者,[②③] 而且市民社会也是基本的人力资源,如企业劳动力的提供者,因而也向政府交纳(收入)税收。

(2) 企业被看成是商品与服务的提供者,也是市民社会的工作的提供者及政府的纳税人。[④]

---

① Lipset S M. Political Man: The Social Bases of Politics [M]. New York: Anchor Books, 1963.

② Smith A. An Inquiry into the Nature and Causes of the Wealth of Nations: A Concordance [M]. Rowman & Littlefied, Lanham, MD, 1992.

③ Kotler P. Marketing Mangement: Analysis, Planning and Control [M]. Prentice - Hall Englewood Cliffs NJ, 1967.

④ Johansen L. in Forsund F R. (Ed). Collected Works of Leif Johansen [M]. North - Holland, Amsterdam, 1987.

(3) 政府是集体利益的法律政治的集合体,[①] 而且也是公共服务的提供者。[②]

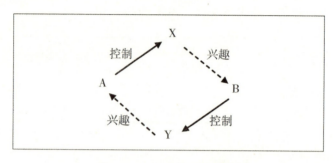

图2-5 一般性交易模型

根据交易理论,我们假定这三个的角色将进行三种广义的交易:政府与市民社会的政治交易,市民社会与企业的商业交易,政府与企业的调控交易。在企业、社会和政府中的每一个领域,各个角色通过自己控制的互补性的资源/商品或服务与其他角色进行交易,以提升各自的福利。这种两者间的交易即施特劳斯(Strauss)[③] 所说的"一般性"交易。这与经济学中作为其市场分析基础的买方与卖方的交易分析不同,在社会学[④]、人类学,以及政治科学[⑤]的一般性交易理论很少有精确的数字计算,因为更为复杂的交易内容与缺少统计信息或精确的数据库,只能采用最简单的形式。如在科尔曼(Coleman)[⑥] 与赫利斯(Herneas)[⑦] 提出的一般交易模型:两个人A和B;两种商品/服务/资源X和Y。A控制X,B控制Y,A对Y感兴趣,B对X更感兴趣。为了双方福利的最大化,双方都放弃自己控制的部分资源换取对方的资源与商品。结果A放弃X而得到Y,B放弃Y而得到X(图2-5)。

---

① Weber M. in Parsons T. (Ed). The Theory of Social and Economic Organisation [M]. The Free Press/Machmillan, New York, NY, 1964.
② Baumol W J. Welfare Economics and the Theory of the State with a New Introduction [M]. London: The London School of Economics and Political Science, 1967.
③ Levi Strauss C. The Elementary Structures of Kirship, Transfrom the French by Bell J H, von Sturmen J R. and Needham R, Beacon Press [M]. Boston, MA, 1969.
④ Homans G C. Social Behaviour: Its Elementary Forms [M]. London: Routledge & K Paul, 1961.
⑤ Marin B. Generalized Political Exchange: Antagonistic Cooperation and Integrated Policy Circuits [M]. Boulder, CO: Westview, 1990.
⑥ Coleman J S. Individual Interest and Collective Action: Selected Essays [D]. Cambridge University, 1986.
⑦ Hernes G. Makt og Avmakt: En Begrepsanalyse [D]. Norwegian University Press, Bergen, 1975.

二、西方三种企业社会责任外部驱动机制的比较

(一)(新)自由主义模型

自由主义模型作为一种19世纪成功地扩展市场经济的理论模型,它建立在多元政治交易、竞争性商业交易及简约市场调控理论基础之上。1980年和1990年的新自由主义的浪潮代表着自由主义模型的一种回归,它强调市场作用,要求解除管制,取消已建立的公共设施制度。其典型特征就是劳动力市场弹性、创新、结构或系统的竞争及国际经济组织。

(1)商业交易。新自由主义的核心是商业交易,新自由主义假定即使存在法律和秩序的集体优先权,市民社会的个人福利仍然至高无上。商业交易的另一方是定位于效率、竞争性和利润的企业。商业交易的目标是利润最大化而不是社会责任的最大化。

新自由主义的交易中角色定位的核心是供应商—消费者。市民社会的成员拥有购买权,企业控制商品与服务的提供。员工—雇主角色很少受到关注,在某种程度上是低于消费者—供应商角色的。

(2)政治交易。(新)自由主义在法律、秩序与其他的制度条件等核心问题上,追求尽可能地限制政治交易,以保证经济功能更好地发挥作用(如通过货币政策)。

政治交易中,基本的角色包括市民与政府,主要的功能是进行投票活动。政府主要充当集体活动的提供者。政治交易由政府财政所支持,主要来自于市民社会的纳税人。由于新自由主义致力于降低政治交易的作用,所以减税与回归有限政府成了新自由主义关注的重要问题。

(3)调控交易。在新自由主义模型中,调控交易发生于政府与企业之间,其特征主要表现为政府参与的正式的法律治理形式。对企业的调控遵循简约调节的基本原则,以提供对效率、竞争和利润等企业利益自由追求的基础。许多部门中各种管制的解除就是如此。[1][2]

(4)交易领域之间的调节。在三领域之间的结合区域,自由主义市场模型假定,各交易领域是相对独立的,调控交易与商业交易分开,商业交易与政

---

[1] Lane J E. Transformation and Future of Public Enterprises in Continental [J]. Western Europe. Public Finance & Management, 2003 (3): 56-81.

[2] Kikeri S, Nellis J. An Assessment of Privatization [J]. World Bank Research Observer, 2004, 19 (1): 87-119.

治交易分离,强调各成员在治理竞争中的多元低度调节。① 图 2-6 总结了新自由主义的典型特点。

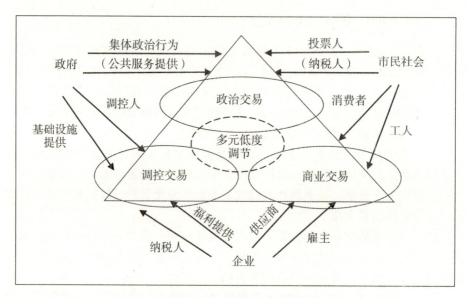

图 2-6 新自由主义模型

(二) 凯恩斯的福利国家模型

福利国家出现的意义在于平衡经济的发展,主要原理对来自凯恩斯 (Keynes)② 对自由主义市场模型下经济自我平衡发展的批判。后来新社团主义和福利国家的扩张进一步推动了积极的企业政策和福利提供政策的发展。如杰索普 (Jessop)③ 所说的,凯恩斯④的福利国家模型是定位于国家的,国家在保证就业、弥补市场失灵、促进企业社会责任方面扮演着重要角色。

(1) 商业交易。福利国家模型对自由模型的商业交易中占主导地位的个人主义提出了挑战,他认为市民社会的集体福利优先权优于个人优先权,这刺

---

① Lipset S M. Political Man: The Social Bases of Politics [M]. New York: Anchor Books, 1963.
② Keynes J M. The General Theory of Employment Interest and Money [M]. London: Macmillan, 1936.
③ Jessop B. The Changing Governance of Welfare: Recent Trends in Its Primary Functions, Scale and Modes of Coordination [J]. Social Policy and Administration, 1999, 33 (4): 349 – 357.
④ Keynes J M. The General Theory of Employment Interest and Money [M]. London: Macmillan, 1936.

激了经济交易中的集体的讨价还价，及经济交易中集体消费者组织的出现。

1930年的失业的痛苦经历及大企业工人阶级的政治授权，引起了人们对工人—雇主关系的强烈关注，并成了商业交易领域的核心问题。在福利国家模型中，工人—雇主的关系补充了占据主导的供应商—消费者关系。①

（2）政治交易。福利国家模型中市民社会的广泛的集体福利的优先权刺激了政治交易的扩展，简约主义的自由政府模型被广泛的政治参与对公共服务大量提供的福利国家模式所替代，但是也意味税收的大幅增加。政治领域因此获得了对经济及对经济交易决策的强大影响力。而且，政治领域的突出地位也使政治谈判成了其他各交易领域之间进行调节的主要方式。②

（3）调控交易。凯恩斯的福利国家模型重新定义了调控交易及对企业广泛的干预。与企业广泛的社会责任行为相对应，企业得到了公共财政及其他合作形式的支持。企业自由主义模型下的商业自由的优先权为福利国家模型中企业对公共资源的优先进入权所替代，也成为企业利润的重要来源。广泛的公共财政的支持要求在商业交易中企业对工人利益更加关注。国家已经成了保证企业社会责任与社会福利的重要工具。③

（4）各领域之间的调节。与自由主义的市场经济相比，福利国家模型，及其进一步扩展的新社团主义模型，都要求三个交易领域之间更为紧密地整合。通过政治调控的三个交易领域的整合成了福利国家模型的典型特征。跨领域的弹性结合创造了新的跨领域的调节与磋商，一个交易领域中的问题与挑战可以通过另一领域干预来解决。政治磋商的调控方式导致了跨领域的调节和高水平的多元交易。④ 图2-7总结了福利国家模型的典型特征。

（三）"社会治理"模型

紧接着1980年新自由主义而出现的"社会治理"模型强调对社会与环境问题的广泛关注。但是，它不像福利国家模型更多地依赖于国家的积极干预，

---

① Berger S. Organizing Interests in Western Europe：Pluralism, Corporatism and the Transformation of Politics [M]. Cambridge：Cambridge University Press, 1981.

② Streeck W, Schitter P C. Private Interest Government：Beyond Market and State [M]. London：Sage, 1985.

③ Doz Y. Strategic Management in Multinational Companies [M]. Oxford：Pergamon Press, 1986.

④ Berger S. Organizing Interests in Western Europe：Pluralism, Corporatism and the Transformation of Politics [M]. Cambridge University Press, Cambridge, 1981.

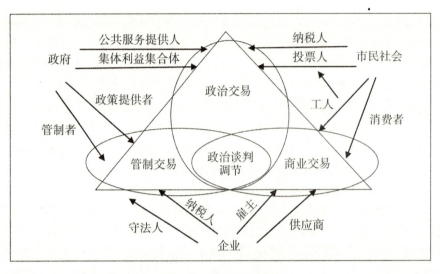

图2-7 福利国家模型

而是强调对市民社会组织的依赖。①②

随着经济全球化及政治调节国际化趋势的日益增加,"社会治理"模型可以被看成是对日益严重的社会与环境问题的高度关注,以及希望从全球化的企业经营中分享财富要求的政治反映。大部分人,甚至是富裕的福利国家的公众都对要求企业增加对社会和环境问题的关注的社会责任运动表示同情和支持。一系列的针对企业社会责任问题的国际运动就是这一反映。杰索普③认为对正式理性的市场力量极端的社会反抗运动可以通过更为灵活的、对话的理性治理方式来进行。它不仅包括对国家新的战略定位,而且包括通过市民社会的压力广泛地将企业社会责任问题的解决内置于市场进程之中。

企业社会责任的社会治理模型新增加了对可持续发展的关注,给三元交易领域增加了新的维度和新的职能,并加入了新的调控模式。

(1) 商业交易。当前的社会治理模型与新自由主义模型一样强调商业交易。但是,作为对新自由主义的反对,它强调对经济问题的社会治理。这种治理模型随着市民社会的不断成长及市民社会组织与跨国企业在社会责任

---

① Zadek S. The Civil Corporation: The New Economy of Corporate Citizenship [M]. London: Earthscan, 2001.

② Elkington J. Cannibals with Forks: The Triple Bottom Line for 21st Century Business [M]. New Society Publishers, Gabriola Island, 1998.

③ Jessop B. Regulationist and Autopoieticists' Reflections on Polanyi's Account of Market Ecomomies and the Market Society [J]. New Political Economy, 2001, 6 (2): 213-232.

（CSR）问题上相互作用而日益发展，成为全球企业社会责任"社会化"的主要驱动力之一。

企业部门参与这种非强制性的社会责任治理模型的动机可能有以下几种原因，如品牌与商业声誉，① 提升企业竞争优势，② 维护对企业成功至关重要的利益相关者利益及长期价值的最大化。③ 在现行的社会治理模型中，企业自身通过承担社会责任及对利益相关者权益的保护来促进社会治理模型下的经济交易，这一问题曾因自由主义者过于关注于短期经济利益而日益严重，以及福利国家将社会环境问题通过政府制度化而导致了成本高昂的管制或谈判。

与福利国家模型相比，新自由主义模型强调供应商—客户关系，员工—雇主关系的重要性大大降低。在企业社会责任的社会治理模型中，员工—雇主关系是这一模型的核心。与对社会、环境问题关注的市民与消费者相对应，模型中引入了一种新的"社会伙伴"的角色——"企业公民"对企业进行重新界定。④ 模型没有抛弃供应商的职能，但在商业交易中加入了社会与环境维度。

（2）政治交易。社会治理模型通过将社会维度加于政治交易的前政治中而保持了多元民主的自由主义内核。市民社会通过大量的非政治自我调控的社会披露（social discourse）来对企业的品牌声誉和财务评估的影响，从而将企业社会责任纳入到经济交易中。⑤

凯恩斯的福利国家模型通过高额税收提供大量的公共服务以及对企业政策的积极干预，来弥补新自由主义模型中简约主义原则下集体调控的不足，社会治理模型保持了对政治交易的广泛关注，但通过非正式的"前政治"方式关注于经济中的社会与环境等企业社会责任问题的解决。

在社会治理模型中，政治交易领域因此成了经济领域和社会领域的前政治观念形成之间的结合点。在与全球媒体的紧密合作中，社会治理模型依赖于市民社会组织，强调动员公众，促进企业对未来的全球社会与环境问题的关注，没有明显的民主政治强制。

---

① Fobrun C. Reputation: Realizing Value from the Corporate Image [D]. Cambridge: Harvard Business School, MA, 1996.
② Porter M, Kramer M R. The Competitive Advantage of Corporate Philanthropy [J]. Harvard Business Review, 2003, 80 (12): 56.
③ Freeman R E. Strategic Management: A Stakeholder Approach [M], Pitman Publishing Inc, 1984.
④ Zadek S. The Civil Corporation: The New Economy of Corporate Citizenship [M]. London: Earthscan, 2001.
⑤ Fobrun C. Reputation: Realizing Value from the Corporate Image [D]. Cambridge: Harvard Business School, MA, 1996.

(3) 调控交易。社会治理模型强调非正式的市场内生进程，倾向于非权威的自我治理方式。①

社会治理模型通过积极的激励措施来突出调控交易的温和治理。但是，在福利国家模型中，公共部门广泛参与对企业的促进职能，以便保证或激励企业去参与创新和发展。但是，社会治理模型更进一步，对于企业的调控不仅是伙伴关系，而且加入了支持关系。在伙伴关系角色中，如公共部门可能扮演参与者或促进者的角色。② 在支持关系的角色中，如政府对部分企业的行为通过奖励或"荣誉称号"的形式给予直接的认可。

(4) 各领域间的调节。在福利国家，特别是新社团主义的模型中，对纯自由主义的市场模型主要通过正式的行政官僚方式，应用国家机器和行政方式来修正自由主义市场的社会责任问题。而社会治理模型对自由市场模型则通过对经济的社会治理来加以纠正。经济的、非政府的社会化手段之一就是社会责任投资活动，现在已被大多数银行及财政机构所接受。主要的养老基金对企业社会责任行为负面和正面的筛选已经成为企业社会责任运动的一个主要驱动力。而且，媒体与通讯渠道也通过他们的活动及对公众舆论的动态引导对社会与环境问题的解决起着重要的作用。

与新自由主义相比，社会治理模型下三个领域之间的关系尽管结合也比较紧密，但与福利国家与新社团主义治理相比，三领域之间的协调本质上仍然不是政治的。图2-8总结了社会治理模型下的典型特征。

(四) 总结比较

可以说，企业社会责任的社会治理，刚好弥补了福利国家与新自由主义模型的明显缺陷。在所有的交易领域中，社会治理的模型强调对社会环境问题的广泛关注，这与福利国家模型相一致。同时，他对企业与市场力量作用的肯定和强调，又与新自由主义模型相一致。但是，与这两种模型不同的是，社会治理模型一方面支持广泛的社会责任的关注，另一方面又主张采用更多的市民社会的直接干预及自愿的企业社会责任治理模型，而不是政治强制的干预治理。

作为福利国家与自由主义思想的结合，社会治理模型支持市民社会的成长

---

① Porter M, Kramer M R. The Competitive Advantage of Corporate Philanthropy [J]. Harvard Business Review, 2003, 80 (12): 56.

② Fox T, Ward H, Howard B. Public Sector Roles in Strengthening Corporate Social Responsibility: a Baseline Study [M]. Washington DC: International Instituet for Environment and Development (IIED), October, 2002.

第二章 企业社会责任驱动机制研究基础与借鉴

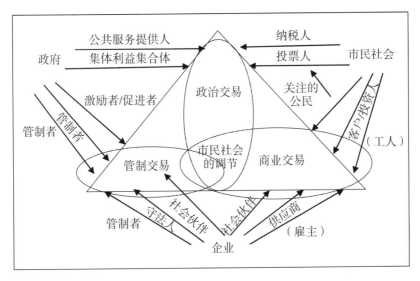

图 2-8 社会责任社会治理模型

及其对社会、环境等企业社会责任问题的广泛关注,并在不同的交易领域采用了不同的治理形式。在所有三个领域中,社会治理模型并不支持正式的、民主权威的及行政行为的方式,而是依赖于非正式的结构与程序。在商业交易中,核心是自愿及自我强制约束及对社会利益的考虑。在政治交易中,核心是更前政治的而不是政治的动员。在调控交易中,核心是软约束,促进与伙伴方式的,而不是强制的。

因此当前的企业社会责任社会治理模型,将社会责任治理的争论从计划还是市场转变为政府治理还是非政府治理,我们可以在一个四维模型中对企业社会责任的治理模型加以定位。这可以通过图 2-9 来加以说明。

传统的企业社会责任治理沿着水平轴进行选择,一端是计划经济,一端是市场经济。计划经济模型(在左边)根据集体利益优先的原则组织经济并调控企业的社会责任。自由主义模型在右边,在原子状态的竞争环境下根据个体利益优先的原则组织经济和调控企业。凯恩斯的福利国家模型则采用市场进程中的集体调控将二者合并起来,并强调政府的政治作用。

在纵轴上,企业社会责任的治理从正式的政府管制向一种更具广泛的自我管制和社会调控相结合的方式运行。[①] 社会治理模型更强调市场经济中企业社

---

① Midttun A. The Weakmess of Strong Governance and the Strength of Soft Regulation: Environment Government Governnance in Postmodern Form [M]. Innovation, 1998, 12 (2).

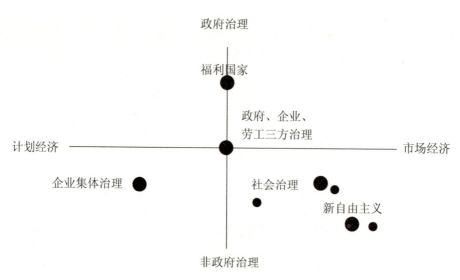

图2-9 企业社会责任治理模式选择

会责任的社会调控,而新自由主义则更偏重于自由放任的市场经济与企业的自我调控。

此外,企业社会责任的治理可能也包括集体的企业自我治理选择,即企业自我联合起来,通过集体行为来应对企业的社会责任问题,通过建立企业的集体行为规范来对部分企业不负责任的行为进行约束。如美国化学制造业企业责任倡议就是这样的例子。[①] 美国石油协会项目、当代环境伙伴关系战略(STEP)及美国森林与造纸协会的可持续森林倡议也是如此。这些企业进行集体自我治理约束的行为可以看成是一种"私人计划经济"。由于认识到企业个体行为的局限及企业社会责任问题的紧迫性,这样的单方面私人计划经济调节的方式在市场中将越来越多。在一些情况甚至可能是与政府部门的合作。

在政府治理与非政府治理之间,福利国家模型的新社团主义的扩展模型还建立了一个劳工、资本与政府三方之间的协议调控形式。这种调控方式在欧洲许多国家十分典型。这实际上将企业社会责任问题外部化为企业、社会、政府三方共同参与解决的问题。

---

① Nash J. Industry, Self-Regulation for Environmental Improvement: Pretence or Reality? [C]. Rome: The 7th International Conference of the Greening of Industry Network, 1998.

第四节　企业、社会、政府的社会责任利益博弈分析

上面我们从交易理论的视角对企业、社会、政府三者在企业社会责任问题中的互动行为进行了理论分析，下面我们从利益博弈的视角对西方企业社会责任问题的外部驱动机制做进一步的分析。

在国家与社会一体化的情形下，虽然个人和群体也有不同的利益表达，但整个社会的利益分配还主要是在行政的框架里面完成的。当市场取代再分配成为资源配置的基本机制的时候，利益的分配就不再完全依靠国家的意志，而主要是靠市场和社会的利益博弈。在一个利益分化和利益博弈时代，任何一个具体的经济社会事务都可以成为一种利益，从中滋生出各种利益的受损群体和利益的分享群体，并围绕这种利益进行博弈。

在企业、社会与政府的三角关系中，如果企业出现了社会责任问题，三方的均衡关系将被打破，首先作为利益的受损者，社会有可能对企业实施报复，进而引起政府的互动与反馈，并导致下一轮的博弈。既然是博弈，就离不开博弈参与人和规则的制定者，其中规制机构一般当作博弈的仲裁者或者规则制定者而非参与者来对待。那么在企业社会责任的博弈中，企业、社会、政府，谁是博弈的参与人？谁是规则的制定者？

一、政府是社会责任博弈的仲裁者

在企业、社会、政府的三角关系中，企业社会责任的压力主要来自于社会还是政府呢？从西方国家的社会责任的运动史可以看出，企业社会责任的主要推动者是社会而不是政府。政府虽然可以通过强制性方式对企业施加压力，但这种强制方式的范围仅限于法律框架内。虽然近代以来，英美法律界逐步放弃了企业的唯一目标是谋求股东利润最大化的传统思想，在司法实践和立法中逐步接纳了企业社会责任观念，并为协调股东和非股东利益作了不懈努力。这种努力尤其体现在对企业参与社会活动的态度上。考察英美的企业社会责任运动史可以发现，就总体而言，英美对企业实施捐赠等社会活动的调控经历了由严厉到宽容的转变，此一取向，一方面提升了非股东利益相关者的福利，在一定程度上缓解了他们对企业、股东的不满情绪。另一方面，政府也对股东的利益

加以了尽可能的保护,如不鼓励企业将资产大量用于捐赠(美国《国内税收法典》有限度扣减实施捐赠企业的所得税的规定就体现了这一思想),且不允许将企业资产捐在与企业经营无任何关系的目的上(如,企业给"宠物慈善会"的捐赠就曾受到法院禁止),同时还赋予股东对企业的社会活动进行挑战的权利,以实现股东对企业行为的监督,进而为股东自身利益的保障提供充分的救济手段。这些做法,既承认了企业社会责任,又尽可能地维护企业及股东的利益。而德国等大陆法系国家则将职工参与作为其企业治理结构建构的重点,希望把利益相互冲突的劳资双方融入制度化的有机体——企业之中,通过他们对企业事务的共同参与利益博弈来化解其相互间的矛盾,这也体现出平衡股东与非股东利益冲突的努力。①

也就是说,在西方的企业、社会、政府三方的企业社会责任的利益博弈中,政府主要作为"中立者"对二者的关系进行协调。政府机构对企业社会责任发展的影响主要集中在制度层面,通过建立规章和法律来规范和约束企业的行为,而法律规定之外的社会责任问题,则主要取决于企业和社会的利益博弈。企业社会责任包含企业的法律意义上的社会责任和道德意义上的社会责任,如果公众意志强烈,这种要求或意志会通过社会压力的方式传递给政府,政府可能会根据公众的意志,将部分道德意义上的社会责任上升为强制性的法律责任,规定企业对社会最低限度的责任义务,为企业履行或不履行社会责任提供法律依据或制度支持。西方各国的环境法、自然资源法、劳动法、消费者保护法等经济立法或社会立法等,都是通过这种方式确立的。也就是说,作为"全社会利益"代表的政府,往往站在"中立"的立场上,根据企业、社会双方博弈的结果不断地进行选择或自我政策调整,而不是仅仅偏向于社会利益的一方。

并且,政府能否在社会责任的博弈中真正代表公众利益也有人提出质疑。政府通常有多重目标,这些目标有时会显得模糊甚至相互冲突。即使政府谋求的是公共利益,但是公共利益有可能被各种近期、远期的目标,各个阶层的利益等所肢解。在短暂任期限制下,政府官员往往容易倾向于关注短期问题和结果而忽略长期的社会问题的解决。此外,政府虽代表着社会公共利益,但同时也可能是"经济人"——政府有可能谋求自身的利益,如政绩、GDP 等。"有限理性"政府和"经济人"政府在对企业进行社会责任行为监管时将不可避免地显露其局限性,导致其行为与公众利益的偏离或相悖。

---

① 参见卢代富《企业社会责任的经济学与法学分析》,法律出版社 2002 年版,第 252~253 页。

二、企业社会责任是市民社会与企业利益博弈的结果

总之,政府只能在法律框架的范围之内规范引导企业承担社会责任,对大量处于非法定义务状态的企业社会责任,就依赖于公众和企业这两大力量体系博弈制衡。发达国家经验表明,企业社会责任主要不是靠企业家自身的觉醒,或政府的强制监管形成的,而主要是靠市民、社会和各种社会运动的推动发展起来的。充分发育的、成熟的市民社会,各式各样的民众团体组织,广泛而持久的社会运动,这些都促成企业将体现社会大众利益的共同价值观确定为企业的道德准则,并在实践中承担起对社会公众的责任。

企业社会责任即企业对各利益相关者的责任。没有利益相关者的维权运动和需求,也就不会有企业对利益相关者的责任,也就没有企业的社会责任。企业各利益相关者的权利及维权行为是企业社会责任存在的基础。各利益相关者的态度和谈判能力直接影响企业对社会责任的承担。利益相关者权力的大小、多少,维权能力的强弱,是企业社会责任最直接和首要的驱动因素。20世纪企业日益巨型化引发了日益严重的社会问题,导致社会公众对企业的不满情绪不断高涨。这种强烈的民众情感最终演变为一次次的社会责任运动,直接推动了企业对利益相关者责任的关注。由此可见,企业社会责任的本质是企业利益相关者对企业利益实现机制的重构。当利益相关者权益需求在博弈过程中形成足够的谈判力时,这种利益相关者权益就构成了企业现实的利益相关者责任。

社会与企业的社会责任互动博弈过程一般是这样的:首先是社会大众的共同利益推动形成共同价值观,进而推动形成社会运动和社会压力集团,并且把这种压力施加在企业身上从而事实上影响到企业的利益实现,然后才有可能通过企业趋利避害的动机来调整企业的行为。这也可以理解为对于企业行为的"社会治理"或"社会调控"。但是,只有充分发育的、成熟的市民社会才能承载各式各样的民众团体和组织,才能发起广泛而持久的社会运动,因而才能把体现社会大众共同利益的共同价值观确立为社会的道德准则令企业遵循,一句话,才有真正意义上的企业社会责任。市民社会中劳工组织、环保组织、消费者组织以及其他非政府组织的参与是推动企业社会责任发展的外部驱动力量。

在西方社会,劳动者权益的维护离不开劳工运动的推动。从早期的自发斗争,到有组织的斗争,如组织工会,举行声势浩大的罢工或游行示威,这些都迫使企业不断改善劳动者的地位与权益,增加对员工的社会责任。消费者也有组织维权的传统。问卷调查表明,当美国人了解到一个企业在社会责任方面有

消极举动时,高达91%的人会考虑购买另一家公司的产品或服务,85%的人会把这方面的信息告诉他的家人、朋友;83%的人会拒绝投资该企业;80%的人会拒绝在该公司工作。[①] 很多跨国企业就是在消费者的压力下开始实施生产守则和"人权查厂"的。西方社会环保组织繁多,环保运动也如火如荼,迫使几乎所有大企业的许多企业都采用财务、环境、社会责任三者相结合的业绩汇报模式,定期向社会公布企业的废物排放和资源利用情况。

三、企业社会责任博弈的历史演进

从时间的视角来剖析企业社会责任的博弈的历史演进也许会有益于我们对企业社会责任外部驱动的理解。从历史上看,我们可以发现,企业的社会责任是随着国际劳工运动、人权运动、消费者运动、环保运动等社会运动的兴起而开始的,公众对企业社会责任的关注、追求与行动压力,形成了企业与股东之外的其他社会成员利益关系的相互博弈制衡的格局。正是在这样的条件下,企业才开始正视社会公众的利益,才有压力与动力去追求社会责任。为什么在400多年的资本主义的历史发展中,只是在20世纪70年代后,企业社会责任才开始真正进入法律范畴和公众的视野。其根本的原因,在于它背后的各利益主体间的博弈及其路径的演变。

从历史演进的轨迹来看,在工业化初期,社会生产力整体水平低下,人们生活水平较低,企业也相对弱小,生存谋利是企业的主要目标,社会对企业的基本要求是提供满足消费者需求的产品与服务,企业的经济责任最为重要。随着生产力水平的提高与企业力量的壮大,企业活动对社会的影响也越来越大,社会对企业的要求更多地体现在遵纪守法、纳税就业等方面,法律责任日益为人们所重视。到了现代,企业对社会资源与自然资源的占用达到前所未有的地步,其经济行为也对整个社会带来了巨大的外部性(包括正外部性和负外部性),企业不再仅仅是单纯的经济组织,同时也成为最具实力的社会组织,因此,社会必然要求其承担更多的社会责任。与此相适应,20世纪80年代企业社会责任运动开始关注劳工、人权等社会问题,对企业的道德责任高度关注。到了20世纪90年代,更多的公众开始关注人类整体发展、人与自然的和谐等发展目标,对企业的环境期望与环境保护的压力增高。一部社会责任的发展史就是一部企业与社会公众与企业的利益博弈史。企业社会责任的内涵也随着公

---

① 参见赵丰年《企业社会责任的宏观经济动因与促进策略研究》,北京邮电大学出版社2008年版。

众期望和压力的增加而逐步扩大并多元化。具体可见图2-10。

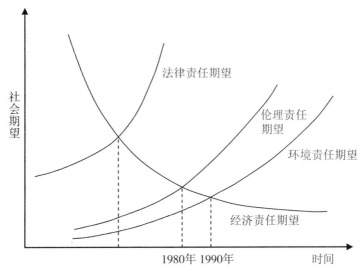

图2-10 企业社会责任博弈的历史演进

第五节 研究结论

本章将散见于国内各个学科领域有关企业社会责任驱动争论与探讨的文献从正反两方面进行了分类介绍和系统归纳,对来自管理学、经济学、社会学、伦理学等各个领域的中外学者的争论与思辨进行了介绍,对企业社会责任驱动研究相关的理论,包括社会三元结构理论、一般交易理论、博弈论等进行详细的分析,并从企业、社会、政府三个主体的制约平衡关系出发,构建起企业社会责任的驱动机制模型。理论模型的构建与相关理论的介绍,为后面企业社会责任研究的展开提供一个理论基础和技术框架。归纳起来,本章的主要研究结论如下:

一、经济驱动为主的多因素驱动是企业社会责任驱动的基本形式

从企业社会责任驱动的理论论争中可以看出企业社会责任驱动的复杂性。表面上看,企业社会责任的道德驱动与利润驱动是相互对立的,但在现实中二

者却是一致的。企业要实现自己的利润目标,首先必须合法地经营,坚守不欺诈、不欺骗的道德底线,更多地考虑利益相关者的利益。企业要更加道德地行动,也必须顾及公司的利润目标,没有利润和收益的支持,企业的道德行为难以实现或难以持续。企业是经济组织,必须进行成本收益的核算,企业的社会责任行为可能是功利性的,或者是功利与道德的混合形式,但是,纯粹出于道德动因承担社会责任的十分少见。在经营实践中,道德驱动与经济驱动往往是难以区分的,很多道德的动因可以被解释为是为了长期经济利益。所以,更为合理的解释是,企业社会责任驱动一般表现为以经济驱动为主的多因素驱动。

二、政府监管是企业社会责任驱动的底线保障

尽管企业社会责任是企业的自愿性行为,但实践证明,在很多情况下,由企业自愿或主动地实施企业社会责任难以实现。面对日益严峻的企业社会责任问题,这就必须要有政府强制力量的参与,它保证了企业社会责任的底线。政府在企业社会责任方面的作用主要表现为引导者、推动者、监督者和直接监管者。此外,政府还负有对社会的直接责任,这种责任比企业对社会的责任甚至更为重要。企业承担社会责任的对象主要是与自己经营相关的关键利益相关者,而政府承担责任的对象是全体公众。政府与企业的责任边界是不能错位的。特别是市场机制完全失灵的非竞争性和非排他性"公共物品"的供给上,必须由政府充当资源配置与产品供给的责任方,以达到"帕累托最优"。政府一方面要承担起自己对社会的直接责任,另一方面要切实监管起企业对社会的责任。政府不能以企业社会责任为由,混淆企业社会责任与政府社会责任之间的关系,将本属于企业职能范围的责任变成自己的责任,或将自己职能范围内的责任推向企业,把企业当唐僧肉,吃垮企业。

三、社会压力是企业社会责任驱动的主体力量

企业社会责任的驱动除了内在的道德驱动与经济驱动,以及以法律监督为基础的政府监管机制以外,以社会为主体的外部力量对企业承担社会责任起着至关重要的作用。随着企业与员工、消费者、社区、竞争者、非政府组织、媒体舆论、环境的共生关系越来越密切,企业的生产经营活动必须满足各种利益相关者的要求,妥善处理与各种利益相关者的关系,以回避企业生产经营活动中的不确定性风险,赢得利益相关者的支持。社会公众也通过"用脚投票"和"用手投票"等方式,构成了企业承担社会责任的外部约束机制,形成了对企业承担社会责任的强大外在压力。企业是追逐利润最大化的实体,如果企

业违背社会责任遭受社会惩罚所带来的边际支出远远大于违背社会责任所获取的收益，企业一定会承担起自己的社会责任。西方很多企业社会责任的实施都是基于利益相关者群体的压力来实现的。

四、企业社会责任是企业、社会和政府博弈制衡的结果

无论是基于一般性交易理论，还是基于博弈论的企业社会责任分析都表明，企业社会责任是企业、社会和政府三者博弈互动的结果，其中，市民社会的压力是企业履行社会责任最重要的外部驱动力。在一般性交易理论的企业社会责任治理模型中，社会治理模型通过市民社会的外部压力将企业的社会责任问题内化于企业的市场行为之中，迫使企业通过维护利益相关者的利益来完成企业的经济交易。这是一种成本最低，也是更为有效的社会责任外部驱动模型。企业社会责任的博弈分析表明，在企业社会责任问题上，西方国家或政府往往保持着"中立态度"，在法律的框架内规范和引导企业去承担社会责任。对大量处于非法定义务状态的企业社会责任，主要依赖于公众和企业这两大力量体系博弈制衡。公众利益的大小、多少、维权能力的强弱，决定了企业承担社会责任的程度和方式。由各种民众团体和组织发起的广泛而持久的社会运动是企业承担社会责任的最直接的外部驱动力。而只有充分发育的、成熟的市民社会才能承载各式各样的民众团体和民间组织。一句话，没有充分发育的、成熟的市民社会，就没有真正意义上的企业社会责任。

第三章 企业社会责任驱动模式的历史演进

自20世纪60年代以来，西方对企业社会责任的研究纷繁复杂，企业社会责任的理论论争层出不穷。阿吉斯与格拉夫斯（Aguinis & Glavas）[1]最近将西方企业社会责任问题的研究分为三个层次：制度层次、组织层次、个体层次。虽然西方对企业社会责任的研究已相当深入，研究的内容也十分丰富，然而这些研究多从个人、组织或制度层次的单一层面展开，缺少跨越层次的探究，难以形成对企业社会责任驱动机制全面系统的认识。加上研究者来自不同国家，社会背景、文化背景、制度背景以及研究方法和行业数据的差异，从而形成了"仁者见仁，智者见智"繁杂理论图景。尽管国内学者从企业管理、法律、政府监管等不同视角对如何借鉴西方企业社会责任治理模式做出了有益的思考（如聂元军[2]，张乐新[3]等），然而，这种单一视角的研究借鉴难以把握西方企业社会责任治理的全貌。所以，从历史的视角来剖析西方企业社会责任观的演进也许会有助于我们更好地了解西方企业社会责任问题。这与西方学者对企业社会责任理论或假设的实证检验、单纯的理论与逻辑层面的学术论争以及国内学者对西方企业社会责任理论的简单借鉴相比，更有利于我们把握企业社会责任的宏观脉络与演化趋势，更清晰地洞悉企业社会责任问题的本质，为中国企业社会责任的未来发展与战略选择提供有益的思考与探索。

企业社会责任的发生实际上涵盖了三个领域：市场、社会和国家，包括了三个主体：企业、社会和政府。企业的内在自觉，以及政府和社会力量的外在约束与激励，共同推动企业社会责任行为向着良性的方向发展。在不同历史时

---

[1] Aguinis H, Glavas A. What We Know and Don't Know about Corporate Social Responsibility: A Review and Research Agenda [J]. Journal of Management, 2012, 38 (4): 932-968.

[2] 参见王丹、聂元军《论政府在强化企业社会责任中的作用——美国政府的实践和启示》，载《理论探索》2008年第6期，第120~123页。

[3] 参见张乐新《论公司社会责任的国际践行与我国的实现路径》，载《求索》2012年第10期，第179~180页。

期，不同社会背景下，企业、社会和政府三者力量对比的差异与社会结构的不同决定了企业社会责任问题治理模式的差异。西方社会在长期的历史发展中，逐步形成了今天"大社会，小政府"的社会结构，以及政府居中调节，企业与社会对等博弈的社会责任问题化解机制。深入了解西方这种特定的社会结构及其历史演进规律，对中国企业社会责任问题的治理具有积极的意义。

因此，本章试图从社会结构的独特视角，从企业、社会、政府三者力量边界的演化变迁中来分析西方企业社会责任问题的演进轨迹，探讨当代西方企业社会责任问题的历史发展、现实成因及未来走向，为中国企业社会责任问题的治理提供参考和借鉴。

第一节 企业社会责任治理模式的历史演进

企业社会责任是个新理念，要求企业在追求利润的同时，承担起对利益相关者和社会的责任，追求经济与社会、环境的协调发展。但如果抛开企业社会责任的时代特色，仅从"遵法度、重伦理、行公益"的普遍意义上来讲，这一理念可谓源远流长，最早可以追溯古希腊商人的社会责任观。然而现代意义上的企业社会责任严格来说应该是随着近代工商业的发展，进而为市民社会脱离政治国家的控制提供了条件，最终才促成了正式意义上的企业社会责任问题的出现。

根据不同时期社会结构的差异及社会责任治理模式的不同，我们将企业社会责任问题的治理依次划分市场治理、国家治理和社会治理三个阶段。

一、企业社会责任的市场治理模式

在西方，16世纪以后，随着民族国家的建立和重商主义的出现，国家开始保护私人工商业的发展。因为，如果国家继续严格控制社会，限制私人工商业的发展，并由国家控制的官僚系统直接从事生产贸易活动，必然会因为官僚经济的低效率导致国家财政收入的危机。这样，财富的占有者和政治上的掌权者开始分离并各自独立发展。双方在相互分离的基础上逐步形成了一种契约性的交易关系，即国家承担对社会的责任，提供私人经济所不愿承担或无力承担的公共产品或服务，包括国防、治安、外交、消防、基础设施、仲裁服务等，私人经济必须遵守法律，交纳税收。然而，双方权力并不平等，单方违约甚毁约现象时有发生。法国大革命和美国革命，最终为市民社会与政治国家的分离提供了一种立宪基础，并形成了一种双方互惠交易关系的制度性安排，如分权制衡、法治替代人治、司法独立等。它标志着市民社会最终从政治国家的控制中解放出来，完成了政治国家和市民社会的分离过程，从而为现代意义企业社会责任问题的出现提供了依据。

随着工业化时代的到来和市场经济的发展，国家对社会的强制为一种新的强制——市场强制所替代。根据当时西方各国所遵奉的亚当·斯密古典自由主义市场经济理论的观点，经济主体的责任就是追求利润的最大化，因为追求个人私利的主观动机能够自动实现个人利益与社会利益的协调，产生促进社会共同利益增加和社会繁荣的客观结果。"我们每天所需要的食料和饮料，不是出自屠户、酿酒家或烙面师的恩惠，而是出于他们自利的打算。我们不说唤起他们利他心的话，而说唤起他们利己的话。我们不说自己有需要，而说对他们有利。"① 新自由主义的弗里德曼对企业社会责任做了进一步的阐释，他指出在自由主义的市场经济条件下，"企业有且仅有一种社会责任——在法律许可的范围之内，利用他的资源从事旨在于增加其利润的活动。这就是说，从事公开的和自由的竞争，而没有欺骗或虚假之处"②。因此，管理者的唯一使命就是力求达到这个目的。如果管理者把"股东的钱"花到公众利益上，他实际上就是在未经股东许可的情况下花钱，因而必须遭到反对。同样，如果企业从事某些社会活动而花费的成本通过提高产品价格而转嫁到了消费者身上，这个管理者就是在花消费者的钱，这种做法也应该遭到拒绝。③

从企业、政府、社会三者关系的视角，我们可以对自由主义市场经济条件下的企业社会责任做出如下界定：①企业只要在符合法律、伦理的最低要求下追求利润最大化，即算尽到了社会责任。②承担社会责任是政府的事，因为征收税款和承担社会责任是政府的基本职能。企业的管理者承担社会责任是越俎代庖。事实上，企业管理者也没有能力去促进社会福利，即便他们以此作为自己的目标也未必就能做好，因为他们并非这方面的专家④。③国家对企业和市场的干预越少越好，否则会损害自由社会的根基。政府的职责尽可能减少到只提供必要的"公共产品"和扮演"守夜人"的角色。

---

① 亚当·斯密：《国民财富的性质和原因的研究（上卷）》，商务印书馆1997年版，第14页。
② Friedman M. Capitalism and Freedom [M]. Chicago：Chicago University Press，1962.
③ Friedman M. The Social Responsibility of Business Is to Increase Its Profits [N]. New York Times，1970－09－13（122－126）.
④ Friedman M. Social Responsibility of Business [M]. In "An Economist's Protest：Columns in Political Economy". New Jersey：Thomas Horton and Company，1970.

这种企业社会责任的市场治理模式或自由放任模式，事实上将利润最大化在观念异化为经济主体的社会责任。至于本来意义上的社会责任所关注的伦理及公益等事项，虽然没有被抛弃，但被全部界定为政府的责任。产业革命以及经济竞争中资本家的成功与衰微，个体的贫困与财富分配的两极分化，则被社会达尔文主义者解释为一种物竞天择、适者生存的市场选择结果。这种市场治理模式将个人自由地追求私利与全社会普遍福利相等同，将个体最大限度谋求利润与其承担社会责任相等同，使企业的社会责任变得虚无缥缈。与其说是对社会责任的张扬，毋宁说是对社会责任的拒绝。

尽管当时一些企业开始参与社区建设、向穷人捐款、兴办教育的慈善活动，但这些都是个人行为，而不是企业行为。也就是说，企业主完全可以支配他个人的财富来"行善事"，但企业是不用承担社会责任的。这种观念一直延续到20世纪初，从而为近代社会危机的凸显埋下祸根，也迫使人们开始重新审视企业社会责任问题。

二、企业社会责任的国家治理模式

不负责任的自由主义市场模式虽然带来了资本主义的繁荣，但随着资本主义的迅速发展及企业规模的不断扩张，企业的社会责任问题也日益突出。主要表现为：失业人口的增加；日益严重的垄断问题；企业财富的积累伴随着贫困问题的加剧和社会财富分配的两极分化；企业对资源的掠夺性开采和不合理利用，肆意排放污染物，加剧了资源的耗竭与生态环境的危机；企业对政治国家的渗透日益深入，一些大型企业通过与政府"联合"或向政府当局施加压力等多种方式，为企业谋取私利。资本与政权的结合成了20世纪世界生活中的一道奇特的景观。这些矛盾最集中、最突出的表现就是资本主义社会持续不断的经济危机。

严重的企业社会责任问题引发了企业与社会的尖锐对立与对抗，对企业社会责任问题的反抗从罢工、破坏机器，发展到非理性、极端的阶级斗争和暴力革命。作为社会主体的无产阶级把斗争的矛头从指向企业，转而指向政治国家。对自由放任的市场模式的严重质疑演化为是计划还是市场，是资本主义还是社会主义的两种制度的抉择。

对自由主义的市场治理模式的质疑越来越多。福利经济学创始人庇古在1920年出版的《福利经济学》一书中，提出了市场外部性理论，指出在存在市场外部性的条件下，企业利益与社会利益就不会自动协调。① 20 世纪 30 年代的经济大萧条及其后西方资本主义的经济危机，导致了企业社会责任的国家干预模式——凯恩斯主义理论的出现。

经济学家凯恩斯提出通过国家扩张性的经济政策来刺激需求，以促进经济增长和增加就业，舒缓日益严重的社会责任问题。② 从 1932 年到 1942 年的十年间，美国罗斯福"新政"对自由主义经济的大量干预，使人们开始将对企业所期望的社会责任转而寄希望于政治国家。③ 这一模式逐渐为西方发达资本主义国家所普遍采用。其后西方国家出现的福利国家模式及其更进一步的新社团主义模式，都强调通过国家的政治干预和政府调控，来实现对企业社会责任问题的治理。如西欧各国社会民主党（包括社会党）一直把争取工人阶级福利的改善作为自己的奋斗目标。他们上台执政后，依靠国家政权提高企业税收，通过政府投入解决企业社会责任问题，增进社会福利。这种国家治理模式实质上是将企业社会责任定位于国家，要求国家实施积极的干预政策和社会福利政策，在保证就业，弥补市场失灵，消除企业的外部不经济性，提供垄断性的公共物品等方面承担起重要角色。

这种企业社会责任国家治理的极端形式就是苏联、东欧和中国等社会主义国家所实行的斯大林社会主义模式，即由国家或政府通过计划经济等手段直接控制企业生产，并由国家承担对全体社会成员"从摇篮到坟墓"的全部社会责任。此外，"二战"后许多第三世界国家先后走上了权威主义政权的发展道路，即由一个官僚或军人权威主义政权通过国家力量制定经济计划、兴办国有企业，并在承担社会责任与提供社会福利方面承担主要责任。

在国家社会责任边界不断扩张的同时，人们对企业的社会责任问题也展开了争论与探讨。1924 年英国学者谢尔顿（Sheldon）在其著作《管理哲学》中正式提出企业社会责任的概念，要求企业在追求利润的同时必须兼顾社会的利益。④ 这无疑是对资本主义奉为绝对的自由企业制度和利润最大化原则的根本动摇和颠覆，从而引致了企业社会责任问题的激烈论争。

---

① 参见（英）庇古《福利经济学》，朱泱、张胜纪、吴良健译，商务印书馆 2006 年版。
② Keynes J M. The General Theory of Employment Interest and Money [M]. London: Macmillan, 1936.
③ Dodd E M. For Whom Are Corporate Managers Trustees? [J]. Massachusetts, U. S.: Harvard Business Review, 1932, 45 (7): 1145 – 1163.
④ Sheldon O. The Philosophy of Management [M]. London: Sir Isaac Pitman and Sons, 1924.

1931年，贝利①发文指出公司管理者只能服务于全体股东的利益，这一观点立即遭到了哈佛大学法学院多德教授的批判，从而开始了长达二十多年的关于公司控制权的争论。1962年，梅恩②对贝利关于现代公司要承担社会责任的观点进行了激烈的驳斥，从而揭开了基于自由市场合理性的企业社会责任的争论。20世纪70年代以后，自由主义的经济学家，两位诺贝尔经济学奖的得主弗里德曼与哈耶克也先后对企业社会责任理论展开了批判。就争论的结果来看，从贝利的自认失败，到弗里德曼最终接受社会责任，都表明了个体利益对公众利益的服从、企业利益对社会利益的服从。这些论争促进了企业社会责任理论的传播，推动了企业社会责任实践的展开。

三、企业社会责任的社会治理模式

西方国家对企业社会责任的国家治理模式在70年代后期开始出现一系列问题。这些国家普遍出现了经济停滞与通货膨胀并存的局面，加上欧洲人口的老龄化趋势及对福利需求的不断增长，从而带来了财政预算的巨大压力，一些高福利国家政府背上了越来越重的财政包袱而难以为继。与此同时，国家治理模式导致了行政权力和官僚机构的膨胀，一些利益集团经常控制和左右国家政策，使普通民众的个人自由和权利受到损害。实证研究也表明，企业社会责任的国家治理模式由于信息不对称及官僚主义带来了治理与谈判的高昂成本，并容易导致"天花板效应"，即企业可能会将政府标准看成是要达到的最高标准，从而降低一些企业的社会责任水平。③

苏联和东欧等前社会主义国家所实行的斯大林模式的弊端也日益显露。这种模式否定了市场的作用，国家成了经济活动和社会责任的唯一主体，结果导致国家职能的增加和官僚机构的膨胀，各级官员中的腐败现象也愈演愈烈。此外，普通民众也日益养成了对国家的依赖感和懒惰思想，来自民间的积极性和首创精神受到窒息。此外，第三世界国家由权威主义政权实施的"政府主导型"现代化模式，除了韩国、台湾等东亚个别国家或地区获得成功外，其他绝大多数国家均在政治上和经济上陷入困境。政治腐败，民众反抗，高压政

---

① Berle A A. For Whom Corporate Managers Are Trustees: A Note [J]. Harvard Law Review, 1932, 45 (7): 1145-1163.

② Manne H G. The "Higher Criticism" of the Modern Corporation [J]. Columbia Law Review, 1962, 62 (3): 399-432.

③ Baden D A, Harwood I A, Woodward D G. The Effect of Buyer Pressure on Suppliers in SMEs to Demonstrate CSR Practices: An Added Incentive or Counter Productive? [J]. European Management Journal, 2009 (1): 1-13.

策,民众更大的反抗,政权更迭,这已成为许多第三世界国家不断上演的一出政治悲喜剧。

各种事实使人们认识到,高度自主的、不负责任的国家权力的危害并不亚于高度自由的、不负责任的企业所带来的危害。人们开始转而思考如何约束日益膨胀的国家权力对个人自由及权利的威胁。因此,从20世纪80年代开始,新自由主义思潮再度兴起,行政改革的浪潮波及全球。20世纪70年代末和80年代初里根和撒切尔夫人都是新自由主义的实践者,他们在美国和英国大力推行市场导向的经济和社会改革政策,并进行了一系列被称这"新公民管理"或"重塑政府"的行政改革,主要内容包括压缩公共部门的规模、解除政府管制、国有企业私有化、经济贸易自由化、转变政府职能、权力下放或分散化,等等。与此同时,苏联、东欧等社会主义国家也开始通过改革向自由市场资本主义转变。中国、越南等社会主义国家也进行了建立社会主义市场经济体制的改革。许多第三世界国家也在通过结构性改革来实现经济自由化,解除国家对企业或市场的过度干预。

然而,新自由主义的理论和实践依然暴露出其局限性。如过分强调市场机制和企业的作用,加剧了社会不平等,弱势群体和贫困人口的需要得不到应有的重视,周期性经济危机依然难以解决。一些企业更为严重的社会责任问题引起了全球社会的高度关注。如20世纪80年代,在印度博帕尔邦发生了历史上最为不幸的工业事故:美国联合碳化物公司在印度的一家农药厂发生有毒气体泄漏,先后导致3500人死亡,20多万人受伤害。这起事故震惊了全世界。更有甚者,一些企业还直接参与推翻他国政府、犯罪和其他反人类、反社会的活动。

实践表明,以市场为中心的模式和以国家为中心的模式都不能有效地解决企业社会责任问题。随着国家从企业社会责任治理领域的逐步退出和新自由主义弊端的显现,人们开始寻找"中间道路"或"第三条道路",并寻求实现它们的"第三种力量"。各种社会组织和社会责任运动开始进入人们的视野。

20世纪60年代,各种社会责任运动蓬勃兴起并成为推动企业社会责任问题解决的重要力量。这些社会责任运动也被称为新社会运动,因为相对于社会主义政党所领导的工人运动而言是新的。这些运动所关注的问题空前广泛,包括人权问题、生态问题、和平问题、妇女权利问题、黑人和少数民族问题等,并由此形成了不同的社会运动。这些运动的参与者是跨阶级的,不仅有工人阶级、资产阶级,还有中间阶级、政府官员、企业家、政府机构、非政府组织。这些运动也跨越了国界,不仅得到了发展中国家的社会公众的支持,也得到了发达国家社会公众的强烈支持。在传统的工人运动走向衰落之际,各种新社会运动的出现使人们看到制约国家权力和治理企业社会责任问题的依靠力量，有人把各种新社会运动称为"市民社会的复兴"。

这种社会组织和社会责任运动的蓬勃兴起，有其特定的社会历史条件。对社会成员或社会活动家而言，他们希望通过这些组织和运动来加强对企业和政府的监督，实现和保障自己的权利和利益，或施展自己的理念抱负。对企业而言，他们希望通过与社会组织和社会运动的合作，通过承担更多的社会责任来换取社会公众和消费者的支持，以达到维护企业品牌形象与商业声誉，提升企业竞争优势，进而提升企业利润的最终目的。对政府而言，则希望通过社会组织和社会责任运动的兴起，来填补国家退出企业社会责任治理领域后所留下的空白，并为减少政府职能，削减政府开支提供依据。

这样，一种新的企业社会责任治理模式开始出现，我们暂且称之为企业社会责任的社会治理模式。这种治理模式一方面高度关注日益严重的企业社会责任问题，另一方面，它对企业社会责任问题的解决又主要依赖于市民社会的成长及其对企业社会责任问题的广泛参与和关注。如劳工组织、环保组织、消费者组织的广泛成立，社会责任投资基金的迅速增长，社会对企业品牌声誉和社会责任绩效的评估排名，针对企业环境与社会问题的社会运动，等等。这种对企业社会责任缺失行为的治理将过去极端的社会反抗运动逐渐转变为更为灵活的、对话的、理性的社会责任治理方式，即通过市民社会的压力将企业的社会责任问题内化于企业的市场交易行为之中，既避免了自由主义模式下企业追逐利润最大化而导致的严重的社会责任问题，也避免了福利国家模式下国家治理的高昂成本，及国家权力膨胀对个人自由和权利的侵害、实现了企业社会责任问题的"社会治理"和企业社会责任的"社会化"。

第二节　三种企业社会责任治理模式的比较

企业社会责任的三种治理模式是随着时间的推移而相继出现的三种形式，对三者的比较分析有助于我们更进一步了解这些模式。

一、三种治理模式共同趋势

从纵向维度进行观察，随着企业、社会和国家之间相互关系的变化及演进，西方企业的社会责任问题依次经历了自由主义的市场治理、福利国家的国家治理再到当前的社会治理这样几个阶段。尽管在不同的时期,企业、社会和政府三者的权力和边界在不断地演化,企业社会责任治理的模式在不断地变更,但总的来看,企业社会责任治理的水平在不断地提升,三者的关系也由对立、对抗不断地走向合作与共赢。企业社会责任治理模式的不断演进必将为人类社会赢得一个更加和谐、更加美好的未来。

二、三种治理模式差异分析

为了更好地比较这几种模式的异同,我们试着从时间阶段,治理主体,治理方式,促进力量,社会责任的对象、目标,社会、国家与企业的关系,治理有效性,治理成本等方面对以上三种模式进行比较,具体见表3-1。

表3-1 三种企业社会责任治理模式的比较

	企业社会责任市场治理	企业社会责任国家治理	企业社会责任社会治理
时间阶段	18世纪至20世纪30年代	20世纪30年代至70年代	20世纪70年代至今
治理主体	市场或企业	国家或政府	社会组织
治理方式	市场竞争	政治选举或政府政策	新社会运动
促进力量	无产阶级	中间阶级	全体社会成员
社会责任的对象	企业	利益相关者	全社会或全人类
社会责任的目标	企业利润	工人阶级福利	经济、社会、环境等广泛问题
社会、国家与企业关系	契约型交易关系	国家干预企业、社会	社会制约国家与企业
治理有效性	低	高	高
治理成本	低	高	低

在以上几种治理模式中,自由主义的市场治理实际上是企业的自我治理,强调企业社会责任问题在市场领域内的自动解决,强调企业对利润的追求就是企业的社会责任。从企业的角度来看,这种方式是最具弹性,成本最低,但却是最不可靠与最不可信的形式。自由主义的市场治理带来的严重社会责任问题,甚至社会危机和社会革命,使其最终为国家治理的模式所代替。国家治理

强调社会责任问题的政府监管与国家治理，这种国家或政府治理是一种"硬约束"，从企业的角度来看，它最缺少弹性却也是最有效的方式，也可能是社会公众和政府最倾向的方式。在这一方式下，企业必须不计成本地加以遵从。但信息不对称及官僚主义带来了治理与谈判的高昂成本。并且也难以提升企业的社会责任水平，很多企业认为强加的标准会降低他们自己设定的社会责任水平，导致"天花板效应"（ceiling effect）[1]。即政府标准可能会被企业看成是要达到的最高标准（ceiling）。[2] 同时，这一模式还导致了国家权力的膨胀及其对个人自由与权利的侵害、巨额的财政负担，以及腐败等问题。与两种传统的企业治理模型相较，企业社会责任的社会治理模式刚好弥补了市场治理与国家治理的明显缺陷。社会治理模型强调对企业社会责任问题的广泛关注，这与国家治理模型相一致。同时，它对企业与市场的肯定和强调，又与市场治理模型相一致。但是，与这两种模型不同的是，社会治理是一种"软约束"（介于市场"自愿约束"与国家"硬约束"之间），即主张采用更多的市民社会的直接干预及自愿的企业社会责任行为选择。这种治理模式不仅有效，而且成本更低，所以就成了以上两种方式之外的最佳选择，也是未来中国企业社会责任治理的发展方向。

第三节 研 究 结 论

从企业社会责任的历史演进与比较分析中，我们可以得出以下几点启示。

一、企业社会责任取决于社会和政府的博弈能力

社会和政府的态度表达及其博弈能力的高低是企业承担社会责任的重要因素，特别是公众的社会责任意识及社会责任运动是驱动企业社会责任行为的最直接因素。这就是为什么在400多年的资本主义历史发展中，只是在20世纪企业社会责任才开始真正进入法律范畴和公众视野的原因。可以说，一部企业

---

[1] Baden D A, Harwood I A, Woodward D G. The Effect of Buyer Pressure on Suppliers in SMEs to Demonstrate CSR Practices: An Added Incentive or Counter Productive? [J]. European Management Journal, 2009.

[2] Williamson D, Lynch-Wood G, Ramsay J. Drivers of Environmental Behaviour in Manufacturing SMEs and the Implications for CSR [J]. Journal of Business Ethics, 2006, 67: 317-330.

社会责任运动史就是一部企业、社会与政府三者的利益博弈史。

二、企业社会责任的边界呈现出不断扩大的趋势

随着企业社会责任运动的全球性扩张，及人们对企业承担社会责任期望的不断提升，企业从只追逐利润，不承担任何社会责任，到承担对利益相关者的社会责任，到致力于更加广泛的人类社会的发展目标，企业社会责任的边界正呈现出不断扩大的趋势。贫穷、疾病、气候变化和环境恶化，甚至腐败、人权、公众参与、政治民主与地区冲突等都被纳入企业社会责任的范畴。如威尔克[1]所说的一样，"社会想获取的一切东西几乎都被包括在企业社会责任之中"。

三、企业社会责任的社会治理是未来企业社会责任发展方向

企业社会责任的社会治理是企业社会责任历史演进的必然结果。这种模式强调通过社会公众的压力将企业的社会责任问题内化于企业的市场交易行为之中，既避免了自由主义模式下企业追逐利润最大化而导致严重的社会责任问题，也避免了福利国家模式下国家治理的高昂成本。与市场治理和国家治理模式相比，社会治理不仅有效，而且成本更低，是未来企业社会责任治理的发展方向和最佳选择。

四、中国企业社会责任的根本治理有赖于市民社会的成长

中国"强政府、弱社会"社会结构决定了当前中国企业社会责任的治理更多地表现为政府的干预与监管。但从西方社会的历史与现实来看，政府治理并不是解决企业社会责任问题的最佳选择。这一点在中国特定的社会背景下更加明显。中国地方政府担负着发展地方经济的重要职责，成了典型的理性经济人与投资型政府。这种职能定位的失误导致中国地方政府追求更多的是 GDP 和财政收入的增长，而不是社会责任。在很多情况下地方政府甚至与企业结盟，以低社会责任成本为条件招商引资，损害社会的利益。所以说，中国企业社会责任问题的根本治理最终有赖于中国市民社会的成长发育。

---

[1] Wilcke R W. An Appropriate Ethical Model for Business and a Critique of Milton Friedman's Thesis [J]. Independent Review, 2004, 9 (2): 187 – 209.

第四章 企业社会责任内外部驱动因素的实证检验

前面研究指出,企业的社会责任驱动是外部压力与内部驱动共同作用的结果。企业在法律规范与社会公众的压力下,主动调整自己的行为,承担相应的社会责任,从而形成外部调控与企业内部自觉的统一、利己与利他的统一、主动与被动的统一、社会责任与利润追求的统一、外部驱动与内部驱动的统一。然而在具体经营实践中,企业社会责任的驱动机制仍然充满困惑与矛盾。企业社会责任的外部压力群体如此宽泛,如员工、社区、消费者、非政府组织、采购商、政府、法制约束等,自身也面临着利润目标与道德目标的冲突和抉择。哪些是主要的、关键的驱动因素?哪些不是?各利益相关者的压力与企业社会责任选择的关系如何?这些都是需要我们通过实证检验加以进一步证明的问题。识别企业社会责任内外部关键驱动因素,不仅对了解各种驱动因素与企业责任水平之间的真实关系,提升企业的社会责任水平和增强企业的长期竞争能力具有十分重要的意义,而且可以弥补当前国内对中国企业,特别是中小企业社会责任驱动因素系统研究的空白。

本章研究的目的,就是根据前面理论分析的结论,结合对中国中小企业国际博览会参展企业的问卷调查,对影响企业社会责任水平的内外部驱动因素进行实证检验,识别各个企业社会责任的关键驱动因素,分析各个驱动因素与企业社会责任水平的真实关系,了解各个驱动因素对企业社会责任行为的实际影响。

第一节 文献述评

自 20 世纪 50 年代企业社会责任的概念提出后,对企业为什么承担社会责任问题的研究就一直是大量的学术研究的主题。虽然大多数企业今天都实施了这样或那样的一些企业社会责任的形式，但对是什么因素驱动企业去承担相应的社会责任，或者承担更多的社会责任却一直是学者们争论不休的话题。学者们对企业社会责任的驱动既有功利的或"开明的利己主义"的动机解释（即企业承担社会责任是为了实现公司保留员工，提高声誉或客户满意度等结果的工具），也有规范性的动机解释（即企业社会责任是基于伦理或道德责任，及公司应该基于社会、人权、环境方面的利益采取行动）。① 首先，我们对国内外有关企业承担社会责任具体驱动因素的研究进行简要的介绍。

西方学者对企业社会责任驱动的研究主要围绕利益相关者理论来展开，将利益相关者视为企业社会责任的主要驱动力量，企业的发展前景取决于管理层对利益相关者期望的满足程度或对利益相关者利益要求的回应质量。② 由于高层管理者在企业社会责任决策中至关重要，因而高层管理者的伦理道德与价值取向也成了企业社会责任驱动研究中最为关注的因素。③④ 非政府组织通过给媒体提供企业社会责任相关信息，组织消费者抵制购买，向企业示威抗议等方式，也极大地影响了企业社会责任决策。⑤ 企业社会责任形象的提升，进而带来的消费者对企业产品的评价的提升以及购买意愿的增强，也是驱动企业承担社会责任的重要力量。⑥⑦ 此外，企业社会责任形象可以提高公司雇员的满意度和忠诚度，⑧ 增加对高素质员工的吸引力，⑨ 因而员工也被看成是企业社

---

① McWilliams A, Siegel D. Corporate Social Responsibility: A Theory of the Firm Perspective. Academy of Management Review, 2001, 26 (1), 117 - 127.

② Donaldson T, Dunfee, T W. Integrative Social Contracts Theory: A Communitarian Conception of Economic Ethics [J]. Economics and Philosophy, 1995, 11 (1): 85 - 112.

③ Teoh H Y; Shiu G Y. Attitudes Towards Corporate Social Responsibility and Perceived Importance of Social Responsibility Information Characteristics in a Decision Context [J]. Journal of Business Ethics, 1990, 9 (1): 71 - 77.

④ Buchholtz A K, Amason A C, Rutherford M A. Beyond Resources: The Mediating Effect of Top Management Discretion and Values on Corporate Philanthropy [J]. Business and Society, 1999, 38: 168 - 187.

⑤ Yang X, Rivers C. The Antecedents of CSR Practices in MNCs' Subsidiaries: A Stakeholder and Institutional Perspective [J]. Journal of Business Ethics, 2009, 86 (2): 155 - 169.

⑥ Luo X M, Bhattacharya C B. Corporate Social Responsibility, Customer Satisfaction, and Market Value [J]. Journal of Marketing, 2006, 70 (4): 1 - 18.

⑦ Mohr L A, Webb D J. The Effect of Corporate Social Responsibility and Price on Consumer Reponses [J]. The Journal of Consumer Affairs, 2005, 39 (1): 121 - 147.

⑧ Bridges S, Harrison J K. Employee Perceptions of Stakeholder Focus and Commitment to the Organization [J]. Journal of Managerial Issues, 2003, 15 (4): 498 - 509.

⑨ Rynes S L, Barber A E. Applicant Attraction Strategies: An Organizational Perspective [J]. Academy of Management Review, 1990 (15): 286 - 310.

责任的重要驱动力。政府监管与法律制度,① 以及来自竞争对手的企业社会责任行为的压力也可能驱动企业承担更多的社会责任。②③ 国内部分学者也对中国企业社会责任的驱动因素进行了广泛的研究,对消费者、员工、政府等因素与企业社会责任的关系进行了探讨(如辛杰,④ 王艳婷、罗永泰,⑤ 戴昌桥,⑥ 陶岚、郭锐,⑦ 等等)。

然而,西方企业社会责任驱动因素的研究都是基于欧美发达国家,特别以美国为社会背景的,⑧ 对中国等转型经济体国家很少涉及。国内对企业社会责任驱动机制的研究带有明显的政府驱动的路径依赖,对政府以外的其他驱动因素的关注不足。有鉴于此,本研究试图通过对中国企业,特别是中小企业的社会责任驱动因素的问卷调查,全面系统地探讨中国企业社会责任的真实动因,不仅探讨政府监管与法制环境等制度因素的影响,也探讨消费者、管理者道德、员工、社区、非政府组织、跨国采购商、供应商、竞争对手等利益相关者对企业社会责任行为的驱动力度,以全面系统地厘清企业社会责任的驱动机制。

第二节 研究假设

根据根据前面的研究,我们将企业社会责任归纳为两大类,四种驱动因素。即内部驱动机制:经济驱动、道德驱动;外部驱动机制:政府管制、社会

---

① Milstein M, Hart S, York A. Coercion Breeds Variation: The Differential Impact of Isomorphic Pressures On Environmental Strategies [D]. Stanford: Stanford University Press, 2002.

② Terlaak A. Order without Law? The Role of Certified Management Standards in Shaping Social Designed Firm Behavior [J]. Academy of Management, 2007, 32 (3): 968–985.

③ Bansal P, Roth K. Why Companies Go Green: A Model of Ecological Responsiveness [J]. Academy of Management Journal, 2000, 43 (4): 717–736.

④ 参见辛杰《企业社会责任对品牌资产的影响:消费者期望与动机的作用》,载《当代财经》2012年第10期,第70~79页。

⑤ 参见王艳婷、罗永泰《企业社会责任、员工认同与企业价值相关性研究》,载《财经问题研究》2013年第1期,第98~103页。

⑥ 参见戴昌桥《中国非政府组织现状探析》,载《求索》2012年第4期,第60~62页。

⑦ 参见陶岚、郭锐《企业环境管理行为的驱动因素分析——基于制度合法性理论》,载《经济纵横》2013年第12期,第137~141页。

⑧ Jamali D, Mirshak R. Corporate Social Responsibility (CSR): Theory and Practice in a Developing Country Context [J]. Journal of Business Ethics, 2007, 72: 243–262.

压力。其中,政府管制与社会压力又可以进一步细分为:员工压力、社区压力、非政府组织压力、采购商的压力、消费者压力、市场竞争水平、政府干预、法制环境等。企业的社会责任行为是企业内外部驱动因素综合作用的结果。企业承担社会责任行为,既要考虑到自身的利润目标、价值观念,也要考虑到外部驱动因素,如员工、社区、非政府组织、采购商、市场竞争水平、政府干预、法制环境等。

具体的研究思路见图4-1。

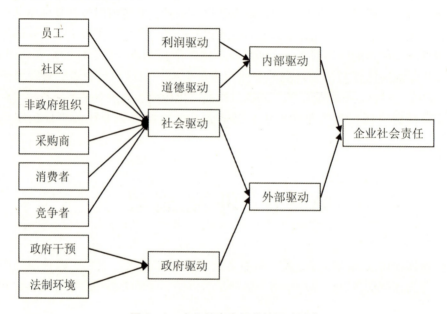

图4-1 企业社会责任关键驱动因素

一、内部因素与企业社会责任的关系

影响企业社会责任行为的驱动因素很多,首先就是企业的自身的内部驱动因素,如利润目标与道德标准对企业社会责任行为的驱动。具体来说,可以分为以下两个方面。

(一)经济动机

从20世纪70年代至今,有关企业社会责任与企业绩效关系的实证研究已相当丰富,并且绝大部分研究结论都认为,企业应该参与社会责任行为,因为它们可以为企业带来利润。正如麦克威廉姆斯与西格尔[①]所说的,如果社会对企业社会责任行为有足够的需求,并且满足这些需求可以为企业创造利润,那么企业就应该承担社会责任。有研究表明,企业完全可以"行善并赚钱(do good and do well)",或者"通过行善来赚钱(do well by doing good)",对利润的追求完全可以与企业的社会责任水平达成一致。[②] 所以,有人提出企业经理人在进行企业社会责任决策时,应该进行严格的、规范的社会责任行为成本/收益分析,保证企业社会责任投资的收益最大化。[③] 如果社会责任行为带来的利润水平越高,企业就越应该承担社会责任。对处于起步阶段的中国企业而言,这种社会责任中的经济动机可能会更为明显。所以,我们假定:H1——企业社会责任水平的高低与企业经济动机水平正相关。

(二)道德动机

有的研究表明,企业的社会水平和企业决策者的道德水平与价值观念密切相关。真正的社会责任是企业领导者的道德自觉与价值观念的反映。如奥利斯克等人(Orlitzky, et al.)[④]认为,企业的社会责任不应该成为企业利润最大化的工具,真正的社会责任要求企业经理人的道德良知、行为示范、无私的付出、长期的投入和一致性的行动,而不是纯粹的利益交换。研究表明,如果没有管理层价值观的有力支持,没有企业的社会责任一个强有力的承诺,那么企业就不会有真正的社会责任。即便企业进行了社会责任的投入,也会被外界看成是虚伪的、不真诚的,反而会为企业带来有害的结果。[⑤] 在对英国1700家中小企业的调查中发现,92%的企业认为他们的企业对社会与环境是负责的,负

[①] McWilliams A, Siegel D. Corporate Social Responsibility: A Theory of the Firm Perspective [J]. Academy of Management Review, 2001 (26): 117 – 227.

[②] Wood D J, Jones R E. Stakeholder Mismatching: A Theoretical Problem in Empirical Research on Corporate Social Performance [J]. International Journal of Organizational Analysis, 1995, 3 (3): 229 – 267, p235.

[③] Siegel D, Vitaliano D. An Empirical Analysis of the Strategic Use of Corporate Social Responsibility [J]. Journal of Economics and Management Strategy, 2007, 16 (3): 773 – 792.

[④] Orlitzky M, Schmidt F L, Rynes S L. Corporate Social and Financial Performance: A Meta – Analysis [J]. Organization Studies, 2003, 24 (3): 403 – 441.

[⑤] Orlitzky M, Swanson D L. Value Attunement: Toward a Theory of Socially Responsible Executive Decision Making [J]. Australian Journal of Management, 2002 (27): 119 – 128.

责行为的主要动机来自于企业人的观点与信仰。① 巴登②对英国中小企业的调查研究表明，中小企业参与社会责任活动主要是为中小企业主/经理的价值观所驱动，而不是为了外部回报。所以，我们假定：H2——企业决策者的道德水平与价值观念与企业的社会责任水平正相关。

二、外部因素与企业社会责任的关系

企业的社会责任行为除了受自身的利润目标与价值观念等内在因素的驱动以外，还必须考虑到股东以外的其他利益相关者的压力，主要驱动因素如下。

（一）员工压力

员工压力也是企业承担社会责任的重要驱动力。布雷克与尼伯格（Brekke & Nyborg）③ 的研究表明，雇用和激励高素质的员工是企业承担社会责任的重要驱动因素。如果负责任的企业（绿色）与不负责的企业（棕色）均衡地存在的话，高道德动机的员工会自己选择进入绿色工厂，并最终导致每一家棕色企业退出市场。鲁肯霍斯特（Luetkenhorst）④ 的研究也表明，赢得顾客满意、员工忠诚等是企业承担社会责任的重要驱动因素。特别是在市场竞争激烈的条件下，高水平、高技能的员工日益成为企业竞争优势的重要来源，是企业不可模仿、不可替代的稀缺性资源。因此，对员工的雇用与保留将成为企业承担社会责任的重要驱动因素。因此，我们假定：H3——来自员工的压力是企业社会责任行为的重要驱动因素。

（二）社区压力

与企业经营行为最为密切是企业所在的社区。企业的生产活动对当地社区的环境与居民生活带来了巨大的影响，如果这种影响是负面的，那么企业行为就有可能遭到来自社区居民严格的社会责任审查，并采取进一步的应对措施。

---

① FSB. Social and Environmental Responsibility and the Small Business Owner [R]. Federation of Small Businesses Survey，2007.

② Baden D A，Harwood I A，Woodward D G. The Effect of Buyer Pressure on Suppliers in SMEs to Demonstrate CSR Practices：An Added Incentive or Counter Productive？[J]. European Management Journal，2009（1）：1 – 13.

③ Brekke K A，Nyborg K. Attracting Responsible Employees：Green Production as Labor Market Screening [J]. Resource and Energy Economics，2008（30）：509 – 526.

④ Luetkenhorst W. Corporate Social Responsibility and the Development Agenda [J]. Intereconomics，2004，39（3）：157 – 166.

如果企业不主动承担社会责任，企业与社区关系恶化，那么对企业的经营活动将带来直接的影响和冲击。加文等人（Garvin, et al.）[1]通过分析加纳社区对当地黄金开采的看法，并与企业代表人士的意见进行了对比，结果表明，社区成员要求社区企业承担经济、社会和环境责任的强烈要求，是社区企业承担社会责任的有力驱动。如果企业不承担起他们支持当地社区发展的责任，那么他们将遭到来自社会成员的强烈抵制。所以我们假定：H4——来自社区的压力与企业社会责任水平正相关。

（三）非政府组织的压力

非政府组织或民间社团为市民社会的组织形式，非政府组织的多少和力量的强弱是市民社会成熟的重要标志。一些特殊的社会团体是企业某一方面社会责任的倡导者和监督者，如绿色环境保护组织、消费者协会，等等，他们往往通过宣传，动员社会大众的力量或者利用社会舆论甚至动员政府对企业施加压力，要求企业履行某一方面的社会责任。自20世纪80年代以来，跨国公司因"血汗工厂"而备受指责，导致了国际上这股声势浩大的企业社会责任运动浪潮，这些运动就是由劳工组织、消费者团体、人权组织和环保组织等非政府组织所发动的，成为推动企业承担社会责任的重要力量。[2]世界各国与各大企业都无不感受到非政府组织的存在和巨大影响，是企业承担社会的重要外部驱动。所以，我们假定：H5——非政府组织的压力与企业社会责任水平正向相关。

（四）采购商的压力

如前所述，在我国目前推动企业社会责任建设的主要力量是跨国公司，中国企业的社会责任运动主要表现在跨国公司的企业社会责任生产守则在我国的广泛实施以及SA 8000认证体系在我国的逐步推行。生产守则实施的效果则来自于跨国公司的订单压力。如果订单的压力并不足够强大的话，代工企业很少愿意真正兑现自己的承诺，特别是当他们不能确定自己的承诺能否带来订单时。因此，采购企业订单的大小，也就意味着社会责任传导的有效性的大小。也就是说，跨国采购企业的压力决定了生产守则在工厂实施的效果。所以，我们假定：H6——企业社会责任水平与跨国采购企业的压力水平正相关。

---

[1] Garvin T, McGee T K, Smoyer-Tomic K E, Aubynn E A. Community-Company Relations in Gold Mining in Ghana [J]. Journal of Environmental Management, 2009 (90): 571-586.

[2] 参见常凯《经济全球化与企业社会责任运动》，人民出版社2004年版。

（五）消费者压力

在激烈竞争的市场环境中，一些主要的利益相关者可以通过两个途径促进企业承担社会责任。一是通过政府，制定法律和法规，强制企业承担责任；二是通过市场，用货币选票，迫使企业承担责任。前者只能对企业起到强制的约束作用，但是，却很难激励企业的主动性和积极性。而后者则可以不需要太大的成本而迫使企业主动积极地承担社会责任。这种货币选票来自于两个市场：资本市场和产品市场。对于一个规范的市场来说，企业的资本市场的表现往往又以产品市场为基础，而产品市场的收益主要来自于消费者的支持。因而，在自由化的市场经济下，消费者的"货币投票"对商品生产者和销售者具有终极影响力。不论是中小企业，还是跨国公司，最终都必须服从于消费者的选择。① 所以，我们假设：H7——企业社会责任水平与消费者压力正相关。

（六）市场竞争水平与企业社会责任的关系

任何企业都存在于特定的市场环境中，而现实中的市场环境不可能是孤立的、静止的，任何企业的社会责任行为都是根据具体的市场环境与竞争状况来制定与实施的，消费者对企业的社会责任行为的判断会受到企业竞争对手行为的影响，因此在研究企业的社会责任行为时，还应该考虑到企业所在的更为广阔的行业环境与竞争状况。研究表明，相对于竞争者而言，企业的社会责任活动能对企业的形象与声誉产生积极的影响，并形成企业难以被复制的重要竞争优势，特别是在市场竞争激烈、产品同质化比较严重、产品差异化比较困难的情况下，良好的社会责任形象与声誉成了企业吸引消费者，保持员工忠诚，管理其他利益相关者群体，并最终战胜竞争对手的重要手段。② 因此，我们可以得出以下假设：H8——企业产品的市场竞争程度与企业的社会责任水平正相关。

（七）政府干预和法制环境与企业社会责任的关系

一般认为，在市场经济条件下，企业在生产决策中第一位要考虑的还是如

---

① 参见郭红玲《基于消费者需求的企业社会责任供给与财务绩效的关联性研究》，西南交通大学，2006年。

② Shamsie J. The Context of Dominance：An Industry-Driven Framework for Exploiting Reputation [J]. Strategic Management Journal, 2003, 24 (3)：199 – 215.

第四章　企业社会责任内外部驱动因素的实证检验

何"在遵守法律的前提下运用其资源参与经济活动以增加利润"①，但企业的生产决策取决于自身的成本收益分析，而不是社会成本与收益，从而带来了企业经济活动的外部效应的存在，经常造成"市场失灵"和对资源配置的错误。在这种情况下，通过立法与行政干预加强对企业的监督与管理，促进企业承担一定的社会责任是必要的。如果监管机制薄弱，任由企业选择，那么肯定会出现在社会责任问题上"搭便车"的现象。② 实际上，现代媒体和信息技术带来的企业活动的日益透明化，使对企业社会责任行为监督的可能性也大大增加了。企业一般也会自觉服从监管，以借此规避更多的管制，还可以提高进入障碍，将一些潜在的竞争者排除出市场，并吸引更多的消费者与供应商。③ 因此，我们提出假设：

H9a——政府对企业的干预水平与企业的社会责任水平正相关。

H9b——法制环境状况的改善与企业的社会责任水平正相关。

第三节　研究方法

我们通过对中小企业国际博览会参展企业的问卷调查搜集资料，应用 SPSS 软件对企业社会责任水平与各变量间的关系进行统计分析。

一、变量的设计与测量

自变量为企业的内外部相关因素，因变量为企业社会责任水平。变量的设计与测量如下。

（一）社会责任水平的测量

从前面的研究可以看出，无论是《财富》声誉指数，还是 KLD，它们的社会责任测评的内容基本上都包括员工、环境、社区、人权和供应链管理等五

---

① Friedman M. The Social Responsibility of Business Is to Increase Its Profits [N]. New York Times, 1970 - 09 - 13（122 - 126）.

② 参见杜兰英、杨春方、吴水兰、石永东《中国企业社会责任博弈分析》，载《当代经济科学》2007 年第 1 期，第 95～98 页。

③ Waldman D A, Siegel D. Theoretical and Practitioner Letters：Defining the Socially Responsible Leader [J]. The Leadership Quarterly, 2008（19）：117 - 131.

个方面。英国的企业伦理投资服务公司（EIRS）也从以上五个方面对企业的社会责任状况进行调查，并提供英国最大的、最完整的企业多元化社会责任测评数据（Doane, 2005）[①]。在中国目前还没有这样的第三方测评数据，国内的一些社会责任测评方式过于繁芜和理论化，缺少实证检验。所以，我们对企业社会责任的测评也主要从以上五个方面进行。因为企业的人权与供应链管理方面的资料信息很难得到，我们的研究主要集中在对员工、环境、社区三方面进行测量。布拉姆与佩恩（Brammer & Pavein）[②]在对企业责任的测评中也采用了此方法。我们将这三个方面的每一方面具体化为3个问题，并要求问卷回复者对每一个相应指标及其问题在一个1分（强烈不同意）到5分（强烈同意）的五点制量表上进行评分，分数越高，则该项社会责任得分越高。社会责任三个方面得分的测评方式分别如下：

员工责任：员工满意度、培训与发展、健康与安全（各1～5分，共15分，加总后取均值）。

环境责任：环境处罚、环保投入、环境认证（各1～5分。共15分，加总后取均值）。

社区责任：社区捐赠、社区活动参与、社区关系（各1～5分，共15分，加总后取均值）。

然后将以上三项得分加总后取平均值，作为企业社会责任的综合绩效，即社会责任均值。

（二）自变量的设计

企业的自变量分为内部驱动变量与外部驱动变量两大类，其中，内部驱动变量包括：领导者经济动机、领导者道德动机。外部驱动变量包括：员工压力、社区压力、非政府组织压力、采购商的压力、市场竞争水平、政府干预、法制环境。其中对于领导者经济动机、领导者道德动机、员工压力、社区压力、非政府组织压力、采购商的压力、市场竞争压力等变量，我们通过将其具体化为相应的问题由问卷回复者在一个七点制的李克特量表上进行评分来测量。对于法制环境与政府干预，我们直接采用了樊纲、王小鲁、朱恒鹏编著的

[①] Doane D. Beyond Corporate Social Responsibility：Minnows, Mammoths and Market [J]. Futures, 2005, 37：215-229.

[②] Brammer S, Pavein S. Building a Good Reputation [J]. European Management Journal, 2004, 22(6)：704-713.

《中国市场化指数——各地区市场化相对进程2006年报告》[①]中各省区的相应数据。各变量的具体设计见表4-1。

表4-1 变量设计

符号	变量	定义	数据来源
R	社会责任水平	员工责任+环境责任+社区责任	问卷调查
I_1	领导者经济动机	领导者对利润目标的重视程度	问卷调查
I_2	领导者道德动机	领导者对企业道德的强调程度	问卷调查
E_1	员工压力	员工对企业社会责任要求的压力	问卷调查
E_2	社区压力	社区成员对企业社会责任要求的压力	问卷调查
E_3	非政府组织的压力	非政府组织对企业社会责任要求的压力	问卷调查
E_4	采购商的压力	采购商对企业社会责任要求的压力	问卷调查
E_5	消费者压力	消费者对企业社会责任要求的压力	问卷调查
E_6	产品竞争状况	同行业产品竞争的激烈程度	问卷调查
E_7	法制环境	对合法权益的保护+相关组织的发育程度	《中国市场化指数——各地区市场化相对进程2006年报告》
E_8	政府干预	政府对企业的干预程度	《中国市场化指数——各地区市场化相对进程2006年报告》

二、模型的构建

我们建立模型并运用SPSS软件对企业社会责任水平与影响企业社会责任的内外部变量的关系进行统计分析,模型具体设计如下:

$$R = C + \alpha_1 I_1 + \alpha_2 I_2 + \alpha_3 E_1 + \alpha_4 E_2 + \alpha_5 E_3 + \alpha_6 E_4 + \alpha_7 E_5 + \alpha_8 E_6 + \alpha_8 E_6 + \alpha_9 E_7 + \alpha_{10} E_8 + \varepsilon$$

其中,R为社会责任水平,C为常数项,$\alpha_i (i=1,2,\cdots,13)$为各变量相关系数,$I_i (i=1,2)$为影响企业社会责任水平的内部驱动变量,$Ei (i=1,2,\cdots,7)$

[①] 参见樊纲、王小鲁、朱恒鹏《中国市场化指数——各地区市场化相对进程2006年报告》,经济科学出版社2007年版。

为影响企业社会责任水平的外部驱动变量，ε 为残差。各变量的具体定义见表 4-1。

三、资料的搜集

我们问卷调查的企业样本全部来自于 2007 年 9 月在广州举行的第四届中博会（中国国际中小企业博览会），它是目前中国唯一经过国务院批准的专门面向中小企业的国际展会，本次国内参展企业 4200 多家。我们根据企业自愿及其行业、地区的展馆分布情况进行问卷的发放，采取现场发放、现场回收的方式，并对问卷填写中出现的问题进行交流与沟通，同时留下了企业经理人的名片或企业参展资料。在日后的问卷分析中我们对一些相关问题通过电话、资料、企业网站的方式进行了核实和校正。

我们设计发放并当场回收了 261 份问卷，剔除服务行业企业及无效问卷，得到有效问卷 208 份。全部样本企业以中小企业为主体，员工 500 人以下的企业 150 家，占 72%，涉及东部（142）、中部（54）、西部（12）各个地区，包括广东（74）、福建（23）、河南（15）、江苏（13）、浙江（13）、河北（13）、湖北（7）、吉林（7）、安徽（6）、上海（5）、天津（5）、北京（4）、四川（4）、湖南（3）、江西（3）、山东（3）、山西（3）、辽宁（2）、重庆（1）、云南（1）、内蒙古（1）、青海（1）、甘肃（1）等 20 多个省（自治区、直辖市）。其中出口企业 162 家，占 78%，平均出口年限为 6.82 年。

第四节 研 究 结 果

本部分主要采用 SPSS 15.0 对研究数据进行分析。

一、多元线性回归分析结果

运用 SPSS 15.0 对企业社会责任水平与企业内外部驱动因素之间的关系进行多元线性回归分析，弄清社会责任水平与各变量间关系的变化规律，准确地了解社会责任水平与各变量间的相互关系。回归结果如表 4-2 所示。

表4-2 社会责任驱动因素的多元线性回归分析结果（只列出进入模型的变量）

	B	S. E.	t	Sig.	VIF
(Constant)	1.443	.292	4.785	.000	1.021
I_1（经济动机）	.375	.166	2.244	.028	1.040
I_2（道德动机）	.135	.051	2.492	.024	1.032
E_4（采购商压力）	.316	.063	3.498	.001	1.054

我们采用向后筛选策略，让 SPSS 自动完成对解释变量的选择并实现回归方程的建立。最终通过显著性检验的各变量分别为：经济动机、道德动机、采购商压力。回归方程调整后的 R^2 为 0.378；共线性诊断表明不存在严重的共线性问题；回归方程显著性检验的概率 p 值接近于零，表明被解释变量与解释变量间的线性关系显著。所有检验表明回归结果总体上令人满意。最终的回归方程是：

$$R = 1.443 + 0.375I_1 + 0.135I_2 + 0.316E_4 + \varepsilon$$

二、内外部相关因素假设检验结果

回归结果表明，经济动机、道德动机、采购商压力对提升企业的社会责任水平具有积极的作用，即企业对利润目标的追求程度越高、企业决策者的道德水平越高，企业受到来自采购商的压力越大，企业的社会责任水平就越高。即除了假设 H1、H2、H6 之外，其他假设均没有通过检验。最终的检验结果见表4-3。

表4-3 社会责任内外部相关因素假设检验结果

假设	变量	检验结论	假设	变量	检验结论
H1	经济动机	是	H6	采购商压力	是
H2	道德动机	是	H7	消费者压力	否
H3	员工压力	否	H8	市场竞争水平	否
H4	社区压力	否	H9a	法制环境	否
H5	非政府组织压力	否	H9b	政府干预	否

第五节 不成立假设的原因分析

根据以上最终研究的结果，假设 H3、H4、H5、H7、H8、H9a、H9b 均不成立，即员工压力、社区压力、非政府组织压力、消费者压力、市场竞争压力、法制环境、政府干预与企业的社会责任水平无显著关系，具体原因分析如下：

第一，假设 H3 不成立。即员工压力对企业的社会责任水平无影响。这与前面的中国企业社会责任博弈分析的结论是一致的。在中国企业中，作为企业社会责任的主要受益群体——工人，在企业的社会责任行为中参与程度很低，没有真实有效的意见表达渠道。谦和忍让的传统，以和为贵的儒家思想，吃苦耐劳、勤奋坚毅的品格，使他们对企业的社会责任行为几乎没有表达自己的任何意见和诉求。加上已经存在的工会组织影响，原子式的工人也很难形成有组织的力量，对企业的社会责任行为施加任何压力。特别是中国劳动力市场普遍存在的供大于求和国际资本的迁移压力，使中国的工人无法与其雇主有任何谈判能力。所以，员工几乎不会对中国企业的社会责任行为产生应有的影响。

第二，假设 H4 不成立。即社区对企业的社会责任行为的提升很难产生应有的作用。社区是与企业最为接近，受企业生产外部性的影响最深。如果社区对企业的社会责任水平的提升没有产生积极的影响，这说明社区对企业社会责任行为缺少有力的监督与反馈。主要原因可能在于中国市民社会的不成熟，以及由此带来的社区对企业社会责任行为进行监督的外部压力集团和有组织的社会力量的缺乏，或者由于企业对当地经济与就业的作用而减少了社区对企业的负面反馈，从而使企业在社会责任问题上没有相应的改进。

第三，假设 H5 不成立。非政府组织的压力对企业社会责任水平的提升影响并不显著。在国外，促进企业社会责任的主要动力来自于一些非政府组织。发达国家劳工组织、消费者团体、人权组织和环保组织等非政府组织（NGO）在企业社会责任运行机制建立中的作用可以看出，非政府组织在促进企业社会责任运行机制建立中居于前台，而政府相对来说则居于后台。但是，在中国特定的历史条件和社会背景下，非政府组织存在着种种先天性的不足，如缺乏诚信和公信力、管理混乱、资金不足、人才缺乏等。有人说，如果严格按萨拉蒙的五项特征衡量，中国几乎没有"符合标准"的非政府组织。所以，在中国企业社会责任水平的提升中，非政府组织难以起到应有的作用。

第四，假设 H7 不成立。在西方社会，消费者也有组织维权的传统。很多跨国企业就是在消费者的压力下开始实施生产守则和"人权查厂"的。西方社会环保组织繁多，环保运动也如火如荼，迫使许多企业都采用财务、环境、社会责任三者相结合的业绩汇报模式，定期向社会公布企业的废物排放和资源利用情况。而我国发展市场经济不久，人们财富积累水平低，大多数消费者还是单纯根据产品的价格、功能、质量这些自然效用来选择产品，对产品的社会效用（比如产品是在如何对待劳工、环境等社会共同利益的条件下生产出来的）几乎漠不关心。只要价格低，就买谁的产品，从中国愈演愈烈的价格战中就可以明白这一点。所以，如果消费者不能对企业的社会责任行为给予"货币选票"支持，企业不能通过消费者将其社会责任成本支出转化为实际收益，或者社会责任行为中的预期收益低于企业的成本支出，那么消费者对企业的社会责任水平的影响力就会降低。

第五，假设 H8 不成立。企业产品的市场竞争状况并不能显著提升企业的社会责任水平。也就是说，在一个高度竞争的市场环境里，在一个极端追求效率和效率至上的社会里，企业社会责任的理念可能会被严重削弱，企业的社会责任感会趋于淡漠。因为，如果一个社会的市场竞争过于残酷，经济活动就会出现一种向低成本竞争的方向。在低成本竞争中，当其他经济资源要素的成本无法再压低的时候，企业只能在最有弹性的社会责任成本，如劳动者工资、员工福利、社区投入、慈善捐赠等方面进行压缩，这也是中国社会永久地出现了一大批低收入的劳动大军，即出现在社会学领域叫做"探底竞争"的社会现象的根本原因。所以，在社会保障和再分配等机制不完善，社会监督力量缺失，政府监管不到位，甚至同样追求经济效益的中国市场环境下，市场高度竞争的结果带来的可能不是社会责任水平的提升，而是社会责任的大量缺失。[①]

第六，假设 H9a 不成立。也就是说，政府的干预并不能促进企业社会责任水平的提升，这可能主要是由以下原因造成的。首先，政府的干预可能并不是企业履行社会责任的直接动因。企业履行社会责任行为的直接动因仍然是利润、长期竞争力、企业形象等，所以，顺应消费者的期望而不是政府的干预可能更有利于实现上述目的。其次，政府干预行为本身可能也存在问题。由于中国政府，特别是地方政府担负着地方经济发展的重要职责，这种定位的失误，导致地方政府作为一个理性经济人，追求的不是社会责任，而是增加地方税收、GDP 总量的增长等，加上过于强调经济增长指标的官员考核机制，以

[①] 参见杜兰英、杨春方、吴水兰、石永东《中国企业社会责任博弈分析》，载《当代经济科学》2007 年第 1 期，第 95~98 页。

及对权力缺乏适当的约束,都有可能导致政府对企业的干预偏离社会责任的目标,甚至向着相反的方面发展。这就是为什么一些地方政府以牺牲环境为代价,以员工低福利和低工资为优惠条件,大力招商引资,甚至在某种程度上与企业主达成妥协或合谋,社会利益则成了被牺牲的一方的重要原因。①

第七,假设 H9b 不成立。即法制环境的改善对企业的社会责任的提升并无显著影响,主要原因可做如下解释,即良好的法制环境是市场经济正常运行的前提和基础,是规范企业行为的重要手段,但它只能要求企业在法律的框架内来完成社会对企业期望的行为,如法定的工资待遇、合乎标准的产品质量、可以接受的环境破坏等,要求企业完成超越于法律之外的行为显然勉为其难。而社会责任的本质就是要求企业完成"超越于法律要求之上的企业行为"②。即便是有些政府将原属于企业道德与社会责任范畴的内容上升为法律的要求,如强制规定企业进行年度社会责任报告,事实证明,效果也并不明显,甚至适得其反。③

第六节 研究结论

本章对影响企业社会责任水平的内外部驱动因素进行了实证检验,找出了影响企业社会责任行为的内外部驱动因素,确定了决定企业社会责任水平的关键变量。通过以上的研究,我们可以得出如下结论。

一、对利润的追求是企业承担社会责任的重要内部驱动

这表明利润目标与企业的社会责任目标并不矛盾,企业可以通过"行善来挣钱",二者可在企业的长期发展战略中实现有效的结合。研究也表明,只有对企业、社会都有利的企业社会责任行为才可能是真诚的、持久的、"双赢的"。

---

① 参见王晓玲《"中国制造"里的"血汗"》,载《商务周刊》2004 年第 10 期,第 20~21 页。
② Doane D. Beyond Corporate Social Responsibility: Minnows, Mammoths and Market [J]. Futures, 2005, 37: 15 - 229
③ Cooper S M, Owen D L. Corporate Social Reporting and Stakeholder Accountability: The Missing Link [J]. Accounting, Organizations and Society. 2007, 32 (7-8): 649-667.

二、领导者的伦理道德是企业社会责任的重要内部驱动

任何企业的社会责任决策都是企业决策者在综合考虑外部约束和企业自身利益的基础上做出的决策，企业领导人的主观因素，特别是领导人的道德水平与价值观念与企业的社会责任水平密切相关。负责任的领导在企业决策中能更多地考虑企业的社会责任行为。

三、企业社会责任外部驱动来自跨国采购商订单压力

中国企业社会责任行为带有明显的外来性。当今世界，企业国际竞争已经进入全面责任竞争的新时代，各跨国企业对产品质量、顾客、环境、社会等所有利益相关者的关注，已成为企业竞争优势的重要来源。所以，参与出口与国际竞争，接受跨国企业的社会责任理念与实践成了提升中国企业社会责任水平的重要途径。

四、社会压力没有成为中国企业社会责任的外部驱动

社会压力，包括员工、社区、非政府组织、竞争对手、消费者都没能成为企业社会责任的外部驱动因素。在西方社会，成熟的市民社会是企业承担社会责任的重要驱动因素，而由成熟的市民社会所承载的各种各样的非政府组织则是推动企业履行社会责任的中坚力量。消费者运动、劳工运动、环保运动，以及其他各种社会运动相互声援、相互支持，共同促进了企业的社会责任行为。在中国，社会力量不能对企业的社会责任行为形成实质性的驱动，表明中国市民社会的幼稚和不成熟。无论是消费者还是劳工都缺乏组织维权的传统，非政府组织先天不足，这些都导致企业社会责任缺少了最恒久、最深厚的动力。

五、政府监管没有成为中国企业社会责任的外部驱动

传统的研究认为,政府是企业社会责任问题的重要驱动因素。[①②③④] 但实证检验都表明,政府不是企业社会责任最重要的外部驱动。这一结论在中国的社会结构与政治环境中应该是准确的。主要原因可能在于,地方政府发展经济与公共职能的双重定位使地方政府日益成为典型的经济人,地方政府对经济利益和 GDP 的追求,加上对权力缺乏适当的约束,都使政府行为可能会偏离社会责任的目标,甚至向着相反的方面发展。

一句话,企业社会责任水平主要取决于企业对利润目标的追求和企业领导者的道德水平,以及跨国采购商的订单压力。而地方政府职能定位的失误与市民社会的不成熟使中国企业缺少了最持久深厚的企业社会责任外部驱动力。对地方政府与社会在企业社会责任驱动机制中的缺失问题,我们将在下一章中通过博弈分析的方式继续深入探讨。

---

① 参见田志龙、贺远琼、高海涛《中国企业非市场策略与行为研究——对海尔、中国宝洁、新希望的案例研究》,载《中国工业经济》2005 年第 9 期,第 82~90 页。

② Baden D A, Harwood I A, Woodward D G. The Effect of Buyer Pressure on Suppliers in SMEs to Demonstrate CSR Practices: An Added Incentive or Counter Productive [J]. European Management Journal, 2009 (1): 1 – 13.

③ Givel M. Motivation of Chemical Industry Social Responsibility through Responsible Care [J]. Health Policy, 2007 (81): 85 – 92.

④ Dummett K. Drivers for Corporate Environmental Responsibility [J]. Environment, Development and Sustainability, 2006 (8): 375 – 389.

第五章 企业社会责任外部驱动机制博弈分析

本章试图通过构建模型，结合中国的实际情况，从企业、社会、地方政府三方的利益博弈中探讨中国企业的社会责任问题，分析中国企业社会责任缺失的原因，并探寻相应的解决路径。前一章的实证研究已经表明了中国市民社会不成熟特征及地方政府职能定位的失误，这将成为我们博弈分析模型的前提和背景条件。

第一节 基于博弈论的中国企业社会责任博弈分析

企业社会责任是企业的自觉，更是企业、政府、社会各方互动的结果。[①] 从前面的研究内容可知，企业社会责任发生于三个领域：市场、社会和国家，是三个主体企业、社会和政府互动作用的结果。企业、社会和政府三者间的制约与平衡关系形成了西方社会企业社会责任问题的外部化解机制。企业社会责任与企业利润目标的一致性或企业社会责任的道德自觉，为企业自觉主动地实施社会责任提供了主观上的可能性，是企业实施社会责任行为的内部驱动因素。社会对企业不履行社会责任的负面反馈、政府对企业社会责任缺失的法律管制是企业社会责任行为的外部驱动。企业的社会责任就是政府、社会压力的外在约束和企业自身内在自觉的有机统一，是主客观的统一，是主动实践与被动实践的统一。也就是说，政府和社会对企业的态度和压力，直接决定着企业的社会责任状况。即"企业担负何种社会责任，担负到何种程度，以何种方

---

① Freeman R E. Strategic Management: A Stakeholder Approach [M]. Boston: Pitman. 1984.

式担负,确实是一个企业与员工、社会民间组织、政府反复进行博弈的过程以及由此达成的共识"①。

一、企业、社会、地方政府社会责任行为利益博弈分析

(一) 基本假设

我们首先假设一个在中央政府监督缺失的情况下,有企业、地方政府、社会三方参与的社会责任行为博弈模型,企业首先选择履行社会责任(A)或不履行社会责任(B),然后地方政府将采取相应的措施,如对企业严厉监管(C)或不管(D)。社会也将对企业的社会责任行为做出强烈的反应(E),如投诉、起诉、抵制购买等,或者不反应(F)。企业、地方政府、社会三方社会责任行为选择的扩展博弈如图5-1所示。在三者的博弈收益中,第一个代表企业的收益,第二个代表政府的收益,第三个代表社会的收益。

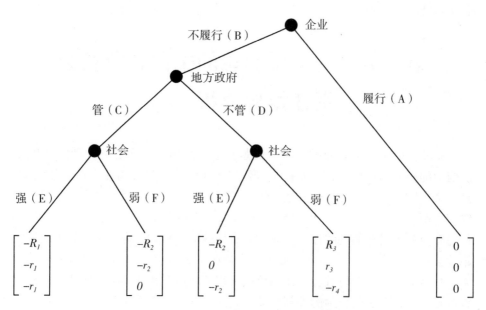

图5-1 企业、地方政府、社会的扩展博弈

---

① 参见杜中臣《企业的社会责任及其实现方式》,载《中国人民大学学报》2005年第4期,第44～51页。

(二) 均衡条件

均衡条件1，企业追求利润最大化并尽可能减少社会责任支出。如果企业履行社会责任（A），那么博弈便结束了。企业正常利润之外的额外收益将为0，而地方政府和社会既无监督成本，也无额外的收益，其总收益也为0。但如果企业不履行社会责任（B），地方政府不监管（D），社会也对其缺乏监督（F），那么，企业的额外收益为 $R_3 > 0$。但如果社会或地方政府中有一方对企业的社会责任缺失行为严格监督，则企业的收益为 $-R_2 < 0$。如果两者都反应强烈，则企业的收益为 $-R_1 < 0$，$R_1 > R_2 > R_3 > 0$，此时企业的损失最大。也就是说，只有社会监督和地方政府监管都缺失时，企业才选择不履行社会责任。

均衡条件2，地方政府的利益主要表现为地方经济总量或GDP的增加。地方政府的收益与其监管成本支出成反比。在企业不履行社会责任的情况下，若社会对企业的监督较严（E），地方政府也对企业进行监管（C），则地方政府的监管成本为最小的 $r_1 > 0$，其收益为 $-r_1$。若社会对企业的监督机制较弱（F），地方政府对企业严格监管（C），其成本将为较高的 r_2，收益为 $-r_2$。若社会监督缺失（F），而地方政府也缺乏监管（D），则社会损失最大，为 $-r_4$，地方政府作为一个社会授权的组织，要承担相应的责任包括道义责任、政治责任和法律责任，其收益为 $-r_3$，其中，$r_4 > r_3 > r_2 > r_1 > 0$。但在中国当前的市场经济条件下，我们设定地方政府的收益为正的 r_3，而不是 $-r_3$。三方的收益之和：

$R_3 + r_3 + (-r_4) < (-R_2) + (-r_2) < (-R_1) + (-r_1) + (-r_1) < 0$

为什么说企业不履行社会责任，地方政府不加监管，地方政府的收益反而为正且会增加呢？因为设定当前地方政府的利益主要表现为地方经济总量和GDP的增长，而不是对公共事务的管理。地方政府收益 r 是关于其社会责任监管成本 C_1 的减函数，即 $\partial r_1 / \partial c_1 < 0$。企业的收益 R 是关于其社会责任成本 C_2 的减函数，即 $\partial R_2 / \partial c_2 < 0$。且政府对企业监管越严，企业社会责任成本支出越高，即 $\partial c_2 / \partial c_1 > 0$。故：

$\partial r / \partial c_1 < 0 \, \partial R / \partial c_2 < 0 \, \partial c_2 / \partial c_1 > 0 \Rightarrow \partial r / \partial c_1 \div \partial R / \partial c_2 \times \partial c_2 / \partial c_1 = \partial r / \partial R > 0$

由此可见，地方政府的收益是关于企业收益的增函数。地方政府监管越松懈，企业社会责任成本支出越少，企业投资则会进一步增加，地方政府所追求的经济总量和GDP就会不断增加。也就是说，如果企业不履行社会责任（B），地方政府会选择D，即不予监管。

均衡条件3，中国社会为弱势社会。中国刚刚进入市场经济不久，市民社会的不够成熟，社会的组织力量薄弱，导致在对企业的社会责任行为的监督中，社会功能仍然明显地弱于政府功能，企业社会责任问题其实主要是政府与企业之间的利益博弈的结果。不管企业和地方政府如何选择，社会都只能被动地选择F，即社会监督缺失。

各博弈方收益情况如图5-1所示。这是一个完全信息的静态博弈。由于企业已知不履行社会责任，地方政府必然选择不监管（D），社会也缺乏监督（F），企业必然选择不履行（B）。该博弈的均衡结果为（B，D，F），企业、地方政府、社会的收益依次为（R_3，r_3，$-r_4$）。尽管在帕累托效率上该结果远不如其他几种博弈选择，但企业和地方政府的收益却为最大化的R_3和r_3，所以这是该博弈唯一的纳什均衡。此时社会的收益为$-r_4$，损失最大。

二、中央政府的企业社会责任治理策略选择分析

作为全社会利益的代表，中央政府有可能对企业社会责任缺失行为和地方政府的监管缺位现象进行处罚，以求得企业利益和公众利益、经济利益和社会利益的平衡。所以，为避免处罚，地方政府更可能会采用混合策略，以某种概率对企业的社会责任缺失行为进行监管。同样，企业也可能会根据地方政府的行为以某种概率选择履行或不履行社会责任，从而形成混合策略动态博弈。下面我们讨论，中央政府在选择治理策略时，从治理成本和治理收益的角度出发，加大对地方政府或企业的监管哪个更为有效。

（一）企业与地方政府之间的监管与被监管博弈

我们设定如果企业不履行社会责任，地方政府选择管，则企业收益为负，否则为正。对地方政府而言，若选择管，其收益为负，若选择不管，其收益为正。这样就形成了一个两阶段的动态博弈。如果企业履行，则地方政府不管；若地方政府不管，则企业又会选择不履行；若企业选择不履行，而地方政府又会选择管。这是一个永无止境的循环过程。在进行博弈选择时，地方政府和企业任何一方都不能让对方知道自己的策略或选择偏好，以免给对方以可乘之机，从而最终形成一种混合策略的纳什均衡。我们可以用以下两图分别说明博弈双方的策略选择和期望收益。

图5-2中，我们用横轴表示企业不履行社会责任的概率P_1，它分布于从0到1之间，履行社会责任的概率为$1-P_1$。用纵轴表示政府选择"不管"的期望收益，其中，Q到$-D$的连线上的点的纵坐标就表示企业选择不履行社会

责任的不同概率下,政府的期望收益。

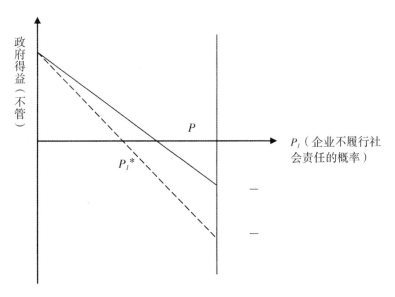

图 5-2 企业的混合策略

图 5-2 中 Q 到 $-D$ 连线的纵坐标与横轴的交点 P_1^* 是企业选择不履行社会责任的最好水平,此时地方政府的期望收益为 $QP_1+(-D)(1-P_1)$。如果企业不履行社会责任的概率大于 P_1^*,地方政府的收益为负,必然加强管理;如果不履行的概率小于 P_1^*,地方政府的期望收益为正,企业不用担心受罚。但此时由于被地方政府处罚的可能性不大,企业不履行社会责任的行为会越来越频繁,不履行的概率最终会趋向于 P_1^*。均衡点是企业以 P_1^* 和 $1-P_1^*$ 的概率分别选择不履行和履行,此时地方政府的期望收益是零。

对于地方政府的不管与管的混合策略概率分布,我们可以用同样的方法加以确定。从图 5-3 的分析中,我们可以得出,地方政府选择不管和管的最佳概率选择分别是 P_2^* 和 $1-P_2^*$。

这样,在企业与地方政府的博弈中,企业分别以 P_1^* 和 $1-P_1^*$ 的概率随机选择不履行和履行,而地方政府则分别以 P_2^* 和 $1-P_2^*$ 的概率随机选择不管和管,从而构成混合策略的纳什均衡,这也是该博弈唯一的纳什均衡。

(二)中央政府策略选择

现在,我们假设中央政府开始加大对企业和地方政府的监管。

如果中央政府加大对企业不履行社会责任的处罚力度,如图 5-3 中,企

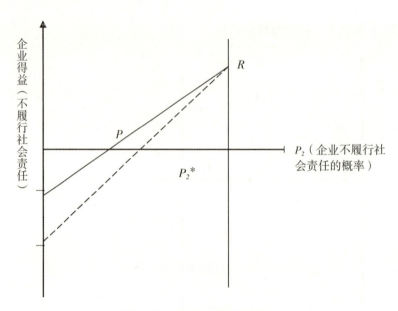

图 5-3 地方政府的混合策略

业的期望收益将从 $-C$ 移到 $-C'$，在地方政府相同的管理概率下，企业的收益变为负值，企业将停止其不履行社会责任的行为。但在长期中，由于企业不履行社会责任的概率降低，地方政府的管理便会趋于松懈，最终其不管的概率将会提高到 $P_2^{*'}$，从而达到新的均衡，此时企业的期望收益又由负变为零，并将重新选择其混合策略。所以，从长期来看，加重对企业的处罚，只能在短期内减少企业不履行社会责任的行为，其最终作用只是带来地方政府更多的管理上的懈怠。同样，在图 5-2 中，我们也可以看出，如果加重对地方政府社会责任监管缺位的处罚，则 $-D$ 将增大到 $-D'$，在企业不履行社会责任的概率仍为 P_1^* 时，地方政府的期望得益将变为负，所以，地方政府将加强管理，企业将减少其不履行社会责任的概率，直到 P_1^* 降低为 $P_1^{*'}$，此时地方政府又恢复其混合策略，达到新的混合策略均衡。也就是说加重对地方政府监管缺位的处罚并不能在长期中使地方政府更尽职，但其最终作用却降低了企业不履行社会责任的概率。

由此可见，对中央政府而言，加大对地方政府的处罚和激励，促进其对企业的社会责任行为的监管应是更加有效的选择。

三、证据支持

下面进行简要的分析和探讨，作为对以上博弈分析的证据支持。

第五章　企业社会责任外部驱动机制博弈分析

（一）均衡条件 1 中，我们设定企业在追求利润最大化过程中会尽量减少社会责任成本支出

从社会的角度看，当然希望企业实施更多的社会责任行为，甚至出现了企业社会责任无限化的趋势，如要求跨国企业要在经济全球化和政治民主化进程中承担责任，对发展中国家减少贫穷和其他发展目标作出更多的贡献。[①] 但是企业承担社会责任必须综合权衡自身的成本、收益（成本、收益包含着社会成本、社会收益），并在基于市场利益的基础上对社会责任项目进行投资。衡量企业经营绩效的主要标准毕竟不是环境质量的好坏、就业人员的增加、社会捐赠的多少等，而是企业的财务绩效和股票价格。企业实施社会责任行为最终必须依赖于市场机制才能实现。企业在履行社会责任的过程中，可能存在着利己的、互惠的或超功利的动机，或者是它们的混合形式，但纯粹的超功利的企业行为是不存在的，"企业最终必须赢利，其社会与环境的目标与残酷的市场竞争现实并不总是一致的"[②]。

在西方国家，尽管几乎所有的大企业都将社会责任问题明确列入自己的议程，其最终目的也是为了免遭消费者的抵制和抗议，维护企业的品牌和声誉，进而实现企业长期利润最大化。与国外企业相比，现阶段的中国企业很多还处于起步阶段，企业追求的是暂时的生存而不是长期的发展。无论当前的宏观环境、市场秩序，还是企业家素质，都使得企业表现出较强的短期性。企业经营重视对自身的贡献，忽视对社会、对环境的影响。因此，表现在承担社会责任方面，就突出对股东责任的重视，对管理层责任的重视，对直接利益相关者责任的重视。表现出对社会（社区关系、慈善）责任的忽视，对环境（排污、能耗）责任的摆脱，等等。2004 年，李立清、李燕凌对湖南省 900 家规模以上企业进行的问卷调查发现，在愿意接受 SA 8000 标准认证的企业中，认为接受认证"可以给企业带来更多订单和效益"的占 61.9%，接近 2/3。[③] 可以说，没了利润的支持，企业的社会责任就要大打折扣。对珠三角地区企业的调查表明，大部分企业都认为实施生产守则增加了公司的营运成本，并使股东的

[①] Warhurst A. Corporate Citizenship and Corporate Social Investment: Drivers of Trisector partnerships [J]. The Journal of Corporate Citizenship, 2001 (1): 57 - 73.

[②] Doane D. Beyond Corporate Social Responsibility: Minnows, Mammoths and Market [J]. Futures, 2005 (37): 215 - 229.

[③] 参见李立清、李燕凌《企业社会责任研究》，人民出版社 2005 年版，第 194、199～200 页。

经济收益和利润都受到影响。①

尽管大量研究表明，增加企业的社会责任支出可以增加企业的利润，但如果这是事实，所有企业都会大力增加社会责任支出，而实际上却并非如此。社会责任支出与企业赢利目标的不一致性，可能导致企业减少社会责任支出，或者把履行社会责任当成是管理自己经营风险和声誉的一种方式，②甚至是追求更高利润的手段。周燕等人研究指出，民营企业实现利润最大化的途径莫过于两种，一是尽量节约内部成本，如减少员工工伤医疗、劳动保险等方面责任。二是尽可能减少社会性支出，漠视企业经营活动造成的外部非经济性问题等。③

（二）均衡条件2，我们设定地方政府的利益主要表现为地方经济总量和GDP增加

这一点我们已在前一章的实证研究中有所证明，进一步的证据支持如下：

第一，不合理的官员考核制度。尽管对地方政府和下级官员的考核目标是多元的，但在以经济建设为中心的大的时代背景下，在众多的考核指标中，GDP增长和经济总量的增长几乎成了最为重要的指标。在当前对地方政府或下级官员的考核中，上级政府经常会把GDP及税收增长率等作为评价和奖惩地方官员的主要依据。④

第二，地方财政的困难，追使各级地方政府不得不把增加GDP以及税源作为头等大事。⑤1994年中国分税制改革及其以后，中央政府多次修改与省级政府达成的关于收支基数和上缴份额的协议，大幅提高了中央政府在财政收入中的比例。如印花税本为中央和地方共享税，各占50%，但1997年初调整为中央占80%，地方占20%；所得税原为地方税，后来改成中央与地方的分享税；国有土地有偿使用收入原为地方固定收入，1997年后新批的转为非农建

---

① 参见谭深、刘开明《跨国公司的社会责任与中国社会》，社会科学文献出版社2003年版，第258页。

② Doane D. Beyond Corporate Social Responsibility: Minnows, Mammoths and Markets [J]. Futures, 2005 (37): 215 – 229.

③ 参见周燕、杨惠荣《现阶段我国民营企业的社会责任困境与政府应对》，载《乡镇企业研究》2004年第4期，第24～26页。

④ 参见李军杰、周卫峰《基于政府间竞争的地方政府经济行为分析——以"铁本事件"为例》，http://202.114.9.10/2005 – 03 – 02 / 2010 – 10 – 15。

⑤ 参见李军杰、钟君《中国地方政府经济行为分析（上）》，http://202.114.9.10/，（2004 – 05 – 24）[2009 – 11 – 16]。

设用地的部分收入划归中央。① 地方财政收入的减少与地方政府公共开支的巨大支出迫使地方政府高度重视 GDP 的增长与税收的增加。

第三，地方政府职能定位失误。中国地方政府既要负责公共事务的管理，还要负责地方经济的发展。② 政府的主要职责在于保障公共物品的供给，实现社会利益的最大化。地方政府的职责定位却主要是发展经济，使其本身作为一个利益集团，具备了典型的"经济人"属性，不断追求自身权益最大化。加上在制度安排上，没能对企业社会责任监管者，特别是地方政府进行有效的制约，那么政府，特别是地方政府就会从自身利益最大化出发，放松对企业社会责任的监管。③

第四，中国地方政府控制着大量的资源。许多官员控制和管理着巨大的社会资源（包括财政收支等）和国有资产，掌握着企业和公民生存和发展的部分选择权（如各种审批和管制）。官员可以利用其控制和管理权，通过"寻租"获取"租金"或私利。在法治不健全、监督不力、信息不透明或不对称、官场潜规则盛行的条件下，一些官员会感到"寻租"的诱惑巨大，"尤其是公有土地资源的价格为零或接近于零造成地方投资需求无穷大，产生最贪婪的'公有资产黑洞'和强烈的投资冲动"④。所以，牺牲社会责任以追逐投资和 GDP 的增加成了许多地方政府的"理性"选择。

（三）均衡条件3，中国社会为弱势社会

这一点已经在上一章的实证研究中得到了验证，还可以进一步从中西社会的对比中加以证明。

西方国家的市民社会有组织维权的传统，人们组成各种非政府组织，发起各种社会运动，促使企业承担其应有的社会责任。西方企业社会责任的原动力来自于社会运动，特别是消费者运动。所谓消费者运动，即由众多消费者参与的，具有相当规模的社会行为现象。其目的是保护消费者自身的权益，形成公平的市场交换规范，争取社会公正的实现。它既包含消费者权益的内容，又包含消费者社会责任（维护社会正义），比如督促企业公司等在环境、人权等方

---

① 参见姚洋、杨雪《制度供给失衡和中国财政分权的后果》，载《战略与管理》2003 年第 3 期，第 27～33 页。
② 参见樊怀洪《构建和谐社会视角下的政府责任与能力建设问题》，载《学习论坛》2005 年第 10 期，第 13～14 页。
③ 参见李佐军《谁来监督监管者》，载《新经济导刊》2005 年第 87 期。
④ 参见何晓星《再论中国地方政府主导型市场经济（下）》，http://202.114.9.10，(2005 - 03 - 09)［2009 - 10 - 15］。

面履行它的义务。对奈克"血汗工厂"的抗议就是如此。在西方,消费者的社会责任意识普遍都很强,在美国,大学生买运动鞋时会看看鞋上有没有贴"负责任的企业"的标签,消费者会以远高于市场的价格购买一杯星巴克——"有社会责任的咖啡"①。当一个企业在社会责任方面有消极举动时,人们会拒绝在该公司工作,拒绝投资该企业或购买其产品或服务。②

而我国发展市场经济不久,人们财富积累水平低,大多数消费者还是单纯根据产品的价格、功能、质量这些自然效用来选择产品,对产品的社会效用(比如产品是在如何对待劳工、环境等社会共同利益的条件下生产出来的)几乎漠不关心。只要价格低,就买谁的产品,从中国愈演愈烈的价格战中就可以明白这一点。加上长期以来的谦和、忍让等传统价值观的影响,使劳工和消费者缺乏基本的维权意识。对农民工而言,只要能赚钱,再苦再累再危险的工作,他们认为都是应该的。中国也缺乏有组织的社会力量,如果严格按萨拉蒙的五项特征衡量,中国几乎没有"符合标准"的非政府组织。

从消费者对社会责任的理解与消费者运动方式的质疑,可以看到中国市民社会的幼稚与软弱。根据对北京和深圳两个地方的消费者社会责任意识的调查,消费者对社会责任和生产守则这两个概念了解较少,都不知道的占68.2%,都知道的仅占8%,只知道"公司的社会责任"的占9.3%,只知道"跨国公司生产守则"的仅占4.4%。就两者涵盖的具体内容而言,明确指出包括工人权益保护的实际上只占4.4%,指出包括社会和社区公益因素的占12%。③ 在调查中消费者对消费者运动的方式存在质疑,或者是不太认同,认为"应该通过政府解决","应该通过法律、制度解决",或者认为"这种运动方式不可行"的这三个百分比非常大。在对工厂管理层的调查中,几乎所有的管理人员都承认,他们从没有受到过中国消费者的压力,他们得到的压力主要就是来自于订单。④

中国市民社会的幼稚根源于国家与社会的关系和特殊的社会结构。在中国,国家和社会两者是一体共生的关系,几千年来的家国一体,国家吞噬社

---

① 参见刘军《期待一杯"有社会责任感的咖啡"》,载《中国计算机用户》2005年第31期,第24~28页。

② 参见姚江舟、李键《企业如何化社会责任为竞争力》,载《中国企业家》2004年第5期,第125页。

③ 参见谭深、刘开明《跨国公司的社会责任与中国社会》,社会科学文献出版社2003年版,第200页。

④ 参见谭深、刘开明《跨国公司的社会责任与中国社会》,社会科学文献出版社2003年版,第259~260页。

会，国家全职全能的形象已经被大众所内化了，所以在日常生活中，国家对社会和个人生活的介入是理所当然的。消费者会认为权利是国家给的，责任是国家赋予的，权利的保障和责任的实现也是国家给的。与其自己行动，还不如由国家直接介入。并且，在社会秩序与稳定成为政府第一选择的情况下，消费者不会获得组织和运动的合法性的资源。如果触犯了国家意识形态的边界的限制，可能会受到国家强制权力的打击。中国的社会结构中缺少像西方那样的介于个人与国家之间的中间阶层，这个中间阶层和民间精英的缺失，使每个原子化的个人直接面对国家权力的控制。面对国家权力和高度组织化了的资本，缺乏组织化的消费者或劳工即使权利受到侵害，也缺少与之博弈的平等地位和能力。

一个成熟的市民社会的缺失，消费者与劳工维权意识的缺乏，对维权运动的否定，使中国企业的社会责任缺少最根本的原动力和最深层的社会基础。加上政府职能定位的失误，使企业失去了承担社会责任的最后保障。所以，很多企业，特别是大多数中小企业，在追求利润最大化的目标下，社会责任往往被当成企业实现经济目标的成本被"理性地"放弃了。

（四）企业、地方政府、社会三者利益博弈的结果必然是企业和地方政府从自身利益最大化出发，做出有损于社会的行为

这与章伟国等人的观点也是一致的。他们研究指出，地方政府的 GDP 目标定位最终导致地方政府与企业成为利益共同体。[①] 王晓玲也指出，地方政府的 GDP 目标和目前所倡导的服务型政府的定位，使"地方政府因担心资本抽逃和过于重视经济增长，甚至在某种程度上与企业主达成妥协或合谋，社会利益则成了被牺牲的一方"[②]。

谭深与刘开明等人在对企业管理层的访谈中，问及促进工厂改善生产和工人条件的力量主要来自哪些方面，是政府行政部门、法律法规，还是客户、新闻媒体、消费者？哪一方面的力量最可能引起工厂的重视？所有的受访者都承认，客户的意见是他们最重要的考虑。因为中国的法律法规并不健全，当地政府部门容易用人情办法给予疏通，而且他们是投资者，政府会注意保护他们的利益；如果没有重大的事件发生，新闻媒体不会注意到工厂内存在的问题；由于工厂有严密的保安和管理制度，公众社会或消费者很难能够了解工厂的实际

---

① 参见章伟国、吴海江《加强企业社会责任建设和谐社会》，载《上海企业》2005年第12期，第15～17页。

② 参见王晓玲《"中国制造"里的"血汗"》，载《商务周刊》2004年第10期，第20～21页。

运作情况。①

国际劳工组织的劳方、资方和政府的"三方机制",即政府居中调停,劳资双方平等博弈的机制,在像珠江三角洲这样的地区,却形成了另外一种三方机制:一个是外来的资本——包括国外、境外和国内外地的,他们是高度组织化的;另一个是外来的劳工——这个劳工不是国外的,是从外省来的劳工,他们基本上是原子化的个人。这样不平衡的两大力量,与当地的政府一起共同组成特殊的三方结构。在这个结构中,农民工作为劳动者一方,天然地处于弱势,加上他们外来人的身份,根本无法与资本抗衡。农民工境况的好坏,往往取决于资方的良知和改善工人条件的能力。在劳资双方发个冲突时,地方政府所起到的作用不是居中的作用,往往他们本身代表利益的一方,首先考虑的是怎样保护与当地利益更直接的资方。当农民工在调查中被问及,"你觉得遇到的麻烦都来自于哪儿",农民工回答,有时候甚至不是工厂,而是当地治安队,还有地方政府的收费和一些地方政府恶劣的管理态度,这些有时会将农民工逼迫到地步。②

一方是缺少组织的农民工,另一方是利益趋同的强势权力与高度组织的资本,三者博弈的结果,必定是地方政府与企业成为利益共同体,在追求各自利益最大化的过程中,牺牲对工人的社会责任。

(五)我们得出结论,中央政府加强对地方政府而不是企业的监管是更加有效的策略选择

在中国,许多企业社会责任问题主要还不是来自于企业,而是来自于地方政府。如耐克的经理就讲述,它的社会责任管理主要是监督下属转承包厂按照人权规则来行事,他们发现,这种工作的成本非常高,因为当发现工人在加班加点时,这些工厂都可以拿到当地政府的证明说其加班是合理合法的,是经过当地劳动部门批准的,明明知道它的加班是超时的,却无能为力。所以说,地方政府社会责任监管的缺失,甚至是庇护企业的社会责任问题是企业社会责任问题缺失的重要原因。③

例如,工厂里很多的安全事故除了雇主无视法制、缺乏企业社会责任观念

---

① 参见谭深、刘开明《跨国公司的社会责任与中国社会》,社会科学文献出版社 2003 年版,第 44 页。

② 参见谭深、刘开明《跨国公司的社会责任与中国社会》,社会科学文献出版社 2003 年版,第 192～193 页。

③ 参见谭深、刘开明《跨国公司的社会责任与中国社会》,社会科学文献出版社 2003 年版,第 267 页。

之外，从客观上看，中国目前存在的地方政府官员的绩效考核机制和地方政府错误的政绩观导致的社会责任监管的松懈，是造成问题的主要原因。地方政府的 GDP 目标和目前所倡导的服务型政府的定位，使地方政府面对企业不履行社会责任的行为只好睁一只眼，闭一只眼。一些企业向地方政府要求更为宽松的条件，甚至以撤走工厂相威胁。中国地方政府因担心资本流失和过于重视经济增长，甚至在某种程度上与企业主达成妥协或合谋，社会利益则成了被牺牲的对象。[①]

而事实也证明，对企业的重罚并不能解决企业社会责任问题。以煤矿矿难为例，有统计资料显示，2004 年以前山西煤矿发生矿难，企业对死亡矿工人均赔款只有 3 万～5 万元。我国 2004 年年底就拟制定全国统一的伤亡赔偿标准，加大对责任企业的惩罚力度，要求最高赔偿额至少不在 20 万元以下。然而，从 2004 年 10 月以来，可以说出现了我国煤矿企业新中国成立以来特大事故发生频率和规模上的一个最高峰，接连发生 2004 年河南大平"10·20"矿难，死亡 148 人；陕西铜川"11·28"矿难，死亡 166 人；2005 年又发生辽宁孙家湾"2·14"矿难，死亡 214 人；接着的山西朔州"3·19"矿难，死亡 72 人。有许多矿主是安全事故越多，罚得越重，损失越大，为挽回损失，许多矿主更多地生产，从而安全事故更多，事故损失更大（赔偿、撤职、入狱直至企业关闭），陷入一种恶性循环之中。[②]

综上所述，一些地方政府因经济利诱而放松对企业社会责任的管制是企业社会责任缺失的直接原因。掌握着地方政府政绩的考核及地方官员任免权的中央政府，完全可以通过加强对地方政府的监管，来减少企业社会责任缺失的发生。

第二节 中国企业社会责任的外部驱动机制

作为企业社会责任原动力的成熟的市民社会在中国还不存在，那么中国企业承担社会责任的动因究竟来自哪里？前一章的实证研究中已经表明，中国企业社会责任的外部驱动来自于跨国采购商的订单压力。在某些情况下，订单的

---

① 参见王晓玲《"中国制造"里的"血汗"》，载《商务周刊》2004 年第 10 期，第 20～21 页。
② 参见李立清、李燕凌《企业社会责任研究》，人民出版社 2005 年版，第 260～261 页。

大小和多少直接决定了中小企业的社会责任水平。正如黎友焕①研究指出的，中国企业社会责任的动因来自跨国企业全球范围资源流动及跨国企业的社会责任在发展中国家生产企业中的传导机制。跨国企业在其下游生产企业中实施生产守则及社会责任认证是直接动因。那么跨国企业的社会责任的动因又来自哪里呢？在第三章的企业社会责任治理模型中已经表明，市民社会的压力迫使企业将社会责任内化于自己的市场行为之中。研究表明，西方国家成熟的市民社会、不断兴起的社会责任运动、有力的企业社会责任监督组织，迫使跨国企业将社会责任纳入自己的公司信条。② 一句话，西方国家市民社会对企业社会责任的要求通过跨国生产链的终端逆向传递到了中国。如果说西方企业的社会责任是内生的，那么中国企业的社会责任则是外来的。

一、跨国企业的社会责任驱动机制

近些年，经济全球化不断加速，公司在全球市场经济中扮演着比以往任何时代更为重要的角色。经济全球化意味着资本、劳动力、技术等生产要素在全球范围内"有效配置"并重新分工。在全球化运动中，跨国公司的经济实力空前膨胀。截至 2004 年年底，跨国公司数目上升到 7 万家左右，至少 69 万家国外分支机构，其中至少有一半以上在发展中国家。最大的 100 家跨国公司在国际生产中发挥着主要作用，分别占全世界跨国公司国外资产总额、销售总额和雇员总数的 12%、18% 和 14%。跨国公司国外分支机构创造了世界 GDP 的 11%，以及全球出口额的 1/3，在海外的雇员超过了 5000 万人。随着跨国公司规模和跨国性的增长，其追逐利润的能力越来越强，企业的目标与社会利益日益背离。③ 重要的是，公司经济力量的进一步集中加深了从公司扩张活动中受益人群与非受益群体之间的不平等。公司经济力量的异化给社会带来了诸多问题，甚至是危机。这些跨国公司一般都在劳动力成本低廉的第三世界国家和地区进行生产，通过全球性网络进行采购和销售。世界范围内的资源流动和全球化的生产使跨国公司有可能规避在其本国执行的劳工标准，同时又可以不受东道国法律的制约。这种劳工政策上的双重标准，使得跨国公司在第三世界的生

---

① 参见黎友焕、叶祥松《谈企业社会责任理论在我国的发展》，载《商业时代》2007 年第 7 期，第 33～34 页。
② 参见熊惠平《盈利与责任和谐共进——西方公司社会责任思想的理论与实践》，载《当代世界》2008 年第 1 期，第 47～48 页。
③ 参见中国企业管理研究会、中国社会科学院管理科学研究中心《中国企业社会责任报告》，中国财政经济出版社 2006 年版。

产和供应网络中，发生了许多诸如超时加班、超低工资、恶性工伤、工人工作以及居住条件恶劣等非人性用工现象。针对跨国公司的全球性社会责任问题，从20世纪70年代起，欧美国家出现了国际劳工运动、消费者运动、环保运动、女权运动等社会责任运动，强烈要求跨国公司在全球市场扩张中承担其对相关利益者的社会责任。这使企业的利益实现机制出现了质的变化，以往企业利益的实现只需要面临单纯的市场竞争的局面改变了，企业在实现自己的利益时第一次感觉到必须认真面对社会大众的利益，而且这里的社会大众的概念已经突破了国界。这样国际性的企业社会责任运动成了一种主要由西方发达国家消费者发起的，沿着国际商品链逆向推动的发展中国家企业社会责任的外部驱动力。这种来自西方公众的社会责任驱动力主要表现在：

（1）西方消费者强烈的社会责任意识。2000年9月，英国市场评价调查国际组织（Market and Opinion Research International）对12个欧洲国家的12000名消费者进行民意测验，结果表明，70%的欧洲消费者购买产品或服务时看重的主要是企业对社会责任、义务的承担和履行情况；20%的人说他们愿意为对社会和环境有好处的产品付更多的钱；58%的被调查人员强调企业必须对社会问题采取更负责的行为。在2000年，几乎2/3的欧洲人投资于建立在道德标准或此标准上的养老基金及其他投资项目。1999年，威尔士王子国际商业领袖论坛（Prince of Wales International Business Leaders Forum）等非政府组织对25000人所做的调查表明，有17%的人曾经拒绝在他们看来缺乏商业道德的商家商品，绝大多数消费者认为，他们在购买商品或者服务时，要考虑的一个重要因素是公司对社会责任的承诺。[①] 欧盟委员会雇佣及社会事务所总部支持的"公司社会责任网"进行的消费者态度调查表明，12162名接受访问的消费者中，44%的人回答他们愿意为社会责任和环保产品多付一些钱。[②] 根据莫哈尔（Mohr）等人2000年在美国进行的一项关于企业社会责任的消费者调查，发现了一个清晰的消费者群体，该群体积极地实践着社会责任消费者行为，这一比例占到被访者的40%。而与美国相比，"中国的消费者对企业社会责任的了解还处在理念的接受阶段"[③]。

（2）此起彼伏的社会责任运动。从20世纪80年代起，西方公众开始掀起

[①] 参见清华大学当代中国研究中心《跨国公司社会责任与中国社会》，社会科学文献出版社2003年版，第6页。
[②] 参见朱庆伟、殷格非《企业社会责任的含义和历史背景》，载《WTO经济导刊》2004年第11期，第90～91页。
[③] 郑广怀：《消费者对公司社会责任的反应——一项国家社会关系的考察》，载《社会学研究》2004年第4期，第98～106页。

反血汗工厂运动起,各种社会责任运动此起彼伏。当前最著名的公司社会责任运动有两个,一个是"洁净服装运动",另一个是"SA 8000"。"洁净服装运动"于1990年首先成立于荷兰,该组织的主要目标是设法改善全世界成衣业的劳动条件。后来扩展至比利时、法国、德国、英国和瑞典。这个运动也在瑞士、西班牙和意大利等国家开展活动,美国、加拿大和澳大利亚也有着相似的活动。该组织主要由广大的工会联盟、消费者团体以及非政府组织所组成,其主要活动是通过开展消费者运动,对成衣业的零售商和生产商施加压力,迫使他们对成衣业的劳动条件负起责任,以改善工人的劳动条件。联盟的本部设在欧洲,目前已经起草了一个成衣和运动服业的生产守则,即"成衣业公平贸易约章"。另一个公司社会责任运动是世界上最具有影响力的公司社会责任标准"SA 8000"(Social Accountability 8000)。制定该标准的是位于美国华盛顿的非政府组织"经济优先权委员会"(CEP),CEP于1997年初在内部成立了经济优先权委员会审计委员会,以制定一种可用于审计的社会责任国际标准。该标准于1997年10月公布,很快就得到了包括美国在内的很多国家政府与企业的支持,成为在国际贸易中具有重要影响的一个国际标准。2001年该委员会更名为社会责任国际(Social Accountability International),简称SAI。并于2001年12月日发表了SA 8000的第一个修订版,即SA 8000:2001。①

(3)在非营利组织与国家政府、国际社会的联合推动下,公司社会责任越来越多地被运用于国际贸易领域。随着经济全球化带来的全球环境恶化、人权及贸易争端、能源危机等系列挑战,使可持续发展理念开始成为各国公认的基本价值观,由劳工组织、环保组织、人权组织等掀起的社会责任运动连绵不断,形成了对跨国公司巨大的社会责任压力。社会责任准则甚至上升到了联合国以及欧盟等多边国际组织和国际消费者组织、环保组织、人权组织、工会组织和宗教组织等众多非政府组织、美国等国家政府的政策等,成为企业进入国际市场必须遵守的国际贸易新规则。

在今天的西方社会,股东以外的消费者、媒体与金融、政府、非政府组织等其他利益相关者已经形成了一个与跨国公司命运生死攸关的巨大压力集团,跨国公司要么按照他们形成的共同的价值观来调整经营行为,要么就会被公众所抛弃。在市场日益全球化的背景下,对于这些全球性跨国公司,维护自己的形象和声誉比什么都重要。为了适应来自国际组织和非政府机构、政府和社会公众的巨大压力,越来越多的跨国公司声明遵守国际社会责任规范和标准,同

---

① 参见陈留彬《中国企业社会责任理论与实证研究——以山东省企业为例》,山东大学企业管理专业博士论文2006年。

时着手制定本企业的行为规范,用来规范自身和供应商行为,并且定期发布反映企业社会责任表现的年度报告。据美国道德资源中心于20世纪80年代末期所做的一项调查表明,大约85%的大型美国跨国公司已经制定了一项守则、政策、声明或者其他书面的道德方针,其中大部分制定于70年代末或80年代初。① 这样,企业社会责任运动便伴随着跨国公司的全球业务发展而向全世界扩散和渗透。

二、跨国公司对下游生产企业的社会责任传导

西方跨国企业掀起的这场社会责任潮流,无疑给广大的发展中国家的出口加工企业带来了巨大的影响。近几年来,各跨国企业把以劳工权利为主要内容的企业"社会责任"与订单挂钩开展劳工查厂验厂。在2002—2005年,沃尔玛在中国的采购以企业的"社会责任"表现不达标为由淘汰了40%左右的供应商,许多中国企业立即陷入破产边缘。雅芳、迪斯尼、麦当劳、耐克等知名跨国公司几乎100%纷纷采用社会责任标准对下游产业链进行劳工权益评估和监督,对于中国出口加工和外贸企业社会责任的监控已经成为各大跨国公司频频"发难"的重点。从1997年到2004年7月,已先后有8000多家中国企业接受过跨国公司关于社会责任的审核。② 有人认为,实际情况远远高于这一数字。

最初,跨国公司的生产守则只限于生产它们品牌的工厂,而且是各公司单独行动。近些年来,在全球性的公司社会责任运动推动下,在他们总结经验和教训的基础上,他们的做法也开始变化,一是从执行各公司自己的内部生产守则,到更强调所在国的劳动法规;二是从各公司单独的行动发展为一定程度的联合行动;三是谨慎而积极地向本公司生产链企业之外的当地社会推进,开展各种具体的社会责任活动。跨国公司在中国的CSR实践主要表现为以下三方面:

实施内部生产守则,指跨国公司要求在整个商品供应链的所有合作伙伴共同遵守统一的生产守则。其核心内容主要包括国际公约中有关社会保障、劳动者待遇、劳工权利、劳动标准等。其内容可概括为四类,即国际社会通称的"核心劳工标准":消灭剥削性童工,废除强迫劳动,就业无歧视,自由结社

---

① Donaldson J. Multinational Enterprises, Employment Relation and Ethics, Employment Relations [J]. The International Journal, 2001, 23 (6): 627.

② 参见许春燕《理性应对社会责任国际贸易新规则刍议》,载《企业经济》2008年第8期,第107~109页。

和集体谈判。这种生产守则通常由跨国公司自行负责制定、解释、实施并监测其效果，即跨国公司实施着对生产守则的完全控制。

推行责任认证，这类生产守则主要包括英国的"道德贸易基本守则"（Ethical Trading Initiative Base Code），欧洲的"洁净衣服运动"（CCC）发起的"成衣公平贸易约章"（the Fair Charter for Garments），美国"国际社会责任"组织（SAI）发起的"社会责任8000"（SA 8000），美国"公平劳动协会"（FLA）通过的"工作场所生产守则"（Workplace Code of Conduct）。这些守则一般具有如下特点：以联合国和国际劳工组织的"基础性条约"为蓝本，以国际自由工会联盟于1997年12月通过的基本守则为框架，引入了独立认证原则与机制，引入了工人以及第三方表达意见的机制，建立了改善违反守则规定的公司状况的补救机制。

开展能力培训：主要是在发展中国家开展有关工人能力培训的项目及研究项目。例如一些跨国公司在中国珠三角、长三角地区开展劳工能力培训；支持相关研究项目，如田野调查等综合发展援助研究项目等。①

对广大发展中国家来说，至少在现阶段，企业社会责任意味着国内有关企业对跨国采购商强加的企业行为守则和社会责任认证制度的被动接受。跨国公司社会责任运动的力度虽然远远没有它们的资本流动那样强大，但是其势头却方兴未艾。跨国公司的社会责任运动对中国企业的社会责任运动产生了巨大的影响。

三、社会责任传导链中的中国企业

就社会责任中的劳工权益状况来说，我国作为发展中国家，经济发展水平低，对劳工的保护虽已开始，但起步较晚，与发达国家差距较大。缺乏社会责任是我国大多数企业的通病，我国的劳工权益保护状况普遍存在的问题，如不签订劳动合同、不交纳养老保险、超时劳动、不支付加班工资、工作条件十分恶劣等，从而给外界造成极为负面的影响。

随着中国逐步卷入全球化，全球500家大公司已有2/3以上在中国设立了企业或机构。中国正在成为"世界工厂"。与此同时，中国的劳工问题也日益突出，并日益为国际社会所关注。一些劳工组织和跨国公司还针对中国的劳工问题，制定了专门的"工厂守则"，要求中国的出口加工企业遵守。如美国国际劳工权利基金（ILRF）、全球交流组织（Global Exchange）等21个劳工组

---

① 参见龙云安《跨国公司社会责任研究》，四川大学企业管理专业博士论文2007年。

织、消费者组织、人权组织联合起草,并有多家跨国公司签署了的"中国商业原则",该原则宣称:"我们要确保我们在中国的商业活动尊重国际劳工组织(ILO)制定的基本劳工标准、联合国《经济、社会和文化公约》规定的基本人权标准、中国政府签署的《公民和政治权利公约》以及中国法律。"

在跨国企业的推动下,中国企业的社会责任活动自20世纪90年代初期开始出现。早期企业社会任大多以跨国采购商要求中国生产企业需满足其提出的工作条件和工人待遇的形式出现,数量不算多,主要集中在东南沿海地区的出口加工企业。自20纪90年代中后期,大约从1996年开始,中国企业社会责任活动开始进入迅速发展阶段。包括麦当劳、瑞步、耐克、迪斯尼、沃尔玛等公司在内,相继开始对公司的中国供应商和分包商实施以劳工标准检查为主要内容的社会责任运动,一些公司还在中国公司内设立了相应的社会责任部门,并委托有关公证机构对于中国的供应商和分包商的企业劳工标准执行状况进行监督审核。一些从事企业社会责任认证的国际组织,也都相继在中国登陆。从90年代中期以来,中国沿海地区的数千家作为跨国公司供货商的企业,已经接受过跨国公司的社会责任检查。几乎所有劳动密集型出口加工企业都毫无例外地遭遇过企业社会责任问题。这也与国际企业社会责任运动的进程大体同步。同时中国企业社会责任活动的地区也从华南、华东甚至往北方扩展。如北京民航企业在2000年就开始遇到欧洲航空公司要求出具机上配餐不涉及童工和强迫劳动证明的情况。

在中国的企业社会责任活动主要采用企业"行为准则"的两方验厂和社会责任第三方认证两种方式。中国企业对跨国采购商以"行为准则"进行的两方审查有各种不同说法,如"验厂"、"查厂"、"社会责任查厂"或"人权查厂"等,其中以"验厂"的说法居多。这是目前在跨国企业在中国使用的最为广泛的企业社会责任活动方式,涉及企业比例至少应在90%以上。第三方认证,即跨国采购要求中国企业通过国际上某一个企业社会责任组织的审查并取得其证书,以此作为采购条件,这种方式虽然经媒体报道影响很大,但在企业社会责任审查活动目前只占很小部分。[1]

从上述实践可以看出,跨国公司针对中国的社会责任实践,主要表现为单方面的行为,完全由跨国公司制定规则,并负责实施,而中国生产企业则完全处于被动,单方面接受跨国公司的评估、审查、认证,跨国公司所进行的社会责任培训,更是向中国企业单方面地推销他们的社会责任理念和思想。从社会

---

[1] 参见陈留彬《中国企业社会责任理论与实证研究——以山东省企业为例》,山东大学企业管理专业博士论文2006年,第39页。

责任主体的中国企业来看，也主要是为了保持和获得订单。根据相关调查，所有的中国企业的管理层都承认，他们承担社会责任没有受到过中国消费者的压力，他们得到的压力主要就是来自于订单。在涉及与生产守则有关的五类人群中，如果将被调查者的态度划作积极和消极的两极，可以看到靠近积极一极的是跨国公司的代表，其次是工厂管理人员，而靠近消极一极的是中国地方政府和消费者。工人居中。①

总之，中国企业社会责任的外部驱动主要来自于跨国企业的订单压力，跨国企业的社会责任驱动又来自于西方市场社会的压力。这种社会责任传导的具体路径如图5－4所示。这种社会责任的驱动机制是外来的、被动的，没有内化为中国企业的自觉行为。实施范围也主要局限于企业内部、企业与客户或供货商与跨国公司之间的经济行为。在具体实施中也没有和国内的劳动执法和监督机构相结合，所以，有人认为其实际效果令人质疑。②

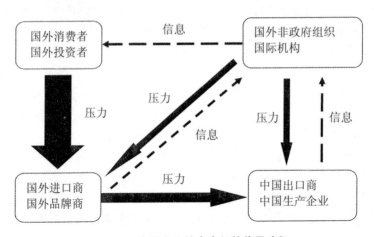

图5－4　中国企业社会责任的传导路径

但是，尽管中国企业对社会责任标准的接纳是消极的、被动的、应付的，甚至有很多企业弄虚作假，但是，企业的社会责任问题的改善却是很明显的。特别是在生产守则开展的工厂，在有关项目的地点。首先是话语层面的变化，工人的利益、工人的需求、工人的参与在那里是合法的，甚至是时尚的。虽然只是表层的变化，但是话语的变化也是重要的，它为工人权益意识的生长，为

---

① 参见谭深、刘开明《跨国公司的社会责任与中国社会》，社会科学文献出版社2003年版，第87页。
② 参见龙云安《跨国公司社会责任研究》，四川大学企业管理专业博士论文2007年。

管理者管理理念的改变，提供了现实空间。如果看到那些只把工人作为劳动力，完全无视劳动者权益的现象是如此的广泛，就会体会到这一变化的意义；更直接的是劳动条件和工人福利的改善，如农民工面对的严重的工资、加班和健康问题在实行生产守则的工厂普遍得到改善。①

由跨国企业在中国强制推行的社会责任运动的积极意义，我们作如下的简要归纳：①有利于促进企业改善劳工基本生产、生活条件，加强安全生产管理。②有利于促进企业树立以人为本经营理念，促使企业关注社会公益事业，建立良好商业道德意识，加强环境保护，使企业生产活动建立在可持续发展基础上。③有利于推动我国企业竞争优势转型，改变长期依靠低劳动力成本谋取"比较优势"的竞争模式，推动企业通过维护社会品牌形象，最大限度地争取国际市场份额。④有利于企业谋求多方面实质性收益：保护和提升企业品牌与声誉，避免引起负面法律诉讼；可吸引客户和投资者，提高销售量和顾客忠诚度，避免消费者抵制；可以帮助企业改善和提高管理水平，增强企业风险控制能力，争取更多的贸易机会。这些积极的正面效应正是推动我国企业社会责任运动的内在动因。

第三节 中国企业社会责任外来驱动机制的困惑

在我国，目前推动企业社会责任建设的主要力量是跨国公司。主要表现在跨国公司的企业社会责任生产守则在我国的广泛实施以及 SA 8000 认证体系在我国的逐步推行。

在企业社会责任的传导链中，跨国公司没有直接面对生产者，而是终端产品。跨国公司关心的不是生产过程和工人利益，而是企业的品牌和形象。生产守则主要规范的是代工工厂与工人之间的劳资关系，而生产守则实施的效果则来自于跨国公司的订单压力。当订单的压力并不足够强大的话，他们很少愿意真正兑现自己的承诺，特别是当他们不能确定自己的承诺能否带来订单时。因此，订单的大小，也就意味着社会责任传导的有效性的大小。也就是说，代工工厂和跨国公司间的博弈决定了生产守则在工厂实施的效果。实践证明，这种

---

① 参见谭深、刘开明《跨国公司的社会责任与中国社会》，社会科学文献出版社 2003 年版，第 192～193 页。

警察捉小偷的模式并不能很好地解决中国企业的社会责任问题。

一、社会责任的监督与核查问题

跨国企业在对中国企业社会责任的审查、监督和认证中，很难保证其客观公正性。产品质量或环境管理体系标准，完全可以通过一些静态的和量化的客观指标来衡量，但劳工标准作为一种权利的实现则具有相对性和动态性，而且不同的人可以具有不同的感受和评价，具有权利的主观性。如果这种认证完全由权利关系的一方控制，即由雇主提供所有的资料和证言、证人，就很难保证其跨国企业社会责任审查结果的公正和客观。事实上，有些跨国企业发现了问题，经过警告督促后如果供应商没有改进，也多半不了了之。毕竟，重新选择供应商需要一定的成本。

其次是监督和核查的问题，刚开始的时候是由跨国公司自己进行检查，后来发现问题很多就变成了由一些NGO组织，或者是独立的会计公司进行审查，这些国际上的劳工标准的检查和认证组织，在推行企业社会责任的过程中发挥了积极的作用，但也存在不少的问题。以具有很大市场的"SA 8000"认证为例，颁发验证资格给认证公司的委员会（CEPAA）的会员以跨国公司代表为主，工厂的认证工作主要由认证公司的审核员从事，他们大多数都是从事产品质量方向认证上的，并非是劳动关系或劳动法律的专业人员，完全没有劳工保障方面的概念和经验。[①] 所以，这些机构自身的专业资格就是一个问题，其认证结果的有效性也难免令人怀疑。

还有，社会责任的考查认证本身是一项社会性的工作，但采用外部的商业性的审计公司，运用单纯的商业运作模式，将社会责任的认证审查当成一种职业，将社会责任行为变成一桩赚钱的生意来做，其认证的公正性和客观性就很难保证。并且，按一般的观点，只有工会才是工人利益的代表，才是社会责任行为的支持与推动者，NGO能有这样的立场和态度吗？会不会与生产企业或跨国公司有着更多利益联系？

二、社会责任成本的分担问题

在强制性制度变迁中，制度提供者作为理性的行为主体，并限于财力的因素，并不愿意承担制度供给的全部成本，一般把新制度安排的实施成本向制度

[①] 参见谭深、刘开明《跨国公司的社会责任与中国社会》，社会科学文献出版社2003年版，第14页。

的实施者"转移"①。在 SA 8000 制度的实施也是如此。真正付出成本是下游制造商,获得收益的是品牌拥有商。通过分析这条商品链就可以发现,跨国企业与下游制造商,他们之间的权利义务关系是极其不平衡的。很显然,跨国公司以自己为主体来制定生产守则,目的是为了使自己赢得好的品牌形象,进而赢得更高的市场占有率,这样就收获了实施社会责任所带来的绝大部分利润。实施社会责任的成本由谁来负担?所有跨国公司几乎都采取相同的策略,即跨国公司支付外部监察的费用,实际的社会责任的实施成本都由承包商和转包商自己来完成。具体的成本主要如下:一是为改善工人劳动条件、福利设施所增加的投入。该标准涉及的面较广,甚至包括工厂的通风设施、空调安装、饮水条件及卫生间环境,以及工人的住宿条件、医疗处理设备、食堂建设等方面。二是企业为获取认证所投入的高额认证费用。除了费用问题之外,不同采购商的审核范围与标准不统一,彼此之间互不认可,以及频繁的验厂与审核干扰了企业的正常经营环境,使很多中小企业叫苦不迭。如果发现问题,基本的做法,一个是警告,还有一个是罚款,另外是由跨国公司向它的卖家公司提供一种培训。比较激进的办法就是削减订单,或者结束合作关系,这是大家都不愿看到的结果。虽然它很有效,但是有人认为跨国公司实际上是在玩一种新的游戏——"cut and run",因为他们自始至终都没有实质性的分担成本,他们甚至可以找到另外一家成本更低的工厂,或者到另外一个国家去寻找新的合作伙伴。很多人说跨国公司的"生产"外包了,生产守则将"责任"也外包了。如何来分担买家和卖家的成本是一个讨论的焦点。②

就我国大多数出口企业而言,对于承担公司社会责任普遍存在着生产成本方面的担忧。因为我国的产品出口企业大多数属于中小型企业,既包括民营企业,也包括外商投资企业。这些企业注册资本低,经济实力弱。但是,越来越严格的企业社会责任认证正在迫使国内企业提高工人的福利水平,而因此提高产品价格却不大现实,对于像沃尔玛这样奉行"低价、再低价"采购原则的跨国企业而言,几分钱的差价就会撤单,何谈提价?然而,沃尔玛对社会责任的审查又是最严格的,沃尔玛中国公司副总裁李成杰告诉记者,沃尔玛对供应商的检查平均每周超过 300 次,每年检查次数会达到几千次。对于严重违反相关规定的供应商,沃尔玛会坚决解除与他们的合作。2004 年 2 月以来,《华盛

---

① 参见王虹《制度经济学视角下的企业社会责任标准》,载《经济论坛》2005 年第 7 期,第 70~72 页。

② 参见谭深、刘开明《跨国公司的社会责任与中国社会》,社会科学文献出版社 2003 年版,第 230 页。

顿邮报》、《21世纪经济报道》、《中国新闻周刊》等中外媒体相继发表了指责沃尔玛在华血汗采购的报道，《华盛顿邮报》的报道更是引发了部分美国消费者对沃尔玛的抵制。自那以后，沃尔玛对供应商的审核更加严格了。"跨国公司不会真正关心中国的工人状况。""他们也不会因为你改善了工人条件就提高订单价格。他们只是不希望供应商给自己惹事，不希望自己的企业形象受损，不希望因血汗采购而失去本土市场的消费者。"[①] 美国《华尔街日报》曾经报道："Vandark 无线鼠标是罗技最畅销的产品之一，在美国的售价大约为40美元。在这一价格中，罗技拿8美元，分销商和零售商拿15美元，另外15美元进入零部件供应商的腰包。负责营销的公司在加州弗里蒙特，这里450名员工的薪水加在一起比苏州装配厂4000多名中国工人的薪水总和还要高出很多。中国生产商从每只鼠标中仅能拿到3美元，工人工资、电力、交通和其他开支全都包括在这3美元里。"耐克公司在企业社会责任方面也只承担下游企业的外部监察和他们公司内部定期监督的这种成本，但是对于改善加班状况，工资待遇这些实质性的改善劳工状况的成本都要其合作伙伴去承担。每销售一双耐克鞋，各级供应商扣除了员工工资、厂房这些成本以外他们的利润可能是2.7美元，控制着品牌、设计和市场销售的耐克公司，它的利润在15美元左右。[②] 如此低薄的利润，对为数众多的中国企业而言，提高劳动标准的空间几乎不存在。

生产守则的实施直接增加了代工工厂的生产成本，其结果甚至导致工厂要求工人们更长时间地加班，提供更低限度的工资，更恶劣的生产及生活条件等，反过来进一步压低了劳动力的成本，效果适得其反。因此，很多非政府组织都呼吁跨国公司应当提高订单的报价，将一部分利润吐出来，为中国企业改善劳动标准提供一定的空间。这当然几乎是不可能的。

三、弄虚作假的问题

根据制度经济学的理论和观点，在制度变迁中，由于信息不对称、不确定性、地方差异等因素的影响，制度供给者的意愿与制度实施者对制度创新的需求可能不一致。如果实施一项制度预期的净收益，即潜在利润低于预期的成本，强制实施的话，这项制度安排就会被创新。制度的执行者就会"修正"上级的意愿制度供给，并使其更适合自己实现利益最大化的原则。中国企业主

[①] 参见李晓艳《社会责任认证考验中国出口企业》，载《南方周末》，2004-06-24（C18）。
[②] 参见谭深、刘开明《跨国公司的社会责任与中国社会》，社会科学文献出版社2003年版，第232页。

要是劳动密集型企业，长期的低成本竞争策略是这些企业获利的源泉，企业需要利用廉价的劳动力以获取国际竞争的比较优势。中国企业对用工制度的创新并不存在需求的渴望，实施 SA 8000 必然使企业获利空间减少。企业家作为制度创新的初级行动集团，当他们发现制度变迁的预期成本可能大于预期收益时，他们就缺乏制度变迁的内在动力。如果为了获得订单和应付检查而被迫实施的话，企业往往会以机会主义的态度去实施，并对新制度规则做出符合自身利益的理解。这样就使得劳工标准的监察认证中存在着严重的形式主义甚至弄虚作假的问题。有相当一部分企业为了通过检查认证而不惜向检查认证人员提供作假的工资单和工作时间记录，威胁工人必须按照企业规定口径回答检查认证人员的询问等。最终这一运动在企业内只是走走过场，成为公司和相关企业的"形象工程"，或者由于这种欺骗和压制工人的做法，激化劳资矛盾，反而影响企业和社会的稳定和发展。

正如生产守则本身的弱点一样，内部监督模式的弱点也在于其运作过程主要是由跨国公司控制和主导上。在越来越复杂的生产转包体系中，跨国公司已经很难准确深入地了解外包企业的详细情况，而且在工厂方面越来越知道检查的路数，由跨国公司委任的监察人员走马观花式的所谓检查难以发现真正的问题。检查人员的了解渠道主要来自于中国官员、官方媒体、学术报告，或者访问工人时获得的了解，加上语言的障碍，所以要真正发现问题是很难的。

四、权利主体的缺位问题

作为生产守则的主要受益群体是工人，但谦和忍让的传统，以和为贵为儒家思想，吃苦耐劳、勤奋坚毅的品格，使他们在社会责任的活动中没有积极地表达与参与。工人自身很难形成内部的组织力量或通过外部的压力集团，向买家表达其对生产守则的诉求与意见。加上劳动力市场普遍存在的供大于求和国际资本的迁移压力，使中国的工人无法与其雇主有任何谈判能力。

中国企业社会责任运动的最主要特点是自上而下的，而不是一个自下而上的，不是来自劳工的自觉运动。自上而下的"上"也不是来自国家，而是来自跨国公司．跨国公司靠它的资本优势，或者它自己内在的利益需求，绝不是为了劳工的需求。开展这样的一场运动，表演者主要是跨国公司与生产企业，观众是西方国家的非营利组织与媒体。每次审核前都会率先通知厂方，给予工厂充分准备的机会。客户来之前，有的工厂要开会布置，有的工厂还专门对员工进行辅导，有的根据品牌商来检查的路数，编一些怎么回答客户检查的培训材料,要求工人按照培训材料来回答。① 结果,一般提问的时候工人都回答"很好",客户需要什么,工人就回答什么,工人的真实意见根本就很少表达。只要能够满足审核员的要求,取得 SA 8000 证书就行了。而厂内的真实情况本就无法了解,无法保障工人的真正利益。

总之,生产守则是跨国公司单方面推行的,工人作为最重要的实体是缺位的。在整个过程中,工人的参与程度很低,也缺乏真实有效的意见表达渠道和发言权。而社会责任认证的主要目的是保障工人的权利。但是实际上支付这样一个认证费用之后,可能损失的恰恰是工人的权益。所以守则最终难以达到应有的目的。

五、社会责任与经济发展的矛盾

全球化的重要特点就是资本的自由流动,以及全球范围内的资源优化配置。在全球化的经济背景下,跨国公司的权力空前膨胀,他们可以跨越国家的边界,任意选择合作者。哪里的生产成本最低,哪里的利润水平最高,他们的资金就流向哪里。为了吸引外资,各个国家展开了激烈的竞争。有些发展中国家为吸引外资和扩大出口,竞相标榜要维持低廉劳动力成本的优势,甚至采取种种措施限制劳动者争取自身权利的正当行为。例如孟加拉在 2004 年之前禁止出口加工区的工人组织工会,将其作为一种对外资的非财政优惠。这种"探底竞赛"实际上把劳动标准变成了一种经济比较优势,显然是社会责任的一种倒退。

中国的经济发展实际上也是靠牺牲环境保护和劳工保护为代价的。面对国际社会责任运动,中国也面临着两难的选择。因为无论跨国公司表演如何的真诚,如果一个地方真的提高了社会责任标准,跨国企业就会把投资放到其他地区,如果中国提高了社会责任标准,它就会把钱投到标准相对低的泰国、马来西亚等国家,这样的大环境,迫使劳动保护和环境保护的环境越来越恶化。② 美国的非政府组织 National Labor Committee 在一份对中国玩具业的调查报告中指出,"正是美国的玩具零售商在领导逆向'竞争',压低工资与福利,不向发展中国家纳税,无视健康与安全标堆,对因行使权力而被解雇的工人视而不见"。如果有一天中国开始认真实施其劳动法与环保法,沃尔玛就会撤离中国

---

① 参见谭深、刘开明《跨国公司的社会责任与中国社会》,社会科学文献出版社 2003 年版,第 264 页。

② 参见谭深、刘开明《跨国公司的社会责任与中国社会》,社会科学文献出版社 2003 年版,第 247 页。

而转向孟加拉国和洪都拉斯。①

六、社会责任与司法主权的关系问题

经济全球化的标志是全球经济系统的形成，它更强调非国家主体的行为和全球共同规范的作用。2001年诺贝尔经济学奖获得者迈克尔·斯宾塞认为，全球化使国家主权正在丧失，民主国家中央政府的权力正受到诸如欧盟、WTO、IMF这些新的地区和国际机构的挑战。未来的全球管理组织应该类似于这样的组织。世界银行的资深经济学家也指出，全球化没有危及国家的"外部"主权，即以国家疆界为限并以国家领土完整为基础的主权，然而却削弱了其"内部"主权，即政府在其国界内制定公共政策的权力。全球化过程中的主权让渡具有两种形式，即向上转移和向下转移。前者指政府权力向超国家的国际组织如欧盟、国际货币基金组织、世贸组织所做的有形和无形转移，后者是中央政府的权力向地方政府、集团、区域组织甚至跨国公司转移。②

比如SA 8000，它作为全球第一个社会责任认证体系，其目标在于为所有国家、所有行业的所有公司订立一种通用标准，从而确保制造商的生产模式符合统一标准并最终保障工人得到合理待遇和理想的工作条件。严格来说，这套标准中跨国公司的"私人立法"或"民间立法"，对其他国家或企业都没有法律约束力，目的仅在于通过那些具有责任感和富有创造性的企业为表率建立一个可持续增长和社会总体效率共同提高的全球发展框架。中国企业联合会就是以一种非官方的角色与联合国的相关组织合作，共同推进中国的企业担负社会责任和实施SA 8000的，目的之一是使中国企业能够在全球化背景下与世界对话。但是，在全球化背景下，由于跨国企业在全球"商品链"中的强势地位和主导作用，加上发达国家政府与工会的推动支持，结果，SA 8000实际上变成了在其他国家由跨国企业强制推行的"私人法律"，甚至很可能成为继ISO 9000、ISO 14000之后与企业经营管理相关的第三个国际经济贸易规则。公司的自律变成了一种强制执行的法律，尽管其实施不是借助国家机器，可以说是经济全球化背景下国家主权向下让渡的具体反映。这种对国家主权向下让渡的挑战具体表现在以下几方面：

---

① The National Labor Committee. Toys of Misery: A Report on the Toy Industrial in China [EB/OL]. http://www.nlcnet.org/china/1201/toysofmisery.pdf., 2002.

② 参见王虹《制度经济学视角下的企业社会责任标准》，载《经济论坛》2005年第7期，第70~72页。

（一）对中国行政权的挤压

比如说像跨国公司在执行自己的生产守则过程中，往往采用一种独立的稽查和监督机制。它不仅稽查工厂的生产准则的执行，它也监督工厂《劳动法》的执行情况。执法的检查，应该是政府部门的责任，一个认证公司，或者是跨国公司本身建立的稽查组织对生产企业实施稽查，从某种意义上来说，这就是一种执法行为，是部分地替代了政府的司法职能，这与一个国家的司法主权是相冲突的。当然，这也可能是我国政府失效的表现，有些跨国公司希望去工厂做《劳动法》督察时能和劳动部门、稽查大队合作，而劳动部门往往不愿配合。

（二）社会责任标准与国家法律的冲突

严格从形式上看，跨国公司生产守则与中国的劳动法律法规并无太大的冲突，中国的法律已经承认并实行国际核心劳工标准的主要内容。从20世纪90年代中期以来，我国陆续制定的最低工资制度、工时制度、禁止童工、对妇女和未成年工的特殊保护等方面的一些规章制度都借鉴了国际劳工公约的精神。应该说，中国的劳工标准立法，在内容上与国际社会的要求相似，有些标准如工作时间，甚至超过了一般的国际标准。但二者仍然存在重大的差异，如对工人自由结社权和强迫劳动的规定就不一样。但中国的法律普遍没有严格执行，法律规定都形同虚设。所以，当两者产生冲突时，中国企业究竟选择跨国企业的认证标准，还是选择要求更宽松的《劳动法》？如果强制实施跨国企业的标准，是否存在对司法主权的侵犯？

（三）对超出法律之外的内容的强制规定

不同跨国公司或社会责任国际多边组织制定的各种社会责任认证标准和审查虽然存在一定的差异，但在执行劳工标准的具体做法上基本一致，即以国际劳工组织的"核心劳工标准"为蓝本，遵照各国法律和各个跨国公司的行业标准来规定具体的行为准则。生产守则执行的有关行为标准之先后顺序一般是：东道国法律法规—国际公认的标准—行业标准—公司规定。也就是说，如果当地的法律法规已经对生产守则中的某一项内容有了明确规定，大体上是以当地法律法规为执行标准；如果生产守则涉及的某一项内容，当地法律没有明确的规定，则依据国际公认的准则和通用的行业标准来执行；只有在既没有当地法律规定，又没有国际公认的准则和通用行业标准的情况下，跨国公司才会自己制定有关的执行规范。①

在实际实施中,如果东道国的法律、国际公认的标准和行业标准都没有具体规定的情况下,一些跨国企业制定了自己的私人标准,并强制实施,比如说捐赠行为,参与社会公益事业、助学、助残,还有职工的培训,增强职工的自我发展能力等,这些内容都超出了法律的范围,法律也没有具体的要求和规定,如果强制执行,该怎么看待?

七、非跨国企业生产链上的企业社会责任问题

如前所述,中国企业的社会责任行为主要局限于跨国企业与下游生产商之间,承担社会责任的主体主要是跨国企业生产链上的企业。因为在这条生产链上企业才有承担社会责任的外部压力机制。跨国企业为了维护自己的品牌形象,会对这些生产企业进行社会责任的监督与管理。如果出现社会责任问题,就会被警告、整改,直到取消订单。这也可是说是通过市场机制的作用,以利润为导向,促使企业承担社会责任。

但是,正如一些学者所指出的,和许多企业相比,这些外资和出口企业的社会责任已经很不错了。恰恰是这些已经相对较好的企业,却是我们关注最多的对象。如果把视野放到更为开阔的、统一的社会背景条件下来看,还有很多社会责任缺失更严重的地方。各种主流媒体上,"重大矿难"、"饮用水污染"、"毒奶粉"、"苏丹红"、"工资拖欠"等这些频频出现、触目惊心的字眼;2007年央视第十七届"3·15"晚会选择"责任、和谐"为主题,聚焦虚假广告、医保等消费热点,揭露各种各样的行业黑幕等等;还有全国各地接二连三、伤亡惨重的矿难。在这些与跨国企业缺少关联的企业行业、广大的中小企业、矿山、煤窑等,这些企业的社会责任的驱动机制又在哪里?如何解决他们的社会责任严重缺失问题?

综上所述,中国企业的社会责任的外资驱动存在着种种问题,更重要的是,这种驱动机制仅仅存在于与出口相关的企业或产品,无法解决更多的中国企业社会责任的缺失问题。中国经济的迅速发展,人民生活水平的不断提高,公众对产品质量、安全、环境保护、劳工权益的日益关注,这些都要求所有的企业承担起自己的社会责任。而不是仅仅关注那些外资关联企业的社会责任和出口产品的质量问题。所以,寻求新的中国企业社会责任的驱动机制和驱动力

---

① 参见谭深、刘开明《跨国公司的社会责任与中国社会》,社会科学文献出版社2003年版,第264页。

量,加强对中国企业社会责任的治理已迫在眉睫。

第四节 中国企业社会责任外部驱动缺失的根源：市民社会

前面的企业社会责任治理模型、企业社会责任关键驱动因素的实证研究、中国企业社会责任的博弈分析都已经表明,市民社会是企业承担社会责任的最重要的外部驱动,是中国企业社会责任外部驱动缺失的根本原因。外资企业强制推行的企业社会责任运动存在一系列的甚至是深层次的问题。更为重要的是,这种社会责任的驱动仅仅存在于少数外资关联企业,不能形成中国企业社会责任普遍的、持久的驱动力。所以,中国企业社会责任问题的根本解决,仍然寄希望于一个充分发育的、成熟的市民社会。没有这样的市民社会,就不会真正意义上的企业社会责任。托克维尔在寻找为什么民主在美国欣欣向荣而在大革命的故乡法国没有制度化现象的原因时,他发现最终的答案就在于美国有一个发达的政治社会（我们称市民社会）。[①] 所以,正如托克维尔寻找到民主社会的钥匙——政治社会（市民社会）一样,中国企业社会责任外部驱动严重缺失的根本原因也在于一个成熟的市民社会的缺失,以及由此而导致的中国企业社会责任博弈中最重要的利益主体的缺位,从而使中国企业的社会责任失去了最深厚的社会基础与最持久的外部驱动力。换言之,中国社会的传统结构,旧有的企业、政府与市民社会的关系框架无法孕育企业社会责任的生长。一个成熟健康的市民社会是中国企业社会责任产生的土壤与社会基础,是中国企业社会责任问题解决的唯一希望。那么中国市民社会的现状如何呢？市民社会与中国企业社会责任的解决有何内在联系？未来中国的市场社会发展前景如何？

一、中国市民社会的历史发展

中国市民社会的现状如何？中国市民社会的幼稚与先天不足是如何形成的？这些问题可以从中国古代,直至近现代的历史中去寻找答案。

[①] 参见（法）托克维尔《论美国的民主》,张杨译,湖南文艺出版社2011年版,第26页。

中国自秦统一六国以来，就建立了大一统的家产制（韦伯语）的政治制度。① 在中国两千年的历史中，几乎从来就没有过完全意义上的私人土地所有权，或完全意义上的私人财产权，也没有独立意义上的市民社会。1840年鸦片战争之后，中国开始了国家与社会关系的改变。一方面是商品经济的发展；另一方面，国家竭尽全力，企图加深并加强其对乡村社会的控制。国家权力企图进一步深入乡村社会的努力始于清末新政，这一不可逆转的进程与近代早期的欧洲相似。这样国家可以完全控制住中国社会的最底层，以攫取政权发展所需的物力财力等资源。1949年后，中国共产党终于使中国摆脱了社会失序的困苦情况而实现了统一。国家对社会的控制不是放松了，而是加强了。在面对秩序与动力之间的选择上，我们采取了秩序优先的原则。这样一来，为了保证社会秩序的稳定就必须维持高度的统一，就必须防止社会分化，就必须由国家占领和控制一切社会生活的空间；为了最大限度地利用资源保证工业发展，就必须对社会资源进行高度的集中，就必须由政治国家垄断一切社会资源，就必须控制甚至消灭一切非政府力量对社会资源的占有。我们在经济上采用高度集中的计划经济体制，实行"纯而又纯"的社会主义公有制，实质意义上的市场领域几乎完全消失。在经历了农业上的"人民公社化"和民族工商业上的"社会主义改造"之后，国家已经控制了大多数的社会资源；在经历了"大跃进"和"文化大革命"之后，国家更是垄断了包括思想意识在内的一切社会空间，自由的社会资源和自主的社会空间在中国已经基本上不存在。可以说，1949年至1978年的中国基本上经历了一个因高度秩序化而导致的社会发展全面停滞的过程，到了"文化大革命"结束的时候，中国的政治和经济都面临着重大的危机。社会秩序和发展动力之间的矛盾达到了它的临界点。

改革开放以后，我们把工作的重心转移到经济建设上，在经济建设为中心的目标下，市场经济开始发展，市场首先从政治国家的控制中解放出来。同时国家也开始放松对社会领域的控制，基层自治开始实施，一些自治组织和非政府组织得到发展。个人的自由权利得到承认和保护，思想文化领域的多元化也开始出现。但总体上说，中国的社会结构仍然是集中的。

二、中国市民社会与社会结构

在西方欧美国家，独立成熟的市民社会是企业履行社会责任的重要动力。

---

① 参见李钢《市民社会理论及其现代意义》，载《北京行政学院学报》2007年第2期，第36~41页。

"小政府、大社会"的社会结构,最大限度地保证政府权力运作的规范,对企业社会责任形成有力的监督与制约。在企业社会责任的利益博弈中,长期以来,形成了政府居中制定规则、企业与公众对等博弈的三方格局。可以说,成熟的市民社会是公司和企业能够践行社会责任的必要条件。但是,在中国特定的社会背景下,比如在生产守则运作模式中,跨国公司成为规则的制定者,生产商是被动的执行者,监督力量主要来自国外市民社会,社会责任最重要主体的独立公众利益代表缺席,地方政府往往站在企业的立场上。这种多重的和复杂的网状关系来源于中国与欧美完全不同的社会结构。如前文所述,这样的模式不能提供中国企业社会责任持久的外部驱动机制。这种特殊的社会结构主要表现如下:

第一,市民社会对国家的依附。在西方,社会存在于国家之外的观念根深蒂固,即使在古希腊、古罗马和中世纪,在政府控制的范围之外,以私有财产为基础的有产阶级就是与政府相抗衡的重要力量。他们开办矿山、包收捐税、兴建公共建筑,享有政府不得干预的许多权利。并且,在西方的现代化国家,特别是在具有悠久自由主义传统的英美等国,个人的生命、财产、自由被看作不可剥夺的基本权利,市民社会被看作政治国家的基础,而国家只是为了保护他们的权利不受侵犯的必要设置。所以,民族国家甚至民族本身并非神圣至上的,个人的权利和利益才是至上的。

在中国,国家与社会的关系更多是一种共生关系,形成了"家国一体"、"社会与国家一体"的社会结构。早在农业社会时期,统治者就认为他们理应控制农业生产的各个要素,即土地、劳力和水源。统治者甚至声称他们有权随意处理其人民,这一点很少有人提出过疑问。[①] 所谓"普天之下莫非王土,率土之滨莫非王臣"就是这一状况的鲜明写照。近代以来,国家权力的控制一度进入到社会的最深层。虽然改革开放以来,国家试图从经济和社会生活中退出,但是国家全能的存在和由此带来的控制和依赖的关系已经被行动者内化,在社会生活领域,国家权力的介入被认为是理所当然的,在日常生活中,国家的权力也被制度化。有人指出,在中国形成的是一种"感恩型"的国家观念,即国家的民众不是现代意义上的"公民",而是"阶级的一分子"和相对于国家的"人民"或"群众",国家和民众之间是一种"回报"的关系,是以整体来否定个体的逻辑。这在我们的日常话语中到处可见,比如"房子是单位给

---

① 参见费正清《美国与中国》,世界知识出版社 2000 年版,第 29 页。

的"等等。①

在这样的认同和运作逻辑中，消费者必然倾向于认为其权利是国家给的。其责任是国家赋予的，权益的保障和责任的实现是靠国家来保证的，对工人权益的保护和环境的改善，当然应该由国家直接干预，采取行动把那些"血汗工厂"和污染工厂统统关闭，或者进入司法程序通过相关的法律利制度设置来解决，而不应由消费者组织起来进行维权运动。即使要组织这样的消费者运动，也必须有国家的参与，否则也是难以想象的。所以，公众没有维权意识，反对社会责任运动，主张以国家或法律的方式来解决有其深厚的社会基础和"现实合理性"。

第二，市民社会的中间阶层的缺失。许慧文②认为中国的改革开放极大地改变了原有的国家与社会关系，改革削弱了保护普通民众和当地社区的中间精英阶层，市场和资本主义的发展并没有给中国社会带来更多的自由，国家政权在失去中间层后更容易深入当地社区。个人成了经济活动中孤立的个体，在国家出现非理性行为时，个体将失去保护。换言之，改革使得原有的"国家—地方精英—民众"三层结构关系变成了"国家—民众"两层结构。③ 在这样结构条件下，消费者自身组织一项社会运动所付出的成本是很高昂的，如果没有国家的认可和介入，消费者运动不但无法获得合法性资源，而且可能受到国家权力的打击。

第三，市民社会对国家权力缺少有效的制约。合法的权力就是公共的权力。在现代社会中，公共的权力就是指体现着公共理性的权力，是受到公共舆论监督和制约的权力。接受公共舆论的监督，意味着公共权力必须在"社会之眼"的注视下谨慎地活动。专制的权力不会允许公共舆论的监督和制约，只有公众制约的权力才能承担起服务社会的责任，才能更好地维护公众的利益。

但是，个人的能力和影响对政府权力的制约是极为有限的，只有凝聚为公众时，才能使他们的利益和观点受到社会和国家的重视。如果公共领域中存在着无限多的自主社团或存在着自由结社的机会，个人几乎总能找到代表自己的利益和观点的联合力量，社会和国家也就能够听到自己的声音。当这些声音对政治行为构成一定的"压力"的时候，政府机关就能够在压力下检点自己的

---

① 参见谭深、刘开明《跨国公司的社会责任与中国社会》，社会科学文献出版社2003年版，第206～207页。

② Shue V. The Reach of the State: Sketches of the Chinese Body Politics [M]. Stanford: Stanford University Press, 1988.

③ 参见孙立来《改革前后中国大陆国家、民间统治精英及民众互动关系的演变》，载《中国社会科学季刊》1994年第1期。

行为，改善自己的不足，更好地服务于社会。但由于中国中间阶层的缺失，缺少了组织性的中国市民社会对强势的国家权力缺少了应有的制约。以至于市场、社会、国家的三方博弈中，地方政府成了代表自己利益的独立的一方，甚至在多数情况站在了投资方的立场上，与企业形成了利益共同体，损害社会利益。要改变这种状况，就要求政府在转变职能的同时，还必须逐步还权于社会，从宪法和法律上保障公民的自由结社与监督政府的权力，保证市民社会平等博弈的权力，实现社会制约国家权力的机制，从而实现企业社会责任的社会治理。

三、中国市民社会发展的障碍

中国市民社会的出现已经是一个不争的事实，它是中国社会结构现代化的基石，是中国企业社会责任问题解决的关键。但是，中国市民社会的发展道路必然是艰难坎坷的。从中国的现实条件和以历史传统为背景来看，它所遇到的阻力应当主要存在于以下几个方面：

第一，中国市民社会的发展将遭遇到旧有体制的强烈抵制。一个社会的体制性结构一旦形成，它就会变成一种巨大的现实力量，会自觉地抵制一切试图改变既有结构的冲动和要求，并努力将它们消灭在旧有结构之中。中国社会既有的体制性结构是一种刚性很强的制度体系。在改革前，这种社会结构曾以高度集中的中央权力、高度纯化的意识形态对中国进行了几十年的社会整合，形成了一整套非常完备的社会管理系统、制度规范和价值体系。从总体上看，这些制度、规范和观念所构成的制度性结构仍然对当前的社会生活发挥着重要的影响。旧的制度性结构中的既得利益群体不会甘愿放弃自己的利益，也不可能轻易地认同于新的价值观念。无论是否察觉到新旧体制之间的冲突，他们都会本能地维护既有的制度结构，抵制新的制度结构；旧有的价值观念和思维方式的改变将是更加漫长和艰巨的历史任务。因此，在今后很长一段时间内，中国市民社会的发展中所遇到的最大阻力仍将是旧有体制的结构性障碍。

第二，中国市民社会自身的缺陷阻碍其发展。中国的传统社会是一个以宗法关系为基础的社会，现代的中国社会仍然是一个极为重视血缘亲情和人际关系的社会。这种特点对市民社会的发展有有利的一面也有不利的一面。有利的一面是它很容易将从传统生产方式中分化出来的个人联系起来，迅速地形成一个个联合体。这对市民社会的初级发展阶段来说是很有意义的。例如在中国的企业或一些城市里，共同的地缘关系或亲缘关系总能将外出打工的农民连成一个关系网络，使他们可以相互关照、相互扶助。但从市民社会的长期发展来看，这一特点更多具有的是不利的因素。这种特点使进入城市的居民往往将他的最高忠诚指向外地的祖籍所在地而不是这个城市，无论如何会与将他作为本地共同体的完全成员的观念相排斥，使他不能真正地融入城市的社会生活。也就是说，他无法使自己成为一个真正的市民社会的成员。以相互承认和自主交往关系为基础的现代的社会关系网络和私人领域也难以形成。此外，中国社会的这种特点还会造成市民社会自身的软弱性和依附性，从而影响其发展。

第三，转型期对秩序的优先要求与市民社会发展的要求之间的矛盾，将对中国市民社会的发展产生负面的影响。由于当前中国的社会转型是在极为复杂的国内和国际环境中进行的，所以存在着一系列的风险。如果社会转型的过程中出现社会失序，不仅现有的改革成果不保，还会导致难以估计的社会灾难。对于任何社会来说，这一问题都是必须优先考虑的。虽然从长远的观点来看市民社会的发展有利于企业社会责任问题的解决，有利于社会的安定和发展。但是，组织化了的市民社会毕竟是一种聚合性的力量，如果没有人们在长期的自主交往中形成良好的人际关系作为支撑，如果在整个社会还没有形成较为发达的公共伦理，如果没有一个良好的法治体系作为外部保障，也难以保证它会在短期内会发展成为一种有利于社会转型的力量。更何况，无论在何种情况下，当新生的市民社会与传统秩序发生冲突时对旧秩序的破坏是必然的。在转型期，在社会极为需要秩序的情况下，它的发展可能就会受到抑制。有时这种抑制可能是必要的，有时可能是以秩序的优先性为借口而进行的，但不管怎样，它必定很难像西方资本主义市场经济自发形成时期那样自然地向前发展。

四、对未来中国市民社会的展望

无论市民社会发展的障碍有多大，无论其当前还是如何的弱小，中国市民社会的出现已经是一个不争的事实；无论人们是否愿意，它的成长和壮大也将是历史的必然；无论在未来的发展道路上存在多少困难和障碍，中国市民社会必将在未来的发展中不断走向成熟。

首先，市场交往体系进一步发展、契约精神基本形成，形成了一个真正符合市场交往的基本原则的经济活动领域。市场经济的发展是市民社会存在的基础，契约式的经济交往关系是市民社会形成和发展的基本条件。从这一意义上讲，市民社会是市场经济的同构体。20世纪70年代末至今，中国社会发生了深刻的变化。在这场前所未有的巨变中，最早从政治国家的束缚中生发出来的社会自主机制是"市场"。不管这场变革一开始是不是由国家首先推动的，但市场的逻辑一经发生就开始按照自己的方式加以展开。市场经济发展的状况将在最基本的层面上决定中国未来市民社会的发展命运。自主交往的经济领域是整个私人生活领域的基础,这一领域中私人自主性生活的出现和扩大,必然导致一个独立于政治国家的私人生活空间的出现和发展。这一私人自主的生活空间及人们在其中的活动所构成的社会,就是当前已经出现并正在发展着的中国市民社会。

其次,国家对社会的控制在放松,对社会生活的影响在减弱,社会已经成为一个与国家共同提供社会资源和生活机会的来源。改革30多年来,社会生活所发生的最大变化就是国家对社会控制的放松。在经济生活中,这体现为单一国家所有制体制的改变、多种经济成分的出现和发展,以及地方和企业自主性的增加。单一国有制的改变,意味着国家已经放弃了对一切经济资源的垄断,允许部分经济资源在社会上自由地流动,允许个人和社会自主地利用这些自由流动的资源。这种变化使得社会成为国家之外为人们提供就业和其他机会的另一个来源,人们可以不再完全依赖国家而生存和发展,这为民间社会力量的形成提供了基础性条件,也为社会生活的多元化奠定了基础。在思想文化领域,国家原先极为严格的意识形态控制也开始放松,要求一切人统一于一种思想体系、按照一种模式进行思考的时代已经成为历史。思想自由和学术宽容成了人们共同认同的价值观念,思想和文化多元化的时代即将来临。在世俗生活领域,国家的影响也大大地缩小,不受干预的私人生活范围不断扩展。过去由国家严格禁止或大力提倡的生活时尚,现在都是由民间社会自发创造的,国家基本上不再干预。总之,多种成分并存的所有制、多元化的思想文化、流动不居的生活时尚、丰富多彩的生活方式已经成了不可逆转的社会趋向。

再次,国家的法治体系逐步完善,社会的自主机制正在形成。一般而言,当政治国家控制了整个社会生活的一切领域时,就不可能有真正的法治,只能实行人治。因为法治社会的最基本理念就是政治国家必须在法律的范围内活动而不能超越于法律之外,其核心是对政治国家的约束。只有在一个具有良性的国家与社会关系的现代结构中,法治体系才可能真正建立。在这个体系中,两个不同方面同属于法治的内容:政治国家以强制性的规范约束公民的行为,市民社会以伦理的规范调节社会生活。也就是说,私人生活的领域不受政治的强制性干预,国家的行为受到约束。在20世纪70年代之前,国家对社会生活的干预是全方位的,而且相当地任意专断。改革开放以来社会变革的重大意义,就是肯定了法治的重要性。虽然有法不依的情况还普遍存在,但是,人们在思想上已经开始接受法治社会的价值理念。国家也开始应用法律的手段调节社会生活。从个人意志决断一切和所谓的"群众专政"走向"依法治国"是一个意义深刻的根本性转变,是以现代社会的理念和制度取代传统社会的理念和制度的根本性变革。没有这一转变,就不可能有现代社会的基本框架,市民社会的存在和发展将是完全不可能的。

最后，独立的社会力量开始在社会生活中发挥作用，其组织化形态已初露端倪。所谓的独立社团，就是由现代社会的生产和生活体系中的个人自愿组成的联合体。它们是市民社会的组织形态。这种组织形态的一定规模和独立程度，标志着市民社会的成熟程度。应当说，当前中国的市民社会还很不成熟，但是，大量独立社团的出现表明，中国的市民社会已经在悄然形成。20世纪80年代以来，独立或不独立的民间社团在国家释放出来的自由空间大量生长。这源于政府和民间力量的双重推动。当前，这些组织已经在社会生活的许多领域中发挥着重要的作用。但是应当看到，当前中国的民间社团是在国家所让渡的空间中发育和成长起来的，再加上国家政策上的一些特殊规定（如民间团体必须有一个主管部门等），这就决定了它必然的幼稚性与二重性：一方面代表着民间的独立力量和特殊人群的特殊利益，另一方面又极大地依赖于国家的支持。

无论怎样，以上一系列的情况足以说明，在当前的中国已经初步出现了国家与市民社会之间的互动结构，一个独立于国家的市民社会已经初露端倪。尽管这一互动的结构现在还极不平衡，市民社会也还非常弱小，但是其发展前景是不容置疑的。这是因为，中国的市场经济已经是一个无可逆转的社会发展方向，而市场经济与市民社会之间具有内在的关联性，只要中国的市场化进程不停止，中国的市民社会就会在未来的发展中不断走向成熟，那么，对中国企业的社会责任问题的解决我们就会充满期望。

第五节 研 究 结 论

通过对企业、社会、政府多方的利益博弈分析，对中国企业社会责任的外部驱动机制进行了深入的探讨，指出了中国企业社会责任外部驱动机制缺失的根本原因。通过以上分析，我们可以得出以下结论：

一、企业社会责任利益博弈的结果是地方政府与企业合谋

企业是追逐利润的实体，其社会责任目标的实现必须是基于市场竞争机制来实现，衡量企业市场竞争结果的主要标准就是利润水平的高低和财务绩效的提升。社会与环境的目标与残酷的市场竞争现实的不一致性，使企业更多地置经济理性于社会责任之上。而以社会利益最大化为职能的地方政府，却将发展

经济作为自己的主要职能，加上财政收入的匮乏，"寻租空间"的诱惑等，使地方政府的"经济人"特征日益明显，不断追求 GDP 增长与财政收益的最大化。地方政府与企业利润追求目标的趋同，加上在制度安排上，没能对企业社会责任监管者，特别是地方政府的权力进行有效的制约，企业、社会、政府三方利益博弈的结果必然是地方政府与企业合谋，社会利益则成了被牺牲的一方，社会责任则成了发展经济目标的成本而被"理性"地放弃。

二、企业社会责任外部驱动来自西方市民社会的逆向传导

早期中国企业社会责任的外部驱动主要来自跨国采购商的订单压力，订单的大小和多少直接决定了中小企业的社会责任水平。而跨国企业社会责任的动力又来自于西方国家成熟的市民社会，包括此起彼伏的社会责任运动、各种各样的社会责任监督组织、自主强大的舆论媒体等。他们共同形成了一个与跨国公司命运生死攸关的巨大压力集团，迫使跨国公司按照社会公众的共同价值观来调整自己的经营行为，将社会责任纳入自己的公司信条，否则就会被公众所抛弃。随着经济全球化的发展和跨国资本的全球扩张，为了维护自己比什么都重要的形象和声誉，越来越多的跨国公司声明遵守国际社会责任规范和标准，并积极规范自身行为，加强对供应商的社会责任认证，这样，企业社会责任运动便伴随着跨国资本的全球流动而向世界扩散。也可以说，中国社会责任的外部驱动则来自于西方发达国家市民社会的社会责任运动沿着跨国企业生产链向中国生产企业的逆向传递。由于它是外来的，或者说是"超前"发育的，这种先天性的不足导致了这种外来驱动机制的种种弊端。

三、市民社会的成长是中国企业社会责任外部驱动形成的关键

可以说，在企业社会责任成长的土壤——市民社会成熟以前，或者说中国企业社会责任问题的自身免疫机制形成以前，它的种种弊端将很难有任何改观。如果按照中国社会历史发展的逻辑自然展开，则社会责任的外部驱动机制的形成应该是这样的：市场经济的发展—市民社会的发育—社会责任运动的展开—社会责任外部驱动机制的形成。这一进程将是相当痛苦和漫长的，西方社会走完这一进程花了 400 多年的时间。那么，在这一进程没有结束之前，我们只能更多地寄希望于中国企业社会责任的内部驱动机制，或者说经济驱动机制。

在下一章中，我们将通过实证的方式探讨中国企业社会责任经济驱动的有效性。

第六章　企业社会责任内部驱动机制有效性检验

外部驱动机制的缺失，导致对企业社会责任内部驱动机制的研究显得尤为重要。本章的目的就是对中国企业社会责任内部驱动机制的有效性，或者企业社会责任与企业绩效关系的一致性进行实证检验。

在前面的实证研究中，我们已经证明，企业决策者对经济目标追求及其道德标准是企业社会责任行为的关键内部驱动因素。即企业决策者实施社会责任行为的趋利动机越强烈，或企业领导者的道德标准越高，企业的社会责任水平越高。然而这种高水平的社会责任行为能否最终带来高的财务收益或其他相关收益呢？即企业的社会责任行为与企业的经济目标是否一致呢？或企业社会责任内部驱动是否经济有效呢？这些还需要我们进一步的实证检验。

我们这里所说的社会责任收益不一定是纯粹财务的。根据乔纳森·特纳的理论，企业在履行社会责任的过程中，实际上参与了三种形式的交换，企业付出的是钱财、物品和人力，而得到的可能是物质性的回报，如金钱，也可能是非物质性的回报，比如情感、服务和符号。[①] 但不管回报的形式如何，企业社会责任行为对企业的回报越高，那么这种内部驱动的有效性就越高。按伍德和琼斯（Wood & Jones）的观点，如果能够证明公司社会责任可以增加股东财富，如果承担社会责任对企业是有利的，或者说至少是无害的，那么无疑可以有力地说服企业社会责任思想的反对者，也为管理者实施社会责任提供了有力的理论依据。也就是说，如果能证明公司可以"行善并赚钱（do good and do well）"，或者更进一步，能证明公司可以"通过行善来赚钱（do well by doing

---

① 参见（美）乔森纳·特纳《社会学理论的结构（上册）》，邱泽奇译，华夏出版社2001年版，第259页。

good)",那实际上也为企业社会责任的实施找到了一种最有效的内在驱动的途径。[①] 可以说,企业社会责任行为与企业绩效关系的强弱直接决定了企业这种企业社会责任内部驱动作用的大小。

第一节 文献述评

自20世纪70年代以来,众多学者力图对企业社会责任与企业财务绩效关系的实证研究中寻找二者关系的一致性,以为企业承担社会责任提供实证支持。然而,至今为止仍然没有一致的结论。

大量的研究显示,企业社会责任水平的提升,即在决策制定中考虑所有合法利益相关者的利益,可以提升公司的形象声誉和品牌价值,进而增加消费者对公司产品的购买,提高对高素质的潜在员工的吸引力,增加员工满意度,避免政府管制以节省额外成本等,进而最终提升了企业的财务绩效(见 Bird,et al.[②];Kang,et al.[③];Lee & Park[④];Bird,et al.[⑤];Waddock & Grave 等[⑥])。吴[⑦]对121篇企业社会责任相关研究进行了元分析,结果显示企业社会责任与企业财务绩效之间的平均效应值为0.166,即提高企业的社会责任水平可以增加公司的财务绩效。

另一方面,许多研究也表明,企业承担社会责任可能妨碍公司资源的最优

[①] Wood D J, Jones R E. Stakeholder Mismatching: A Theoretical Problem in Empirical Research on Corporate Social Performance [J]. International Journal of Organizational Analysis, 1995, 3 (3): 229 – 267, p235.

[②] Bird R, Hall A D, Momente F, Reggiani F. What Corporate Social Responsibility Activities Are Valued by the Market? [J]. Journal of Business Ethics, 2007, 76 (2): 189 – 206.

[③] Kang K H, Lee S, Huh C. Impacts of Positive and Negative Corporate Social Responsibility Activities on Company Performance in the Hospitality Industry [M]. International Journal of Hospitality Management, 2010, 29 (1): 72 – 82.

[④] Lee S, Park S. Do Socially Responsible Activities Help Hotel and Casino Achieve Their Financial Goals? [J]. International Journal of Hospitality Management, 2009, 28 (1), 105 – 112.

[⑤] Bird R, Hall A D, Momente F, Reggiani F. What Corporate Social Responsibility Activities are Valued by the Market? [J]. Journal of Business Ethics, 2007, 76 (2), 189 – 206.

[⑥] Waddock S A, Graves S B. The Corporate Social Performance—Financial Performance Link [J]. Strategic Management Journal, 1997, 18 (4): 303 – 319.

[⑦] Wu M L. Corporate Social Performance, Corporate Financial Performance, and Firm Size: A Meta - analysis [J]. Journal of American Academy of Business, 2006, 8 (1): 163 – 171.

第六章 企业社会责任内部驱动机制有效性检验

化配置而损害公司的财务绩效,即企业承担社会责任对企业财务绩效的影响是负面的(如 Cordeiro & Sarkis;[①] Frankle & Anderson;[②] Wright & Ferris[③])。

另一些学者研究发现,企业社会责任与企业财务绩效之间没有特定的、单向的关系,甚至是一种反相关,即不是企业的社会责任行为增加了公司的财务绩效,而是公司更好的财务绩效增加公司的社会责任支出水平(如 Aupperle, et al.,[④] Teoh, et al.[⑤])。例如马格里斯(Margolis, et al)[⑥] 对 167 篇企业社会责任与企业财务绩效关系研究论文进行了元分析,发现 58% 的研究显示企业社会责任与企业财务绩效之间没有显著关系。普雷斯顿和奥·班农(Preston & Bannon)[⑦] 研究了 67 家美国大型公司 1982—1992 年间企业社会与财务绩效指标之间的相关性,研究指出二者没有明显的负相关性。

此外,巴尼特和所罗门(Barnett and Salomon)[⑧] 研究了 61 家运用社会责任筛选投资的共同基金,发现社会责任和财务绩效呈曲线关系。并且,财务绩效随着社会投资类型的变化而变化;社会关系能提升企业的财务绩效,劳工和环境关系却没有。这一研究表明了不同类型的企业社会责任对企业财务绩效的重要性。

总之,企业社会责任与企业绩效之间关系实证研究的结论是复杂的,具体的原因可能在于这些研究未能充分考证行业分类、企业规模、地理区域等因素的影响,即在不同的行业、规模和地域条件下,企业社会责任对企业绩效的重

[①] Cordeiro J J, Sarkis J. Environmental Proactivism and Firm Performance: Evidence from Security Analyst Earning Forecast [J]. Business Strategy and the Environment, 1997, 6 (2): 104 – 114.

[②] Frankle A, Anderson J. The Impact of the Disclosure of Environmental Effects of Organizational Behavior on the Market: Comment [J]. Financial Management, 1978, 7 (2): 76 – 78.

[③] Wright P, Ferris S P. Agency Conflict and Corporate Strategy: the Effect of Divestment on Corporate Value [J]. Strategic Management Journal, 1997, 18 (1): 77 – 83.

[④] Aupperle K E, Carroll A B, Hatfield J D. An Empirical Examination of the Relationship between Corporate Social Responsibility and Profitability [J]. Academy of Management Journal, 1985, 28 (2): 446 – 463.

[⑤] Teoh S H, Welch I, Wazzan C P. The Effect of Socially Activist Investment Policies on the Financial Markets: Evidence from the South African Boycott [J]. Journal of Business, 1999, 72 (1): 35 – 89.

[⑥] Margolis J D, Elfenbein H A, Walsh J P. Does It Pay to Be Good? A Meta – analysis and Redirection of Research on the Relationship between Corporate Social and Financial Performance [D]. Working Paper, Harvard Business School, 2007.

[⑦] Preston L E, O'Bannon D P. The Corporate Social-Financial Performance Relationship: A Typology and Analysis [J]. Business and Society, 1997, 36: 419 – 429.

[⑧] Barnett M L, Salomon R M. Beyond Dichotomy: the Curvilinear Relationship between Social Responsibility and Financial Performance [J]. Strategic Management Journal, 2006, 27 (11): 1101 – 1122.

要性程度是不同的。①②③

第二节 研究方法

本章以中国中小企业为样本,通过问卷调查的方式,结合企业规模、行业、地域等因素,对企业社会责任行为与企业绩效之间的关系进行实证研究,探寻企业社会责任行为背后的经济动因及二者的真实关系。

一、问卷的设计

我们主要采用对 2007 年 9 月第四届中国中小企业国际博览会参展企业进行问卷调查的方法。由于不可能找到西方国家现存的第三方社会责任评价数据,在实践中也没有一套统一成熟的中国企业社会责任绩效综合评价标准,加上中小企业经营的不规范,缺少正式的会计报表及财务记录,以及商业保密等因素,致使对中小企业的社会责任与财务绩效的测量十分困难。所以问卷设计的内容主要包括对企业绩效的测量与企业社会责任的测量两大块。

(一) 社会责任的测量

对企业社会责任的测量是企业社会责任与企业绩效关系的实证研究中最为困难和复杂的问题。20 世纪 70 年代,《财富》杂志的"公司声誉评级法"被大量应用。80 年代后期,"TRI 法"(有毒物质排放量)和"公司慈善法"开始出现,二者都是对企业社会责任行为的完全客观定量的反映。20 世纪 90 年代后,从与利益相关者之间关系来衡量企业社会责任的 KLD(即 Kinder、Lydenbeig & Domini 开发的社会绩效企业目录)指数在企业社会责任研究中得到了普遍应用。KLD 指数从公司与相关利益者之间八个方面的关系来衡量公司

---

① Chand M. The Relationship between Corporate Social Performance and Corporate Financial Performance: Industry Type as a Boundary Condition [J]. The Business Review, Cambridge, 2006, 5 (1): 240 – 245.

② Cottrill M T. Corporate Social Responsibility and the Marketplace [J]. Journal of Business Ethics, 1990, 9 (9): 723 – 729.

③ Ingram RW. An Investigation of Information Content of (certain) Social Responsibility Disclosure [J]. Journal of Accounting Research, 1978, 16 (2): 270 – 285.

社会责任,其中主要是员工、环境、社区、人权和供应链管理五个方面。[①] 英国的企业伦理投资服务公司(EIRS)也从以上五个方面对企业的社会责任状况进行调查,并提供英国最大的、最完整的企业多元化社会责任测评数据。[②] 在中国目前还没有这样的第三方测评数据,国内的一些社会责任测评方式过于繁芜和理论化,缺少实证检验。所以,我们对企业社会责任的测评也主要从以上五个方面进行。因为企业的人权与供应链管理方面的资料信息很难得到,我们的研究主要集中在对员工、环境、社区三方面进行测量。布莱姆与佩恩(Brammer & Pavein)[③] 在对企业责任的测评中也采用了此方法。我们将这三个方面的每一方面具体化为三个问题,并要求问卷回复者对每一个相应指标及其问题在一个1分(强烈不同意)到5分(强烈同意)的五点制量表上进行评分,分数越高,则该项社会责任得分越高。社会责任三个方面得分的测评方式分别如下:

员工责任:员工满意度、培训与发展、健康与安全(各1～5分,共15分,加总后取均值)。

环境责任:环境处罚、环保投入、环境认证(各1～5分。共15分,加总后取均值)。

社区责任:社区捐赠、社区活动参与、社区关系(各1～5分,共15分,加总后取均值)。

然后将以上三项得分加总后取平均值,作为企业社会责任的综合绩效,即社会责任均值。

(二) 企业绩效的测量

综合来看,在公司社会责任与公司财务绩效关系的研究中,常用到的公司财务绩效指标主要包括盈利能力、资产使用效率、成长性、流动性、风险/市场收益五项指标,其中前四项属于会计指标,第五项属于市场收益指标。根据格里芬与马翁(Griffin & Mahon)对51篇相关文献的分析,以上五项指标中,最为常用的指标是用来反映成长性的公司规模(出现了37次),其次为衡量

---

① 其他三个方面分别是核能、军备和南非事务。不过这三项具有很强的时效性。究竟是否需要从这三个方面来评价一个公司的社会责任也非常值得商榷,实际上学术界也存在激烈的争论。大部分学者均忽略掉这三方面。

② Doane D. Beyond Corporate Social Responsibility: Minnows, Mammoths and Market [J]. Futures, 2005, 37: 215 - 229.

③ Brammer S, Pavein S. Building a Good Reputation. European Management Journal, 2004, 22 (6): 704 - 713.

风险/市场收益的超常收益率（23次）和贝塔系数（13次），接下来依次为总资产报酬率（14次）、净资产报酬率（13次）、销售报酬率（9次）。[①]

问题是，越来越多的学者对采用单一的财务指标对企业绩效进行的测量产生了质疑。当企业致力于发展新的能力时，他们的成功（或失败）是不能以短期内传统的财务表现来衡量的。[②] 其他指标，如产品创新、产品领导、员工技能及士气，或者顾客忠诚，或是能比年度利润好得多的长期利润率指标。国家财政部等四部委联合颁布的《国有资本金效绩评价规则》对企业绩效综合评议的指标包括了经营者基本素质、产品市场占有能力、基础管理水平、发展创新能力、经营发展战略、在岗员工素质、技术装备更新水平、综合社会贡献八项。在参考美国质量奖评价标准基础上，我国企业卓越绩效评价标准主要从七个方面对企业绩效进行评价：领导、战略、顾客与市场、资源、过程管理、测量、分析与改进、经营结果。[③] 在参考以上相关标准的基础上，我们对企业综合绩效的测量进一步具体化为：领导能力、发展战略、产品销售增长率（%）、技术装备水平、新产品销售收入占销售收入比重（%）、大专学历人员占企业职工比例（%）、净资产利润率（%）七个方面。

问卷要求回复者根据自己企业的实际情况，分别对以上指标提供相应的数据，或对相应描述在一个1分（强烈不同意）到5分（强烈同意）的量表上进行评分。为了消除量纲的影响，我们将评分标准化，然后将所标准化结果加总，得到每家企业对应的唯一的绩效得分。

二、资料的搜集

我们问卷调查的企业样本全部来自于2007年9月在广州举行的第四届中博会（中国国际中小企业博览会），这也是我们在第四章的实证研究中应用的资料。在这里我们不再详细介绍。

[①] Griffin J J, Mahon J F. The Corporate Social Performance and Corporate Financial Performance Debate: 25 years of Incomparable Research [J]. Business and Society, 1997, 36 (1): 5-31, p11.

[②] Kaplan R S, Atkinson A A. Advanced Management Accounting [M]. USA: 3 Prentice-Hall, 1998.

[③] 参见国家质量监督检验检疫总局质量管理司、中国标准化研究院《〈卓越绩效评价准则〉国家标准理解与实施》，中国标准出版社2005年版。

第三节 研 究 结 果

在本部分中,我们通过 SPSS 统计软件分析不同地区(东中西部地区)、不同规模(五种规模)、不同行业(九大行业)条件下企业社会责任与企业绩效的分布状况及二者间的相互关系。全部内容分为两个部分。在第一部分中,我们测量了不同地区、规模、行业条件下企业的社会责任与企业综合绩效均值,并将其与总体均值进行比较分析;第二部分主要考察企业社会责任状况与企业绩效之间的相关关系,考察企业在不同的地区、规模、行业条件下二者相关关系的变化情况。

首先,我们对全部 208 家企业的整体综合绩效与社会责任进行了统计,其中,全部企业的综合绩效得分均值为 0.00(标准化值),社会责任均值为 3.77,员工责任得分均值为 3.78,环境责任得分均值为 4.03,社区责任得分均值为 3.49。下面,我们进行分类比较。

一、企业综合绩效与企业社会责任基本情况

(一)东中西部地区企业综合绩效与社会责任比较

首先,我们将全部企业按所属区域分为东部、中部、西部地区三个组,其中,东部地区企业有 142 家,西部仅 12 家。东、中、西部地区企业综合绩效与社会责任得分见表 6-1。

表 6-1 东、中、西部地区企业综合绩效与社会责任得分均值

地区	企业数量	综合绩效	社会责任均值	员工责任	环境责任	社区责任
东部	142	0.25	3.8	3.87	4.03	3.49
中部	54	-0.51	3.73	3.67	4.01	3.51
西部	12	-0.66	3.54	3.22	4.17	3.22
全部	208	0.00	3.77	3.78	4.03	3.49

从表 6-1 可以发现,就企业综合绩效与社会责任均值来看,东部地区最高,中、西部次之。也就是说,东部地区企业综合竞争能力最强,也承担了最多的社会责任。但社会责任各分项并不完全一致,在环境责任方面西部地区最

高，社区责任方面中部最高。它表明，东、中部地区在经济发展的同时，所面临的环境问题可能更为严重，中部地区承担了相对于其经济发展水平更高的社区责任。

我们分别对东、中、西部地区企业的综合绩效、社会责任均值、员工责任、环境责任、社区责任得分进行了 T 检验，结果发现，除了在员工责任方面东部地区与西部地区差异较为显著（$sig. = 0.044$）外，在其他各个方面，东、中、西部地区均无显著差异。

（二）不同规模企业的综合绩效与社会责任比较

我们将 208 家企业按员工人数由 SPSS 软件自动均分为五组，各组人数与企业数见表 6-2。下面我们分析这五组不同规模企业的综合绩效与社会责任状况。

在综合绩效与社会责任均值方面，从表 6-2 来看，企业的规模越大，企业的综合绩效与社会责任均值得分越高，也就是说，规模大的企业表现了更为明显的竞争优势，同时也承担了更多的社会责任。在表 6-2 下半部分为各规模组企业的综合绩效与社会责任的两两比较图。就综合绩效来看，当显著性水平 $\alpha = 0.10$ 时，除了一些相邻组，如 1 组与 2 组、3 组与 4 组、4 组与 5 组之间差异不显著外，其他各规模组之间的差异都较为显著，且组间差距越大，阴影就越浓，其中 1 组与 5 组、2 组与 4 组、2 组与 5 组间的差异最为显著。这再次证明了企业规模越大，企业竞争力越强的观点。在社会责任均值方面也是如此，各相邻组企业（1 组与 2 组、2 组与 3 组、3 组与 4 组、4 组与 5 组）间的差异均不显著，而 1 组与 4 组、1 组与 5 组间的差异最为显著，也就是说，当规模差异达到一定程度时，企业间的社会责任行为才表现出明显的差异。

从社会责任的各个方面来看，企业在员工、环境、社区方面的责任水平与其规模基本一致。但值得注意的，在员工责任与环境责任方面，规模 4 组的得分甚至超过规模 5 组，这似乎可以解释为，当规模超过一定限度后，企业在员工与环境方面的社会责任行为反而会减少，而 400~800 人（4 组）的企业在员工责任与环境责任方面表现出最强的责任动机。从表 6-2 下半部分的阴影图可以看出，无论是员工、环境还是社区责任方面，当显著性水平 $\alpha = 0.05$ 时，几乎所有的相邻组企业（1 组与 2 组、2 组与 3 组、3 组与 4 组、4 组与 5 组）之间的差异都是不显著的，1 组与 4 组在所有方面差异都是显著的。

第六章 企业社会责任内部驱动机制有效性检验

表6-2 不同规模组企业综合绩效与社会责任得分均值

规模	数量	综合绩效	社会责任均值	员工责任	环境责任	社区责任
1	37	-0.92	3.51	3.50	3.80	2.93
2	53	-0.9	3.73	3.62	3.97	3.38
3	28	0.34	3.91	3.84	4.15	3.52
4	51	0.46	4.01	4.04	4.21	3.58
5	39	1.25	4.03	3.89	4.09	4.07
全部	208	0.00	3.77	3.78	4.03	3.49

五组企业间综合绩效与社会责任得分差异的显著性

		综合绩效	社会责任均值	员工责任	环境责任	社区责任
1	≤100人					
2	≤200人					
3	≤400人					
4	≤800人					
5	>800人					
企业规模		1 2 3 4 5	1 2 3 4 5	1 2 3 4 5	1 2 3 4 5	1 2 3 4 5

注：■ 表示概率 P 值 ≤0.01， ▨ 表示概率 P 值 ≤0.05， ▢ 表示概率 P 值 ≤0.10。

（三）不同行业间综合绩效与社会责任比较

我们将208家制造业企业按其产品性质与社会责任研究的需要，分别归入9个不同的行业部门，然后对各个行业的企业综合绩效与社会责任状况进行分类汇总和比较分析。表6-3给出了9个行业部门的企业综合绩效与社会责任的得分均值；表6-4给出了每一行业的得分与全部企业总体得分均值的差异比较。其中，"+"表示行业得分高于总体均值，"-"表示行业得分低于总体均值，阴影表明行业得分与总体均值在显著性水平 $\alpha=0.05$ 上差异显著。

表6-3 行业平均综合绩效与社会责任

行业	企业数量	综合绩效	社会责任均值	员工责任	环境责任	社区责任
服装/鞋帽	58	1.77	4.17	4.21	4.21	4.1
食品/药品	35	-1.49	3.33	3.32	3.96	2.7
家具灯饰	24	2.78	3.80	3.65	4.15	3.59
家用电器	14	-1.98	3.90	4	4.01	3.7
玩具工艺品	8	-3.4	3.68	3.43	3.99	3.63

(续表6-3)

行业	企业数量	综合绩效	社会责任均值	员工责任	环境责任	社区责任
陶瓷建材	8	-4.73	3.33	3.17	3.6	3.23
机械装备	21	0.03	3.78	3.94	3.93	3.47
电子信息	18	0.76	3.74	3.87	3.96	3.38
化工/原材料	22	-1.63	3.48	3.5	3.88	3.06
全部企业	208	0.00	3.77	3.78	4.03	3.49

表6-4 行业平均综合绩效与社会责任与总体均值的差异

行业	企业数量	综合绩效	社会责任均值	员工责任	环境责任	社区责任
服装/鞋帽	58	▨	▨	▨	▨	▨
食品/药品	35	▨	▨		▨	
家具灯饰	24	▨				
家用电器	14					
玩具工艺品	8					
陶瓷建材	8		▨	▨	▨	
机械装备	21					
电子信息	18					
化工/原材料	22					

注：表中的阴影部分表示当显著性水平 $\alpha = 0.05$ 时均值差异显著。

从表6-4中我们可以看出，除了家用电器与电子信息产品行业外，其他七个行业的综合绩效与社会责任均值基本上都是一致的，如纺织服装/鞋帽行业、家具灯饰、机械装备行业都表现出高于平均水平的综合绩效，也表现出高于平均水平的社会责任均值。而化工及原材料、玩具工艺品行业、食品/药品、陶瓷建材行业都表现出低于平均水平的综合绩效，其社会责任方面也低于平均水平。

观察表6-4可以发现，纺织服装/鞋帽行业在综合绩效、社会责任各个方面都远高于平均水平，这可能是因为该行业的出口比例高，企业规模较大，受企业能力与国际市场竞争与压力的影响，使该行业更具竞争优势，也承担了更多的社会责任。而化工及原材料与玩具工艺品行业，特别是食品/药品与陶瓷建材行业，在综合绩效与社会责任各个方面都低于平均水平，主要原因可能是因为这些行业准入门槛较低,竞争激烈,大量使用能源、原材料或劳动力,有些产品直接影响到人体健康与生活环境等,所以综合绩效与社会责任得分都较低。

值得注意的是,有些行业有低于平均水平的综合绩效却有高于平均水平的社会责任,如家用电器行业。有些行业有高于平均水平的综合绩效却有低于平均水平的社会责任,如电子信息产品。这可能反映了不同的行业特征及其所受到利益相关者压力的不同。如中小家用电器行业,产品附加值低,市场竞争激烈,产品与消费者生活与安全密切相关,产品质量问题频繁,社区消费者较多等,受到利益相关者关注更多,社会责任压力较大,所以尽管综合绩效较低,但也承担了较多社会责任。而电子信息产品行业产品附加值高,环境污染、产品质量等问题相对不突出,承受的利益相关者压力也相对较低。

此外,我们还可以从表6-4中看出,有些行业在员工、环境、社区责任方面的不一致性。如家具灯饰行业在社区与环境责任方面高于平均水平,却在员工责任方面低于平均水平。机械装备行业与电子信息产品行业在员工责任方面高于平均水平,却在环境与社区方面低于平均水平。玩具工艺品行业在社区责任方面高于平均水平,却在员工与环境责任方面低于平均水平。家用电器行业虽然在员工与社区责任方面得分较高,但在环境责任方面却表现偏低。这大概反映了不同行业条件下面对着不同的利益相关者,必须对不同的社会责任要求做出不同的反应。如在机械装备行业,企业对环境的污染不会成为太严重的问题,其产品也很少受到社区消费者的影响,而员工的满意度却直接影响了企业的绩效。

二、企业综合绩效与社会责任相关性分析

前面我们分析了不同地区、规模、行业条件下企业社会责任与绩效的基本状况,但从这些分析中,我们还难以准确地判断企业社会责任与企业绩效间的相互关系。为了进一步弄清企业社会责任与绩效关系的本质,了解企业社会责任与绩效间的相关程度,下面我们将从地区、规模、行业三个方面对二者的相关性进行分析。

(一)不同地区企业综合绩效与企业社会责任相关性分析

表6-5给出了东、中、西部地区以及全部企业的综合绩效与企业的社会责任均值、员工责任、环境责任、社区责任之间的两两相关系数,当相关系数检验的概率 $p \leqslant 0.10$ 时,图中会用相应的星号加以标识。就全部企业来说,其综合绩效

与社会责任都存在显著的正向线性相关关系(概率 p 值都小于 0.05),就东、中、西部地区来说,企业综合绩效与社会责任线性关系显著的相关系数几乎均为正数,这表明好的绩效能带来好的社会责任行为,好的社会责任行为能促进企业绩效的提升。

表 6-5 不同地区企业综合绩效与社会责任相关性

地区	社会责任均值	员工责任	环境责任	社区责任
东部	0.363***	0.276***	0.290***	0.306***
中部	0.297**	0.453***	-0.53	0.495***
西部	0.582	0.366	0.504	0.241
全部企业	0.342***	0.329***	0.195**	0.347***

注:*** 表示 $p \leq 0.01$,** 表示 $p \leq 0.05$,* 表示 $p \leq 0.10$。

从东、中、西部三个地区的比较上看,东部地区企业的综合绩效与社会责任的线性相关性最为显著(概率 p 值均小于 0.01),其次为中部地区(两个相关系数检验的概率 p 值小于 0.01,一个小于 0.05),西部地区的线性相关性不显著(概率 p 值均大于 0.1)。这表明东部地区企业的社会责任行为更有助于提升企业绩效,企业的绩效水平越高,社会责任的动机就越强。

(二) 不同规模组企业综合绩效与社会责任相关性分析

表 6-6 中给出了五个规模组企业综合绩效与社会责任各方面的相关系数。全部线性关系显著的系数都为正数,表明了企业综合绩效与社会责任的正向相关性。但从不同规模组企业的比较来看,如表 6-6 所示,规模越小,企业社会责任行为与企业绩效的相关性越强,线性关系越显著。1 组企业(≤100 人)社会责任与绩效的线性关系最为显著(概率 p 值均小于 0.05),相关性最强。而 5 组企业(>800 人)线性关系不显著(概率 p 值都大于 0.10)。这与现实情况及以往的一般研究结论似乎并不一致,但符合边际收益递减规律。如果企业的社会责任能够促进企业的绩效,初始的社会责任投资边际收益应该是最高的,随着企业规模的扩大与社会责任投资的增加,社会责任支出的边际收益逐步递减,社会责任与绩效的相关性进一步减弱,当企业到达一定的规模时,社会责任的边际支出等于边际收益,进一步的社会责任投资会降低企业的收益。现实中也是如此,企业规模越小,企业社会责任行为与企业绩效之间的传导链条越短,企业在员工、社区、环境方面的支出对绩效的直接促进作用越大,规模太大的企业,企业的社会责任行为支出可能会被稀释掉。

表6-6 不同规模企业综合绩效与社会责任相关性

企业规模		社会责任均值	员工责任	环境责任	社区责任
1	≤100人	0.633***	0.469**	0.383**	0.431**
2	≤200人	0.307*	0.211	0.280*	0.315*
3	≤400人	0.191	0.292*	0.146	0.129
4	≤800人	0.266	0.352*	0.087	0.340*
5	>800人	0.079	0.205	0.070	0.079
全部企业		0.342***	0.329***	0.195**	0.347***

注：*** 表示 $p \leq 0.01$，** 表示 $p \leq 0.05$，* 表示 $p \leq 0.10$。

（三）不同行业的企业社会责任与企业绩效相关性分析

表6-7给出了行业间综合绩效与企业社会责任的相关系数。从表6-7中可以看出，行业间绩效与责任间线性关系显著的系数有正数也有负数。从行业间比较来看，企业绩效与社会责任各方面线性关系都显著的只有纺织服装/鞋帽行业。这反映了在国际社会责任运动兴起的背景下，中国高出口比例的纺织服装/鞋帽行业的社会责任行为与综合绩效的高度相关性。

表6-7 不同行业企业绩效与社会责任相关性

行业类别	企业数量	社会责任均值	员工责任	环境责任	社区责任
纺织服装/鞋帽	58	0.376***	0.258*	0.243*	0.347**
食品/药品	35	0.256	0.292*	-0.073	0.364**
家具灯饰	24	-0.218	-0.174	-0.223	-0.036
家用电器	14	0.037	0.429	0.294	-0.573*
玩具工艺品	8	0.151	0.287	0.639**	-0.263
陶瓷建材	8	-0.120	-0.579	0.206	0.129
机械装备	21	-0.271	0.026	-0.422*	-0.183
电子信息产品	18	0.410	0.500**	-0.234	0.650**
化工及原材料	22	0.151	-0.019	0.202	0.157
全部企业	208	0.342***	0.329***	0.195**	0.347***

注：*** 表示 $p \leq 0.01$，** 表示 $p \leq 0.05$，* 表示 $p \leq 0.10$。

从社会责任的员工、环境、社区各个方面与企业绩效的关系来看，不同行业部门间的差异很大。就员工责任和社区责任来说,与综合绩效线性关系都显著的有纺织服装/鞋帽行业、食品/药品、电子信息产品,这反映了这些劳动力密集型行业中,员工的满意与忠诚对企业发展的重要性,同时,这些行业的大部分产品直接接近终端消费者,与社区的良好关系有助于产品的销售。就环境责任来说,与企业绩效线性关系显著的除了纺织服装/鞋帽行业外,还有玩具工艺品,这可能反映了这些行业产品与消费者生活和健康直接相关,出口比例较高,所以强调绿色生产与环境认证的压力较大。

此外,值得注意的是,机械装备行业的环境责任与企业绩效,家用电器行业的社区责任与企业绩效都显著负相关,这可能反映了环境责任与社区责任对这两个行业来说的相对不重要性,所以,对这些方面的社会责任的支出反而会导致企业绩效的降低。

第四节 研 究 结 论

本章以中国制造业企业为研究样本,分析了企业的综合绩效与企业社会责任的状况,以及二者相互之间的关系。我们发现,企业社会责任与企业绩效之间的关系要比一般性的研究结论更为复杂,它随着企业所在的区域、企业的规模及行业特征的变化而变化,主要表现在以下几个方面:

第一,就地区来看,东部地区企业的综合绩效与企业社会责任的各个方面一般优于中西部地区。但除了在员工责任方面东部地区显著高于西部地区外,东中西部地区的差异并不显著。就二者的相关性来看,东部地区线性关系最为显著,中部次之,西部不显著。

第二,就规模来看,规模越大,企业综合绩效与社会责任得分越高,但除非规模差异很大,否则不同规模企业间的差异是不显著的。并且,当规模超过一定限度后,企业社会责任行为反而会减少。从社会责任与绩效的关系来看,规模越小,企业社会责任与企业绩效的相关性越强。

第三,就行业来看,高绩效行业一般表现出高社会责任,低绩效行业社会责任水平也低。但就社会责任的各个具体方面及其与绩效的关系来看,不同行业差别较大,这些差异与复杂性正好反映了不同社会责任方面在不同行业条件下对企业绩效的相对重要性。

通过以上研究我们可以得出以下几点结论:

一、社会责任与企业绩效一般表现为正向相关关系

总的说来，无论企业所在的地区、规模、行业状况如何，社会责任与企业绩效一般都表现为正向相关关系。所以企业在进行经营决策时，应将社会责任纳入企业的战略规划与长期发展目标之中，通过社会责任投资为企业获取独特的竞争优势，特别是对于中小企业而言，这种投资的收益可能更为直接，效果更为明显。

二、社会责任对企业绩效的促进作用是间接的

随着企业所在的地区、企业规模、行业状况的不同，企业社会责任对企业绩效的促进作用也各不相同。所以企业在进行社会责任决策时，必须考虑社会责任的对象与自身的资源与能力。不分析社会责任的对象，不考虑社会责任行为与企业绩效的相关程度，盲目投资，反而会降低企业的经营绩效。不考虑自身的资源与能力，承担无限社会责任，只能给企业带来灾难，造成员工失业与更多的社会责任问题。只有社会责任行为与履行社会责任的条件最佳匹配，才能达到企业与社会"双赢"的目的。

三、企业社会责任的实施需要良好的外部条件

东部地区企业社会责任与企业绩效一般要好于中西部地区，二者之间的正向线性关系也最为显著，原因可能在于东部地区有促进企业承担社会责任的更好的经济、文化、制度环境。而这需要政府、企业、社会的多方合作和共同努力，如政府对履行社会责任好的企业给予减免税收、优先服务、政策扶持等措施，消费者能对承担社会责任的企业产品给予更多的认同，对企业的社会责任行为给予更多积极的回馈，那么，企业社会责任与企业绩效之间的正向相关性会进一步提高，企业履行社会责任的主动性会更强，从而最终实现多方共赢的目标。

第七章 企业社会责任驱动缺失的规范研究

在前面几章中,我们通过实证研究方式,检验了企业社会责任内外部驱动机制,验证了企业社会责任与企业财务绩效之间的关系。实证研究主要就是按照企业社会责任驱动的现实状况去描述它,说明了企业社会责任驱动机制究竟"是什么"的问题。下面几章中,我们将主要应用规范研究方法研究企业社会责任驱动机制缺失的根源"应该是什么"或"应该怎么样",也是对前面实证研究结果的归纳与系统化。我们将预先根据相应的研究理论与价值判断标准,结合国内外不同领域的研究文献及中国企业社会责任的实际,探讨中国企业社会责任驱动缺失的根源是否符合这些标准;如果不符合,偏离的程度如何等。

对企业社会责任的研究经历了20世纪60年代利益相关者理论的提出、70年代对企业响应的研究、80年代对企业社会责任与企业财务绩效关系的实证检验、90年代全球公民理念的提出等几个不同的发展阶段。[1][2] 纵观企业社会责任的研究可以发现,贯穿整个研究的主旨就是要促使企业更好地承担社会责任,包括企业应该承担哪些社会责任和应该如何承担社会责任两大方面。但对与企业社会责任相对立的概念"企业社会责任缺失(Corporate Social Irresponsibility, CSIR)"的研究却相当之少。这与国内外日益严峻的企业社会责任缺失的现实格格不入。国内对企业社会责任缺失的报道更是层出不穷,触目心惊,如毒大米、速生鸡、毒猪肉、假羊肉、三聚氰胺牛奶、塑化剂白酒、触目惊心的地沟油、严重的雾霾天气、堆积如山的垃圾、污染的地表水地下水、频发的矿难、恶性劳资纠纷等等。这些企业社会责任缺失不仅扰乱了正常的商业秩序,恶化了市场竞争环境,侵害了公众的正当利益,甚至威胁了公众赖以生

---

[1] Carroll A B, Shabana K M. The Business Case for Corporate Social Responsibility: A Review of Concepts, Research and Practice [J]. International Journal of Management Reviews, 2010, 12 (1): 85 – 105.

[2] Carroll A B, Shabana K M. The Business Case for Corporate Social Responsibility: A Review of Concepts, Research and Practice [J]. International Journal of Management Reviews, 2010, 12 (1): 85 – 105.

存的底限条件。可以说企业社会责任缺失给社会造成的损失要比企业社会责任给社会带来的福利更大。① 对企业社会责任缺失的研究也比对企业社会责任的研究更为迫切和更具现实意义。

企业社会责任缺失一般被界定为"以不负责任的方式行事"②。如果企业社会责任指能为社会带来良好结果的企业行为,那么企业社会责任缺失就是会给社会造成明显损失或危害的企业行为。企业社会责任是指"做好事"及"不做坏事",企业社会责任缺失则是"做坏事"。尽管国外对企业社会责任缺失的研究从20世纪70年代就已经开始,但总体而言还处在起步阶段,国内对相关问题的研究还是空白,且存在诸多不足。如忽略了企业社会责任缺失根源的研究,对企业社会责任缺失的治理这一根本问题缺少应有的关注。并且所有研究都无一例外地只关注环境、组织和个体等单一层面因素对企业社会责任缺失行为的影响,而没有考察多层面因素对企业社会责任缺失的共同作用。对转型经济体中的一些因素,如制度因素或政府干预对企业社会责任缺失行为影响的研究很少。③ 虽然有个别学者开始做这方面的探索。如 Zona 等④综合考察了个体因素(如管理者特征)、组织因素(如企业战略)和外部因素(如利益相关者影响)对企业社会责任缺失行为的共同作用机理,但由于做的是单案例分析,因此,研究结论缺乏普适性。

企业社会责任缺失的成因非常复杂,既有微观层面的个体因素,又有中观层面的组织因素,还有宏观层面的社会因素,单一层面的分析不足以做出全面的解释。⑤ 因此,本章采用规范研究的方式,以道德决策理论、资源基础理论、背景依赖理论为基础,结合中国企业社会责任的现实,从经营者个人(经理道德)、企业组织(资源能力、组织结构、企业文化)、外部环境(市场机制、社会监督、政府监管)等多维层面展开,特别是从社会监管与政府干

---

① Timothy S C, Kristen N C. What CSR Is Not: Corporate Social Irresponsibility [A]. In Sun W (Eds.). Critical Studies on Corporate Responsibility, Governance and Sutainability [C]. Bingley: Emerald Group Publishing Limited, 2012: 23 - 41.

② Lange D, Washburn N T. Understanding Attributions of Corporate Social Irresponsibility [J]. Academy of Management Review, 2012, 37 (2): 300 - 326.

③ 参见姜丽群《国外企业社会责任缺失研究述评》,载《外国经济与管理》2014 年第 2 期,第 13~23 页。

④ Zona F, et al. Antecedents of Corporate Scandals: CEO's Personal Traits, Stakeholders' Cohesion, Managerial Fraud, and Imbalanced Corporate Strategy [J]. Jouranl of Business Ethics, 2013, 113 (2): 265 -283.

⑤ Kish - Gephart J J, et al. Bad Apples, Bad Cases, and Bad Barrela: Meta - analytic Evidence About Sources of Unethical Decisions at work [J]. Journal of Applied Psychology. 2010, 95 (1): 1 -31.

预的视角深入分析企业社会责任缺失的原因,并探讨企业社会责任缺失的治理策略。具体研究模式见图7-1。

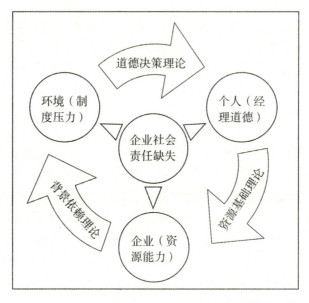

图7-1　企业社会责任缺失的三维评价模型

第一节　企业社会责任缺失的个体因素:道德决策理论的视角

许多学者从个体层面出发,依据道德决策理论,探讨公司经理的个人特征,主要是经理的伦理道德与企业社会责任缺失的关系。在道德决策理论看来,企业社会责任决策在很多情况下其实就是公司经理的个人道德抉择,是企业高层管理者处理与企业有关的社会性问题。因此,企业社会责任的缺失主要源于公司经理的道德缺失。[①]

---

① Windsor D. Corporate Social Responsibility: Three Key Approaches [J]. Journal of Management Studies, 2006, 43 (1): 94–114.

第七章 企业社会责任驱动缺失的规范研究

一、对公司经理的道德批判与期望

在企业社会责任决策中，各级管理者所起的功能和作用是不同的。高层管理者处于组织结构中最重要的战略性地位，他们负责决定企业应该做什么，其他层次的员工只是执行者，被动地依据自己的角色展开行动。在管理层次中所处的级别越高，其自由决策的道德空间越大。高层管理者处于利益相关者压力感知的中心地位，往往代表企业做出行动决策。所以，高层管理者的道德信念、道德动机、价值取向是理解和预测企业社会责任行为的一个重要因素。[1]

正是因为高层管理者对企业社会责任决策的重要影响，对企业社会责任缺失的根源，不管是对公众的调研，还是学者的观点，一般都将其归咎于"有道德缺陷的企业或经营者个人"[2]。因为"自利动机"的天然存在，它推动公司经理与企业在市场竞争中去充分展现自己的才能，最大限度地发掘自己的潜力，同时也尽可能地逃避责任，无休止地回避管制，从而导致企业社会责任的缺失。实证研究也表明，一些道德缺失的管理者会通过对利益相关者的不恰当承诺，来实现自己的不正当利益。[3] 一个针对1800位《哈佛商业评论》用户的调查表明，82%的受访者认为他们所在的企业都从事过"不道德的经营"，做出不道德决策的主要是公司的经理。[4] 曾经在美国500强企业之中排名第7，雇员一度达到2万多人的安然公司2001年戏剧性破产，根本原因就是公司管理层、会计、审计人员等唯利是图、道德沦丧。[5] 杜海燕[6]认为，我国企业社会责任缺失的首要原因就在于企业管理者的道德素质低下，缺乏责任意识，把伦理道德视为游离于经济建设和企业经营之外可有可无的东西，这导致了他们对企业伦理和社会责任的漠视。

---

[1] Cordano M, Frieze I H. Pollution Reduction Preference of US Environmental Managers: Applying Ajzen's theory of Planned Behavior [J]. Academy of Management Journal, 2000, 43 (4): 627-641.

[2] Rezaee Z. Causes, Consequences, and Deterence of Financial Statement Fraud [J]. Critical Perspectives on Accounting, 2005, 16 (3): 277-298.

[3] Zona F, et al. Antecedents of Corporate Scandals: CEO's Personal Traits, Stakeholders' Cohesion, Managerial Fraud, and Imbalanced Corporate Strategy [J]. Jouranl of Business Ethics, 2013, 113 (2): 265-283.

[4] Baumhart R. Ethics in business [N]. New York: Holt, Rinehart and Winston, 1968.

[5] Jennings M M. Incorporating Ethics and Professionalism into Accounting Education and Research: a Discussion of the Voids and Advocacy for Training in Seminal Works in Business Ethics [J]. Issues in Accounting Education, 2004, 19 (1): 7-26.

[6] 参见杜海燕《目前我国企业伦理管理的障碍及对策分析》，载《经济研究参考》2012年第48期，第29~30页。

对企业社会责任问题的解决，人们越来越寄希望于公司经理及其伦理道德。认为提升公司经理的社会责任意识，选用正直、善良、负责任的经理去主动、积极地"做正确的事情"，是解决公司社会责任问题的主要途径。[1] 只要公司经理（或其他重要人员，如会计、审计人员）都是好人，那么企业就会做出更负责任的行为，企业的社会责任问题也将得以解决。而现代企业中所有权与经营管理权的分离，使唯利是图的股东失去了对公司生产经营活动的实际控制权，也为公司经理将资源投入到偏离股东利益的社会责任领域创造了条件。[2]

二、对公司经理道德缺失的误读与矫正

在任何经济形态下，对自我利益的追求都是人类的天性。从道德的角度来看，利益本身并无善恶，自利动机也是一个中立的概念，只要不给他人造成无谓的损害，对自我利益的追求就无所谓道德不道德。企业之所以为企业，就在于它在高效率满足社会需求的同时去追逐自己的利益，在为社会创造财富的同时去实现自己的利润。不能获利的企业不仅丧失了生存的基础和发展的动力，从伦理上讲也是不负责任的。所以，离开企业的本质和功能来谈企业道德和社会责任，只会使企业社会责任变成空洞抽象的道德说教。仅仅依据企业或经营者是否具有自利动机来对其进行道德评判，那么，"伦理道德对社会秩序所应起的调节作用肯定没有实现的可能"[3]。企业社会责任并不反对企业对自我利益的追求，只是这种追求必须是有节制的，必须限制在道德的合理范围之内，即以不损害他人的利益为底限。所以，问题的本质不在于企业的自利动机或自利行为本身，而在于企业追求利润的手段和后果。如果企业的赢利是建立在损害社会利益的基础上的，这种行为就是不道德的或不负责任的。如果企业在追求利益的同时也给社会带来了价值，这种行为就是道德的，就是负责任的。

事实上，在有效的市场经济条件下，企业的这种"利己"动机恰恰可能是推动企业承担社会责任的动力。这也是亚当·斯密在其《国富论》中提出的著名的"私利与公益调和论"，即私利与公益两者之间，可以通过"一双看

---

[1] Garay L, Font X. Doing Good to Do Well? Corporate Social Responsibility Reasons, Practices and Impacts in Small and Medium Accommodation Enterprises [J]. International Journal of Hospitality Management, 2012, 31 (2): 329-337.

[2] 参见胡永红《人性假设与企业社会责任》，载《广东行政学院学报》2008年第6期，第89~92页。

[3] 参见甘绍平《论经济主体道德行为的动机》，载《道德与文明》1999年第5期，第10~14页。

不见的手"或"自然正义"规则的调节而达到和谐一致。它蕴含的基本内容就是"利己必利人",即在健全的市场经济条件下,逐利动机越强,企业承担社会责任的动机就越强。因为市场是一种"好坏都由别人说了算,自己说了不算"的制度。虽然人人都有"自利心",人人都在追求自我利益的最大化。然而,在自由交易的市场上,不管是谁,若不为消费者创造价值,就不可能获得消费者的认可和购买,市场交易就不可能发生,自己的利益就不可能实现。也就是说,企业若想实现"自我利益"的最大化,企业的"道德感"也要最大化。只有尽一切努力为社会为别人创造了最大化价值,才能实现自我价值的最大化。尽管有人斥之为虚伪的利他主义或功利主义,但这种客观上创造出来的价值甚至比主观上想着为社会为别人作贡献时创造出的价值还要大。如果企业通过自己的"利己"行为达到了"利他"的目的,这无疑对企业、对社会、对执法者都是一个"互利多赢"的最优结果。

所以,对企业或公司经理的道德评价必须坚持动机与效果的辩证统一,既要看企业经营者的道德动机,更要看经营活动的实际后果,既要看企业道德标准是否缺失,更要看企业行为的市场评判机制是否公正。公当合理的道德评价应该主要关注企业或经营者行为本身,而不是其动机的"善"或"恶",即只看企业怎么做,而不管企业怎么想。公正公平的市场机制应该让负责任的企业获得更大的收益,而让不负责任的企业付出更大的代价。如果企业只有社会责任缺失才能获得更高的利润,那么,对企业或经营者的道德批判就应该转化为对制度与规则公正性的批判。由此以来,企业道德问题就由人性层面上升到制度和规则层面。

三、公司经理道德缺失与企业社会责任缺失

公司经理对企业社会责任缺失的影响究竟有多大,一些学者以道德决策理论为基础,从两个方面展开研究:第一,考察经理个人的人口特征(年龄、性别、教育培训、价值观等),寻找公司经理社会责任行为道德和不道德判断的依据;[①] 第二,将经理的伦理决策看作一个动态的序贯决策过程,把经理的个体差异归结为外部变量,从中寻找经理社会责任行为选择的依据。[②] 研究表

[①] Kreie J, Cronan T P. How Men and Women View Ethics [J]. Communications of the ACM, 1998, 41 (9): 70 – 76.

[②] Wyld D C, Jones C A. The Importance of Context: The Ethical Work Climate Construct and Models of Ethical Decision – making—An Agenda for Research [J]. Journal of Business Ethics, 1997, 16 (4): 465 – 472.

明,公司经理的人格特征如年龄、价值观、任职时间等确实与企业社会责任的缺失具有一定的相关性。

有学者认为,将公司经理的个人特征视为影响企业社会责任缺失的唯一因素是不合理的。海恩斯与伦纳德(Haines & Leonard)① 据此提出了一个公司经理社会责任决策的改进模型,将宗教、法律、风俗习惯、文化信仰等社会规范纳入其中。公司经理在感知道德问题重要性的基础上,在个体特征与社会规范的共同影响下做出相应的道德判断,确立道德意图,实施道德行为。其实证研究结果表明,在不同的场景(5种)中,公司经理会做出不同的道德决策。也有研究表明,企业的资源能力及其赢利水平也影响企业的社会责任水平。企业的赢利水平越高,规模越大,越有可能承担更多的社会责任。②

鲍克斯(Baucis)③ 还提出了更为复杂的企业不道德行为多元模型,认为外部环境因素为企业不道德行为的发生提供了机会、压力以及病态的体质。他进一步指出,当企业面临动荡的、同质化和稀缺的竞争环境时,企业的不道德行为会增多;当企业面临复杂的、模棱两可的和不断变化的法律与制度环境时,企业的不道德行为也会增多。

总之,企业社会责任行为不是孤立抽象的,也不是经营者个人道德的自然延伸。它内嵌于特定的社会生活与规则体系之中,经济能力、市场竞争、社会规范、制度体系等因素共同制约着企业社会责任行为的选择。公司经理社会责任决策的道德空间依然存在,但范围越来越窄。经营者必须根据自身的资源能力,以及一系列的制度规范和"游戏规则"来做出抉择。其行为选择的基本逻辑就是,在基于广义的成本—收益权衡的基础上选择利益最大化的结果。这种利益可能是眼前的、直接的,也可能是长远的、潜在的、间接的。但"善"或"恶"本身并不会成为企业行为的目标,除非"善"或"恶"的选择能给企业带来更大的效用。如果负责任的行为选择能给企业带来更大的竞争优势或至少不会减弱企业既有竞争优势时,企业就会做出"善"的抉择。相反,如果不正当、不道德的行为反而能使企业得益,企业就可能会背离"善"的方向,甚至走向不合法的一面。所以,在既定的目标取向下,企业行为的最终选择取决于市场的"游戏规则","游戏规则"不同,企业的行为选择就不同,

---

① Haines R, Leonard L N K. Situational Influences on Ethical Decision-making in an IT Context [J]. Information & Management, 2007, 44: 313 - 320.

② 参见山立威、甘犁、郑涛《公司捐款与经济动机——汶川地震后中国上市公司捐款的实证研究》,载《经济研究》2008 年第 11 期,第 51~51 页。

③ Baucus S. Pressure, Opportunity, and Predisposition: A Multivariate Model of Corporate Illegality [J]. Journal of Management, 1994, 20 (4): 699 - 721.

企业的收益也不同。也就是说，企业行为选择最终道德还是不道德在很大程度上取决于游戏规则本身道德还是不道德，负责任的企业行为的产生以制度的基本公正为前提。

第二节 企业社会责任缺失的组织因素：资源基础的视角

除了经营者的伦理道德以外，更多的学者从企业层面来分析企业社会责任缺失的根源。如资源基础理论认为企业是否更多地承担社会责任并不取决于公司经理个人，而主要取决于公司自身的资源与能力，[1][2] 如赢利水平、组织结构、企业文化、知识能力、对利益相关者整合的能力等。[3]

一、企业社会责任缺失的根源：公司的治理结构

贝尔（Bell）[4] 指出，企业是现代社会追求效率与增长，实现经济目标的最佳组织形式和理性工具。企业实现经济目标的关键就在于它机械官僚主义的组织结构。这是一个精心设计的权力层级体系，整个体系运行的核心就是企业的经济目标。组织高层为组织设定经济目标，然后通过组织结构向下层层分解，到每一个员工那里就变成了纯粹的技术任务与严格的财务考核指标。各级员工为了薪酬而唯命是从，放弃了个人的道德选择和价值判断。这种基于专业知识的横向分工，基于权力结构的纵向服从，基于财务指标的严格考核，阻碍了员工的伦理反思和对不道德行为的检举揭发，从而形成了有组织的不负责任。

为了防止公司经理和员工基于自我道德取向去追求社会目标，现代公司设计了专门的治理机制。根据一般的公司治理机制，股东大会选举产生董事会，董事会授权和委托经理进行公司实际业务的管理。公司经理权力必须严格依照

---

[1] Barney J B. Firm Resources and Sustained Competitive Advantage [J]. Journal of Management, 1991, 17 (1): 99–120.

[2] Grant R M. The Resource-based Theory of Competitive Advantage: Implications for Strategy Formulation [J]. California Management Review, 1991 (Spring): 114–135.

[3] Hart S L. A Natural-Resource-based View of the Firm [J]. Academy of Management Review, 1995, 20 (4): 986–1014.

[4] Bell D. The Corporation and Society in the 1970s [J]. The Public Interest, 1971, 24: 5–32.

董事会的授权而确立，以确保公司经济目标的实现。① 公司经理的薪酬制度也被用以排除个人道德标准对企业经营的影响，"企业经理需要被支付报酬，以激励他们不屈从于他们对社会责任的直觉"②。经理的业绩考核与权力晋升系统也"只衡量经济目标"，社会目标的权值几乎为零，在"对经理的考核中不起任何作用"③。总之，"好的"企业经理就是能帮助企业更多地创造利润和财富，而不是更好地承担社会责任。

如果善意的高层经理试图将社会责任强制纳入控制系统，做自己认为正确的事情，他会发现非常困难，因为这种干预会削弱员工实现既定的财务目标的能力，从而扰乱整个系统，而整个系统的考核是以严格的财务绩效与财务指标为依据的。也就是说，为了经济目标而设计的井然有序的权力分割制度与组织结构妨碍了公司社会责任的实现。对公司经理的调查显示，大部分人都"感觉到个人的道德向完成公司经济目标妥协的压力"，"虽然公司从上到下都有良好的道德准则，然而由于来自最高层的实现目标的压力，每个人都不得不违背自己的信念"。一位被调查者指出："并不是人们本身，而是大公司的结构以及公司内部的竞争机制导致了不道德的行为。"④

总之，现代公司的治理结构在于确保股东价值的最大化，追求的是利润和效率，而企业社会责任讲究的是社会公正。公司治理强调的是对企业内部群体的有效管理，而社会责任面临是如何在环境、社会、经济等方面公正地对待受到企业影响的外部群体。如何处理好公司治理结构与企业社会责任之间的关系是当今世界各国所面临的挑战。许多欧盟国家已将企业社会责任上升为国家战略，要求企业承担社会责任以增加"国家道德财富"⑤，进而提升国家的可持续发展能力和国际竞争力。彭德⑥在研究了中国的《公司法》与《证券法》后指出，中国的公司治理结构法规主要强调的是公司内部对股东的责任。这种对内负责的重心是以提高利润和投资回报为主要目的的。纵观中国经济发展政策中的政治经济权力的角力，似乎政府决策的重心是以效率为目的的公司治理结

---

① 参见刘鹏、王国庆《公司经理的法律地位探讨》，载《学术交流》2005 年第 4 期，第 54~56 页。
② Korten D. When Corporations Rule the World [M]. Bloomfield, Connecticut: Kumarian Press and Berrett‐Koehler, 2001: 224.
③ Bell D. The Corporation and Society in the 1970s [J]. The Public Interest, 1971, 24: 5-32.
④ Bowman E H. Corporate Social Responsibility and the Investor [J]. Journal of Contemporary Business, 1973, Winter: 21-43.
⑤ Donaldson T. The Ethical Wealth of Nations [J]. Journal of Business Ethics, 2001, 31: 25-36.
⑥ 参见彭德《公司治理结构与企业社会责任的协调与平衡》，载《清华法学》2011 年第 1 期，第 43~55 页。

构压倒以公正为目的的企业社会责任。这加剧了问题的复杂性,对效率与发展的强调限制了有关社会责任与商业道德的严格实施,社会责任的监管经常受到政策分歧与争论的影响。甚至有人认为效率与公正构成的冲突是中国当前面临的最大挑战。①

二、企业社会责任缺失的根源:企业文化

企业文化通常被界定为"企业在长期生产经营活动中形成的企业员工所共同遵循的个性化的价值标准、行为规范和道德准则,它通过企业的经营活动、管理制度、员工行为、企业形象表现出来,并随着环境、形势的变化而相应地调整"②。对企业社会责任缺失的研究表明,企业文化是影响企业社会责任缺失的主要组织因素。③ 企业文化一旦形成,它就会通过企业内共同的价值取向与舆论导向促进员工在各种情况下做出符合企业价值准则的行为决策。在鼓励道德行为的企业文化中,员工也会表现得更加道德。相反,在一个鼓励不道德行为的环境里,即使员工有很高的道德标准,他们也会接受并参与企业的社会责任缺失行为。④

改革开放以来,我国许多企业都在大力推进自身的文化建设,他们以中国儒家文化的"仁义"、"慈爱"、"忠信"、"诚敬"等价值观为基础,同时汲取西方欧美国家企业文化中的"自由"、"民主"、"竞争"、"创新"等有益因素,建构了许多独树一帜的企业文化。如海尔的"人人是人才,赛马不相马"、"先卖信誉,后卖产品"、"日事日毕,日清日高"、"敬业报国"等企业价值观;联想提倡的"关注市场和顾客"、"鼓励革新、容忍失败、人才为本"、"平等、信任、欣赏、亲情"、"国际化的联想"等价值理念;蒙牛"德才兼备"的用人理念,"社会责任永远高于企业或者个人利益"的文化追求;等等。但中国文化中也存在许多的传统因素影响了企业社会责任的实施,助长了企业社会责任缺失行为的发生。具体如下:

(1) 中国集体主义价值观重视整体价值,强调权威和服从,认为国家重

---

① 参见管新华、李前进《中国共产党构建改革共识的历史进程与现实探索》,载《理论探索》2008年第5期,第15～20页。

② Wallach E J. Individuals and Organizations: the Cultural Match [J]. Training and Development Journal, 1983 (2): 29 – 36.

③ Balch D, Armstrong R. Ethical Marginality: The Icarus Syndrome and Banality of Wrongdoing [J]. Journal of Business Ethics, 2010. 92 (2): 291 – 303.

④ Anand V, et al. Business as Usual: The Acceptance and Perpetuation of Corruption in Organizations [J]. Academy of Management Executive, 2004, 18 (2): 39 – 53.

于家庭,群体重于个人。对权威的服从,对政府的依赖是中国文化的重要内容。所以,在企业社会责任问题上,无论是企业或公众都形成了政府干预的路径依赖,常常把企业社会责任问题看成是政府的事情。

(2)儒家文化强调"君君、臣臣、父父、子子"的高下尊卑等级秩序,容易导致把企业中的上下级关系也变成君臣父子的关系,领导员工间的权力距离拉大,企业中家长制、一言堂、集权专断现象较为普遍,抑制了下级员工的道德异议。研究表明,集权和权欲是领导者社会责任缺失行为的两个主要诱因:权力越集中,领导者的权力欲望越大,就越有可能摆脱对权力的有效监管和制约,也就越容易导致他们采取不道德的行为。①

(3)轻法治,重人治。中国历来崇尚"圣人治天下"、"以德治天下"、"以孝治天下"。宋代开国宰相赵普曾标榜自己是半部论语治天下。这种靠道德教化、内心自省、榜样示范来进行治理,轻视典章律法的传统,导致在企业管理中忽视严格的制度规范与法律约束,企业社会责任行为的随意性大,加剧了企业社会责任的缺失。

(4)强调"和为贵"。孔子强调:"君子和而不同,小人同而不和。"孟子说:"天时不如地利,地利不如人和。"由于追求表面上观点的和谐与意见的一致,反对不同的声音和看法,从而使利益相关者难以表达自己对企业社会责任缺失行为的异议和批评。

(5)强调"中庸"。西方文化为契约型文化,它建立在对个体利益和权利尊重与保护的基础之上的,个人权利高于一切的价值理念及其直率张扬的文化禀性使其在企业社会责任缺失问题上表现得更为直露,积极维权直至企业破产也在所不惜。而中国文化属伦理型文化,是内向型、折中型文化。在社会关系中,儒家思想主张从内部调节,而不是外部索求中去寻找满足。主张追求和谐与中庸,要求在不损害基本原则的前提下,使自己和别人都过得去,要有节度,不走极端,不造成群体内部的激烈对抗以致破裂。② 所以,中国公众对企业社会缺失行为要谅解宽容得多。

---

① Pearce C, Manz C. Leadership Centrality and Corporate Social Irresponsibility (CSIR): The Potential Ameliorating Effects of Self and Shared Leadership on CSIR [J]. Journal of Business Ethics, 2011, 102 (4): 563-579.

② 参见曹军毅《汉英语符结构透视——中西文化精神比较》,载《外语学刊》2002年第2期,第92~95页。

三、企业社会责任缺失的根源：企业的资源能力

企业是否承担更多的社会责任也与企业的资源冗余及赢利水平密切相关。鲍卡斯与尼尔（Baucis & Near）[①]研究了组织资源冗余度与企业社会责任缺失行为之间的关系，结果表明，在可支配资源有限的情况下，企业为了实现目标很可能采取社会责任缺失行为来降低成本，提升利润空间。乔治·斯蒂纳与约翰·斯蒂纳[②]也认为，企业的伦理道德与企业的经济水平是相互影响的，是企业实现了高利润，才使得企业有资本承担起社会责任，"一个企业盈利越多，有道德地承担起社会责任就会越多。""相反，一个正处在困难时期的企业有可能削减其社会项目，甚至采用非道德的手段去摆脱困境。"所以，尽管社会对企业社会责任的期望是多层次的、变动的、不断扩展的，但这种无限扩展的社会期望的最终满足则取决于企业自身的资源与能力，特别是企业的赢利能力和利润水平。如果社会责任成本支出不能通过消费者转化为收益，在激烈的市场竞争与严格的成本收益约束机制下，企业就只能根据自身的资源能力，在适度原则的基础上量力而行。

从总体上看，我国大多数企业都处于国际分工和全球产业链条的低端，产品附加值不高，技术含量偏低，经济效益不好，获取的比较利益不多。其中占中国企业数量90%以上的中小企业则多基于"低成本、低价格、低利润"的简单粗放型经营模式参与市场竞争，企业基础差、利润薄、抗风险能力低。当前很多企业甚至面临着比金融危机时期更为严峻的困难局面，如生产要素价格大幅上涨、人民币升值、用工成本增加、通货膨胀、国际贸易增速的急剧放缓、企业融资难度的进一步加大等。[③] 中小企业税收也极为繁重，平均税负在40%以上。大量中小企业，尤其是小微企业利润"比刀片还薄"，甚至陷入亏损经营的状态。[④] 利润的微薄，使企业承担增加工资、改善生产条件、进行慈善捐赠等社会责任的能力意愿降低。企业经营者即使有更高层次的社会责任追求，也只能是有心无力。

[①] Baucus M S, Near J P. Can Illegal Corporate Behavior Be Predicted? An Event History Analysis [J]. Academy of Management Journal. 1991, 34（1）：9–36.

[②] 参见（美）乔治·斯蒂纳、（美）约翰·斯蒂纳《企业、政府与社会》，张志强译，华夏出版社2002年版，第143～144页。

[③] 参见魏彬《我国中小企业发展现状与战略转型》，载《中国市场》2013年第10期，第46～49页。

[④] 参见华晔迪《税费高已成困扰中小企业头号难题：企业平均税负在40%以上》，载《中国信息报》2013–04–28（01）。

从知识能力来看，现代技术的迅速发展及分工的日益细化，使每个企业都致力于在相对狭小的独特领域服务社会，并形成了自己特定的竞争优势。在这个特定的领域，企业或企业经营者往往表现得更加专业，更优秀，更富于效率。但一旦超越于自己的知识领域和能力范畴，其处理问题的能力和效率将极其低下。而对于经济领域之外的更为广泛的社会责任问题，如气候变化、腐败贿赂、艾滋病、家庭暴力、种族歧视、教育落后等社会问题，企业更不如一般的非政府组织专业。如果强制企业去参与相关社会问题的解决，其结果必然是社会资源的浪费与社会问题处理的低效率。维特（Levitt）[1]指出，大公司的高层管理者之所以能坐上那么高的位子，是因为他们是自己业务领域内的专家，而不是因为他们是处理社会问题的专家。要求这些擅长满足客户需求以获取利润的公司经理，在没有授权的情况下，超越于他们专业知识的领域去承担社会责任不仅是不民主的，而且是危险的。[2]

因此，最佳的企业社会责任实施方式不是强制企业去直接参与经济领域以外的广泛社会问题的解决，而是让企业致力于经济领域的竞争以挣取更多的利润，然后通过捐赠的方式交由非政府组织去解决。非政府组织是由各个领域的社会环境问题的专家和志愿者所组成的，他们在特定的社会责任问题上也更为专业，更有效率。二者取长补短，分工合作，可以较好地实现社会福利的最大化。然而中国非政府组织先天发育不足，数量少、志愿性低、独立性弱、官僚色彩浓，[3] 这也成为中国企业社会责任缺失的重要根源。

第三节 企业社会责任缺失的制度因素：背景依赖的视角

也有学者从更为宏观的视角来考察企业社会责任缺失的问题。如背景依赖理论认为，企业运营其中的制度环境对企业承担社会责任至关重要。公司感

---

[1] Levitt T. The Dangers of Social Responsibility [J]. Harvard Business Review, 1958, Sept – Oct: 41 – 50.

[2] Gaski J F. Dangerous Territory: The Societal Marketing Revisited [J]. Business Horizon, 1985, 28: 42 – 47.

[3] 参见戴昌桥《中国非政府组织现状探析》，载《求索》2012 年第 4 期，第 60～62 页。

知的制度环境压力越高就越有可能承担社会责任①，这种压力既包括市场机制的压力，也包括非市场机制的压力，如投资人、消费者、非政府组织、政府、新闻媒体、竞争对手等②。如果说经理道德与公司资源能力构成了企业承担社会责任的内在动力机制的话，那么制度环境因素则是促使企业承担社会责任的外部驱动机制（具体见图7-3）。

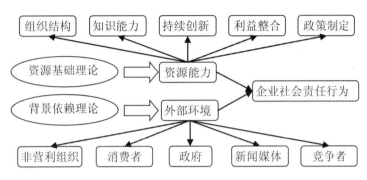

图7-3　企业社会责任行为抉择模型

霍特布鲁吉与多格（Holtbrügge & Dögl）③对国际上最有影响的管理学期刊进行了检索，找出了1997年到2010年中与环境保护相关的社会责任论文54篇。其中35%（19/54）的论文遵循背景依赖理论，33%（18/54）的论文基于资源基础理论。霍特布鲁吉与多格对所有文献进行了归纳并得出结论，即公司经理承担社会责任主要来自于外部管制的压力，惩罚比奖励更重要。

根据市场、社会、政府三分法，我们将促使企业承担社会责任的外部压力分为三类：市场竞争（竞争者）、政府监管（政府）、社会监督（非政府组织、消费者、新闻媒体、投资者等）。

一、企业社会责任缺失的根源：市场竞争机制

公正有效的市场竞争机制是市场经济正常运行的基本条件，也是企业承担社会责任的基本前提。如果市场竞争机制不公平，企业社会责任缺失反而能得

---

① Delmas M A, Toffel M W. Organizational Response to Environmental Demands: Opening the Black Box [J]. Strategic Management Journal, 2008, 29 (10): 1027-1055.

② DiMaggio P J, Powell W W. The Iron Cage Revisited: Institutional Isomorphism and Collective Rationality in Organizational Fields [J]. American Sociological Review, 1983, 48: 147-160.

③ Holtbrügge D, Dögl C. How International is Corporate Environmental Responsibility? A Literature Review [J]. Journal of International Management, 2012 (18): 180-195.

到更大的竞争优势，企业社会责任的缺失也将加剧。

在市场竞争条件下，现代会计准则为企业设定了在激烈竞争中生存下来的一系列规则与要求，并通过一套相对完善的会计方法及考核程序，将企业的经营活动纳入严格细致的成本收益核算之中，市场竞争的最终结果都以货币形态的利润表现出来。一般来说，企业市场经营活动都与一系列危害社会与环境的结果直接相关，包括对员工的剥削和剥夺、栖息地的破坏、社会的异化和错位等。然而，如果没有法律的强制，这些社会与环境成本一般都被视为现代会计准则的外生变量，不会纳入市场交易的成本收益核算中去，这种企业社会责任的"零嵌入模式"使企业不负责任的行为被传统会计制度所掩盖。① 而为了获得相较于对手的竞争优势，企业总是试图节省或外化尽可能多的成本，最大限度地外部化成本也是市场竞争成功的标志。当其他显性成本由于价格机制的硬性约束而无法外化时，压缩最具弹性的、模糊的社会和环境成本就成了公司的必然选择。所以有人指出，市场竞争的本质决定了企业不可能是道德的，企业社会责任本身就是一个自相矛盾的提法。②

科斯洛夫斯基③分析了不公平的市场竞争对企业社会责任缺失行为的影响。他将市场中的企业分为三类：A类无条件地承担社会责任，B类有条件地承担社会责任，即只要多数人这样做，自己也准备如此做，C类始终拒绝社会责任，设法做一个"搭便车"者。分析表明，如果缺乏一个比较成熟的道德规范与法律体系，C类企业反而会获得更大的竞争优势，A类、B类公司要么模仿C类公司放弃社会责任，要么最终在市场竞争中被淘汰。也就是说，"如果一个社会制度体制有着重大欠缺，不能基本做到德福一致、德者有其得，那么企业经济行为选择中的自觉择德而行则不能成为社会的普遍现象"④。甘贝塔（Gambetta）⑤详细阐述了企业道德在市场竞争中被消解的逻辑，他指出如果成为负责任的企业是有成本的和非盈利的，企业就会在与不道德企业的竞争中处于劣势。随着时间的推移，道德企业被逐出市场，经理人员的道德良知出

---

① Catchpowle L, Cooper C, Wright A. Capitalism, States and Accounting [J]. Critical Perspectives on Accounting, 2004, 15 (8): 1037 – 1058.

② Bartlett D. Management and Business Ethics: A Critique and Integration of Ethical Decision – making Models [J]. British Journal of Management, 2003 (14): 223 – 235.

③ 参见（德）彼得·科斯洛夫斯基《伦理经济学原理》，孙瑜译，中国社会科学出版社1997年版，第26~29页。

④ 参见高兆明、管华《企业经济行为选择中的道德边际》，载《学术研究》2000年第11期，第28~32页。

⑤ Gamberta D. Can We Trust Trust? —Trust, Marketing and Breaking Cooperative Relations [D]. Blackwell: Oxford, 1988: 213 – 237.

现自毁,在博弈变迁中企业道德被消解。也就是说,如果企业不负责任的行为不能被有效制止的话,市场竞争的最终结果将是优汰劣胜,劣币驱逐良币。

所以,必须以法律强制的形式建构公平公正的市场竞争机制,迫使社会责任缺失的企业承担相应的社会成本与环境成本。欧盟从20世纪90年代就开始推行环境税或碳税,包括资源税、能源税、排放税等,并根据私人行为或产品外部边际成本的高低确定不同的税率,增加了企业转嫁环境责任的成本,弥补了市场机制的缺陷。① 而中国企业的传统竞争优势正是建立在低社会成本、低环境成本、低价格竞争的基础上的,尽可能地外部化环境成本与社会成本是中国企业参与市场竞争的主要方式。地方政府为了吸引投资,也竞相优化投资环境,甚至以低工资、低福利、低社会保障、低环境污染成本作为招商引资的优惠条件,导致了企业社会责任监管上的"向底部进军",加剧了市场竞争的不公及企业社会责任的缺失。

二、企业社会责任缺失的根源:政府监管缺位

尽管有研究也表明,政府细枝末节的监管不是促使企业承担社会责任的最好方式和唯一途径,如由于官僚主义和信息不对称等原因,政府对企业社会责任的监管造成了治理与谈判的高昂成本,并易于形成"天花板效应",即企业可能将政府的标准看成是要达到的最高标准,从而降低部分企业的社会责任水平。② 但政府监管绝对是促使企业承担社会责任的必要途径和底线保障。特别是在中国"强政府—弱社会"的社会结构背景下,政府监管可以说是推动企业承担社会责任最为有效的途径和方式。因此,像世界上许多其他国家的政府一样,中国各级政府在过去的十多年中制定了各种措施,来加强对企业社会责任行为的监管。但这种监管的效果与地方政府的权力结构与职能定位密切相关。

从权力结构上看,与欧美政府多中心、相互冲突、相互协调的网状权力结构不同,中国政府的权力结构是一个由中心不断向外扩展和辐射的环状结构,或者说类似于金字塔的一种结构。③ 中央控制地方,中央通过各级党委、党组

---

① 参见王金霞、郑凯文、李思奇《欧盟税收制度生态化改革对我国环境税制建设的启示》,载《当代经济研究》2012年第4期,第40~45页。

② Baden D A, Harwood I A, Woodward D G. The Effect of Buyer Pressure on Suppliers in SMEs to Demonstrate CSR Practices: An Added Incentive or Counter Productive? [J]. European Management Journal, 2009 (1): 1-13.

③ 参见梁云祥《东亚市民社会与国家的统治》,载《国际政治研究》2004年第3期,第74~81页。

织控制和任免各级各类干部，各级官员的产生主要来自于自上而下的逐级任命。因此，中国地方政府更服从于上级领导的意志，其权力运行是高度自主的，几乎不受社会力量的监督制约。① 从职能定位上看，改革开放以来，中央没有将国有经济的控制权和剩余索取权直接分配给企业，而是转归地方政府，这样使地方政府的调控职能进一步强化。一方面，相对于以社会福利最大化为己任的中央政府而言，地方政府成了有着独立经济私利的"准市场主体"；另一方面，地方政府又担负着公共服务和社会责任监管的职能，逐步成为集经济决策权、行政管制权和社会控制权于一身的全能型政府②。由于地方政府对企业监管的巨大权限与弹性，如税收、市场准入、项目审批等，导致企业更多地屈从于地方政府的意志。

地方政府本应以社会利益最大化为职责，然而在以经济建设为中心的时代背景下，对 GDP 增长的追求、地方预算的软约束、过于强调经济增长指标的官员考核机制、个人"寻租空间"的诱惑等，使经济职能日益成为地方政府及官员的主要职能，地方政府逐渐演变为典型的理性经济人和投资型政府，承担着本应由企业或市场承担的职能，如招商引资、土地经营、企业投入、资源配置等，这些都无不以行政力量来推进地方政府对财政收益的高度追求，又使地方政府对经济增长和企业税收的增加高度依赖，从而使地方政府对企业社会责任的监管职能出现扭曲。③ 例如，在企业社会责任的事前监管上，地方政府基于稳定税源和发展地方经济的考虑，往往会优先选择保护本地企业的利益，而不是社会责任，甚至干预正常的监管，使得监管流于形式。出现社会责任问题后地方政府也努力使大事化小，小事化了，尽量不使企业和产业伤筋动骨。这也给企业就传递了一个不好的信号，即只要企业做得足够大，成为地方的利税大户，或跟政府搞好关系，即使出了事故，也有政府在背后兜着，从而无形中放松了自我监管。④

可以说，地方政府的权力结构导致了地方政府对公众利益和社会责任的漠视。而地方政府既是社会责任监管主体，又是社会责任监管对象的职能定位，导致了地方政府社会责任监管的动能不足。而地方政府对 GDP 增长、财政税

---

① 参见许开轶、李晶《东亚威权政治体制下的国家与社会关系分析》，载《社会主义研究》2008年第3期，第134~137页。

② 参见陈孝兵《论企业行为的有限理性及其社会责任》，载《湖北经济学院学报》2006年第7期，第12~18页。

③ 参见孙录宝《关于鼓励扶持社会组织参与社会管理创新的若干思考》，载《山东社会科学》2012年第9期，第60~63页。

④ 参见邓聿文《企业的道德血液只能建立在政府守法上》，载《财经网》2011-05-06。

收等经济利益的大力追求，又使社会责任经常被当成 GDP 增长的外部成本被理性地加以抛弃。

三、企业社会责任缺失的根源："社会控制"失败

在西方，强大的市民社会是推动企业承担社会责任的主要动力。许多自愿的企业社会责任实际上是由非政府组织、顾客或公众压力，或其他替代机制"强制实施的"①②。在美国，一个独立于国家之外的、具有一定自主权的多元社会是推动企业承担社会责任的主体力量。③ 在中国，"强国家－弱社会"的社会形态及市民社会的弱小幼稚，使市民社会对企业社会责任的"社会控制"机制没有有效地形成。具体表现在以下几个方面：

第一，在西方推动企业承担社会责任的主体是非政府组织。然而，中国的非政府组织由于长期以来受到的微观限制过多，发展水平不高，存在着一系列的问题：组织数量太少，运转资金困难，管理制度建设滞后，"亦官亦民"双重身份突出。④ 有人说，如果严格按萨拉蒙的六项特征——即组织性、民间性、非营利性、自治性、志愿性、公益性来衡量，中国几乎没有符合标准的非政府组织。因此，非政府组织的先天性不足使其在推动企业承担社会责任方面没有发挥其应有的作用。

第二，新闻媒体的监督报道是促使企业承担社会责任的重要动力。我国宪法虽然也规定了言论、出版、集会、结社等自由，但新闻媒体被明确要求必须服务于国家的价值观，必须坚持中国共产党的领导。政府意志在很大程度决定着新闻媒体的行为方向。"稳定压倒一切"、"弘扬主旋律"的政治目标，及中国文化中"整体价值优先"、"和为贵"、"中庸"思想的影响，使"正面宣传为主"、"报喜不报忧"、粉饰太平实际上已经成为中国新闻媒体的一贯做法。⑤ 这种媒体报道的方式难以实现对企业社会责任的有效监督。

---

① Zerk J. Multinationals and Corporate Social Responsibility: Limitations and Opportunities in International Law [M]. New York: Cambridge University Press, 2006.
② Verdier P. Transnational Regulatory Networks and Their Limits [J]. Yale Journal of International Law, 2009, 34: 114 - 172.
③ Ho V H. Enlightened Shareholder Value: Corporate Governance Beyond the Shareholder - Stakeholder Divide [J]. Journal of Corporation Law, 2010, 36 (1): 59 - 112.
④ 参见任怀玉《试论当前中国社会建设面临的困难及其对策》，载《生产力研究》2012 年第 10 期，第 128～131 页。
⑤ 参见孙丽娟《探析文化因素对中外灾难新闻报道的影响——以〈人民日报〉和〈纽约时报〉为例》，载《新闻传播》2009 年第 4 期，第 24、29 页。

第三，研究表明，消费者对企业更多、更持续的支持是驱动企业承担社会责任的最重要因素。① 然而中国消费者的社会责任意识还没有真正形成。对北京和深圳两地消费者的调查表明，消费者对社会责任和生产守则这两个概念都知道的仅占 8%。② 受和谐、中庸等儒家思想思想的影响，中国消费者对企业社会问题也极为谅解宽容。大部分消费者对激进的消费者运动维权方式存在质疑，或者是不太认同，认为"应该通过政府解决"③。并且，在秩序与稳定成为第一选择的情况下，消费者也难以获得组织和运动的合法性资源。在实践中，大多数消费者只是单纯根据产品的价格、功能、质量等自然效用来选择产品，对产品的社会效用（比如产品是在如何对待劳工与环境等社会共同利益条件下生产出来的）几乎漠不关心。很多消费者很少考虑自己的消费行为对他人、对社会、对生态的不利影响，自身也走向了社会责任缺失的误区。如食用珍稀动物、购买大排量的汽车、使用非环保型洗涤产品、随意处理废旧电池、使用氟利昂冰箱、空调等。④ "没有买卖就没有杀害"，不负责任的消费甚至成了企业社会责任缺失最隐蔽的根源。

第四，完善的资本市场及投资者的监督也是推动企业承担社会责任的重要因素。在西方，大公司具有较强的资本市场导向，受到了众多投资者及分析师的跟踪关注，促使其主动承担更多的社会责任。⑤ 弗鲁姆（Frooman）⑥ 运用元分析法研究了 27 个企业社会责任缺失的研究文献，结果发现股市对这些事件都做出了负面响应，涉案企业的股东遭遇了严重的财富损失。然而，中国资本市场建设还不够成熟，企业社会责任信息披露机制也不够完善和规范。2010 年度我国 2063 家境内上市公司中只有 531 家披露了社会责任履行情况，而按全球报告倡议组织（Global Reporting Initiative，GRI）报告指引的仅有 38 份，

---

① Lichtenstein D R. Drumwright M E, Braig B M. The Effects of Corporate Social Responsibility on Customer Donations to Corporate - supported Nonprofits [J]. Journal of Marketing, 2004, 68 (4): 16 - 32.

② 参见谭深、刘开明《跨国公司的社会责任与中国社会》，社会科学文献出版社 2003 年版，第 200 页。

③ 参见谭深、刘开明《跨国公司的社会责任与中国社会》，社会科学文献出版社 2003 年版，第 259 页。

④ 参见曹凯《消费者社会责任：消费道德教育的新课题》，载《湖南社会科学》2011 年第 2 期，第 21 ~ 23 页。

⑤ McKinnon J L. Dalimunthe L. Voluntary Disclosure of Segment Information by Australian Diversified Companies [J]. Accounting and Finance, 1993, 33 (1): 33 - 50.

⑥ Frooman J. Socially Irresponsible and Illegal Behavior and Shareholder Wealth: A meta - analysis of Evident Studies [J]. Business and Society, 1997, 36 (3): 221 - 249.

经审验或第三方认证的报告不到10%。[①] 也缺少像美国多米尼那样的企业社会责任指数发布机构。这些都导致中国资本市场对企业社会责任的投资反馈功能弱化。如富士康公司连续发生多起员工自杀的严重社会责任事件后，给富士康提供信贷支持的国内资本市场的商业银行股票并未受到显著影响，却对给富士康贷款的外国银行如渣打银行，及富士康公司的客户企业如苹果、戴尔、惠普等公司的股票价格产生了较大的影响。

第四节 结论与建议

以道德决策理论、资源基础理论、背景依赖理论为依据，结合国内外不同学科领域的各种观点及中国企业社会责任的实际，从经理个人、企业组织、制度环境三个层面，对企业社会责任缺失的根源"应该是什么"的问题进行了探讨。结果表明，企业社会责任缺失并不等同于公司经理的道德缺失，企业社会责任缺失主要根源于组织层面的因素如企业资源能力的制约、组织文化的障碍、以利润为中心的公司治理结构，以及制度层面的因素如不公正的市场竞争机制、社会控制的失败、政府监管的缺位等（具体内容见表7-1）。这种跨领域、多层次、多角度的考察有利于我们更加冷静客观地思考企业社会责任缺失的问题，并透过企业伦理缺失的表象去探讨企业社会责任缺失的经济、社会与制度根源，寻找企业社会责任缺失的有效治理方法。

表7-1 企业社会责任缺失的影响因素

研究视角	典型理论	主要观点	影响因素
经理个人	道德决策理论	不同背景下，公司经理会做出不同的道德决策	经理价值观、教育培训、年龄性别等
企业层面	资源基础理论	不是经理个人，而是企业资源能力导致企业社会责任缺失	组织结构、赢利水平、企业文化
社会环境	背景依赖理论	制度环境导致了企业社会责任的缺失，惩罚比奖励更有效	市场竞争、政府监管、社会控制

---

① 参见王昶、陈昕《美国社会责任投资的发展及启示》，载《投资与融资》2012年第4期，第20~26页。

通过以上的研究分析，对中国企业社会责任缺失的问题，我们提出如下建议与对策。

一、企业社会责任问题的解决不能依赖于企业伦理或经理道德

企业的自利动机不是企业社会责任缺失的依据，也不是企业社会责任问题解决的关键。对利润的追逐是企业的天性，只要限定在适度的范围之内，只要不损害他人的利益，这种行为就无所谓"道德"与"不道德"。相反，如果市场机制公正有效，企业对自我利益的追逐还可以转化为为他人、为社会创造价值的动力，从而真正实现"利己"与"利他"，企业利益与社会利益的统一。然而，如果市场机制不公正，企业只有不负责任地经营才能得到更大的收益，那么，在生存压力和市场竞争的驱动下，企业可能会趋向更不道德地经营，从而加剧企业不负责任的行为。也就是说，企业社会责任行为以制度的公正为前提。

因此，对企业社会责任缺失问题的探讨应该由人性层面上升到制度和规则的层面，而不应该把企业社会责任问题"泛道德化"，简单地把企业承担社会责任看成是公司经理的美德，把企业社会责任缺失看成是公司经理的主观恶意或道德缺失，更不能通过对公司经理的道德挞伐或对企业的伦理重构来提升企业社会责任。企业社会责任问题的发生有着更为复杂的组织与制度层次的根源。如贝坎（Bakan）①所指出的，直到或者除非社会与经济制度所导致的不正当的"市场规则"和"病态机制"被消除，否则问题可能会持续存在并不断增长。没有企业、社会与外部制度的根本变革，仅仅要求公司经理承担社会责任的建议，只会使现在不合理的制度与安排进一步合法化。

二、推进公司目标与企业文化的变革

企业一般被视为现代社会追求利润与效率的最佳组织形式。这种以经济利润为唯一目标的功能定位，加上权力层级式的公司治理结构，以及中国传统文化中对权威的服从、对等级秩序的强调、注重人治、反对法治、追求和谐、反对异议等思想的影响，使绝大多数的企业组织都变成了一个个唯利是图、不负责任的经济动物，使经理及员工都被训练成了一个个冰冷的、只精于功利计算的理性经济人，助长了企业唯利是图的本性，形成了有组织的不负责任。

---

① Bakan J. The Corporation: The Pathological Pursuit of Profit and Power [M]. New York: Free Press, 2004.

应该对传统的企业目标进行变革，将社会公正与社会责任等价值理念写进企业的目标与愿景，制定企业社会责任的发展战略，成立企业社会责任的专职机构，制定企业社会责任的员工行为手册，确定企业社会责任实施的财务预算，定期对员工进行企业社会责任的培训，制定以社会责任为目标的绩效考核方案等，确保将企业社会责任真正融入企业的组织结构与企业文化之中，融入企业的身体、血液与灵魂之中。此外，应该与国际接轨，运用法律手段强制推行企业社会责任会计制度，建立企业社会责任会计评价体系。要求改进现有的会计方法和会计技术，在对企业进行评价的单一经济指标之外，再加上社会指标和环境指标，严格地测定、计量和揭示企业的经济行为对社会和环境的影响，促进企业净社会贡献的最大化。要求企业以经济、社会、环境"三重底线"的方式向全社会披露企业年度报告，促使企业在追逐利润的同时承担起相应的社会责任与环境责任。

三、构建公正有效的市场竞争机制

市场机制的公正有效是企业承担社会责任的基本前提，即在市场竞争中，企业承担社会责任可以得到更大的收益，而企业放弃社会责任应该承受更大的损失。这就要求对企业的社会成本与环境成本进行合理地界定，并通过法律强制的形式迫使企业承担相应的社会成本与环境成本。同时通过社会公众的共同努力，建立起企业社会责任行为的市场激励与惩罚机制。

在法律方面，应该进行税制改革，推动税收从传统的所得税、消费税、营业税向环境税或社会公正税转变，以减少企业生产过程中的社会成本与环境成本的外部化行为。应该根据企业产品外部边际成本的高低实施差异化征税，如使用不可再生资源的比例越高，征收的资源税税率越高，排放的污染物越多，对排放税的征收越重，对环境友好型企业减税，对增加就业的第三产行业免税，对促进社会公正的组织与企业进行奖励。要推动公众形成企业社会责任行为的惩罚激励机制，如鼓励消费者更多地购买负责任的企业的产品，抵制不负责任的企业产品的销售。鼓励投资者积极投资于负责任的企业，减少或拒绝对不负责任企业的投资。要完善公众举报制度，鼓励居民对企业不负责任行为的检举揭发。要充分利用新闻媒体的力量宣传报道企业的社会责任行为，揭露批评企业不负责任的行为等。总之，通过多方的共同努力，构建起公正有效的市场竞争机制，真正实现德福一致、德者有其得，让负责任的企业获得更大的竞争优势，让不负责任的企业最终退出市场竞争。

四、促使地方政府向社会责任型政府回归

中国地方政府对 GDP 增长的目标导向、全能型的职能定位设计、高度自主于社会的权力运行机制,使地方政府对企业社会责任的监管不仅没有带来预期的效果,地方政府本身都已经成为企业社会责任问题的最大根源。全国每年十几万起群体性冲突事件,绝大部分都是由地方政府参与的强制拆迁与引进影响环境生态的投资项目所导致的。因此,应促使地方政府从投资型政府向社会责任型政府回归。

应变革地方政府 GDP 增长的目标导向。GDP 只计算一个国家经济交易总量的货币价值,而对经济活动以外的因素,包括经济活动对生态或社会的破坏,如环境污染、资源消耗、医疗质量、教育水平、健康状况等都不加考虑。GDP 也不可能无限增长,一旦 GDP 增长所带来的经济收益等于甚至低于其造成的额外的环境与社会成本时,GDP 增长的边际收益将为变为零或负,GDP 增长将变为非经济性,对社会与环境来说是一个可怕的诅咒。有充分的证据表明我国正处于这个临界点上,经济滞胀,产能过剩,同时伴随着生态的恶化、资源的耗竭、社会责任事故频发等。所以,应在宏观上消除对 GDP 的迷恋和崇拜,在国民经济增长目标中嵌入环境、社会等因素,将资源成本、环境成本、公平就业、公平竞争等生态价值及社会价值纳入到国民经济成本收益的核算中去。推动地方政府从追求 GDP 总量的增长转到更加注重公平、注重质量、注重社会福利、注重生态的负责任的发展方式,真正实现低增长或"无增长的繁荣"①。

---

① 参见(英)蒂姆·杰克逊《无增长的繁荣》,乔坤、方俊青译,中国商业出版社 2011 年版,第 189 页。

第八章 中小企业社会责任问题的评价与矫正

中国企业社会责任缺失问题日益严峻,而其中最为严重的又表现为中小企业的社会责任问题。据国家统计局和环保总局的调查,在我国2900多万家中小企业中,80%以上的工业生产存在污染问题,占我国污染源的60%。[①] 有关部门对部分省市2000多户中小企业质量调查统计,产品质量基本合格的企业占74%。[②] 中小企业侵犯员工权益的事件也相当普遍。当前各大型国企和外资企业都陆续发表了自己的社会责任年度报告,这些报告中也极少见到中小企业的身影。在各种各样的企业社会责任排行榜和慈善捐赠排榜上,中小企业也经常是集体缺席。

对中小企业社会责任的缺失,多数学者都将其归因于企业社会责任意识的淡薄和经营者的道德缺失。[③] 有学者认为,中小企业和国有大企业的道德建设相比还有很大差距。中小企业经营者在经营管理过程中,只重视企业的利润指标,却很少关注企业的伦理道德问题,没有建立相应的伦理道德标准,忽视了企业的道德伦理建设。市场经济赋予了中小企业以自主性、趋利性、竞争性、平等性,却使中小企业走向了另一个极端,如自主性强化了"自我利益"和本位主义倾向;趋利性诱发和助长了"一切向钱看";竞争性可能导致恶性竞争;等等。结果导致中小企业假冒伪劣、坑骗顾客的行为屡屡发生,虚假广告

---

① 参见文婧、熊贝妮《中小企业成污染"主力军"》,载《经济参考报》,2005-11-29(03)页。
② 参见刘新荣《企业社会责任与我国民营企业可持续发展》,载《经济管理》2007年第8期,第22~26页。
③ 参见张宝良《和谐视阈下的民营企业社会责任缺失及其规制》,载《特区经济》2010年第5期,第199~200页。

泛滥，合同违约，环保意识薄弱，员工权益受到损害等。①② 有学者认为中小企业社会责任缺失现象的滋生与蔓延，必将加剧对社会伦理道德与诚信体系的破坏、加大社会收入分配的差距与不均衡、恶化市场的竞争环境，既给社会发展增加负担，也无益于社会群体的整合，严重破坏着社会的和谐。③

中国是一个中小企业众多的国家，中小企业占到了企业总数的99%以上。中小企业在提供就业、促进增长、繁荣经济、增加税收、推动创新等方面都发挥着极其重要的作用。中小企业社会责任的状况究竟如何？如何评价中小企业社会责任的缺失问题？中小企业社会责任问题的根源在哪里？深入探讨这些问题，对于客观理性地评价中小企业的社会责任问题，推动中国企业社会责任问题的有效解决，促进经济、社会、环境的长期可持续发展具有极其重要的意义。

第一节 中小企业社会的评价模式

要评价中小企业是否承担了社会责任，首先要弄清楚企业社会责任的内容究竟是什么，这是评价企业是否承担了社会责任的基本前提和依据。

一、企业应该承担哪些社会责任

对企业究竟应该承担哪些社会责任，从企业社会责任思想提出之日起，这一争论就从未停止过。"直到最近，尚无人做出努力把这一提法融入企业行为的系统理论之中。"④ 要真正厘清企业社会责任的内容，应该结合对企业的目的与性质的判定来进行考察。企业应该承担什么责任，取决于对企业性质或"企业到底是什么"的不同理解。根据以往不同学科、不同知识背景的学者对企业本质的假定，我们粗略地将企业本质观及其相对应的企业社会责任观界定为四类，具体见图8-1。

---

① 参见陈爱清《浅论中小企业战略管理中伦理道德缺失的原因和解决途径》，载《管理世界》2009年第6期，第1~3、51页。

② 参见刘颖《中小企业社会责任现状及对策研究》，载《经济纵横》2007年第11期，第68~70页。

③ 参见陈晖涛《中小企业社会责任与社会和谐的相关性研究》，载《哈尔滨商业大学学报（社会科学版）》2009年第1期，第34~36页。

④ 参见刘俊海《公司的社会责任》，法律出版社1999年版，第4页。

第八章　中小企业社会责任问题的评价与矫正

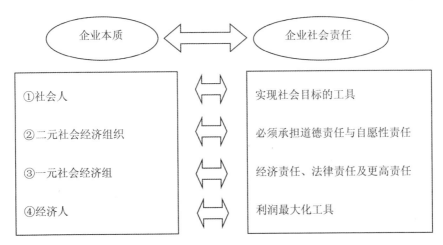

图8-1　企业性质与企业社会责任

第一种企业社会责任观基于企业是一种纯粹的社会组织的企业本质观出发，认为企业的社会责任就是满足社会期望，促进社会目标的实现。森拉姆与英克朋（Sundaram & Inkpen）[1]甚至认为，公司一开始就是"政府实现其公共政策目标的社会工具"。在这一观点下，企业不再是单纯的经济组织，而成了社会组织。经理不仅仅是投资者的受托人，也是全社会的受托人。

第二种企业社会责任观建立在企业是兼具经济功能与社会功能，且二者是相互分离的社会经济组织的企业本质观之上，认为企业承担经济责任与法律责任仅仅体现了企业的经济属性，企业还要承担超越于经济目标之上的责任，如道德责任与自愿性责任，这样才算真正承担了社会责任。很多学者都将企业社会责任定义为企业"超越于利润或法定义务，去追逐更为广泛的社会利益，以促进经济、社会与环境的可持续发展"[2][3]。

第三种企业社会责任是建立在企业是兼具经济功能和社会功能且两者密不可分的社会经济组织的本质观基础上的。如卡罗尔（Carroll）[4]将企业社会责

---

[1] Sundaram A K, lnkpen A C. The Corporate Objective Revisited [R]. Working paper, 2001, October, ssrn cite.

[2] McWilliams A, Siegel D. Corporate Social Responsibility and Financial Performance：Correlation or misspecification [J]. Strategic Management Journal, 2000, 21: 603-609.

[3] Windsor D. Corporate Social Responsibility：Three Key Approaches [J]. Journal of Management Studies, 2006, 43（1）: 93-114.

[4] Carroll A. A Three-dimensional Conceptual Model of Corporate Social Performance [J]. Academy of Management Review, 1979, 4（4）: 497-505.

任界分为四种，即经济责任、法律责任、道德责任和以慈善捐赠为代表的自愿性责任，其责任度依次递减。与第二种观点不同的是，在这里经济责任与法律责任也是企业的社会责任，而且是最重要的社会责任，企业应在承担这两种责任的基础上再去追求更高层次的社会责任。

第四种企业社会责任观建立在企业是纯粹经济组织的企业本质观基础上的。按新古典经济学的观点，企业本质上就是一个生产函数，在市场这只"无形之手"的作用下，企业追求自身利润最大化的行为会自动增进社会福利。在这一企业本质观的影响下，长期以来，人们认为企业唯一的社会责任就是追求利润最大化。弗里德曼[1]就明确指出，"在自由经济中，企业有且仅有一个社会责任——在遵守法律的前提下，在开放、自由和没有欺诈的竞争中，使用自己的资源从事经营活动以增加利润"。

很显然，把企业当成纯粹"经济人"或纯粹"社会人"的观点，就如李伟阳（2009）[2]所指出的，这只是出于满足学科研究的特定目的而做出的理想化假定，如果把这种理想化的假定当成推演企业社会责任的真实起点，必然存在明显的学科研究局限和逻辑谬误，不但显失偏颇，而且也远离了企业的运营实践和管理现实。第二种观点认为企业只有承担了经济与法律要求之上的责任才算承担了社会责任，这一观点抹杀了企业社会功能的基本定位。贝尔（Bell）[3]指出，企业是现代社会追求效率与增长，实现经济目标的最佳组织形式和理性工具。从社会分工的角度来看，企业的基本功能和责任即在于高效率地创造财富和利润，然后通过捐赠和税收的方式交由非政府组织和政府去解决各种社会与政治问题。如果把经济领域以外非经济问题的解决当成衡量企业社会责任的主要标准，不仅模糊了企业、非政府组织和政府的边界，也将使企业失去发展的动力机制。如果将这一标准付诸实践，中国几乎所有的中小企业都将被归为不负责任的企业之列。相比之下，第三种观点更为合理，它既肯定经济责任与法律责任是企业最基本的社会责任，也鼓励企业根据自己的能力、规模、发展阶段去自主追求超越于利润之上的更高责任。即企业应根据自己的实际情况，去承担相应内容和层次的社会责任。

---

[1] Friedman M. Capitalism and Freedom [M]. Chicago: University of Chicago Press, 1962.

[2] 参见李伟阳《基于企业本质的企业社会责任边界研究》，载《中国工业经济》2009 年第 10 期，第 89~100 页。

[3] Bell D. The Corporation and Society in the 1970s [J]. The Public Interest, 1971, 24: 5-32.

二、如何评价中小企业的社会责任

结合企业"一元社会经济组织"本质观及相应的企业社会责任内容的界定，我们将衡量企业是否承担社会的标准做出如下的扩展：第一，不同规模、不同性质、不同能力的企业承担社会责任的内容与层次是不同的，不能在同质化假设的基础上用同一标准来衡量所有企业的社会责任。第二，不同企业生命周期阶段的企业承担社会责任的内容和层次是不同的。从企业生命周期理论来看，每一个企业的发展都会经历初创期、成长期、成熟期、衰退期、蜕变期，在不同阶段企业承担社会责任的形式应该存在差异。① 企业是否承担社会责任应该看在其整个生命周期中是否最大限度地承担了社会责任。第三，衡量企业社会责任的最终标准应该从企业与整个社会福利的关系出发，看其是否增进了社会的整体价值和整体福利，而不仅是满足部分利益相关者的期望。当然，这些标准成立的一个基本的前提就是企业在生产和经营过程中不存在给市场交易之外的第三方带来负的外部性，即不能外部化其社会与环境成本。

就第一点来看，我国中小企业多为劳力密集型企业，处于制造产业链中的最低端，受到大型企业和跨国企业的挤压，利润收入极其微薄。整体表现为规模偏小、生产技术设备陈旧、创新能力和竞争能力较弱，资金短缺，人才缺乏，同行与同类产品的无序竞争等。随着近年来劳动力及其他生产要素的成本进一步上升，内外部需求的不断萎缩，很多企业都在生存线上挣扎。对这些企业来说，不向社会寻找帮助，能够保证员工的就业和工资，能缴纳政府税收就算是尽了最大的社会责任。即使这些企业有再强烈的社会责任感也只是有心无力，因为没有能力去加以实施。

就第二点来看，我国中小企业很多都处于企业发展的初创期或成长期。这一阶段的共同特点就是资金投入量大，收入不确定性高，发展前景不明确。无论是微软、亚马逊，还是腾讯、阿里巴巴，几乎所有的大型企业都是从这一阶段逐步发展起来的。在这一亏本创业或借贷发展的时期，要求企业提供优厚的员工福利，进行大额的慈善捐赠是不现实的。就像个人一样，幼年时期能管好自己就已经算是很好地承担了责任，还指望他看护老人，回报社会是很难的。

从第三点来看，中小企业对增进整个社会的价值与福利作出了自己的贡献。据相关数据统计，我国中小企业数已超过 4000 万户，占全国企业总数的

---

① 参见许晓明、陈啸《企业需求、企业能力与企业社会责任的匹配探讨》，载《上海管理科学》2006 年第 6 期，第 78～81 页。

99%以上，中小企业创造了国内生产总值占60%，上缴的税收占50%，就业人数占75%，进出口总额占69%，开发新产品占82%以上。① 就单位资金所安排的劳动力就业看来，中小企业比大企业更多。据全国第三次工业调查资料，大、中、小型企业的人均固定资产分别为10.29万元、5.11万元、2.48万元。即同样的固定资产投资额，小企业提供的就业岗位是大企业的4倍多；以同样产值计算，小企业使用的劳动力为大型企业的1.9倍。② 改革开放以来，国有企业员工的下岗分流，农村富余劳动力的就业，几乎都靠中小企业来吸纳。新增加的工业产值，新创造的社会财富大部分都来自于中小企业。中小企业在繁荣经济、促进增长、增加就业、推动创新等方面发挥着越来越重要的作用。因此，就整体来看，与大企业在财政、信贷、投资、税收、信用保证等方面都享受着并不公平的待遇的情况下，中小企业能作出这样的贡献，已经算是很好地承担了自己的社会责任。

第二节　对中小企业社会责任缺失的误读

由以上分析可知，中小企业已经承担了自己最基本的社会责任，即经济责任与法律责任。然而，长期以来，公众对中小企业的社会责任问题产生了种种的误读和曲解，把中小企业社会责任的不足理解为中小企业社会责任的缺失，把部分中小企业社会责任的缺失扩大为中小企业社会责任的普遍缺失，甚至把中小企业当成了唯利是图、不负责任的代名词。对中小企业社会责任的种种误读主要表现在以下几个方面。

一、将少数企业不负责任行为泛化为中小企业的普遍印象

在现实中，绝大多数中小企业都是诚实守信、遵纪守法、负责任地经营的。按哈耶克③的观点，由于市场经济条件下道德的功利性，具有明确产权归属的民营中小企业应该比产权虚拟的国有企业具有更强的社会责任动机。但由

---

① 参见徐平国、袁伦渠《中小企业就业质量分析》，载《中国国情国力》2010年第5期，第42~44页。
② 参见李晓兰、王晶《中小企业吸纳劳动力就业的优势与问题分析》，载《北方经贸》2007年第6期，第8~9页。
③ 参见（英）F. A. 哈耶克《通往奴役之路》，中国社会科学出版社1998年版。

于经营环境及自身因素的影响,也确实存在部分中小企业经营者社会责任意识淡薄,通过各种不负责任的行为,甚至是违法犯罪的方式去赚取利润。如制造假冒伪劣产品,严重损害消费者利益,恶意拖欠员工工资,或工资水平低于法定最低工资标准,超法定标准的污染物排放,甚至酿成重大环境污染事故等等。由于中小企业业数量众多,占到了中国企业总数的99%以上。就业人数比例也最高,超过了全部就业人数的75%。所属行业又大多属于劳动密集型行业,且多为与终端消费者直接接触,或与人民的日常生活息息相关的行业。所以公众平常所接触的各种社会责任问题,如食品安全、劳资纠纷、环境污染、商业信用缺失等各种问题几乎都与中小企业直接相关。过多的中小企业不负责任行为及公众情绪的相互传播与感染,很容易使中小企业不负责任的形象被定格化或扩大化,并内化为中小企业的一般性形象。以至于一提到企业社会责任问题,就会想到中小企业不负责任的行为,就会认为是中小企业经营者唯利是图、道德缺失所造成的。

二、把企业社会责任等同于对利益相关者期望的满足

"利益相关者"(Stakeholder)理论认为企业就是管理者、雇员、所有者、供应商、客户及社区等"所有相关利益者之间的一系列多边契约"[1]。企业经营能否成功取决于企业能否较好地平衡各利益相关者之间的利益,能否满足各利益相关者对企业的期望。[2] 这一观点隐含的逻辑就是,社会对企业有什么样的普遍期望,企业就应承担什么样的社会责任。随着经济全球化与企业经营的日益国际化,企业的内外部利益相关者对企业社会责任的要求在不断增加,许多利益相关者日益要求企业,特别是跨国企业,致力于更为广泛的社会责任目标,并与其他力量一起解决世界所面临的人道危机及当地问题,如贫穷、疾病、气候变化和环境恶化,甚至腐败、人权、公众参与、政治民主与地区冲突,等等。[3] 正如 Wilcke(2004)[4] 所说的一样,"社会想获取的一切东西几乎都被包括在企业社会责任之中"。公众的期望是无限扩展的,企业的资源能力

---

[1] Freeman R E, Evan W. Corporate Governance: A Stakeholder Interpretation [J]. Journal of Behavioral Economics, 1990, 19 (4): 337 – 359.

[2] 参见(美)多纳德逊、邓非《有约束力的关系:对企业伦理学的一种社会契约论的研究》,赵月瑟译,上海社会科学院出版社2001年版。

[3] Warhurst A. Future Roles of Business in Society: the Expanding Boundaries of Corporate Responsibility and a Compelling Case for Partnership [J]. Futures, 2005, 37 (2 – 3): 151 – 168.

[4] Wilcke R W. An Appropriate Ethical Model for Business and a Critique of Milton Friedman's Thesis [J]. Independent Review, 2004, 9 (2): 187 – 209.

是有限的。如果把对这种期望的满足等同于企业的社会责任,那么不仅中小企业,很多大型企业也会出现企业社会责任的缺失。

三、把社会责任评比排名当成中小企业社会责任的评价依据

也有很多公众根据形形色色的企业社会责任评估与排行榜来评判企业的社会责任,并把中小企业的大面积缺席看成是其社会责任缺失的依据,这种观点也有失公正。首先,各个排行榜评价标准的主观性、随意性较大。比如,由中国外商投资企业协会、中国保护消费者基金会等发布的"2011年中国企业社会责任榜"与《财富》(中文版)"2011年中国企业社会责任100排行榜"的前5名企业就完全不同,没有一家企业同时进入两个排行榜前五名,而在前者第一名的首钢集团,在后者"中国本土公司50强"中竟不见踪影。[①] 美国《财富》杂志发布的《2006年全球企业社会责任排行榜》前50强中,中国有两家企业排在倒数前两名。而在2007年胡润社会责任50强中,这两家企业竟排在前两名。

其次,企业社会责任评价多以企业自我披露的信息为依据,信息披露不足使评价缺乏可信的依据。在国外,企业运行的公开透明本身就是评价企业社会责任的重要标准,但在中国很多企业将经营信息当成商业机密,绝大多数企业都没有发布企业社会责任年度报告。在"2009年南方周末企业社会责任"评选中,上榜的100家民营企业中,75%没有公布社会责任报告。[②] 以企业自我披露的信息为依据进行社会责任评比本来就令人质疑,信息披露不足更突出了其评比结果的主观性。并且,这种企业社会责任的评估与排名需要投入大量的时间与金钱,涵盖的企业面也极小。不说被"金钱绑架",至少将其当成评价企业社会责任的依据是不合理的、不可信的。

四、把慈善捐赠看成是衡量中小企业社会责任的标准

企业社会责任思想最早渊源于一种企业家自愿性的慈善责任。当今许多公众也都把企业的慈善捐赠当成是评价企业社会责任的重要标准。从汶川地震及其他各式各样的慈善捐赠排行榜中就可以看出这一点。这一观点虽然强调了企业社会责任的道德维度及无私奉献,但也存在一系列的问题:①如果一家企业

---

① 参见李松《把脉企业社会责任"排行榜"》,载《瞭望新闻周刊》2011-08-22。
② 参见汤胜《南方周末中国企业社会责任评选榜单解读》,新浪财经,http://finance.sina.com.cn/hy/20100108/18207216501.shtml。(2010-01-08)[2013-08-03]。

平时偷税漏税、克扣员工工资、生产假冒伪劣商品，污染环境，到了关键时刻却捐出一笔巨款，这样的企业算不算是负责任的企业？②如果企业捐赠变成了一种非政府组织的拉赞助、搞摊派，捐赠的钱物信息也不公开、不透明，甚至都没有用于被捐赠的对象，那么企业拒绝捐赠算不算是违背社会责任？③如果企业，特别是一些中小企业能力不足，但为了讨好公众或迫于舆论压力，将企业的生产资金、员工工资都拿去捐赠，甚至借钱去捐赠，这算不算很好地承担了社会责任？而这些钱如果留给企业本来可以为社会创造更多的财富和价值。④在所有权与经营权分离的大企业，特别是国有企业中，股东虚拟或委托人虚拟，公司经理四处捐赠，动辄千万，花国家的钱来追求个人声誉或个人私利，这算不算是好的社会责任？所以，仅仅以是否捐赠或捐赠多少作为衡量企业社会责任的标准显然并不合理。山立威①等利用我国A股上市公司为汶川地震捐款的数据进行研究发现，公司的捐赠行为与公司能够承担社会责任的经济能力相对应，规模越大的公司捐款的数量越多，但是占收入的比例越低。中石油捐款达2000多万元，但仅为其上年度利润的万分之0.7，远低于许多中小企业捐赠的收入比。

五、用大企业社会责任标准来衡量中小企业社会责任

我国绝大部分中小企业都是基于"低成本、低价格、低利润"模式参与市场竞争，企业基础差、利润薄、抗风险能力低。当前很多中小企业甚至面临着比金融危机时期更为严峻的困难局面，如生产要素价格大幅上涨、人民币升值、用工成本增加、通货膨胀等造成的生产成本迅速上升；其次是国际贸易增速急剧放缓；此外，当前中小企业尤其是小微企业融资难度进一步加大。②中小企业税收也很繁重，据北京国家会计学院调研发现，在2013年经济增速放缓、实体中小企业利润还在下滑的情况下，地方税收增长仍然达到15%以上。小企业的平均税负在40%以上，还要缴名目繁多的收费。大量中小企业，尤其是小微企业利润"比刀片还薄"，甚至陷入亏损经营的状态。③"小微企业本

---

① 参见山立威、甘犁、郑涛《公司捐款与经济动机——汶川地震后中国上市公司捐款的实证研究》，载《经济研究》2008年第11期，第51~51页。
② 参见魏彬《我国中小企业发展现状与战略转型》，载《中国市场》2013年第10期，第46~49页。
③ 参见华晔迪《税费高已成困扰中小企业头号难题：企业平均税负在40%以上》，载《中国信息报》，2013-04-28（01）。

来盈利能力就弱，但现在是这些赚不到钱的企业反而税负很重。"① 许多中小企业已经在金融危机期间倒闭，更多的中小企业正在为生存而努力。

与中小企业相比，我国的优势经济资源日益流向大企业。2002—2011年，中国企业500强的营业收入总额与GDP的比值从55.7%提高到91.3%，提高了35.6个百分点。人均营业收入、人均利润也分别从31.4万元、1.6万元提高到133.3万元、7.7万元。500强中国的垄断行业在净利润构成当中占据大头，他们以美国500强1/3的营业额，赚到了几乎2倍于美国500强的利润。② 这些大企业规模越来越大、盈利能力越来越强。2002年有11家中国内地企业入围世界企业500强，2012年增加到了79家。"能力越大，责任越大"，从社会汲取越多，便应该回馈越多。光华传媒、北京数字100咨询公司及搜狐时经频道联合针对企业社会责任问题进行的调查结果显示，近80%的公众认为，最该承担社会责任的企业应该是垄断性公司、上市公司、大型国企。③ 中国社科院每年一度的企业社会责任报告都是央企好于一般国企，国企好于民企。所以，以这些大型企业的社会责任为参考来评判中小企业的社会责任，必然得出中小企业社会责任缺失的结论。

对中小企业承担社会责任问题的客观评价，以及对中小企业社会责任各种误解的澄清，有助于我们客观理性地看待中小企业的社会责任问题，也为我们进一步探讨中小企业社会责任缺失的原因，并采取措施进一步提升中小企业的社会责任水平提供了理论依据。

第三节 中小企业社会责任不足的根源

从以上分析可知，中小企业已经承担了自己最基本的社会责任，主要是经济责任与法律责任。然而，对基本社会责任的承担并不能掩饰各种形式的中小企业社会责任问题，以及中小企业社会责任水平与大型国有企业社会责任水平之间的现实差距，特别是与公众期望的巨大差距。也不能掩饰部分中小企业经

---

① 参见孙韶华、张莫《我国小企业平均税负约四成：纳税20余项缴费数十种》，载《经济参考报》2013-03-13。
② 参见李建明、缪荣、郝玉峰《10年来中国企业500强发展趋势》，载《中国工业经济》2011年第10期，第5～15页。
③ 参见嘉骜《企业社会责任离我们多远？》，载《当代经理人》2006年第6期，第26～27页。

营者素质不高、目无法纪而导致的违法犯罪现象。那么，中小企业社会责任不足的根源究竟在哪里？是否如大多数学者或公众的观点一样，应该归咎于公司经理的道德缺失，还是应该归咎于经营者主观上无法控制的非道德因素？这些因素如何共同作用于中小企业社会责任行为的选择？下面我们试图对以上问题做出探索性的解答。

国内外学者对企业社会责任缺失问题的探讨一般从三个层次展开：经理个人、企业自身、外部环境。重点关注于四类因素：经理个人道德、企业的资源能力、社会压力（非政府组织、消费者、投资人、新闻媒体、员工等）和政府监管。我们也根据这一理论框架逐一探讨各个因素与中小企业社会责任缺失的关系。

一、中小企业与大公司谁具更强社会责任动机

一般认为，公司经理在公司经营决策中拥有最大的权利，对公司的企业社会责任决策具有决定性的影响。因而，从公司经营者的个人道德出发探讨企业社会责任问题成了学者们关注的焦点。

有学者认为，过强的逐利动机是中小企业经营者道德缺失的重要根源。[①]在他们看来，与上市公司及国有企业的经理相比，民营中小企业所有权与经营权高度统一，经营者自身利益与企业的利益关系更为密切，追求利润的动机更强，更容易违背道德准则，从而带来了更多的社会责任问题。其实，根据亚当·斯密[②]的观点，在市场经济条件下逐利动机恰恰可能是推动企业承担社会责任的动力。逐利动机越强，企业社会责任的动机越强。因为市场经济是建立在道德、信誉与互惠互利的基础上的。每个企业都在追逐利润，然而要实现利润，首先就必须利人，必须要有"道德感"。而在自由交易的市场体系中，只有产品和服务的价值高于市场价格，即产品和服务必须为消费者创造了价值时，消费者才会购买，市场交易才可能发生，企业的利益才可能实现。所以，企业要想实现自己利润的最大化，就必须尽一切努力使自己为别人为社会创造的价值最大化，企业的社会责任与"道德感"也必须最大化。尽管有人斥之为虚伪的利他主义或功利主义，但在客观上，企业确实为他人、为社会创造了价值。而且这种客观上创造出来的价值比主观上想着为社会为别人作贡献时创造出的价值还要大。

---

① 参见刘颖《中小企业社会责任现状及对策研究》，载《经济纵横》2007年第11期，第68～70页。

② 参见（英）亚当·斯密《国富论》，郭大力、王亚南译，译林出版社2011年版。

哈耶克①甚至指出，在完善的市场规则体系下，只有具有独立意义的自由企业能从根本上保证其道德自律，清晰的产权是道德自律的基本前提。因为道德只有对个人或企业带来正面效应时，个人或企业才会产生追求道德声誉的内在动能；其次这种功利性在时间上体现在未来而不是当下，亦即道德的功利性更多的是一种远期兑现的收益。这样一来，作为企业产生发展基础的私有财产权利的确定就变得格外重要。只有当个人或企业确认其财产是私有的时候，才会发自内心地去保护它并促进其成长，才会为获取长期利益恪守道德而牺牲时间成本，有时甚至是物质成本。从这个意义上说，具有明确产权归属的民营中小企业应该比产权虚拟的国有企业更具道德性。

也有学者认为，制度因素是影响企业社会责任道德动机的重要因素。与中小企业相比，上市公司或大型国有企业所有权与经营管理权相分离，唯利是图的股东失去了对公司生产经营活动的实际控制权，这样更有利于公司经理根据自我道德意愿将资源投入偏离股东利益的社会责任领域中去。②但事实上，在现代大公司中，为了维护股东利益，防止公司经理基于自我道德取向而追逐社会责任，公司都设计了严格的治理机制。根据一般的公司治理机制，股东大会选举产生董事会，董事会授权和委托公司经理进行公司实际经营的管理。公司经理权力必须严格依照董事会的授权而确立，以确保股东利益的实现。③严格的公司治理机制、经理的薪酬设计与晋升考核机制、外部市场竞争机制都约束了公司经理基于自我道德判断而做出企业社会责任行为的选择。"好的"企业经理人的标准就是帮助企业创造更多的利润和财富，而不是更好地承担社会责任。相反，中小企业高度集中的决策机制，灵活自由的治理结构更有利于经营者基于自我道德倾向而做出相应的社会责任行为选择。

也就是说，认为大公司经理比中小企业经营者具有更强社会责任动机的观点缺乏足够的依据，从某种程度上看，甚至适得其反。所以，将公司经理的道德动机从现实生活与规则体系中抽象出来，主观地断定中小企业经营者和大公司的经理谁天然地更具道德动机，显然只是一种主观臆断。但如果将企业社会责任行为放到不同的企业实力、治理结构、社会期望与制度体系中来观察，面对在不同的内外部约束条件下做出的不同的社会责任行为选择，我们更不能主

---

① 参见（英）F. A. 哈耶克《通往奴役之路》，王明毅、冯兴元译，中国社会科学出版社1998年版。
② 参见胡永红《人性假设与企业社会责任》，载《广东行政学院学报》2008年第6期，第89～92页。
③ 参见刘鹏、王国庆《公司经理的法律地位探讨》，载《学术交流》2005年第4期，第54～56页。

观地断定中小企业和大公司的经理谁更道德或谁更不道德。但我们可以相信，作为企业社会责任问题最后的责任总承担者，中小企业经营者和大公司经理都有天然的道德理性，都有追求社会责任与良好声誉的内在需求。谁也不愿意因自己而使公司背上"坏公民"的名声，从而给企业带来损失。

因此，那种夸大企业经营者个人道德的影响，将企业经营者的个人道德等同于企业社会责任的良知，把大公司负责任的行为归咎于公司经理的"美德"，或把中小企业社会责任的缺失归咎于公司经营者的道德缺失或主观恶意都是不准确的，也是不公平的。必须透过企业道德伦理缺失的表象，去寻找其背后潜在的经济、社会与制度因素，才可能找到中小企业社会责任缺失的真正根源。

二、中小企业社会责任缺失的根源：资源基础的视角

除了企业经营者的道德以外，更多的学者从企业自身资源能力的视角来分析企业社会责任问题。资源基础理论认为企业是否更多地承担社会责任并不取决于公司经理个人，而主要取决于公司自身的资源与能力，[①][②] 如赢利水平、组织能力、创新能力、学习能力、对利益相关者整合的能力等。[③]

根据资源基础理论，企业承担的社会责任一般与公司自身的资源能力相一致。任何关心环保、热心公益、善待员工的企业都是资源能力较好、赢利能力较强的企业。尽管社会对企业的期望是多层次的、不断扩展的，但这种无限扩展的社会期望的最终满足则取决于企业自身的资源与能力，特别是企业的赢利能力和利润水平。因为大多数情况下，承担企业社会责任都需要实际的投入和真实的付出。对中国部分企业的调查也表明，大部分企业都认为实施生产守则增加了公司的营运成本，并使股东的经济收益和利润都受到影响[④]。所以，在激烈的市场竞争与严格的成本收益约束机制下，企业必须根据自身的资源能力，在适度原则的基础上量力而行。如果过于讨好媒体舆论与社会期望，大包大揽，会给企业的经营及长期可持续发展造成危害，对企业、对社会都是不负

---

① Barney J B. Firm Resources and Sustained Competitive Advantage [J]. Journal of Management, 1991, 17 (1): 99 - 120.

② Grant R M. The Resource - based Theory of Competitive Advantage: Implications for Strategy Formulation [J]. California Management Review, 1991 (Spring): 114 - 135.

③ Hart S L. A Natural - Resource - based View of the Firm [J]. Academy of Management Review, 1995, 20 (4): 986 - 1014.

④ 参见谭深、刘开明《跨国公司的社会责任与中国社会》，社会科学文献出版社 2003 年版，第 258 页。

责任的行为。

与大企业相比，我国绝大部分中小企业的资源能力水平低下，很多中小企业都属于高资源消耗、低劳动力成本、外需拉动、循环简单再生产的粗放型发展模式，企业基础差、利润薄、抗风险能力低。很多企业，特别是一些出口加工企业已经在国际金融危机期间倒闭。当前很多的中小企业面临着比金融危机时期更为严峻的困难局面。辜胜阻于2012年赴全国19个省市自治区对小微企业这些发展困境进行了深入的调查和实地考察，研究发现小微企业正面临前所未有的"融资难"、日趋严峻的"用工荒"和全方位的"高成本"构成的三大生存困境。当前小微企业在融资环境方面不仅融资难，而且融资贵，融资贵已经上升为小微企业的头号困境。"中国企业家调查系统"2012年第一季度数据显示，目前52.4%的小型企业资金"紧张"，27.1%的小型企业资金的主要来源为"民间借贷"，这就使得民间借贷利率水涨船高。温州民间金融的借贷利率相当于做实业中小企业投资回报率的10倍，大大增加了企业融资的隐性融资成本。此外，中小企业的税费负担沉重，据"中国企业家调查系统"2012年一季度调查显示，49.9%的小型企业认为当前"社保、税费负担过重"，全国38.2%的小型企业处于"亏损"或"严重亏损"状态，30.1%的小型企业预计2012年计划投资额比2011年"减少"。① 据东莞统计，2013年1—8月，全市中小微企业利润总额同比下降12.5%，比全市企业利润增速低13.8个百分点，比大型企业低25.7个百分点。东莞市外经贸局对进出口500强企业开展的问卷调查结果显示，大企业缺工、小企业缺单的现象非常严重。1—8月份，中小企业出口订单同比减少15.5%，低于全市平均水平。大企业却订单充足，有的员工缺口高达1万多人，导致产能仅能达到80%。② 融资难、税费过重、成本上升极大地挤压了中小企业的利润空间，使大量中小企业处于亏损运营状态，甚至脱离实体经济，带来了产业"空心化"的潜在经济风险。利润的微薄，使企业承担增加工资、改进生产条件、进行慈善捐赠等社会责任的能力意愿降低。③

与中小企业相比，我国大型国企凭借其各种优势，不断汲取着中国经济增长的优质资源。在中国现有的市场经济条件下，政府权力边界过大，政府既是

---

① 参见辜胜阻《经济可持续发展亟需缓解小微企业困境》，载《全球化》2013年第2期，第66～74页。
② 参见曾令俊《东莞中小企业利润总额同比下降12.5%》，载《民营经济报》，2013-10-23(008)。
③ 参见华晔迪《税费高已成困扰中小企业头号难题：企业平均税负在40%以上》，载《中国信息报》，2013-04-28(01)。

第八章　中小企业社会责任问题的评价与矫正

市场经济的监管者，又通过国资委控制的央企国企参与市场竞争。凭借其背后的国家信用和政府，央企国企在贷款融资上有着中小民营企业无法相比拟的优势。中小企业即使能得到银行贷款，其贷款利息都是基准利率上浮20%～30%，而国企贷款利息普遍是基准利率下浮10%。有媒体报道，近两年来，由于北京方面实施的货币紧缩使得中小企业更加难以通过正规银行渠道融资，越来越多的国企正在利用手中多余的现金，间接向中国的影子银行体系投放资金。"影子银行"是银行监管体系之外，可能引发系统性风险和监管套利等问题的信用中介体系。很多央企每年百分之十几甚至百分之二十几的利润，很多都不是靠自主创新和提升竞争力来得到的，而是来自于"影子银行"的获利和银行贷款利息的转移。① 除了低成本的债权资金外，国有企业还通过对特定行业的行政性垄断或自然垄断来获取高额利润。陆铭②利用实证研究证明垄断是行业间收入差距的重要原因。此外，政府对国企的行政低成本的土地供给（没有成本无偿划拨，或利用国有企业的政治影响力获得低价利益输送的土地）及政府优惠政策扶持等也增强了国有企业的获利能力。孙黎③就研究指出，中国500强的巨额利润正是利用其骨干行业垄断地位控制、吞食、挤压中小企业的利润而得来的。中国500强中国有控股企业的资产达90.4%，国有垄断行业在净利润构成当中占据大头，他们以美国500强1/3的营业额，赚到了几乎2倍于美国500强的利润。④

下面的图8-2较好地说明了企业社会责任与企业经济能力之间的关系。我们设定在特定的时期内，企业的资源能力是有限的，其资源约束曲线为R。如果企业要增加社会责任的支出，就必然减少企业的利润，二者表现为一种负的线性相关关系。曲线R离原点越远，表示公司的资源能力越强。曲线L为企业对于社会责任与利润组合的偏好曲线。这些曲线离原点的远近，与企业的利润水平及承担社会责任的意愿成正比。企业资源约束曲线R与企业的偏好曲线的切点P是企业利润水平与企业社会责任的最优组合点，此时企业获得企业利润与社会责任的均衡。

从图8-2可以看出，随着企业资源能力的增加，资源约束曲线从L1，L2移到L3，利润水平从A1，A2增加到了A3，公司愿意承担的社会责任也从

---

① 参见余智梅《低息贷款成就国企利润？》，载《国企》2013年第2期，第70～73页。
② 参见陆铭《垄断行业高收入成因解析》，载《人民论坛》2010年第08期，第10～11页。
③ 参见孙黎《500强背后的中小企业眼泪》，载《第一财经日报》，2009-09-20（30）。
④ 参见李建明、缪荣、郝玉峰《10年来中国企业500强发展趋势》，载《中国工业经济》2011年第10期，第5～15页。

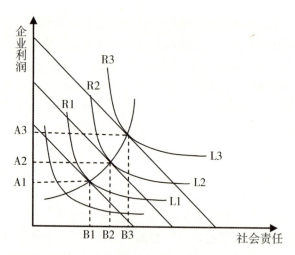

图8-2 企业社会责任与资源能力关系模式

B1、B2增加到了B3。也就是说随着公司利润水平的不断提升,企业承担社会责任的水平也在不断地提升。

三、中小企业社会责任缺失的根源:背景依赖的视角

也有研究从更为宏观的视角来探讨企业社会责任缺失的问题。如背景依赖理论认为,企业承担社会责任的动力主要来自企业运营于其中的制度环境。公司感知的制度环境压力越高就越有可能承担社会责任。[①] 根据前面的研究框架,我们把促使企业承担社会责任的制度环境压力分为社会监督的压力(非政府组织、消费者、新闻媒体、投资人等)和政府监管的压力两大类。

(一)中小企业社会责任缺失与社会监督机制

对企业社会责任的社会监督是企业承担社会责任的重要保证。在西方国家,许多自愿的企业社会责任实际上都是由非政府组织、消费者或投资者的压力,及其他替代机制"强制实施的"。[②③] 在美国,一个独立于国家之外的、具

---

① Delmas M A, Toffel M W. Organizational Response to Environmental Demands: Opening the Black Box [J]. Strategic Management Journal, 2008, 29 (10): 1027-1055.

② Zerk J. Multinationals and Corporate Social Responsibility: Limitations and Opportunities in International Law [M]. New York: Cambridge University Press, 2006.

③ Verdier P. Transnational Regulatory Networks and Their Limits [J]. Yale Journal of International Law, 2009, 34: 114-172.

第八章 中小企业社会责任问题的评价与矫正

有一定自主权的多元社会是推动企业承担社会责任的主体力量。[1]

社会公众对企业社会责任的压力,或约束与激励主要表现在两个方面,一是公众以消费者的身份对负责任公司的产品进行溢价购买,或对公司不负责任的行为进行抵制购买;二是以企业投资人和潜在股东的身份在资本市场或直接对公司经理施加压力,促使其承担社会责任。[2] 即社会公众以消费者和投资者的身份在商品市场与资本市场两个领域与企业进行博弈,并形成对企业生死攸关的巨大社会压力。如果企业拒绝承担社会责任,在商品市场会失去消费者,在资本市场会被投资者抛弃。但是社会公众的压力要有效地传递给企业必须具备一定的条件。

首先,企业要具有足够的规模,公众或消费者才能对其社会责任行为形成足够的压力。[3][4] 大公司对社会公众的可见度更高,分布更广,接受的监督也更为全面和细致。面对社会公众的压力,大公司也无法转移和回避,只能接受。美国历史上曾发生过多起消费者抵制购买运动,针对的都是雀巢、阿迪达斯这样的大公司。与中小企业相比,大公司承担社会责任的相对成本更低,收益也更高。因此,大公司更趋向于主动承担社会责任以减少公众的压力,避免可能的政治成本(如更高的税收、更严格的监管、更多的社会责任)等。同时也希望通过承担社会责任来提升公司的品牌形象,影响消费者对企业的感知,增加消费者对企业产品的购买。[5] 所以,自2005年中国国家电网发布第一份国内企业社会责任报告以来,各大国企及一些外资企业都相继以经济、社会、环境三重底线的方式发布自己的年度报告。然而中国中小企业规模普遍偏小,据2012年 CHINA HRKEY 发布的《中国中小企业人力资源管理白皮书》统计,在国内注册登记的1158万个中小企业,平均从业规模仅为13人,平均寿命仅为2.5年。[6] 许多中小业重复走着"一年发家,二年发财,三年倒闭"

---

[1] Ho V H. Enlightened Shareholder Value: Corporate Governance Beyond the Shareholder – Stakeholder Divide [J]. Journal of Corporation Law, 2010, 36 (1): 59 – 112.

[2] Baron D P. Managerial Contracting and Corporate Social Responsibility [J]. Journal of Public Economics, 2008, 92: 268 – 288.

[3] Leventis S, Weetman P. Voluntary Disclosure in an Emerging Capital Market: Some Evidence From the Athens Stock Exchange [J]. International Accounting, 2004, 17: 227 – 250.

[4] Deegan C, Gordon B. A study of the Environmental Disclosure Practices of Australian Corporations [J]. The Accounting Review, 1996, 26 (3), 187 – 199.

[5] Baron D P, Diermeier D. Strategic Activism and Nonmarket Strategy [J]. Journal of Economics and Management Strategy, 2007 (16): 599 – 634.

[6] 参见徐欣欣《浅谈创业初期中小企业人力资源管理》,载《商场现代化》2013年第5期,第116~117页。

之路。由于规模偏小，仅制作社会责任报告都是一项沉重的成本支出。由于生命周期过短，也不愿投资于长远的企业声誉建设。而对这些规模小、可见度低、经营不确定性高甚至都没有自己品牌的中小企业发动一场声势浩大的抵制购买运动不太现实。即使出现这种情况，中小企业也很容易进行规避，如重新注册商标、重新注册企业，或干脆转换行业，公众的压力几乎难以对他们产生影响。

其次，公众对企业的压力的有效性还与企业的组织形式与资本市场导向密切相关。大公司多为股份有限公司和有限责任公司，很多都是上市公司，具有较强的资本市场导向，受到了众多投资者及分析师的跟踪关注。这也形成了很大的社会压力，促使大公司主动承担更多的社会责任，否则会带来巨大的损失，甚至是毁灭性的灾难。[①] 曾经在美国500强企业之中排名第7，雇员一度达到2万多人，营运业务覆盖40个国家和地区的安然公司，因为财务造假丑闻，股价从80多美元跌至0.26美元，并于2001年戏剧性破产。三鹿商标是中国驰名商标，三鹿奶粉为国家免检产品、"中国名牌"产品，产销量连续十几年高居全国第一，最终因三聚氰胺事件于2008年2月12日正式宣告破产。对1978年到2002年被美国证券交易委员会调查的585家企业财务虚假陈述的研究中发现，这些公司违法行为所导致的财务损失约2.4亿，而声誉损失则高达这一损失的七倍以上。[②] 所以，大公司必须对自己的社会责任问题高度关注。但中国中小企业多为个人独资企业，或合伙制企业，有限责任公司和股份有限公司较少，在证券市场上市的公司更少。由于不是公众投资的对象，这就意味着公众不能通过资本市场的投资选择来促使企业承担社会责任，资本市场的压力对他们几乎不会产生作用。

（二）中小企业社会责任缺失与政府监管机制

尽管有研究也表明，政府细枝末节的监管不是促使企业承担社会责任的最好方式和唯一途径，如由于信息不对称及官僚主义等原因，政府对企业社会责任的监管带来了治理与谈判的高昂成本。[③] 但政府监管绝对是促使企业承担社

---

① McKinnon J L, Dalimunthe L. Voluntary Disclosure of Segment Information by Australian Diversified Companies [J]. Accounting and Finance, 1993, 33 (1): 33 – 50.

② Karpoff J M, Lee D S, Martin G S. The Cost to the Firm of Cooking the Books [J]. Journal of Financial and Quantitative Analysis, 2008, 43: 581 – 612.

③ Baden D A, Harwood I A, Woodward D G. The Effect of Buyer Pressure on Suppliers in SMEs to Demonstrate CSR Practices: An Added Incentive or Counter Productive? [J]. European Management Journal, 2009 (1): 1 – 13.

会责任的必要途径和底线保障。特别是在中国"强政府—弱社会"的社会结构背景下,地方政府对企业的巨大监管权限与弹性,使企业更多地依赖于政府意志而不是市场,政府监管成了促使企业承担社会责任最为有力的途径和选择。因此,像世界上许多其他国家的政府一样,中国各级政府在过去的10多年中引进了许多措施,来加强对企业社会责任行为的监管。

然而,在以经济建设为中心的时代背景下,对GDP增长的追求,个人"寻租空间"的诱惑,地方预算的软约束,过于强调经济增长指标的官员考核机制等,使经济职能日益成为地方政府及官员的主要职能,地方政府承担着本应由企业或市场承担的职能,如招商引资、土地经营、企业投入、资源配置等,这些都无不以行政力量来推进。① 地方政府这种既是社会责任监管主体,又是社会责任监管对象的职能定位,导致了地方政府对企业社会责任监管的动能不足。而市场化改革、财政分税制的实施、以GDP为主要指标的官员考核机制,又使地方政府对企业利润与税收的增长高度依赖。因此企业的规模、实力及其对地方经济的影响程度就决定了企业在社会责任监管中与地方政府进行谈判和博弈的地位与能力。

为了发展地方经济,增加地方财政收入,各个地方政府都竞相出台优惠政策吸引大型企业投资。② 除了税收优惠以外,牺牲最具弹性的、最为模糊的社会责任就成了最为普遍的选择。这也是一些地方政府以牺牲环境为代价,以员工低福利和低工资为优惠条件,大力招商引资,甚至在某种程度上与企业主达成合谋或妥协,社会利益则成了被牺牲的一方的重要原因。③ 周霞对某市社会责任监管的实地调查发现,尽管市政府官员强调从2006年以来就通过"铁腕"执法来推进企业社会责任,但也表示会综合考虑企业在经济方面的贡献,而不会单纯考虑社会责任方面的因素。一些大企业为了获得监管上更加宽松的有利条件,经常以抽资撤厂相威胁。在企业"用脚投票"和激烈的区域经济发展竞争的压力下,那些对地区经济发展地位重大的企业仍然可以不受社会责任的束缚。为了本地的经济发展,地方政府甚至在企业社会责任实践中起着完全相反的作用。有跨国公司的查厂人员表示,有工厂会向他们提供当地劳动部

---

① 参见孙录宝《关于鼓励扶持社会组织参与社会管理创新的若干思考》,载《山东社会科学》2012年第9期,第60~63页。

② Andreas Wagener. Double Bertrand Tax Competition: a Fiscal Game with Governments Acting as Middlemen [J]. Regional Science and Urban Economics, 2001, 31: 273-297.

③ 参见王晓玲《"中国制造"里的"血汗"》,载《商务周刊》2004年第10期,第20~21页。

门出具的证明,来说明他们违法的做法是符合当地政策的。① 大型地方国企与地方就业、税收、官员政绩关系更为直接,除了享有更为宽松的监管政策外,还享受着各种其他的优惠,如优先获取金融支持,② 特殊的地方扶持政策,③ 在财务危机时获得政府救助④等。许多地方政府为了避免地方国企亏损退市,甚至直接对企业进行财政补贴。

中小企业规模小、利润低,对地方政府财政收入的边际贡献低,缺少与地方政府进行政策博弈的地位与能力,在经济发展与社会责任等方面接受着更为正式的政府监管与政策约束,享受着实质上的不公平待遇。如在融资政策方面,由于缺少政府足够的金融支持,中小企业投资最主要的资金来源是自有资金、向亲戚朋友借款或其他私人股权投资。为了进一步扩大生产,许多中小企业只好利用一些非正规金融渠道获取资金,既加大了金融市场风险,又提高了企业融资成本。此外,政府对电力供应、邮政、电信、供水和航空等行业设置了市场进入障碍,也称行政性进入壁垒或行政性垄断,妨碍着中小企业与大型国企公平地进行市场竞争。在税收政策上,调查显示,超过八成的民营企业家认为税收"很重"或"较重"。⑤ 国务院发展研究中心调研发现,"税费高"甚至取代了"融资难",成为2012年困扰中小企业的头号难题。"小微企业本来盈利能力就弱,但现在是这些赚不到钱的企业反而税负很重。"⑥ 而中小企业不断出现各种社会责任事件,如工资拖欠、安全事故、劳动纠纷等问题,也加重了地方政府对中小企业的忧虑。许多地方政府干脆以产业升级、结构调整,或社会责任问题为由,迫使大批中小企业撤出或外迁,以腾出资源引进利润水平更高、社会责任问题更少的大企业。

---

① 参见周霞《试论我国地方政府主导企业社会责任运动的困境》,载《求索》2010年第5期,第94~95,122页。

② Leuz C, Oberholzer - Gee F. Political Relationships, Global Financing, and Corporate Transparency: Evidence from Indonesia [J]. Journal of Financial Economics, 2006, 81 (2): 411 -439.

③ Calomiris R F, Wang Y. Profiting from Government Stakes in a Command Economy: Evidence from Chinese Asset Sales [J]. Journal of Financial Economics, 2010, 96 (3): 399 -412.

④ Faccio M, Masulis RW, McConnell J J. Political Connections and Corporate Bailouts [J]. Journal of Finance, 2006, 61 (6): 2597 -2635.

⑤ 参见朱剑红《民企普遍反映税费负担较重》,载《人民日报》2011 -11 -21 (19)。

⑥ 参见孙韶华、张莫《我国小企业平均税负约四成:纳税20余项缴费数十种》,载《经济参考报》2013 -03 -13。

第八章 中小企业社会责任问题的评价与矫正

第四节 研究结论

中国的企业社会责任问题日益严峻，其中最为严重就是中小企业的社会责任问题。长期以来，中小企业给社会公众留下了社会责任普遍缺失的印象，中小企业甚至成了假冒伪劣、道德沦丧、社会责任缺失的代名词。本章在对企业社会责任的各种评价标准进行归纳分类的基础上，提出了基于企业的"一元经济社会组织"本质观基础上的企业社会责任的扩展评价模式，从三个方面对中小企业的社会责任进行评价，分析了公众对中小企业社会责任缺失的各种误读，客观理性地评价了中小企业社会责任的现状。接着，通过对国内外多学科、跨领域的各种研究观点的系统梳理，结合中国企业社会责任的现实，我们从经营者个人道德、企业资源能力、社会制度三个维度对中小企业社会责任缺失的道德与非道德根源进行了探索性的全面考查。与以往一般研究不同的是，我们没有把中小企业社会责任的缺失归咎于企业经营者的道德缺失，而是对中小企业社会责任缺失进行了非道德的解读，重点分析了企业经营者主观上无法控制的外在因素，特别深入地探讨社会监督与政府监管对中小企业社会责任缺失问题的影响。我们结论是，中小企业已经承担最基本的社会责任，主要是经济责任与法律责任。中小企业社会责任不足的根本原因不在于经营者的伦理道德，而在于企业经营状况的不佳与赢利水平的普遍低下，对社会监督的规避也是重要的原因，但相较于大企业，中小企业接受的政府监管更为规范严格。这一研究结论有助于我们去冷静客观地思考中小企业的社会责任问题，探讨中小企业社会责任缺失背后的经济、社会与制度根源，并寻找解决中小企业社会责任缺失的有效途径。

对于中小企业社会责任问题的成因，我们用一个蛛网图来加以解释（见图8-3）。图中纵坐标分别表示驱动企业承担社会责任的两个内在因素：经理道德意愿与公司经济能力。图中横坐标分别表示促使企业承担社会责任的两个外部约束因素：社会监督与政府监管。坐标上的量值分别表示不同因素对促使企业承担社会责任的贡献值。阴影部分表示企业承担的社会责任的大小。

从图8-3中可以看出，中小企业承担社会责任的经济能力与承受的社会监督的压力要低于大型企业，但中小企业接受的政府监管更为规范，所以，总体上中小企业承担的社会责任要低于大企业。对如何进一步促进中小企业承担社会责任，笔者提出如下建议：

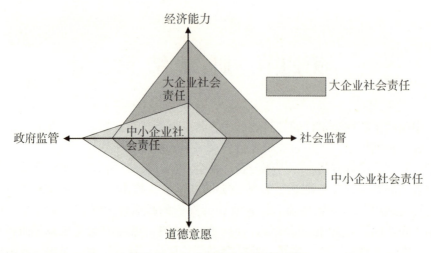

图8-3 企业社会责任的蛛网模型

一、客观理性地评价中小企业的社会责任问题

对企业社会责任的判断仍然应该以企业在整体社会分工中的地位与作用为标准。企业与非政府组织与政府不同,它的基本功能在于为社会创造更多的财富,同时为消费者创造价值、增加就业、促进增长、推动创新、增加税收等,其基本责任在于经济领域问题的解决,而不是社会问题与政治问题的解决。当然,我们也鼓励企业在承担基本的经济责任和法律责任的基础上,根据自身的资源能力去承担更多的道德责任或自愿责任。就中小企业经济功能的实现及其对经济发展的贡献来看,大多数中小企业已经承担了最基本的社会责任,特别是在就业方面,中小企业以其更低的资本有机构成提供了大部分的就业岗位。由于经济能力的限制,其在道德责任或自愿性社会责任方面与大企业存在一定的差距,这主要是由于企业自身的资源能力所决定的。

因此,对不同规模、不同性质、不同生命周期阶段的企业,我们不能用同质化的社会责任标准来进行衡量,不能要求所有的中小企业都去追求超越于自身的能力的社会责任,都要和大企业一样去进行同样的慈善捐赠,去追逐企业社会责任的排行榜,去满足所有利益相关者的期望、去竞争媒体的报道和舆论的褒奖,甚至将员工的工资与生产资金都捐赠出去,根据阿姆斯壮与格林

(Armstrong & Green)① 的观点，这就是以一部分利益相关者的利益去补贴另一部分利益相关者，不能算是真正意义的社会责任。相反，它会给企业的经营及长期可持续发展造成危害，对企业、对社会都是一种不负责任的行为。与其如此，还不如要求中小企业严格地遵纪守法，仅做好自己能力范围内的事。如果因此也被归为社会责任的缺失，我们只能称之为中小企业社会责任的合理缺失。

二、通过企业发展与制度变革推动中小企业承担社会责任

中小企业社会责任的缺失，更多地应归因于中小企业自身经营状况的普遍不佳，承担社会责任的经济实力单薄，以及外部社会监督机制的缺失等原因。因此，不宜对中小企业的社会责任问题做"泛道德化"的理解，简单地把中小企业社会责任的缺失等同于经营者的道德缺失，把少部分中小企业不负责任，甚至违法犯罪的现象泛化为中小企业的一般性形象。甚至强调通过对中小企业的道德批判或伦理重构来解决中小企业社会责任的缺失问题，对中小企业经营者动辄进行道德挞伐，动辄发布"慈善捐赠排行榜"、"企业社会责任排行榜"。这样的结果只会掩饰中小企业社会责任问题的本质，使中小企业社会责任缺失的问题进一步加剧。中小企业社会责任问题的解决，应主要通过企业的自我发展与外部环境制度的变革来实现。所以，社会公众应以宽容谅解的心态，客观理性地分析看待中小企业的社会责任缺失，为中小企业社会责任的生长保有一片良性的土壤。如贝坎②所说的，直到或者除非社会与经济制度所导致的不正当的"病态机制"被消除，否则问题可能会持续存在并不断增长。没有根本的制度变革，要求企业承担社会责任的建议，只会使现在不合理的制度与安排进一步合法化。

三、做大做强是中小企业承担社会责任的根本途径

当前，中小企业社会责任不足的根本原因在于自身经营状况的不佳和赢利水平的普遍低下。企业要承担更多的社会责任，首先就必须做大做强，增强自己承担社会责任的经济实力。所有关心客户、善待员工、热心公益、关心环境的企业都是有经济实力的企业，否则即使有再强的社会责任感也只能是有心无

---

① Armstrong J S, Green K C. Effects of Corporate Social Responsibility and Irresponsibility Policies [J]. Journal of Business Research, 2013, 66: 1922 – 1927.

② Bakan J. The Corporation: The Pathological Pursuit of Profit and Power [M]. New York: Free Press, 2004.

力,因为没有能力使其得以实现。因此,对中小企业来说,当下最本质的社会责任就是把企业做强做大,这就是对社会最大的回报,这就是对社会负责任的行为。社会各方也应该对中小企业少一些指责,多一些帮助,少一些苛求,多一些关爱,从各方面真心诚意地帮助和支持中小企业发展。消费者应对负责任的企业的产品更多地购买或溢价购买,投资者应对负责任企业给予更多的投资,政府应在融资、财政支持、税收减免、行业准入切实帮助中小企业发展。企业只有做"强"了,做"好"了,然后才能做好事。正如个人一样,在基本的生存、安全需求得到满足后,企业也会有被尊重的需求,也会有自我价值和社会价值实现的需求。如中国的古语所言:"仓廪实而知礼节,衣食足而知荣辱。"

四、建立中小企业社会责任的有效监督机制

政府应合理地界定企业社会责任的边界,推动企业或社会组织确立起企业社会责任的行为规范。在此基础上,加强对企业社会责任问题的严格执法,确保对不同规模、不同性质的企业都一视同仁,公平对待。不能因为一些大型企业对地方经济的发展影响重大,利益攸关,就可以在社会责任问题上听之任之,也不能因为中小企业对地方经济发展的边际贡献低、社会责任问题多而把中小企业当成麻烦和负担,甚至以社会责任问题借口迫使企业撤走或外迁。此外,建立企业社会责任的社会监督机制也至关重要。中小企业数量多,规模小,分布广泛,社会责任问题隐蔽性强,完全依靠政府监管成本过高,不太现实,必须建立有效的企业社会责任社会监督机制。可以借鉴美国,如颁布相关法律,鼓励企业员工对企业社会责任问题进行检举揭发,并对内部揭发者提供广泛确实的法律保护。要强制中小企业披露社会责任的相关信息,实现企业经营状况的透明公开。要求企业定期与公众交流沟通,随时接受社会公众的监督质询。鼓励公民和社会团体对企业社会责任行为的监督,支持社区公众与企业进行社会责任的利益博弈等。

五、形成督促企业承担社会责任的外部环境

除了自身的资源能力以外,外部环境也是中小企业承担社会责任的重要因素。要提升全体公民的社会责任意识,培育全体公民形成关心他人、奉献社区、热心公益、保护环境、勇于承担责任的良好品格,通过全体公众负责任的行为为企业承担社会责任创造一个良好的社会环境。消费者应该负责任地消费,在被尊为"上帝"的同时,也应该培育自己"上帝"般的品格。要少吃

珍稀动物、少买不负责任企业的产品。政府不能一边要求企业承担社会责任，一边又以牺牲环境和社会利益为代价，大力招商引资，大力追求 GDP。非政府组织应该切实承担起推动企业承担社会责任的职能，不能一边对企业拉赞助、搞摊派、做捐赠排名，一边却是企业捐款信息不透明，不公开，甚至没有被用于被资助的对象。商学院不能仅仅教育学生如何去帮助股东千方百计地挣钱，如何去实现公司利润的最大化，这是在"培训好人做坏事"，[①] 还应该教育学生如何负责任地经营，如何道德地行事，使这些未来的准经理人树立起良好的社会责任意识。媒体不能一边倡导企业社会责任，一边又为牟利而刊登虚假广告，或掩饰隐瞒企业不负责任的行为。供应商也应该合法道德地经营，不能把有三聚氰胺的牛奶、含瘦肉精的生猪卖给企业。

总之，在一个负责任的社会责任氛围环境中，"坏"经理也会做出负责任的行为，反之，在一个不负责任的社会责任氛围条件下，"好"经理也可能做出不负责任的抉择。如果整个社会充满良知、正义、诚实、公平、友爱，法律完善并得到严格的执行，公司只有负责任的经营才能得到更高的利润，那么，公司的"善念"就会被激发出来，处处道德地行事，负责任地经营。相反，如果整个社会充满贪婪、腐败、欺骗、算计、不公，加上不健全的法制及执法不力，企业只有不负责任的经营才能获得相应的竞争优势，那么企业的"恶念"就会被激发出来，处处进行不道德的钻营。

[①] Gentile M C, Samuelson J. The State of Affairs for Management Education and Social Responsibility [M]. New York: Aspen Institute, 2003: 2.

第九章 企业社会责任的文化背景：以美国为例

企业社会责任通常被界定为"企业超越于利润或法定义务，去追逐更为广泛的社会利益，以促进经济、社会与环境的可持续发展"[①]。但在研究企业社会责任问题时，我们会发现一些非常有趣的现象。美国崇尚个人主义的文化价值观，实行典型的自由主义市场经济模式。从表面上看，这意味着美国企业在社会责任问题上有更大的自主和自由，更有可能逃避和放弃社会责任去追求追逐财富和利润。然而现实却恰好相反，美国企业有慈善捐赠的传统。美国每年慈善捐款总额一直维持在3000亿美元以上，名列全球第一。许多企业领导者都以捐赠自己的全部或部分财富为荣。"在巨富中死去是一种耻辱"是钢铁大王安德鲁·卡内基和微软总裁比尔·盖茨等企业领袖的座右铭。从公司治理来看，近十多来，美国企业的公司治理指数也迅速上升，已居全球首位。美国的近万家上市公司发生财务丑闻的屈指可数。[②] 更重要的一点是，在中国或其他国家逃避或放弃社会责任的跨国公司，在美国却是践行企业社会责任的楷模。2012年12月28日，丰田以11亿美元就在美汽车召回引发的集体诉讼达成和解，在对华声明中却只字不提赔偿。2010年，宜家家居在北美地区召回336万个存在安全隐患的"可疑窗帘"，但包括中国在内的其他国家消费者却被无故置于"召回令"之外。众多的"美国例外"或"国别歧视"几乎成了跨国公司们集体一致的行为选择。因此，深入探讨美国企业的社会责任行为及其成因，对化解中国日益严峻的企业社会责任问题具有积极的借鉴意义。

[①] Windsor D. Corporate Social Responsibility: Three Key Approaches J. Journal of Management Studies, 2006, 43 (1): 93–114.

[②] 参见樊文艳《中美内部控制之差异比较》，载《财会月刊》2007年第4期，第80～81页。

第九章 企业社会责任的文化背景：以美国为例

第一节 美国企业社会责任的文化背景

一、美国企业社会责任问题的研究

美国是企业社会责任理论的发源地，也是企业社会责任研究最系统深入的国家，深入探讨美国企业社会责任问题具有极为重要的意义。

1953年鲍恩（Bowen）①在其划时代的著作《商人的社会责任》一书中第一个对企业社会责任概念给出了完整的定义，被认为是构建着现代公司社会责任概念的开始，企业社会责任的系统化研究开始在西方国家兴起。20世纪60年代初，美国弗吉尼亚大学弗里曼②教授等提出的利益相关者理论为企业社会责任的研究提供了深层次的理论基础，并最终促使这一理论风靡于全世界。学术界对美国企业社会责任的研究也最多，国际上大多数企业社会责任的理论与实证研究都是基于北美、欧洲、澳大利亚的，特别是基于美国的社会背景。③在2006年瑞典默奥大学举办的北欧管理学会议上，提交的企业社会责任论文大都是基于美国企业与社会背景，大部分都嵌入了美国的价值观与商业理念。④20世纪90年代初开始，国内众多的学者也开始从政府和法律监管等不同视角展开了对美国企业社会责任问题的研究与借鉴。⑤⑥⑦

二、美国文化与美国企业社会责任

然而，以上大量研究的共同特点就是将美国企业社会责任的理论与实践视

---

① Bowen H R. Social Responsibilities of the Businessman [M]. New York: Harper & Row, 1953: 6.
② Freeman R E. Strategic Management: A Stakeholder Approach [M]. Boston: Pitman, 1984.
③ Jamali D, Mirshak R. Corporate Social Responsibility (CSR): Theory and Practice in A Developing Country Context [J]. Journal of Business Ethics, 2007, 72: 243–262.
④ Halme M, Roome N, Dobers P. Corporate Responsibility: Reflections on Context and Consequences [J]. Scandinavian Journal of Management, 2009, 25: 1–9.
⑤ 参见王丹、聂元军《论政府在强化企业社会责任中的作用——美国政府的实践和启示》，载《理论探索》2008年第6期，第120~123页。
⑥ 参见邓泽宏《国外非政府组织与企业社会责任监管——以美国、欧盟的NGO为考察对象》，载《求索》2011年第11期，第51~53页。
⑦ 参见张乐新《论公司社会责任的国际践行与我国的实现路径》，载《求索》2012年第10期，第179~180页。

为可以适用于其他国家的通用模式。而越来越多的实证研究表明，不同的经济、社会与文化环境对企业社会责任行为产生了重要的影响。①② 企业社会责任概念只是在不同的文化背景中与企业的基本角色和定位密切相关的一种现象，它随着经济、社会与民族文化的不同而不同。③ 所以，对美国企业社会责任的研究对解释美国企业的社会责任现象可能是合适的，但却不一定能解释在其他文化背景中所发生的企业社会责任现象。一种企业社会责任实践在美国的标准和价值观下可能运行得很好，但一到中国就变成了供应链企业、影子公司，甚至地方政府一起合谋造假，共同应对跨国企业社会责任查厂的现象。④ 所以，要从根本上理解美国企业的社会责任行为，必须结合更深层次的美国民族文化来进行分析。

荷兰著名的文化大师、管理学教授霍夫斯泰德（Hofstede）⑤ 曾将各国的文化分为物质生活文化、制度管理文化、行为习俗文化、精神意识文化四个层级构成。其中，价值观或精神意识文化是民族文化的核心，是文化中最本质的决定性因素，是一个民族在长期的历史发展中所形成的处世原则、行为习惯、思维方式、生活态度的总和，它直接决定了一个国家和民族对企业社会责任问题的观念态度和处理方式。作为一种非正式的制度安排，它为社会或企业正式的制度安排提供了合法性依据。而美国企业处理利益相关者的方式从本质上来说正是植根于美国自由主义（也叫个人主义）的文化传统。⑥ 这种自由主义价值观或其自我界定的"美国精神"，包括了"自由，平等、分权制衡、平民主义及权利至上"等核心价值理念。⑦

因此，本章试图从民族文化的全新视角对美国企业社会责任进行解读，即从美国自由主义的价值观出发，采用文献研究的方式，系统探讨美国企业社会

---

① Simpson W G, Kohers T. The Link between Corporate Social and Financial Performance: Evidence from the Banking Industry [J]. Journal of Business Ethics, 2002, 35: 97 – 102.

② Midttun A, Gautesen K, Gjolberg M. The Political Economy of CSR in Western Europe [J]. Corporate Governance, 2006, 6 (4): 369 – 385.

③ Chapple W, Moon J. Corporate Social Responsibility in Asia: A Seven Country Study of CSR Website Reporting [J]. Business and Society, 2005, 44: 415 – 441.

④ Power C. The Burden of Good Intentions [J]. Time, 2008, 23: 45 – 50.

⑤ Hofstede G. The Cultural Relativity of Organizational Practices and Theories [J]. Journal of International Businss Studies, 1983 (2): 75 – 89.

⑥ Donaldson T, Preston L. The Stakeholder Theory of the Corporation: Concepts, Evidence and Implications [J]. The Academy of Management Review, 1995, 20: 65 – 91.

⑦ Lipset S M. American Exceptionalism: a Double – edged Sword [M]. New York: W. W. Norton Company; 1996: 18.

第九章 企业社会责任的文化背景：以美国为例

责任模式的文化根源，探讨美国自由主义核心价值观的各种内涵及其历史渊源，以及这些价值观如何影响美国公众的价值判断，如何塑造美国的经济、社会和政治运行体系，如何影响美国企业社会责任的行为范式，进而决定了美国企业社会责任的基本模式。

第二节 美国企业社会责任的文化驱动

在美国，自由主义（个人主义）的思想有着深厚的历史文化渊源，最早可以追溯早期的殖民统治时代。18世纪欧洲启蒙思想家提出的"天赋人权"理念，特别是英国哲学家洛克自由、平等、民主的政治思想对早期来到美国的欧洲移民产生了深远的影响。其次，在刚刚建立起来的美国这块新大陆上，欧洲社会的那种封建压迫和特权等级从来就没有存在过。来到这里的居民多为是一些小生产者、躲避宗教迫害的教徒、债务人和罪犯，这些人大胆叛逆，酷爱自由，对于任何形式的封建束缚都不会忍受。最后，英国殖民专制统治的痛苦经历，也使美国人更加懂得自由的价值及其来之不易。所以，建国之初，美国就通过了限制政府权力的宪法，颁布了"人权法案"，在法律上和制度上对个人权利作了保障，创造了一种强调个人价值的气氛和环境，促使个人主义的价值理念在美国深入人心。在美国人看来，个人主义是一种近乎完美的品德，它代表着个性自由、民主自治、自立自强、尊重他人、机会公平等。美国文化学家萨姆瓦[①]对个人主义作了扼要的概括："个人主义的概念是描写这样一种学说，认为个人利益是，或者应该是至高无上的；一切价值、权利和义务都来源于个人。它强调个人的能动性，独立行动和利益。"美国个人主义的核心价值理念及其对企业社会责任的影响主要表现在以下几个方面：

一、个性自由：对"货币选票"的自由竞争是企业社会责任的动力

个性自由是美国文化中最核心的价值理念。美国人在开拓新大陆及与大自然的艰苦斗争中逐步形成了自己的民族特性：热爱自由、珍惜自由、崇尚自由。在美国人看来，每个人在有关他本身的一切事情上都是自主或自由的，

---

① 参见美拉里·A. 萨姆瓦《跨文化传通》，三联书店1988年版，第88~89页。

"他的行为只对上帝负责"。"个人是自身利益最好的唯一的裁判者。社会无权干涉个人的行动,除非社会感到自己被个人的行为所侵害或者必须要求个人协助。"① 自由主义思想在经济领域的表现就是自由主义的市场经济模式,它强调尽量减少政府对企业行为的干预,主张在均等的市场条件下平等地竞争。所以,尽管历史上有过波折,但今天的美国经济仍然被看成是自由主义市场经济的典型模式,自由企业制度是美国文化的重要组成部分。在美国企业界,自由竞争被忠诚地信仰,各种保护自由竞争法、反垄断法、反不正当竞争法等严格地保证了自由竞争神圣不可侵犯。政府的基本功能是保障财产、执行契约、维护市场的公平和开放,以利于竞争。企业则尽可能自由地发展,对政府敬而远之、怀有戒心。

在美国资本主义发展早期,自由资本主义在给美国带来繁荣与文明的同时,也展现了它"不负责任的"一面,包括高失业率、高收入差距,低社会福利、严重的劳资对立等。然而,随着经济与社会的不断发展,自由竞争的内涵与外延也在不断地发生变化。特别是第二次世界大战以后,美国消费者的财富积累水平迅速提升,消费者的社会责任意识也不断加强,对企业的社会责任行为进行额外支付的能力与意愿都不断提高。大部分的消费者愿意为企业的社会责任投资支付更多,如以远高于市场的价格购买一杯星巴克"有社会责任的咖啡"②,这使企业的社会责任投资变成了有利可图的事情。许多专业投资基金也开始将企业是否承担社会责任作为投资的重要标准之一,社会责任投资在美国逐渐发展成为一项重要的金融投资产业。因此,从表面上看,美国企业可以自由地竞争,自由地为股东创造财富,自由地决定是否将财富捐给基金或公益事业,非股东利益相关者的利益更易于遭到损害。③ 但事实上,在美国特定的文化背景下,优先满足非股东利益相关者的利益却会给企业带来更高的利润,有责任的企业如强生、可口可乐、IBM、3M、施乐等,在20世纪50年代到90年代的年增长率达到11.3%,而同期道琼斯行业平均增长水平约为

---

① (法)托克维尔:《论美国的民主》,张杨译,湖南文艺出版社2011年版,第45页。
② 刘军:《期待一杯"有社会责任感的咖啡"》,载《中国计算机用户》2005年第31期,第24~28页。
③ Jurgensa M, Berthonb P, Papaniac L, Shabbir H A. Stakeholder Theory and Practice in Europe and North America: The Key to Success Lies in a Marketing Approach [J]. Industrial Marketing Management, 2010, 39: 769-775.

6.2%。① Sully 等人②对 500 多名经理进行的调查显示，相对于更加强调利润的经理人，侧重于平衡多个利益相关者需求的经理人反而为公司取得了更好的财务绩效。

所以，为了争取消费者的"货币选票"，公司必须将对公众利益的考量纳入到市场交易行为之中，以换取消费者对自己产品更多的购买。随着企业之间竞争的加剧和升级，企业日益从产品及服务以外寻求新的差异化竞争优势，企业的竞争形式也开始从传统的价格、产品、技术、服务向更高形式的社会责任和消费者形象等"软"实力方向发展，社会责任开始成为企业的最高竞争形式和新的竞争优势来源。

二、自立自主：自主成熟的市民社会是推动企业社会责任的主体

美国人认识到，要真正地实现个人自由，那就要自立、自主、自强。如果过多地依赖父母、他人或政府，他就不可能成为自由人，也得不到别人的尊重。所以，必须自己掌握自己的命运、自我思考、自主抉择、依靠自己的奋斗去实现自己的理想和目标，而不应受到政府、社会和其他个人的束缚和干预。这种自立自主的精神与美国早期的移民拓荒史密切相关。在美国建立之初，大家彼此陌生，相互平等，面对富饶广阔的大自然，都在同一起跑线上，一家一户，白手起家，自我奋斗，无所依靠，努力开拓，别无选择。③ 这种自立自主的思想也源于早期美国的新教伦理观念：人只有靠自己才能获得救赎，救赎的道路上无所凭借，充满孤独，因此，只有努力争取在世俗功业中自立自强，自我奋斗，才能成为人杰，才有希望被上帝"拣选"。

这种自立自强的意识在美国人心目中根深蒂固。美国居民自小就懂得必须依靠自己去克服生活的苦难，从上小学开始，他们就培养这种习惯。美国人甚至对他们自己的能力有些夸大，他们果断地相信自己的力量，相信它可以对抗一切。如果一个人想要做一番事业，即使这项事业与社会公益息息相关，他也不会求助于政府。将计划公布出来后，他就自己去执行，或请求其他个人的力量从旁协助，力排一切阻碍。他们总是对社会的主管当局持不信任和怀疑的态

---

① Margolis J D, Walsh J P. Social Enterprise Series No. 19 – Misery Loves Companies, Whither Social Initiatives by Business? [M]. Harvard Business School Working Paper Series, No. 01 – 058, 2001.
② Sully L M, Washburn N T, Waldman D A. Unrequited profits: Evidence for the stakeholder perspective [D]. Washington D. C.: the Gallup Leadership Institute Summit, 2006: 130.
③ 参见（法）托克维尔《论美国的民主》，张杨译，湖南文艺出版社 2011 年版，第 36~38 页。

度,仅在无计可施的时候才向它求助。① 所以,在企业社会责任问题上,美国人自主维权的积极性很高,而不坐等政府或企业来解决问题。推进企业承担社会责任的主要力量也不是来自于政府或企业,而是来自于个人行动主义者和以个人利益为基础的各种社团或非政府组织。

例如,在反对企业不健康食品的运动中,个人行动主义者费尔·斯科洛夫(Phil Sokolof) 在患心脏病期间写信给糕点厂家,要求他们不要在生产的食品中添加高脂肪的可可油,结果没有得到答复。为此,他在一家报纸做了整版广告,在醒目的标题"美国的毒害"之下,加上各个食品企业产品的名称,促使凯洛格、麦当劳等大公司在几个月中都减少了食品中油脂的含量。费尔还自己掏腰包,花了 800 万美元做广告,意在提醒公众,"低脂"牛奶实际所含的脂肪比公众希望的多得多。当然,最为有力的行动主义者还是个人利益为基础组合起来的各种非政府组织,包括消费者、劳工、环境主义者、人权主义者以及宗教组织等。为了促使企业承担社会责任,这些组织会采用各种各样的策略,包括谈判、写信、演讲、向立法机构和有关部门请愿、发起研究项目以及编辑出版有关观点。有些行动主义者则运用法律诉讼来反对企业。或借助于其他各种手段扰乱公司经理及其家庭的生活,如派人在他们家外站岗放哨,以及在他们子女所在的学校游行示威,及干扰他们的教堂礼拜,等等。② 他们甚至联合起来,组织或发动更大规模的社会责任运动。1970 年 4 月 22 日,即第一个地球日那一天,美国爆发了规模巨大的环境保护运动,有 1500 所大学的学生、1 万多所中学的学生、1000 万小学生参加了示威游行。环境保护主义者还召开群众抗议大会,在政府机关和大企业周围插满"取缔污染"的牌子,向政府递交请愿书,在国会里争取议员们的支持;他们批评政府、国会和联邦政府各种管理机构只关心大公司的特殊利益,不关心消费者的权益;他们列出食物和药品方面的公害;对彩色电视、原子能工厂产生的危险辐射提出警告;等等。③

可以说,一个自主自立的强大市民社会是推动美国企业承担社会责任的主体力量,社会公众对企业社会责任问题的高度关注及直接行动,推动了美国企业社会责任水平的不断提升。政府相对来说则居于后台。

---

① 参见(法)托克维尔《论美国的民主》,张杨译,湖南文艺出版社 2011 年版,第 65 页。
② Koennenn C. Attack of the Anti – Far Man [N]. Los Angeles Times, 1995 – 05 – 04: E1.
③ 参见王锦瑭、钟文范《美国现代企业与美国社会》,武汉大学出版社 1996 年版,第 296~299 页。

三、自律自治：自治精神推动企业社会责任的自我道德调控

与个人主义价值观相一致，美国公众与企业具有强烈的"权力自主"和"自治"意识，他们更愿意通过私人组织的自由活动来促进治安、商业、工业和宗教事业的发展，而不是依赖政府来解决问题。托克维尔在描述这种"自治"精神时指出，在美国，浩大的壮举都不是由政府完成的，而是由私人的力量完成的。这种自治精神使"整个社会充满长久的积极性，具有充沛的活力，充满离开它就不能存在的，不论环境如何不利都能创造出奇迹来的精力"①。在美国人看来，个人可以应付的，就不必要求政府来处理，企业可以解决的，就不必要求国家进行干预。与欧洲相比，美国很难接受将企业社会责任明确纳入法律政策的做法。②美国政府中甚至没有专门负责企业社会责任的机构。除非公司自我约束（如保护自己的形象声誉，维护自己在经营所在的环境中的合法性），没有政府和法律会将约束强加于他们。③

美国企业的自律自治精神及自我道德调控成为推动企业社会责任问题解决的重要动力。在资本主义发展早期，许多企业家们就认识到他们必须自觉地承担对员工的责任，以替代政府提供的不劳而获的福利，避免工人因为依赖政府而产生无能和耻辱的感觉，成功地捍卫美国建立在个人经济独立基础上的政治美德。④并且，自主承担对员工的责任还可以缓和劳资冲突，削弱工会主义的影响，平息公众对（大企业）集聚财富的指责。⑤19世纪后半期，福利资本主义开始在美国兴起，大量的企业家们改善了厂房、美化了环境，为雇员建立了餐厅、浴室、休息室及娱乐设施，并为员工提供带薪假期、集体人寿保险等多种福利。20世纪初，许多大企业还采纳泰勒的科学管理理论，在提高劳动生产率的基础上提出了利益分享计划、雇员代表制、晋升奖赏机制等。20世纪30年代中期，美国曼斯菲尔德钢铁厂的工会主席约瑟夫·斯坎伦提出了一项劳资协作计划——斯坎伦计划，希望通过提高员工的参与与福利来提升员工

---

① （法）托克维尔：《论美国的民主》，张杨译，湖南文艺出版社2011年版，第169页。
② Aaronson S, Reeves J. The European Response to Public Demands for Global Corporate Responsibility [M]. Washingtong D C: National Policy Association, 2002.
③ Lamertz K, Heugens P, Calmet L. The Configuration of Organizational Images among Firms in the Canadian Beer Brewing Industry [J]. Journal of Management Studies, 2005, 42 (4): 817–843.
④ Tone A. The Business of Benevolence: Industrial Paternalism in Progressive America [M]. Ithaca, N Y: Cornell University Press, 1997: 41.
⑤ Dellheim C. The Creation of a Company Culture: Cadburys, 1861—1931 [J]. American Historical Review, 1987, 92 (1): 13–14.

对组织的忠诚度和满意度。20世纪60年代以后，随着利益相关者理念的提出与传播，企业承担社会责任的范围迅速扩大，涉及教育、卫生、人权、贫穷、疾病、环境保护、气候变化等。

在所有企业社会责任行为中最为突出的是企业家的自主捐赠。20世纪初，"钢铁大王"卡耐基将自己的全部财富捐献给社会。他在其《财富的福音》一书中指出，"最优秀的头脑意识到，最好的处理剩余财富的方式就是常年用于公众的福利事业"[1]。洛克菲勒靠自己的奋斗成为世界上第一位"10亿富翁"，但其一生捐款却超过了5.5亿美元。[2] 当代"股神"巴菲特公开表示，他将捐赠其财产的99%给社会。微软创办人盖茨宣布将把自己的财产全数捐给慈善基金，一分一毫也不留给自己的子女。

与美国企业社会责任的自律自治不同，欧洲更倾向于企业社会责任的政府干预。社会民主主义等"左翼"政治思潮的深刻影响，以及近现代史上尖锐激烈的阶级矛盾与阶级斗争，使欧洲各国甚至将社会责任和社会稳定放在了经济发展之上，通过国家主导与政府干预，采用政府、企业和其他社会力量三方的谈判和协作来实现企业社会责任问题的解决。[3] 甚至走向了更为"人道的"或更"负责任"的福利国家模式。这种模式也被称为"欧洲模式"、"莱茵模式"、"社团主义（corporatism）模式"。由于政府与社会团体承担了太多的社会责任，欧洲的私营企业就没有多大的压力去承担比劳工问题更宽泛的社会责任。欧洲企业更愿意相信，它们支付税款并遵照法律办事就是履行了它们的责任。

四、人民主权："政治选票"推动的政府监管是社会责任的保证

根据美国个人主义的价值观，每个人从出生就有自己管理自己的权利，上帝也赋予了他自己处理与自己最有密切关系的事务所需要的理性，任何人都无权强迫和替代他人去追求幸福。这一信念被推广于家庭、社会、国家，最终成为人民主权学说。[4] 因而，美国"独立宣言"明确宣布，政府是人民用来保护自己基本权利的机构，他必须从人民同意治理那里获得权力。并指出这种作用

---

[1] 参见资中筠《散财之道——美国现代公益基金会述评》，上海人民出版社2003年版，第318~325页。

[2] 参见（英）拉里·施韦卡特、莱恩·皮尔森·多蒂《美国企业家——三百年传奇商业史》，王吉译，译林出版社2013年版，第121页。

[3] Wierda H. Corporatism and Comparative Politics [M]. Armonk New York：ME Sharpe：1997.

[4] 参见（法）托克维尔《论美国的民主》，张杨译，湖南文艺出版社2011年版，第278页。

不能因为琐碎的原因而改变,一旦政府开始跨越这个边界,我们必须保留改变或废除政府的权利。这种人民主权学说在具体的政治实践中主要体现在以下几个方面。

美国各级政府实行的是自下而上的自治体制。"各级政府中不仅州长、市长、议员和理事会成员必须由选民直接选举产生,而且,政府重要部门的领导人如财政部门、土地管理部门的领导人等也必须是由选民直接选举产生,直接对选民负责,而不是由州长、市长、议会和理事会任命。"① 地方政府与州政府、联邦政府之间也不存在行政隶属关系,地方政府根据当地选民的利益和意志自主行使自己的职权。"这里的选民不仅可以直接选举领导人,决定地方政府的组织形式,决定什么时候需要对管理体制进行改革,决定预算如何使用,而且可以对在一个州范围内经过全民公决已通过的议案,由于本地区多数选民不同意,而向州政府提出给予特殊照顾和区别对待,不然就要与州政府对簿公堂。② 一句话,自治就是宪法的范围内,一切都由选民说了算。

美国公众对政府的监督力度也很大。首先是选举。美国地方政府官员都是选民直接选举产生的。他们的任期都不长,2～4年。且每年改选一部分,所以在美国,地方性选举几乎每年都有,选民对地方政府官员的监督也每年在起作用。其次是审计。审计官由选民直接选举产生,每年有独立的审计机构对政府的财政状况进行审计,其报告是公开的,可在互联网上随意查阅。再次是听证与公决。所有决策都要听证,重大决策还要进行全民公决。政府行政机构是一个纯粹的执行机构,它没有任何决策的权力。又次是媒体直播和网上信息完全公开。任何重大会议都是电视直播,政府所有的信息都必须在网上公开。最后是罢免。2002年6月在缅因州的莱巴隆小镇,居民因对原来只拿很少补贴的镇政府官员在预算中为自己开出每年1.5万美元的工资表示不满,将所有官员都开除,并且关闭了镇政府3个月。③ 所以托克维尔说是美国社会公众在按自己的意志管理自己,留给政府的权力是微乎其微的。④

如果说企业社会责任是政府、企业、社会三方利益博弈的结果的话,那么政府的立场与态度表达就至关重要。因为与经济上强势的企业相比,原子式的

---

① 参见高新军《美国地方政府治理——案例调查与制度研究》,西北大学出版社2005年版,第5～6页。
② 参见高新军《美国地方政府治理——案例调查与制度研究》,西北大学出版社2005年版,第42页。
③ 参见高新军《美国地方政府治理——案例调查与制度研究》,西北大学出版社2005年版,第22～23页。
④ 参见(法)托克维尔《论美国的民主》,张杨译,湖南文艺出版社2011年版,第140页。

社会公众在经济上是孱弱的，在力量上是分散的。但一人一票的政治选举和严格的权力监督机制却能在一定程度上促进政府对企业社会责任问题的关注，弥补公众经济力量的弱势，最终实现社会与企业的对等博弈。所以，有人说在美国，与经济上实行的市场经济相适应，在政治领域中则存在着政治市场。在经济市场，市民手中的货币是他们的选票，由他们来决定企业和产品在市场中的生死存亡。在政治市场，政治家的命运则由选民手中的政治选票来决定。① 这保证了政府权力的正确运行，促使政府成为社会利益的忠实守望者和企业社会责任的有效监管者。所以，政府或官员对每一次社会责任事件都高度积极和敏感，因为他们知道这是表现自己代表公众利益形象和捞取政治选票的绝好机会。

五、分权制衡：构筑企业社会责任多元监管与制衡体系

经历了英国殖民统治的痛苦经历的美国人有一种根深蒂固的信念，那就是对于权力集中的恐惧。"我认为必然有一个权力高于其他一切权力；但我又相信，当这个权力的面前没有任何可以阻止它前进和使它延迟的障碍时，自由就要遭到破坏。""当我看到任何一个权威被授予决定一切的权力和能力时，不管这个权威被称作人民还是国王，或是被称作民主政府还是贵族政府，无论这个权威是在君主国还是共和国行使，我都要说，这是给暴政埋下了种子，而且我将设法离开那里，到别的法制下生活。"② "只要立法权、行政权和司法权置于同一机关手中，不管是一个人、少数人还是许多人，不管是世袭的、自行委派的还是选举的，我们都可以公正地断言，这就是暴政。"③

既然政府权力难于把握，不如对它加以限制，或将权力尽可能私有化。出于对集权的担忧，对政府的不信任，对强大的英国政府统治仍心有余悸的美国人，在建国之初只给联邦政府保留了很少的有限权力，而将大部分权力都保留给各州和人民。美国宪法的每一条都代表着对集权的限制，它奠定了美国政治体系的基本框架，塑造了美国日常的政治生活。此外，美国宪法还鼓励权力的多边制衡，因为防止权力集中的最好手段就是用野心来对抗野心，用权力对抗

---

① 参见高新军《美国地方政府治理——案例调查与制度研究》，西北大学出版社2005年版，第36页。
② 参见（法）托克维尔《论美国的民主》，张杨译，湖南文艺出版社2011年版，第176页。
③ 参见（美）亚历山大·汉密尔顿、约翰·杰伊、詹姆斯·麦迪逊《联邦党人文集》，张晓庆译，中国社会科学出版社2009年版，第229页。

权力，使个人或团体所"规定的防御手段必须与受到的危险相称"[①]。所以，美国的政治权力被分散到广大人民中间，它为个人提供权利保障，保护个人自由，鼓励个人对自我利益的追求，鼓励个人自由地组成社会团体，自由地发表自己的见解。支持新闻媒体独立自由地宣传报道，同意地方政府宪法范围内的完全自治，允许法律许可范围的一切社会运动，等等。所以，在美国，任何一个人之所以有影响或受到尊重，并不在于他的权力有多大或自身能力有多强，而在于他能够将权力分散到各个单位，从而使整个组织变得灵活富于效率，使自己也变得精明强大。在整个社会中也是如此，社会权力被分散到许多的团体或组织中，并使任何一个组织都没有压倒一切的力量，又使每一个团体都能对其他团体产生直接或间接的影响。这种分权的结果之一，就是使任何社会力量，包括美国企业一开始就面临着来自社会的一系列强有力的反对者及潜在的批判和挑战，这些反对者包括消费者、劳工、新闻媒体、环境组织、人权组织、基金会、学者及研究人员等。

美国资本主义的高度发展曾一度打破这种权力均衡的格局。如19世纪最后20年，美国大企业如雨后春笋般地涌现出来。随着生产和资本的集中，垄断趋势日益加剧。正如1904年一位金融专家所写的："这两个巨大集团（指摩根和洛克菲勒财团）共同构成美国企业和商业生活的心脏，其他的则都是通过很多渠道渗入我们生活的动脉，使每一个家庭和村庄都感到它们的影响"[②]，极少数大企业垄断了国家的经济命脉，甚至影响或主宰了国家的政治生活，对社会生活也产生了极为深刻的影响。人们对公司权力的扩张产生了巨大的忧虑。在1914年，一项民意测验表明，59%的美国人认为，"少数富人和大公司掌握了过多的权力"[③]。在公众的推动下，反托拉斯运动随之兴起，美国政府先后于1890年颁布了《谢尔曼反托拉斯法》，1914年颁布了《联邦贸易委员会法》和《克莱顿法》等反垄断法。一旦企业被裁定有垄断嫌疑，将面临罚款、监禁、赔偿、强制解散、拆分等多种处罚。著名的案例如洛克菲勒石油公司1911年被肢解为34个独立石油公司，美国电报电话公司于1984年被分拆成专营长途电话业务的电报电话公司和7个地区性电话公司。微软于20世纪90年代被司法部提起垄断诉讼并支付巨额罚款。

---

① 参见（美）亚历山大·汉密尔顿、约翰·杰伊、詹姆斯·麦迪逊《联邦党人文集》，张晓庆译，中国社会科学出版社2009年版，第245页。

② 参见（美）艾伦·特拉登堡《美国的公司化——镀金时代的文化与社会》，邵重、金莉译，中国对外翻译出版公司1990年版，第40页。

③ George H, Gallup E D. The Gallup Poll: Public Opinion 1935 - 1971 [M]. New York: Random House, 1972: 277.

在美国，为了避免企业权力过于集中，企业与企业之间的各种内部联系或沟通协调也不被允许，尽管这种做法在英国、德国、日本等许多国家都被认为是很正常的事情。如果美国的公众听说，财富500强的几十家公司的总裁每月聚集到一起商讨合作战略，而对外又不泄露任何讨论的结果，必将引起轩然大波。[1] 企业与政府的合谋更为社会所禁忌，因为"美国的公众是如此不信任政府和企业，以至于官僚机构和企业领导之间的非正式沟通也常常会被解释成是在努力解决共同的问题，因而会被看成是反对公共利益的密谋"[2]。事实上，在这种权力高度分散、相互制约、利益对立的社会环境中，这种合谋也不一定能达到预期的效果。

由此可见，在美国高度分散和相互制衡的错综复杂的多元社会力量中，美国企业只是其中的一种。尽管企业自身的经济力量或影响力可能是巨大的，但由于受到来自社会多元力量的影响和制约，企业也不能为所欲为。这些制约力量或敌视势力可能来自于社会、政府，甚至竞争对手。在强势社会组织所包围和社会公众强烈的不信任环境中，美国企业对社会公众利益的处理必须小心翼翼，以避免来自公众的指责和干预，这种干预有时可能是致命的。自觉承担社会责任是其最好的选择。

六、权利至上：对权利的尊崇与敬畏推动全民维权的兴起

个人主义的基本特征，就是"把个人当作人来尊重，就是在他自己的范围内承认他的看法和趣味是至高无上的"[3]。这种思想起源于欧洲的文艺复兴和启蒙运动，其影响贯穿于美国人对美国大陆的开拓之中。从世界各地来到美国的移民，在美洲大陆上开荒拓土，都在追求自身权利，谋求个人利益。然而权利意味着义务，要维护自己的权利和利益，就要尊重他人的权利和利益，防止一种权利对另一种权利的侵害。大家只有平等相待、彼此相安、相互尊重、互惠互利才可能真正实现自己的目标。所以，对个人权利的尊重与敬畏是美国价值观的基本内容。美国在建国之初就废除了君权神权的影响，对政府的权利也加以限制，而将个人权利放到至高无上的地位，"独立宣言"明确宣布：

---

[1] 参见（美）乔治·斯蒂纳、约翰·斯蒂纳《企业、政府与社会》，张志强、王春香译，华夏出版社2002年版，第65页。

[2] 参见（美）乔治·斯蒂纳、约翰·斯蒂纳《企业、政府与社会》，张志强、王春香译，华夏出版社2002年版，第254页。

[3] 参见（英）弗雷德里希·奥古斯特·哈耶克《通往奴役之路》，王明毅等译，中国社会科学出版社1997年版，第21页。

第九章　企业社会责任的文化背景：以美国为例

"人人生而平等，造物主赋予了某些不可转让的权利，包括生命权、自由权和追求幸福的权利。"政府的权利来自于人民，保护个人权利就是政府存在的基本价值。

对个体权利的尊崇，对自我利益的追求，使美国人都具有自我维权的天性。维权的基本方式也不是坐等政府或企业去做正确的事情，而是直接行动。直率张扬的文化禀性使美国公众在企业社会责任问题上表现得更为直露，从不含蓄隐晦。为了维护自己的权利，他们总是"用粗暴的、十分朴实的、直奔主题的方式刺激他们所反对的人的情感，而不用道理让人悔悟，甚至不惜攻击人家的隐私，揭露他们的弱点和毛病"[1]。如 2010 年 2 月 6 日，丰田宣布汽车召回，美国消费者有关丰田"普锐斯"轿车的投诉迅速"飙升"，由之前的 124 份上升至 1120 份，涉及 34 起车祸、6 人受伤。[2] 美国消费者还向法院提起大量的诉讼，截至同年 2 月上旬，全美累计有 44 宗针对丰田的集体诉讼，估计涉及资金 36 亿美元。[3] 消费者田纳西州退休妇女朗达·史密斯还出席国会听证会，哭诉了自己 2006 年 10 月驾驶丰田雷克萨斯 ES 350 型汽车经历的生死考验。[4] 美国消费者对丰田汽车的购买意愿也迅速降低。2010 年丰田成了美国唯一一个销量负增长的品牌。事实上，2011 年 2 月美国国家公路交通安全管理局和国家航空航天局公布的调查结果表明，大多数丰田汽车事故的原因都是因为车主"错踩了加速踏板"——即司机踩了加速踏板误以为是在踩刹车，或者既踩加速踏板又踩刹车所导致的。[5] 然而"即使经销商和汽车制造商怀疑车主驾驶失误，因为害怕疏远客户，也不敢去直接责怪他们，或者避而不谈"[6]。

有组织地维权是美国公众维权的基本方式。由于权力被平等地赋予每一个

---

[1] （法）托克维尔：《论美国的民主》，张杨译，湖南文艺出版社 2011 年版，第 130 页。

[2] 参见罗茜《丰田汽车缺陷可能已致美 34 人身亡，投诉数量飙升》，新华网，2010 - 02 - 17，http://news.xinhuanet.com/world/2010 - 02/17/content_ 12997238. htm.

[3] 参见王进雨、黎史翔《丰田面临全美 44 宗集体诉讼，涉索赔金额 36 亿美元》，载《法制晚报》2012 - 02 - 18，http://news.sohu.com/20100218/n270287616. shtml.

[4] 参见马震《丰田消费者：哭诉与死神擦肩而过的噩梦》，载《新华每日电讯》2010 - 02 - 25 (006)。

[5] National Highway Traffic Safety Administration (NHTSA). U. S. Department of Transportation Releases Results from NHTSA – NAS：A Study of Unintended Acceleration in Toyota Vehicles [EB/OL]. (2011 - 02 - 08) 2012 - 05 - 18, http://www.nhtsa.gov/PR/DOT - 16 - 11.

[6] Kate L. Cause of Sudden Acceleration Proves Hard to Pinpoint [J/OL]. The Wall Street Journal. (2010 - 02 - 25) 2012 - 05 - 18, http://online.wsj.com/article/SB20001424052748703510204575085531383717288. html.

人，使大家平等到每个人都缺少与企业平等博弈的能力。但如果以个人利益为基础进行自由结社与横向联合，组成非政府组织或社会团体，则企业就不可能无视这种力量的存在。① 所以，在美国各种非政府维权组织数不胜数，成立这种组织不需要什么注册手续，只需向州政府提交一份组织章程，然后登记即可成立并展开活动。经商者可以加入商会，教师有教师工会，公务员有公务员工会，还有警察工会、环保组织、残疾人组织、动物保护组织、人权组织、消费者组织，等等。可以说，每个人都属于这些非政府组织中的一个，有的还是几个非政府组织的成员。② 这些组织有自己的利益倾向，通常可以用同一种声音与企业对话，促使企业保护公众的利益，积极承担对社会的责任。其中最为常见的就是消费者抵制购买运动，即消费者以拒绝购买的方式促使企业承担社会责任。例如，INFACT是一家世界性的消费者网络团体，已经组织了三次强有力的抵制购买活动。对于雀巢公司的抵制购买活动历经7年，到1984年才结束，迫使雀巢公司接受了改变儿童奶粉配方的要求。对于通用电气公司的联合抵制历经6年，到1986年结束，迫使公司不得不卖掉核武器生产设备。"在任何一个时间点上，美国都有不下几十起抵制购买的活动。"③ 所以，美国企业的社会责任行为更多地表现为对消费者压力的直接反应，这对具有广阔的市场、企业高度可见、企业产品具有强烈品牌标识的跨国企业尤为有效。④ 所以这也被称为"反应式"或"回应式"社会责任。

美国新闻媒体对维护公众的正当权利也起着积极的作用。在这个政治体制多元，市场竞争激烈和思想观念自由的社会环境中，主流媒体大多把自己扮演成公众权利的维护者和社会利益的代表者，以树立自己的公众形象和争取最大多数的读者和受众。他们一般都拥有雄厚的财力，经济上的自主使其能够顶住来自政府和企业的压力，独立地承担起权力监督者和公众利益代表的角色，甚至为了追求真相而不顾其政治与社会后果，这从对尼克松水门事件的报道中可见一斑。

美国政府对社会公众权利的保护也不余遗力。如在消费者权益保护方面，20世纪60年代和70年代，一个接一个的消费者法令在国会通过。消费者权

---

① 参见（法）托克维尔《论美国的民主》，张杨译，湖南文艺出版社2011年版，第26页。
② 参见高新军《美国地方政府治理——案例调查与制度研究》，西北大学出版社2005年版，第26页。
③ 参见（美）乔治·斯蒂纳、约翰·斯蒂纳《企业、政府与社会》，张志强、王春香译，华夏出版社社会2002年版，第100页。
④ Haufler V. A Public Role for the Private Sector: Industry Self-regulation in Global Economy [M]. Washington D. C., USA: the Brookings Institution Press, 2001: 70.

益一旦受到侵害，除启动司法程序外，还有严格的召回制度和高额惩罚性赔偿政策，罚款金额可以达到几亿乃至数十亿美元，足以让企业主倾家荡产。在丰田汽车事件中，美国政府甚至还提出了对丰田的刑事诉讼。美国国会也闻风而动，从2010年2月24日到3月2日先后举行了三次听证会，丰田公司总裁丰田章男被迫出席并接受质询。连美国媒体都有些质疑这一事件是不是已经超出了普通商业活动的底限，日本媒体则认为这是美国政府的阴谋。但主持听证会的众议院监督和政府改革委员会主席唐斯（Edolphus Towns）却表示，政府部门以及国会介入丰田事件是在行使正常的职能，因为美国公众的生命安全就是国家的最高利益。[①] 也就是说，政府只要是在维护公众的权利和利益就行了，即使事后证明这是过度反应或错误的也无所谓。

所以，在美国这个充满怀疑、向权威挑战的社会，在这个自由地表达对企业不负责任行为的不满、缺少容忍的社会，在这个对个人权利敬畏和全民维权的社会，放弃社会责任给企业带来的可能是致命的损失。没有比惹上社会责任问题更麻烦的事了。

第三节 研究结论

总之，美国文化中个人主义的价值观，特别是自由、自立、平等、分权、权利至上等核心价值理念，影响着社会公众对企业行为的价值判断，塑造了美国日常的经济、社会与政治生活，决定了企业社会责任模式的选择。在这种个人主义的文化背景下，一个自由竞争的市场体系，一个自主多元的市民社会，一个分权制衡的政治体制，看似缺少硬性的约束与严格的监督，却有效地保证了企业、社会、政府在各自的轨道上自由有序的运行。概括起来，美国企业社会责任模式具有如下几个特征。

一、美国企业社会责任是自由主义价值观的显性表现

个人主义价值观是美国文化的核心和基石，是美国在长期的历史发展中所形成的共同价值观念和行为准则，它包括了"自由、平等、自立、分权、权

---

① 参见孙卓《"道歉总裁"丰田章男听证会后潸然泪下》，载《中国贸易报》，2010-03-02（004）。

利至上"等核心价值理念。这些价值理念深深地植根于美国经济、社会及政治生活之中，指导着人们的价值判断与行为选择，铸就了美国特定的经济、社会与政治运行机制，在深层次上约束和塑造了美国企业的行为范式。在这种个人主义的文化背景下，社会个体自主平等、政府有限干预、企业自由竞争、社会责任行为是企业基于自身利益而进行的自主选择。在美国独特的文化背景下，这种看似自由而缺少约束的社会责任模式却有效地保证了企业承担起自己的社会责任。如果企业行为违背了自由、民主、分权等价值理念及公平、正直、诚实、友爱等普世价值观，偏离了美国文化中的永恒价值观念，企业行为与核心价值观之间的张力必然引发社会多元力量对企业的怀疑、批判和直接干预，这种干预是有力的，有时甚至是致命的。作为社会的子系统，企业不可能长期游离于既有的社会价值观之外。企业被迫适应社会的期望，调整自己的行为，承担对社会的责任，以获得社会的认可与支持，这也是企业存在和发展的唯一选择。

二、自主成熟的市民社会是驱动美国企业社会责任的主体

自立自主及权利至上的价值理念成就了美国公众自主维权的天性，而基于个人利益的横向联合及自由结社，又增强了美国公众的维权能力，主权在民及分权制衡的价值理念，又使美国形成了"大社会—小政府"的社会结构。从而，一个独立于政府之外的、具有一定自主权的多元市民社会构成了美国企业社会责任治理的主体，这个多元社会领域包括有强烈维权意识的社会公众、各种各样的非政府组织、自由独立的新闻媒体等。一方面，他们通过直接干预的方式，或利用手中的"货币选票"，促使企业将对公众利益的考量纳入与市民社会的市场交易行为之中，推动企业竞争从传统的价格、产品、服务向更高端的社会责任竞争方式升级。另一方面，他们还通过间接干预的方式，利用手中的"政治选票"，促使政府成为社会利益的忠实守望者和企业社会责任的有效监管者，积极地承担起监督企业社会责任行为的职能。市民社会正是通过这种直接干预与间接干预、硬约束与软约束的方式促使企业切实承担起自己的责任。

三、自由竞争的市场机制是美国企业社会责任的基本动力

美国企业社会责任模式是以自由竞争为基础、以社会治理为主体、以自愿选择为手段的治理模式。政府较少干预企业的社会责任行为选择，而主要是采用市场机制，通过企业对消费者"货币选票"的自由竞争来迫使企业将社会

责任内化于与市民社会的市场交易行为之中。即对企业社会责任行为较少采用事前威胁或行政监管，而更注重正面激励并关注企业的未来行为，并采用事后严厉制裁违背者的方式来推动企业承担社会责任。[1] 与欧洲将企业社会责任纳入法律政策框架而使企业按部就班的生硬模式方式相比，它更多地保留了市场经济的自由主义内核，有利于企业的创新创造，使美国企业成为世界上最具竞争力的群体。同时也避免了严格政府监管下的信息不对称及官僚主义所带来的治理与谈判的高昂成本、政府权力的膨胀、贪污腐败及巨额的财政负担等问题。而与纯粹自由主义的市场经济模式相比，它又强调了对企业社会责任问题的关注，通过市民社会的干预来避免自由主义市场经济可能带来的严重的社会责任问题甚至社会危机。从企业来看，为了避免政府新的监管或实施硬性措施，它们通常也乐于自愿承担社会责任。[2][3] 这种社会责任的治理模式不仅有效，而且成本更低，是未来企业社会责任治理的发展方向。

四、美国企业社会责任的治理模式并不适用于所有国家

美国企业的社会责任治理模式为其他国家企业社会责任问题的治理提供很多可资参考与借鉴的地方。但美国企业社会责任的治理模式与其独特的个人主义文化背景，及其相应的社会结构与政治体系密切相关。如果忽略了美国企业社会责任模式赖以生存的文化社会背景，认为这一模式天然地适用于所有的国家，或者认为它是治理企业社会责任问题的灵丹妙药则必然带来一系列的问题。库兹涅佐夫等人（Kuznetsov, et al）[4]认为，企业社会责任的理论、概念和思想主要源于较强制度环境的市场经济国家，监管是有效和公平地执行的。制度环境薄弱的国家，加上执法武断、官僚的随意性、产权的不安全感和腐败等，企业社会责任可能会被完全扭曲。美国企业社会责任治理模式的背景条件包括其个人主义的文化价值观、自由主义的市场经济体系、自主强大的市民社会及其对企业社会责任行为的制裁与激励、公共权力对社会利益的驯服、政府

---

[1] Ayres I, Braithwaite J. Responsive Regulation: Transcending the Deregulation Debate [M]. New York: Oxford University Press, 1992: 35-40.

[2] Reich R. Supercapitalism [M]. New York: Knopf, 2009: 190-195.

[3] Bartley T. Standards for Sweatshops: The Power and Limits of the Club Approach to Voluntary Labor Standards [M]. Cambridge: MIT Press, 2009: 119.

[4] Kuznetsov A, Kuznetsova O, Warren R. CSR and the Legitimacy of Business in Transition Economies: The Case of Russia [J]. Scandinavian Journal of Management, 2009: 25 (1): 37-45.

更强的执法能力等等,这些条件在很多国家并不存在。罗伊(Rooij)[①] 对哥伦比亚、菲律宾和墨西哥等的研究表明,以市场为基础、由社会实施和企业自愿选择的治理模式在这些国家不太可能成功,因为这些国家缺乏有效的监督检查能力和执法体系的支撑。

---

① Rooij B V. Greening Industry without Enforcement? An Assessment of the World Bank's Pollution Regulation Model for Developing Countries [J]. Law and Policy, 2010, 32 (1): 127 – 152.

第十章 中美企业社会责任比较研究：背景依赖的视角

中美两国的企业社会责任治理存在较大的差异。根据英国慈善援助基金会（CAF）发布的《2011年全球捐助指数》报告，在153个受访国家中，美国的慈善倾向和捐助指数位列榜首，中国大陆排名第140位。美国每年通过各类基金会做出的慈善公益捐助达到了6700多亿美元，占到国民生产总值的9%，名列全球第一。[①]"在巨富中死去是一种耻辱"是许多美国企业领袖的座右铭。相比之下，2012年我国接收国内外社会各界的款物捐赠总额为817亿元，仅占我国GDP的0.16%，为美国捐赠总量的4.22%，并已连续两年下降。[②] 国内99%的企业都从未有过慈善捐赠记录。从公司治理来看，近十多来，美国企业的公司治理指数也迅速上升，已居全球首位。美国的近万家上市公司发生财务丑闻的屈指可数。[③] 而在中国，企业社会责任事件层出不穷，上市公司做假造假屡见不鲜。并且，越是在美国这样的发达国家，企业越是广泛地承担社会责任，越是在像中国这样迫切需要企业社会责任的国家，企业社会责任越是普遍缺失。许多在美国是践履企业社会责任楷模的跨国公司，一到发展中国家就放弃社会责任，或实施社会责任双重标准。通过中美企业社会责任的比较研究可以较好揭示这一现象的成因，并寻找中国企业社会责任治理的有效途径。

美国是企业社会责任理论的发源地，也是企业社会责任研究最系统深入的国家。在国际企业社会责任的研究中，大多数文献都来自北美、欧洲、澳大利亚等发达国家，主要是以美国为社会背景。[④] 20世纪90年代以后，国内众多的学者也开始从企业行为、政府管制、法律监管等不同视角研究如何借鉴美国

[①] 参见文炳洲《社会责任、核心价值与企业国际竞争力》，载《经济问题》2006年第8期，第45～46页。

[②] 参见杜啸天《我国慈善捐赠额连续两年下降》，载《南方日报》，2013-09-22（004）。

[③] 参见樊文艳《中美内部控制之差异比较》，载《财会月刊》2007年第4期，第80～81页。

[④] Jamali D, Mirshak R. Corporate Social Responsibility (CSR): Theory and Practice in a Developing Country Context [J]. Journal of Business Ethics, 2007, 72: 243-262.

企业社会责任的理论与实践①②。然而，所有这些研究忽略了中美社会背景的巨大差异。根据背景依赖理论，企业社会责任是由其赖于依存的社会背景所决定和塑造的。③ 一种企业社会责任的理论与实践在一种社会背景下可能是有效的，但在另一种社会背景下可能就会被完全扭曲。④ 一种企业社会责任实践在美国的标准和价值观下可能运行得很好，但一到中国就变成了供应链企业、影子公司，甚至地方政府一起合谋造假，共同应对跨国企业社会责任查厂的现象。⑤ 所以结合中美两国的社会背景，特别是更深层次的民族文化，可以更深入地了解中美企业社会责任行为的差异。

霍夫斯泰德（Hofstede）⑥认为，在世界各国的民族文化中，价值观和精神文化是最核心、最本质的决定因素。中华民族和美利坚民族在长期历史发展中，形成了各自的价值观和精神文化。个人主义通常作为美国文化的核心，集体主义作为中国文化的核心，二者形成了相互对立的概念范式。⑦ 正是个人主义与集体主义文化价值观的差异，影响了中美两国社会公众对企业社会责任的期望、态度的不同，以及政府监管模式的差异，进而决定了企业社会责任行为选择的差异。

基于以上分析，本章试图从背景依赖理论的独特视角，通过文献研究的方式，从中美文化价值观出发，探讨中美社会背景与政治背景的差异及其对企业社会责任行为的影响，系统分析中美企业社会责任行为差异的文化、社会与制度根源（见图10-1）。

---

① 参见胡泳《美国增加企业社会责任的经验》，载《中外管理》1997年第9期，第37～39页。
② 参见张乐新《论公司社会责任的国际践行与我国的实现路径》，载《求索》2012年第10期，第179～180页。
③ Chapple W, Moon J. Corporate Social Responsibility in Asia: A Seven Country Study of CSR Website Reporting [J]. Business and Society, 2005, 44: 415-441.
④ Kuznetsov A, Kuznetsova O, Warren R. CSR and the Legitimacy of Business in Transition Economies: The Case of Russia [J]. Scandinavian Journal of Management, 2009: 25 (1): 37-45.
⑤ Power C. The Burden of Good Intentions [J]. Time, 2008, 23: 45-50.
⑥ Hofstede G. The Cultural Relativity of Organizational Practices and Theories [J]. Journal of International Business Studies, 1983 (2): 75-89.
⑦ Christopher E P. Social Loafing and Collectivism: A Comparison of the United States and the People's Republic of China [J]. Administrative Science Quarterly, 1989, 34 (4): 565-581.

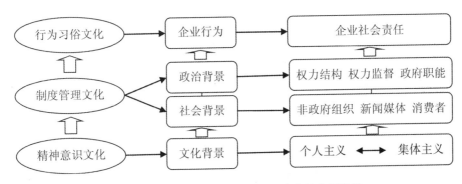

图10-1 基于文化维度的企业社会责任背景依赖

第一节 中美企业社会责任的文化背景：个人主义与集体主义

美国个人主义的文化价值观与中国的集体主义的文化价值观有着不同的历史渊源与文化内涵。他们深深地植根于两国的民族文化和意识形态之中，影响着公众的价值判断，塑造了企业社会责任行为的不同范式。

一、美国个人主义价值观的历史渊源

美国的个人主义或自由主义是在反对王室和贵族权威的斗争中逐步形成的，是反对封建道德和宗教禁欲主义的思想武器，是一种具有巨大意识形态意义的象征性口号。它包含了天赋人权学说、自由奋斗的信念和"美国梦"中的所有理想，甚至成了美国人民族认同的象征。在美国人看来，个人主义是一种近乎完美的品德，它代表着个体的权利、价值、尊严、利益，强调个体自由和个性解放，强调自立、自主、自强，要求自己掌握自己的命运，自我思考、自主抉择，而不应受到政府、社会和其他个人的束缚和干预。

个人主义强调自主奋斗。早期欧洲移民来到北美大陆时，面对的是一个沉寂、神秘的世界，他们必须依靠自己的个人努力与自我奋斗来实现自己的目标。出生于法国的美国作家克雷夫科尔①写道："从无到有，白手起家；从仆

---

① Crevecoeur. Letters from an American Farmer [M]. New York: Penguin Series, 1981: 83.

人变为主人；从某个专制王公的奴隶变为自由人，拥有自己的土地，得到社会的祝福！这是何等的巨变！由于这种巨变，他就成了一个美国人。"在这里，克雷夫科尔把美国人看作是一种自我奋斗、追求解放、独立不羁的个人。

个人主义强调个体责任。新教教义中说："每个人都是独立的实体，都是上帝按他自己的形象造的，每个人都必须亲自认识上帝，承担自己的责任。"这种强调个人责任的加尔文教义，成为美国文化中最为重要的价值理念。在1995—1997年对"福利责任是个人还是国家"这一项世界价值观的调查中，在被调查的48个国家中，强调责任在个人者，最多的是瑞士人，其次是美国人。[①] 在美国人看来，机会对于每个人而言都是均等的，个人的成功取决于自己的工作能力和奋斗努力。如果遭受失败，主要的责任也在于自己。

美国的个人主义价值观念汇合成一股追求自主、独立、平等和个人负责的观念文化。这些观念文化也形成了美国社会主流的价值观念，影响到经济、政治、文化等各个方面。表现在经济上倾向于自由市场经济、反对国家的干预、政府垄断；在政治上强调权力制衡，强调民主意识；在文化上倾向多元化，宣扬个人自主意识。所以，在这种社会背景下，美国人将各种社会责任问题如贫困、医疗、失业更多地看成是个人的问题，应该通过市场来运作，让自己来承担责任。

二、中国集体主义价值观的历史渊源

中国集体主义文化源于中国古代的自然经济及根深蒂固的儒家学说。在中国古代自给自足的自然经济条件下，家庭成为基本的生产单位和权利主体，生产资料和财产归家庭所有，个人依赖家庭，丧失了自己的财产权和独立人格。并由家庭延伸而成国家，即"家国同构"，家族是家庭的扩大，国家则是家族的延伸，家是小国，国是大家，从而形成了以血缘—宗法为基础的等级制社会。与此相对应，儒家学说提倡"君君臣臣父父子子"，强调一家之人，听命家长，一国之人，听命国君。家国吞没个人，个人的主体性在家—国同构中遭到全面的消解。这种血缘—宗法的等级社会加上儒家伦理道德的强化和规范，使中央集权在中国延续了数千年。新中国成立之后，经过了"社会主义改造"、"大跃进"、"人民公社化"、"文化大革命"，中国基本上变成了马克思设想的"社会大工厂"和列宁的"国家辛迪加"模式，个人从属于单位，单

---

① 参见（美）塞缪尔·亨廷顿《我们是谁？——美国的国家特性面临的挑战》，程克雄译，新华出版社2005年版，第60页。

位从属于政府，全体公民都成了国家的雇员。政治立场或政治服从成了衡量个体价值的最高标准。改革开放以后，市场和企业首先从政治国家的控制中解放出来，国家对社会领域的控制也逐步放松，一些非政府组织开始发展，但总体上说，政府的权威与控制力依然非常强大。①

中国集体主义的价值观强调整体价值而否定个体权利。所以，在中国历史上，个人从来就不是独立存在的主体，而只是家庭、社会等复杂的关系网中的一个纽结。正如梁漱溟所言："在中国思想上，所有传统的态度总是不承认个体的独立性，并把人当作依存者。"② 这种以群体利益为本位，否定个体权利的价值观，使对权威的服从，对国家的依赖深深地内化于社会公众的共同意识之中。在群体价值取向下，中国人提倡凡事以社会、集体利益为重，个人利益应该融入集体利益、必要时可以牺牲个人利益。托克维尔曾对这种社会结构下的公众进行过描述："他们对当地的命运漠不关心，对国内发生的一些重大事情也只是听说谈及而已。更有甚者，对当地学校的建设、街道的治安、道路的修建都无动于衷，应该由强大的第三者——政府去加以管理。他们如果幸运的话，可以享受这些福利，但却无权规划和建设，也没有进行保养和改进的动力。这种麻木不仁的态度，以致自己的利益也遭到损害时，也没有信心去排解消除，而是坐等政府来救援。"③

三、中美文化价值观对企业社会责任的影响

美国的个人主义价值观强调个人的权利和自由，也强调个人责任与自我奋斗。如果一个人要想融入美国的主流社会——有权力和受尊重，他就必须是一个自立自强的人。与此相对应，集体主义被看成是中国文化的核心价值观，集体主义重视整体价值而否定个体权利，强调权威和服从，崇尚统一与和谐，认为国家重于家庭，群体重于个人，对权威和集体的服从是个体存在的基础和前提。

由于两国文化价值观念的差异，导致中美两国社会形态及其对企业社会责任治理模式选择的差异。美国文化对个人权利的尊崇，对政府权力的警惕，使美国形成了一种"大社会—小政府"的社会结构。所以，在美国，一个独立于国家之外的，成熟强大的市民社会成为美国企业社会责任的主要动力。社会

---

① Jiyun W, Kirk Davidson D. The Business – government – society Relationship: a Comparison between China and the U. S. [J]. Journal of Management Development, 2011 (1): 112 – 125.
② 梁漱溟:《中国文化要义》，三联书店1987年版，第36页。
③ （法）托克维尔:《论美国的民主》，张杨译，湖南文艺出版社2011年版，第64页。

公众对自我利益的维护和对企业社会责任问题的干预意识很强，而不是把企业社会责任仅仅看成是政府的责任，或是坐等政府或企业来解决问题。对企业社会责任问题也主要是通过社会公众和社会组织对企业社会责任行为的制裁与激励来化解，政府相对来说则处于后台。而中国文化对整体价值是强调，对权威的服从，对政府干预的路径依赖，使中国形成了一种"强政府—弱社会"的社会结构。市民社会先天发育不良，缺少有组织的社会力量。公众对各种问题，包括企业社会责任问题的惰性与依赖心理较强，认为治理企业社会责任问题是政府的职责，应该通过强大的、无处不在的政治干预与行政监管来化解企业社会责任问题，企业承担社会责任的压力也主要来自于政府。企业社会责任问题的加剧也自然地归咎于政府监管的缺失。

第二节 中美企业社会责任的社会背景：大社会与弱社会

除文化因素外，中美市民社会及其社会结构的差异也是影响企业社会责任的重要因素。市民社会也被译为"公民社会"，通常指一些正式或非正式的组织在家庭、国家、市场以外所占据的空间。市民社会的活动主体是各种各样的非政府组织。在欧美国家的企业社会责任都是由各种各样的非政府组织所推动的。

一、中美不同社会结构的历史渊源

中国"强政府—弱社会"的社会结构与美国"大社会—小政府"的社会结构都是中美两国历史发展的结果，与中美两国民族文化与价值观念密切相关。

（一）美国"大社会"的文化根源

在美国，个人主义或自由由主义是占据主导地位的意识形态。在这种观点看来，个人与国家分立的，甚至对立的，国家的权力多些，个人的权力就少些。美国学者布洛维就提出："公共社会学拒绝与市场和国家的共谋。"[①] 在这

[①] （美）布洛维：《公共社会学》，社会科学文献出版社2007年版，第59页。

种观点看来,一个独立于国家之外并具有抗争和制衡力量的社会,完全能够自主、自治、能动的社会,是解决现代社会一切问题的一剂良药。

美国人钟情于市民社会与非政府组织还与其历史发展密切相关。早年世界各地的移民来到美洲,这里没有国家,没有政府。当需要处理共同面临的各种问题时,大家只有建立志愿组织来谋求共同利益,这样就自发产生了教育、治安、工商、消防等各种各样的非政府组织。也就是说,在美国,社会存在于国家之前,非政府组织形成于政府之前。所以,即使在政府产生之后,美国人依然认为志愿性组织的广泛存在才是实现自己利益的最好保证,而对政府采取了一种警惕和不信任的态度。为了防止国家力量的过度介入使非政府组织官僚化,进而损害个人自由,他们以宪法的形式,赋予了非政府组织较大的行动权利,限制了国家力量向市民社会的渗透,从而形成了一个不受国家力量控制的广阔的社会领域。

非政府组织的发展是成熟市民社会的标志,强势市民社会又为非政府组织的发展提供支持,这些支持包括资金捐赠、物资捐赠、人力贡献等,从而能够使非政府组织不依靠政府就能够生存并实现其宗旨。所以许多非政府组织甚至表现出对于政府资助的"不屑"或主动拒绝政府提供的支持。因为接受政府资助越多,就意味着更多的政府干预,那么社会组织的独立性和自由空间将受到很大的限制。而社会组织能够整合且有效反映公民个体的利益诉求,从而以批判或与政府协商等方式使公民利益和公民诉求得以实现的前提,就是非政府组织必须独立于政府,以确保其忠实于社会利益,而不会被利用、官僚化。

(二) 中国"弱社会"的文化根源

在儒家"大一统"思想影响下,"统一"和"稳定"成为中国文化的核心价值理念。长期以来,中国人追求"相安无事"、"和谐相处"、"长治久安",甚至追求"书同文,车同轨,行同伦"的社会景象,对派别纷争与分裂动荡极为反感。而中国传统观念中社会组织的发展又总是与结党营私、社会动乱相联系,所以,出于对社会稳定的考虑,中国传统上对社会组织、自治团体的设立一直保持着一定的警惕与疑忌,中国自古以来也几乎没有独立合法的社会组织。尽管当前我们一直在强调,国家应该为非政府组织的发展提供制度支持,降低非政府组织设立的门槛,但事实上上层领导对社会组织的发展态度并不积极,也不希望社会组织过度的独立与活跃。

从历史发展和社会体制来看,中国几千年来实行的是中央集权的政治体制。强势的国家权力几乎衍生到社会的每个角落,社会成员呈现出的是一种臣民生存状态。社会与个体不仅是专制权力的附庸物,还身受宗法道德的严格束缚，完全依附于国家和政府，国家主导一切，国家与社会的关系更多的是一种共生关系，根本不存在国家、社会的二元划分。所以，在中国人的传统意识中，国家和政府代表的就是"公"，社会组织代表的就是"私"，从而造成了对非政府组织的不信任，甚至视非政府组织为异端。新中国成立后，我们实行的是中央集权的计划经济体制，并通过"单位制"等政策措施将社会完全纳入国家权力的支配当中，国家几乎完全吞噬了社会。所以，对于中国而言，个体性格和权利意识都处于一种极度匮乏的状态。在这样的环境下代表着公民自我权利意识的非政府组织的发展也就没有任何的空间。

总之，与美国相比，中国缺乏非政府组织发展所必需的公民意识、自治意识、契约精神、公益观念等文化背景，中国非政府组织的发展缺乏必要的文化支持。

二、中美企业社会责任的社会背景比较

一个社会的企业社会责任主要取决于社会与企业的力量博弈，消费者、非政府组织、新闻媒体等社会压力直接决定了企业社会责任行为的选择。

（一）中美非政府组织与企业社会责任

1. 美国非政府组织与企业社会责任

受个人主义或自由主义价值观的影响，美国在建国之初就确认了公众自由结社的权力，认为这是制约政府权力和实现多元民主社会的保障。因为这种以个人利益为基础进行的自由结社与横向联合，可以将政治上分散、经济上弱势的社会公众团结起来，真正获得与企业和政府平等博弈的地位和能力。所以在美国，以个人利益为基础的自由结社相当普遍，任何非政府组织只需向州政府提交一份组织章程，然后登记即可成立并展开活动。经商者可以加入商会，教师有教师工会，公务员有公务员工会，还有警察工会、环保组织、残疾人组织、动物保护组织、人权组织、消费者组织，等等。可以说，每个人都属于这些非政府组织中的一个，有的还是几个非政府组织的成员。[①]

在美国，美国政府和非营利组织之间的关系是一种平等的战略伙伴关系。美国政府依赖于非营利部门去执行各种公共服务项目，政府大约一半的卫生、教育、福利服务通过社区为基础的非政府组织来执行。除了政府，非政府组织

---

① 参见高新军《美国地方政府治理——案例调查与制度研究》，西北大学出版社2005年版，第26页。

的发展所需的资源更多的来源于社会、个人和企业。2003年，美国人民捐赠了2410亿美元给慈善组织或公益组织，其中83%由个人捐赠（包括遗产捐赠），11%来自基金会，6%来自法人机构。非政府组织的活动事实上是个人、企业、政府、非政府组织互惠协作的结果，成本极低却效率极高。如企业愿意持续地为非政府组织提供捐赠，因为政府为企业的慈善行为提供了税收优惠；社会个人也志愿参与非政府组织的活动，是因为个人志愿参加社会责任活动的记录是其学习、就业、工作的基本要求，也是其获得各种优先的基本条件；政府也愿意通过外包、补助、抵用券、减免税等方式将一些公共服务转移给非营利组织，因为它可以使政府从包揽社会事务的重负中解脱出来，主要发挥监督者和设计者的作用，同时提高了公共服务的水平和质量。[①]

非政府组织是推动企业承担社会责任的主体，他们会采用各种各样的策略，包括谈判、写信、演讲、向立法机构和有关部门请愿、发起研究项目以及编辑出版有关观点。有些行动主义者则运用法律诉讼来反对企业，或借助于其他各种手段扰乱公司经理及其家庭的生活，如派人在他们家外站岗放哨，以及在他们子女所在的学校游行示威，及干扰他们的教堂礼拜，等等。[②] 他们甚至联合起来，组织或发动大规模的环保运动、劳工运动、人权运动、消费者运动等。自20世纪60年代末以来，正是由于美国非政府组织的迅速发展及强烈推动，美国企业的社会责任水平不断提升。

2. 中国非政府组织与企业社会责任

改革开放以后，中国对社会的控制开始放松，政府在非政府组织的设立、运行、资金等方面都给予了大力的扶持，许多独立或半独立的大量非政府组织或民间社团开始出现，并对企业社会责任的提升产生了积极的推动作用。但中国非政府组织的发展毕竟处于起步阶段，许多限制非政府组织发展的制度因素依然存在。如《社团登记管理条例》中规定社会组织必须找到能够为其"担保"的政府部门做其娘家，才能够赋予其合法地位。非政府组织登记管理上的双重许可制度、年度检查制度、请示报告制度等一系列制度性障碍使得非政府组织的发展面临着注册困境、定位困境、资金困境、知识困境、人才困境、信任困境等多重困境。事实上大量的社团组织由于缺乏有效的融资途径现在仍主要依靠政府的财政支持。除了提供资金支持外，很多非政府组织还直接从政府内部分化而来，一些非政府组织的干部直接来源于业务主管部门的派遣和任

---

① 参见丁元竹《对美国社会管理体制的考察》，载《中国改革》2005年第11期，第70～72页。
② Koennenn C. Attack of the Anti – Far Man [N]. Los Angeles Times, 1995 – 05 – 04：E1.

命,或者由组织负责人提名并得到业务主管部门的批准。① 非政府组织这种"半官半民"的双重性特征,导致非政府组织在企业社会责任活动中公民参与不足,民间独立性、志愿性不足等,偏离了非政府组织的本质特征要求。② 有人说,如果严格按萨拉蒙的五项特征,即组织性、民间性、非营利性、自治性和志愿性来衡量,中国几乎没有"符合标准"的非政府组织。

在现实中,许多非政府组织的大部分活动都是在政府的安排或者是指导、监管下完成的,带有浓厚的行政色彩,很多时候不仅没有代表其成员实现其利益诉求,反而充当了政府利益的代言人,甚至被贴上"政府部门"的标签。这样的社团或非政府组织所构成的公民社会事实上是一个政府主导型的公民社会,是对政府具有高度依赖性的社会。③ 难以实现对企业社会责任行为的自主监管。此外,非政府组织本身也存在种种问题,如缺乏诚信和公信力、管理混乱、资金不足、人才缺乏等,从而导致非政府组织在企业社会责任问题上缺少主动性与积极性,没有发挥其应有的监督与推动作用。

市民社会的极度幼稚,非政府组织的不发育,使政府成为中国企业社会责任监管的单一主体。而国家与社会进行沟通对话的中间阶层——非政府组织的缺位,社会问题与环境问题的日益严峻,又导致人们对国家的不满与"造反"心理,加剧了国家与社会的矛盾与冲突。

(二) 中美新闻媒体与企业社会责任

民族文化背景的差异,直接决定了中美两国新闻媒体在企业社会责任问题上的价值取向和报道方式的不同。

在美国,自由民主、保障个人权利早已内化为公众与政府的共同理念,新闻自由正是这一理念的重要体现和保障。杰弗逊总统甚至指出:"如果由我来决定是要一个没有报纸的政府,还是要没有政府的报纸,我会毫不犹豫地选择后者。"④ 即把媒体的地位放在了政府权力之上。因此,在美国出版报纸杂志相当自由,几乎不受什么审查,只要你能争取受众生存下去。美国新闻媒介也高度发达,并一直被视为继行政、立法、司法后的"第四种权力"。在这个政治体制多元、市场竞争激烈和思想观念自由的社会环境中,公众的选择和信赖

---

① 参见邓国胜《非营利组织评估》,社会科学文献出版社2001年版,第48页。
② 参见刘亚娜《我国慈善事业发展中的政府作用分析——基于中美比较的借鉴与启示》,载《中国行政管理》2008年第8期,第91~95页。
③ 参见何增科《"中国公民社会组织发展的制度性障碍分析"》,天益网,2007年1月25日,http://www.tecn.cn/data/detail.php?id=13027。
④ 美国大使馆文化处(编译)《美国政府简介》,1981年版,第89页。

是媒体生存的基础,衡量媒体行为的标准也主要是公众尺度而不是政治或政党尺度。美国主流媒体大多拥有雄厚的财力,经济上的自主使其能够顶住来自政府和企业的压力,独立地承担起权力监督者和公众利益代表的角色。新闻工作者的道德规范也多强调社会责任和公众利益,通常为了追求真相而不顾其政治与社会后果,这从对尼克松水门事件的报道中可见一斑。在具体的社会责任事件的报道中,受基督教"原罪"文化和"个人主义"价值观的影响,美国媒体热衷于负面报道,挖掘丑闻,着力报道个体受害者的心声,呈现的是鲜活的个人形象。并且,对政府或企业的批判经常占很大比例。在西方,每年普利策新闻奖大都颁给了"报忧"的新闻。①

在中国,"家国同构"的政治规范"使传媒习惯于用同一的视角关注同一重大问题,对国之重要便是对社会之重要,政治意义之重大便是新闻价值之重大"②。所以,我国宪法虽然也规定了言论、出版、集会、结社的自由,但新闻媒体被明确要求必须服务于国家的价值观,必须坚持中国共产党的领导,服务于执政党的需要。改革开放以来,我国政府对新闻传媒直接政治控制的模式开始改变,对传媒的管理总体上表现为"稳住一头,放开一头",对政治宣传的管理仍严密而微观,而对产业发展如广告经营等,很大程度上则是进行宏观调控。中国传媒不再仅仅是政治控制的工具,而开始在一定程度上、一定范围内反映社会的要求,表达和整合社会的呼声。③ 但总体来看,我国的大众传媒都为政府所有,政府意志在很大程度决定着新闻媒体的行为方向,舆论监督作用的发挥严重依赖于行政首长的态度或意志,行政权力介入过多成了我国新闻舆论监督特有的景象。"稳定压倒一切"、"弘扬主旋律"的政治目标,及中国文化中"整体价值优先"、"和为贵"、"中庸"思想的影响,使"正面宣传为主"、"报喜不报忧"、粉饰太平实际上已经成为我国新闻界的一贯做法。在具体的企业社会责任事件的报道中,则尽量淡化对灾难性事件的报道,或通过"负面新闻正面报道"的方式,避免社会公众中不良情绪的扩散。尽量减少对社会责任事件中受害个体的报道,而着力于描述人民群众与灾难做斗争的乐观精神,及党和政府如何带领群众战胜灾难的正面形象,以达到人定胜天和团结奋斗的正面宣传作用。④

---

① 参见李兰青《中国新闻媒介与中国传统文化》,载《新闻采编》2004年第3期,第20~21页。
② 黎信、曹文秀选编:《西方新闻作品选读》,中国广播电视出版社1984年版。
③ 参见杨蕾《略论舆论监督与政治文明建设》,载《法制与社会》2006年第9期,第150~151页。
④ 参见孙丽娟《探析文化因素对中外灾难新闻报道的影响——以〈人民日报〉和〈纽约时报〉为例》,载《新闻传播》2009年第4期,第24~29页。

很显然，与中国媒体中集体主义、乐观中庸的价值取向，以及政府权力的深度渗透相比，美国个人主义的、直率张扬的新闻文化及其权力监督者的角色定位，对促进企业和政府承担社会责任更具警示与监督作用。

（三）中美消费者与企业社会责任

自立自主及权利至上的价值理念使美国消费者具有较强的社会责任意识。特别是第二次世界大战以后，美国消费者的财富积累水平迅速提升，消费者对企业的社会责任成本进行额外支付的能力与意愿都不断提高。大部分的消费者愿意为企业的社会责任投资支付更多，如大学生买运动鞋时会看看鞋上有没有贴"负责任的企业"的标签，消费者会以远高于市场的价格购买一杯星巴克"有社会责任的咖啡"，[1] 这使企业的社会责任投资在美国变成了有利可图的事情。有责任的企业如强生、可口可乐、IBM、3M、施乐等，在20世纪50年代到90年代的年增长率达到11.3%，而同期道琼斯行业平均增长水平约为6.2%。[2] 并且，对个体权利的尊崇，对自我利益的追求，使美国消费者都具有自主维权的天性。直率张扬的文化禀性也使消费者在企业社会责任问题上表现得更为直接，从不含蓄隐晦，总是"用粗暴的、十分朴实的、直奔主题的方式刺激他们所反对的人的情感，而不用道理让人悔悟，甚至不惜攻击人家的隐私，揭露他们的弱点和毛病"[3]。2009年丰田"普锐斯"轿车因刹车故障致人死亡后，消费者对丰田汽车的投诉一下子上升了近10倍，达1120份，集体诉讼的索赔金额达到30多亿美元。消费者还经常通过消费者抵制购买运动进行有组织地维权。"在任何一个时间点上，美国都有不下几十起抵制购买的活动。"[4] 所以，美国企业的社会责任行为更多地表现为对消费者压力的直接反应，这对具有广阔的市场，企业高度可见、企业产品具有强烈品牌标识的跨国企业尤为有效。[5]

中国集体主义的文化更多地表现为一种内向型、折中型的文化，儒家思想

---

[1] 参见刘军《期待一杯"有社会责任感的咖啡"》，载《中国计算机用户》2005年第31期，第24~28页。

[2] Margolis J D, Walsh J P. Social Enterprise Series No. 19 – Misery Loves Companies, Whither Social Initiatives by Business? [M] Harvard Business School Working Paper Series，No. 01 – 058，2001.

[3] （法）托克维尔：《论美国的民主》，张杨译，湖南文艺出版社2011年版，第30页。

[4] （美）斯蒂纳·乔治、斯蒂纳·约翰：《企业、政府与社会》，张志强、王春香译，华夏出版社2002年版，第100页。

[5] Haufler V. A Public Role for the Private Sector：Industry Self – regulation in Global Economy [M]. Washington D. C.，USA：the Brookings Institution Press，2001：70.

主张从内部调节，而不是外部索求中去寻找满足，在社会关系中追求和谐与中庸，要求在不损害基本原则的前提下，使自己和别人都过得去，要有节度，不走极端，不造成群体内部的激烈对抗以致破裂。① 所以，中国消费者对企业社会问题要谅解宽容得多。如针对 2010 款的普锐斯车型的投诉在美国达 1000 多起，但丰田（中国）的一名联系人说，他们没有听说过中国的普锐斯用户有相关投诉或事故报告。② 2010 年丰田在美国是唯一一个销量负增长的品牌，但在中国依然收获了靓丽的销售业绩，南北丰田超过了预期的销售目标。调查表明，中国大部分消费者对社会责任知识都不太了解，对更为激进的消费者运动维权方式更是存在质疑，或者是不太认同，认为"应该通过政府解决"，或者认为"这种运动方式不可行"的百分比非常大。并且，在秩序与稳定成为第一选择的情况下，消费者也难以获得组织和运动的合法性资源。③ 加上中国消费者的财富积累水平普遍不高，大多数消费者在实际购买商品时，多是单纯根据产品的价格、功能、质量等自然效用来选择产品，对产品背后的社会责任问题几乎漠不关心。甚至自身也走向了社会责任缺失的误区。如食用珍稀动物、购买大排量的汽车、使用非环保型洗涤产品、随意处理废旧电池以及使用氟利昂冰箱、空调，等等。④ "没有买卖就没有杀害"，不负责任的消费甚至成了企业社会责任缺失最隐蔽的根源。

综上所述，美国个人主义的文化价值观及其特定的社会结构，使美国形成了一个独立于国家和政府之外的多元市民社会，包括强有力的非政府组织、独立自由的新闻媒体、自主维权的消费者、此起彼伏的社会责任运动，这些都构成了对美国企业生死攸关的社会责任压力机制。然而这些因素在中国都不存在。中国还没有形成对企业社会责任行为的社会控制机制，从而使企业丧失了承担社会责任的社会动力。

---

① 参见曹军毅《汉英语符结构透视——中西文化精神比较》，载《外语学刊》2002 年第 2 期，第 92～95 页。
② 参见刘俊《日本丰田总裁道歉》，载《广州日报》2010-02-06（A3）。
③ 参见谭深、刘开明《跨国公司的社会责任与中国社会》，社会科学文献出版社 2003 年版，第 259～260 页。
④ 参见曹凯《消费者社会责任：消费道德教育的新课题》，载《湖南社会科学》2011 年第 2 期，第 21～23 页。

第三节 中美企业社会责任的政治背景：小政府与强政府

尽管有研究表明，由于信息不对称及官僚主义等原因，政府对企业社会责任的监管带来了治理与谈判的高昂成本、政府权力的膨胀、贪污腐败及巨额的财政负担等问题。然而政府的监管却是企业社会责任的底线保障，特别是在中国"强政府—弱社会"的社会背景下更是如此。所以，下面从中美两国地方政府的权力来源、权力的运行及其监督机制、政府的职能定位等方面探讨两国地方政府在企业社会责任问题上不同态度与处理方式，及其对企业社会责任行为选择的影响。

一、各级地方政府的权力来源比较

无论从国家宪法还是公众意识来看，中美两国都认为，人民是政府权力的来源，政府权力是人民权利委托而产生的，是公民权利的让渡，人民有权选举和罢免各级政府官员。但在现实中，中美两国的表现却并不相同。

（一）美国地方政府的权力来源

美国个人主义的文化价值观更注重个人，认为每个人从出生就有自己管理自己的权利，上帝也赋予了他自己处理与自己最有密切关系的事务所需要的理性，任何人都无权强迫和替代他人去追求幸福。这一信念被推广于家庭、社会、国家，最终成为人民主权学说。[1] 为了让人民更好地管理自己和控制政府，杰斐逊主张层层分权和地方自治。而且政府级别越高，人民委托的权力应越少。因为政府级别越高，离人民就越远，越容易脱离人民。人民对政府控制的主要手段之一，就是人民可自由选择和罢免自己的代表，并随时撤换这些代表，否则，民选的代表仍然可能蜕变成豺狼。[2] 为此，杰斐逊坚决主张实行普选制，它可以减轻买卖选票的危险，以致令人无法进行任何收买。[3]

根据人民主权学说，美国各级政府实行的是自下而上的自治体制。美国的

---

[1] 参见（法）托克维尔《论美国的民主》，张杨译，湖南文艺出版社 2011 年版，第 278 页。
[2] 参见《杰斐逊文选》，商务印书馆 1963 年版，第 51 页。
[3] 参见《杰斐逊文选》，商务印书馆 1963 年版，第 57 页。

政府架构包括3级：联邦政府、州政府和地方政府。州政府以下都是地方政府。根据人民主权学说，美国从联邦政府和州政府，到县、市、镇、学区和特别区各级地方政府，都由居民自己选择行政长官和各级议会。地方政府中不仅州长、市长、议员和理事会成员必须是由选民直接选举产生，而且，政府的重要部门的领导人如财政部门、土地管理部门的领导人，及许多市政府的咨询和顾问机构的成员也都是由选民选举产生的，直接对选民负责。选民不仅可以直接选举领导人，可以决定地方政府的组织形式，决定什么时候需要对管理体制进行改革，决定预算如何使用。甚至可以对在一个州范围内经过全民公决已通过的议案，由于本地区多数选民不同意，而向州政府提出给予特殊照顾和区别对待，不然就要与州政府对簿公堂。一句话，地方自治就是宪法的范围内，一切都是由选民说了算。[①] 由于这些政府官员均由选举产生，因而仅向其各自的选民负责。所以，各级政府也都相互独立的，无行政隶属关系。换言之，市长不必听命于州长，州长也不必听命于总统。这样，从全国来看，形成了地方共和政体、州共和政体以及联邦共和政体都以法律为基础的相互平衡和制约的体系。

（二）中国地方政府的权力来源

在中国，对整体价值的强调和历史上大一统政治制度的确立，使真正意义上的直接选举与社会自治在中国历史上从未出现过。新中国成立以后，虽然宪法明确规定，"人民依照法律规定，通过各种途径和形式，管理国家事务，管理经济和文化事业，管理社会事务"，并明确赋予了人民群众对各级官员的罢免权，但在现实中，各级干部主要由上级任命和罢免，人民并不能直接行使罢免权。普通民众不能直接选举村以上各级行政机关的领导人，也不能直接选举县以上人大代表。且人民代表大会对行政机关负责人的选举也只是等额或有限的差额选举。

就政府架构来看，我国采用的是5级政府架构，除中央政府以外，省、市、县、乡等四级政府都统称为地方政府。与美国政府多中心、相互冲突、相互协调的网状权力结构不同，中国政府的权力结构是一个由中心不断向外扩展和辐射的环状结构，或者说类似于金字塔的一种结构。[②] 中央控制地方，中央

[①] 参见高新军《美国地方政府治理——案例调查与制度研究》，西北大学出版社2005年版，第1页。

[②] 参见梁云祥《东亚市民社会与国家的统治》，载《国际政治研究》2004年第3期，第74～81页。

通过各级党委、党组织控制和任免各级各类干部,各级官员的产生主要来自自上而下的逐级任命。日本政治学者松村歧夫这样描述:"中国地方政府与中央政府的关系:地方在法律上根据中央授予的权限从事行政管理。政治上,地方从属中央,地方首长由中央任命。地方政府基本上是中央的派出机构。"① 国家决策主要是通过自上而下的权威性传导方式来实现。

(三) 中美企业社会责任监管中的委托代理问题

从委托代理理论来看,公众与地方政府之间的关系就是一种委托代理关系,也是一种监督或被监督的关系。美国公众对地方政府的监督是一种直接监督。在美国,各级地方政府官员由当地选民直接选举产生,并处于当地选民的直接监督之下。委托人对代理人信息获取的难度不大,监督的成本很低,监督的效率较高。并且,当地选民可以根据自己的利益和意志,随时限制、改变或废止官员的权力,所以,监督的力度也很大。在这种严格的监督模式下,地方政府官员违背社会责任,追求自我利益的可能性很低。并且,代理人偏离公众利益所获取的收益与自己的"政治命运"相比,也显得微不足道。这就是为什么在企业社会责任事件中,美国政府官员高度积极,尽力展现自己代表公众利益形象的原因,因为这是捞取政治选票和争取连选连任的难得机会。

在中国,公众对地方政府的监督是一种间接监督。各级地方政府官员作为公众利益的代理人行使自己的职权,但各级政府官员的产生及任免却并不取决于公众意志。代理人偏离公众利益谋求自身效用最大化也不用担心公众处罚的风险。作为各级地方政府权力实际控制人的上级政府或领导,由于信息链过长或当地政府的信息隐瞒和控制,又难以对下级政府实施有效的监管。并且,上级政府从下级政府放松社会责任监管,追求 GDP 的行为中所获取的财税分成或个人寻租收益,远远高于对下级政府严格监管所分享的公众收益最大化的好处,所以也缺少对下级严格监管的动机。事实上,正是这种下级对经济利润的追求和上级对 GDP 考核的双驱动模式,推动了地方政府偏离社会利益的经济增长行为,使公众的实际利益与地方政府的违约风险相分离,使地方政府的权力与社会公众的利益相脱节、脱离乃至倒行逆施,远不及美国公众直接监督的效率。②

---

① 参见(日)松村歧夫《地方自治》,孙新译,经济日报出版社1989年版,第3页。
② 参见叶帆《基于社会契约理论的政府治理监督》,载《领导科学》2010年第2期,第25～26页。

二、对地方政府的权力监督比较

对政府权力的监督模式与监督强度取决于很多因素,如政治的民主化或专制化程度、社会公众的权利意识、经济的发展水平等,也与一个国家的民族文化与哲学理论密切相关。

(一) 美国对地方政府权力的监督

在美国,人们更多的是从性恶论或宗教"原罪"论出发,冷峻现实地看待人性和权力问题。认为就如人是有"原罪"的和会犯错误的一样,权力在运行中也始终存在一种超越界限,扩展行为范围和规模的天然倾向。要阻止这种倾向,必须对权力运行进行有力的制约和有效的监督。由于权力不可信,也难于把握,最好的办法就是对它加以限制,或将权力尽可能私有化。出于对集权的担忧,对政府的不信任,对强大的英国政府统治仍心有余悸的美国人,在建国之初只给联邦政府保留了很少的有限权力,而将大部分权力都保留给各州和人民。所以,在美国政府组织方式大同小异,但基本思想和原则是一贯的,即凡是有可能造成权力集中的地方,都要在制度设计上加以防止。美国宪法的每一条都代表着对集权的限制,最小的政府就是最好的政府一直是思想的主流。美国国家治理的一个核心思想就是让国家退回到自由主义时代的"守夜人"状态,并积极扩张社会的权力,实现充分的社会自治。

在美国,监督权力的重要方式就是公共权力之间的相互制约与多边制衡,即使造成了效率的下降也在所不惜。在美国人看来,防止权力集中的最好手段就是用权力对抗权力,用野心来对抗野心,使个人或团体所"规定的防御手段必须与受到的危险相称"[①]。美国宪法明确规定了联邦政府的"三权分立"制,即国家的立法权、行政权和司法权三权独立,互不相属,又相互制衡。各级地方政府也多采用"镇民代表大会+镇理事会"或"市议会+市长"等管理形式。[②] 地方政府机构由两套班子组成,一套是几乎不拿报酬的市民志愿者组成的各种理事会和委员会,由市民自己申请,经选举和任命产生,负责咨询、决策和监督政府部门权力的运行。另一套是以市经理(或镇经理)为首的行政机构,他们受雇于市政府,是全日制的政府雇员,是政府决策的执行

---

① (美)亚历山大·汉密尔顿、约翰·杰伊、詹姆斯·麦迪逊:《联邦党人文集》,张晓庆译,中国社会科学出版社2009年版,第245页。

② 参见高新军《美国地方政府治理——案例调查与制度研究》,西北大学出版社2005年版,第36页。

者。不拿工资的市民志愿者代表市民的意志和权力，并全程监督着全日制的政府工作人员正确履行自己的职责。[1]

在美国人看来，仅靠不同权力机关的制约和平衡也是不够的，因此只有人民才是他们自己权利和公共权力的可靠监管者。[2] 所以，美国民众对政府的监督力度也很大。首先是选举。美国地方政府官员都是选民直接选举产生的。他们的任期都不长，一般2～3年，且每年改选一部分，使选民对地方政府官员的监督每年在起作用。其次是审计。由选民直接选举产生的审计官和独立的审计机构对政府的财政状况进行审计。再次是听证与公决。所有决策都要听证，任何人都可以自由参加，重大决策还要进行全民公决。政府官员仅仅是纯粹的执行者。又次是公开透明。美国地方政府几乎没有什么需要保密的。任何会议都是公开进行，电视现场直播，政府所有的信息都必须在网上公开。在政府秘书办公室和经理办公室，你可拿到和索要你需要的任何材料，包括年度预算及政府人员全部名单及联系方式。最后是罢免，居民可在中途罢免行政官员。2002年6月在缅因州的莱巴隆小镇，居民因对原来只拿很少补贴的镇政府官员在预算中为自己开出每年1.5万美元的工资表示不满，认为他们为了好的政府支付太多了，将所有官员都开除，并且关闭了镇政府3个月。[3] 此外，美国政府还鼓励个人自由地结社，支持新闻媒体独立自由地宣传报道，允许法律许可范围的一切社会运动，等等，这些都使美国政府从一开始就面临着一系列内外部力量的挑战和制约，减少了权力集中和滥用的可能。

（二）中国对地方政府权力的监督

中国对地方政府的权力监督建立在儒家文化"性善论"的基础之上。儒家文化坚持对人性的乐观主义态度，认为人性本来都是善的，只要加强道德修养，人人都可成为尧舜那样的圣人。所以，在治理国家的过程中，重要的不是制度和措施，而是治理者的道德修养；"内圣外王"强调的就是有德者才有权，有权者必有德。由于强调权力监督的道德自觉与意志自律，从而导致中国历史上的贤人政治与权力崇拜，造就了长期存在的人治传统。

新中国成立后，我国宪法明确规定，"中华人民共和国的一切权力属于人

---

[1] 参见高新军《美国地方政府治理——案例调查与制度研究》，载《西北大学出版社》2005年版，第7页。

[2] 参见曹希岭《杰斐逊关于权力制约与监督的思想》，载《学海》2002年第5期，第75～79页。

[3] 参见高新军《美国地方政府治理——案例调查与制度研究》，西北大学出版社2005年版，第62页。

第十章 中美企业社会责任比较研究：背景依赖的视角

民"。"一切国家机关和国家机关工作人员必须依靠人民的支持，经常保持同人民群众的密切联系，倾听人民的意见和建议，接受人民的监督，努力为人民服务。"然而在现实中却仍然出现了权力过分集中的问题。如各级党委的执行权过于集中，代行了各级人大甚至政府的某些权力。政府直接配置资源的范围仍然过大，对市场和微观经济主体的干预仍然较多。政府社会管理范围过宽，社会组织活动空间有限等。因此，对权力的监督显得尤为重要。

我国的权力监督体系主要强调内部监督或国家机关之间的相互监督。首先是上级政府对下级政府的直接行政监督。即通过上级对下级的基本行政规范和人事任免来实现纵向集权控制。从理论上讲，在官僚制下，上级对下级的监督应当是最有力的，但现实却并非如此。主要是上级监督下级的动力机制缺乏。如怕影响下级的工作积极性和创造性，怕下级出问题连累自己，或在与下级的长期共处中形成一荣俱荣、一损俱损的个人情感关系，甚至在下级出现问题时也睁一只眼闭一只眼，以换取下级的忠诚。[①] 而且，从信息的对称性看，由于信息链过长及下级的信息隐瞒，上级对下级的很多权力运行状况无从知晓。从而出现上级有权监督却最不清楚，公众最清楚却无权监督。其次，就权力部门之间的相互监督来看，纪律检查部门和监察部门等专门监督机构都可以对同级部门及下级部门和地区进行监督，这是我国最有监督力的部分。但是，由于各级党委处于最高领导位置，究竟要不要监督检查，最后还是取决于党委，主要是书记的决断。最后，我国权力监督中层次最高、人大最具权威性的监督是人大监督，宪法赋予人大拥有四大权力：立法权、任免权、监督权及重大事项决定权。但在现实中，人大工作多被置于同级党委甚至政府的领导之下，人大在履行职责时必须遵从于党委的意志，使本来处于"产生、决定与监督"地位的人大常委会领导成了"被领导"，而处于"被产生、执行与被监督"地位的政府领导反而成了"领导"，在客观上削弱了人大的监督职能。

既然内部监督不足，那么外部监督就显得尤为关键。但总体来看外部监督仍然存在着体制性的缺失。如由于计划经济时期政府权力过度延伸使得个人权利没有发挥的空间，使得我国的公民社会先天不足，发育不全。到今天为止，各种非政府组织极其幼稚，没有获得独立发展的地位，多数成为政府的附庸，难以对政府权力形成有效的制约。就舆论监督来看，我国的新闻媒体都为政府所有，政府意志在很大程度决定着新闻媒体的行为方向，致使新闻媒体难以对政府权力产生有效的监督。由于来自于公权之外的公民、社会、其他政治组织

[①] 参见李春林《别对加强党政领导干部监督制度建设的几点思考》，载《内蒙古财经学院学报（综合版）》2007年第4期，第27～20页。

和政治集团对权力机构进行外部监督的机制在我国尚未普遍形成和发展，加剧了社会民主监督体系在结构配置上的单层化倾向，助长了权力运行的不规范和腐败。

（三）中美对地方政府权力的监督与企业社会责任监管

在市场经济条件下，任何一个国家的政府及官员都是由带有人类所在弱点的社会人所组成的，他们都具有经济人的人格特征，都带有现实功利主义色彩和利益具体化的价值取向。他们在维护公众利益的同时也会维护自身的利益，包括个人利益、部门利益和地方利益等。如何保证他们在自身利益与公众利益发生矛盾的时候不会损害公众利益，进行有效的监督制度的设计是关键。

美国没有高度集权的中央政府，上级政府也没有对下级官员的行政任免权。但在企业社会责任的监管中，和中国相比，美国地方政府官员都更为尽职尽力，也较少出现政府官员与企业合谋损害社会利益的现象，美国历年的政府清廉指数都排名世界前列。根本的原因不在于美国地方政府官员觉悟有多高，道德有多好，而在于美国对政府权力的监督是很有力的，特别是公众对政府权力的直接监督从根本上保证了权力在"社会之眼"下正确地运行。也只有公众制约的权力才能承担起服务社会的责任，才能更好地监管企业的社会责任问题。

与美国相比，我国对政府权力的监督主要是自上而下的内部监督，却缺少有效的外部权力监督体系。在现代社会中，合法的权力就是公共的权力，是公众授予的权力，是体现着公共理性的权力，必须在公众的监督下谨慎地活动。没有公众和社会群体支持参与的、独立于政府权力之外的外部监督机制，再完整的内部监督体系也难以达到应有的效果。世界上没有哪个政府和官员会努力自己监督自己，只有外部监督与制约起作用了，只有违背社会公众利益的成本太高了，政府官员才会置社会责任于经济理性之上，才会减少与企业合谋违背社会利益的行为。

三、地方政府的职能定位：有限政府与全能政府

美国有限政府的角色定位与中国全能主义的政府角色定位，直接影响了中美两国地方政府在企业社会责任监管中的地位和作用。

（一）美国地方政府的职能定位

美国有限政府的定位源于其自由主义的文化传统。美国自由主义的价值观

根深蒂固，"大社会—小政府"的理念深入人心。所以，在美国各级政府都热衷于扮演"守夜人"的角色，尽量减少政府对经济与社会的干预。特别是1993年克林顿上台后推行的"重塑政府运动"，其目标就是精简机构，放松管制，开放市场，引入竞争。即使在经济波动时期美国政府的经济、社会管理的职能有所扩大，但美国政府也极少直接参与到经济领域，其对社会公共服务的作用也限制在制订计划、引导和监控方面，更多的是通过服务外包或购买来实现。

美国各级地方政府的职能定位简单清晰，那就是公共服务和市场监管。严格的财政预算使地方政府的收入几乎只能用于支付政府工作人员的工资及提供必要的公共服务，很少有资金能用于一般性投资或经济建设，"地方政府没有什么企业发展和促进部门、招商引资部门，这些都应该交给企业和市场去完成"①。地方政府也不会为企业发展提供太多的支持，因为"美国的公众是如此不信任政府和企业，以至于官僚机构和企业领导之间的非正式沟通也常常会被解释成是在努力解决共同的问题，因而会被看成是反对公共利益的密谋"②。此外，美国市镇政府机构中都设有区划委员会，主要从事社区的区域规划工作，负责制定社区发展的基本原则和远景规划及小块土地的出卖和其他土地使用问题，提出优惠政策、吸引投资、增减税收的方案等。区划委员会的成员由不拿工资的市民志愿者组成，利用业余时间进行工作。区划委员会的所有决议都要经居民公决。

从美国政府的财政支出中可以看出美国政府的公共服务性。王喜梅与张桥云③研究了美国联邦政府的财政支出，其中各类保障支出占总支出的比例一般保持在46%～52%之间，州和地方政府财政支出用于教育的占34%以上；公共福利支出所占比例超过16%以上。这种财政支出结构保障了民众的生存、安全、教育和医疗等基本生活需求，保证了社会的相对稳定。

（二）中国地方政府的职能定位

新中国成立以后，中国政府作为行政权力的拥有者和行使者，曾长期扮演着全职全能的角色。行政机构集中了政治、经济、文化、社会和思想各方面的

---

① 高新军：《美国地方政府治理——案例调查与制度研究》，西北大学出版社2005年版，第123页。

② （美）斯蒂纳·乔治、斯蒂纳·约翰：《企业、政府与社会》，张志强、王春香译，华夏出版社会2002年版，第254页。

③ 参见王喜梅、张桥云《美国社会管理对中国的启示——以住房保障为例》，载《当代世界与社会主义》（双月刊）2013年第1期，第23～28页。

职能。① 改革开放以后,中央政府开始减少对市场和社会的控制,村民自治开始实施,市场开始在一般竞争性领域发挥更大的作用。但中央政府没有将国有经济的控制权和剩余索取权直接分配给企业,而是转归地方政府,这样使地方政府的职能进一步强化。一方面,相对于以社会经济福利最大化为己任的中央政府而言,地方政府成了有着独立经济私利的"准市场主体";另一方面,地方政府又担负着公共服务和社会责任监管的职能,逐步成为集经济决策权、行政管制权和社会控制权于一身的全能型政府。②

然而在以经济建设为中心的时代背景下,财政税收的不足,对 GDP 增长的追求,地方预算的软约束,个人"寻租空间"的诱惑,过于强调经济增长指标的官员考核机制等,使经济职能日益成为地方政府及官员的主要职能,承担着本应由企业或市场承担的职能,如招商引资、土地经营、企业投入、资源配置等,这些都无不以行政力量来推进。③ 地方政府"双重人格"的"经济人"身份日益突出,日益从公共服务者变成了一个追求利润最大化的经济实体或投资型政府,导致"地方政府公司化"。其具体表现为片面追求经济增长,GDP 成了地方政府的营业额,财政收入成为地方政府的利润,地方政府变成了单纯追求经济利益的公司,地方政府领导则犹如董事长、总经理,其"政绩"主要表现为"公司"领导群体的升迁,从而实现行政集团的福利最大化,但却几乎忽略了政府的社会责任。这种异化的政府职能置其应有的公共服务职能于不顾,甚至不顾其财政承受能力,大上基础建设项目、争先恐后设立工业园或开发区、对当地企业的质量问题、侵权行为与环境污染视而不见、对所在地区教育医疗社会保障等公益事业漠不关心。④ 于是出现了全民招商、形象工程、野蛮拆迁、官商合谋、债务激增、干群关系恶化等现象,以致怪事连连,奇事不断。政府官员也越来越习惯于审项目、批资金、挣收入,对企业监管"有利抢着管,无利都不管",对有利的项目或企业审批过多过细,致使一个审批项目不停地在政府部门间"流转",要盖数十甚至上百个公章的现状。⑤

---

① 参见李文良《中国政府职能转变问题报告》,中国发展出版社 2003 年版,第 397 页。
② 参见陈孝兵《论企业行为的有限理性及其社会责任》,载《湖北经济学院学报》2006 年第 7 期,第 12~18 页。
③ 参见孙录宝《关于鼓励扶持社会组织参与社会管理创新的若干思考》,载《山东社会科学》2012 年第 9 期,第 60~63 页。
④ 参见史明霞《我国地方政府职能的理性回归》,载《中央财经大学学报》2010 年第 4 期,第 9~12 页。
⑤ 参见李荣华《对政府职能转变的思考》,载《求实》2013 年第 1 期,第 12~14 页。

(三) 中美地方政府职能定位与企业社会责任监管

美国地方政府的职能定位简单清晰，就是公共服务的提供者及企业市场行为的监管者，没有招商引资、土地经营、企业投入等职能。这种有限政府的角色定位，构建了美国政府、公民、社会、市场各方边界清晰的现代社会结构。在这一模式下，社会个体自主平等，政府有限干预，企业自由竞争，既留给了企业自由竞争和创新创造的空间，又保证了社会个体自由和权利的实现，也促使各级政府更加专注于公众产品的提供与市场秩序的监管，从而减少了企业社会责任问题的发生。

中国地方政府全能主义的角色定位及地方政府作为竞争主体参与市场竞争和利益分配的结果，导致了以行政或非行政方式对私人投资的挤出效应，带来了盲目决策及低效投资所造成的无法挽回的经济损失，及官员寻租腐败的道德风险。地方政府自身也已经成为企业社会责任问题的最大根源。全国每年十余万起的群体性冲突事件，绝大部分都是因地方政府参与的强制拆迁、影响生态环境的投资项目的引进所导致的。而地方政府为社会提供公共服务的基本职能和角色也日益被淡化。扩大投资的冲动及行政性投资的低效益，导致地方政府对公共产品和公共服务的资金投入始终不足，甚至将本应由政府为主供应的某些公共服务推向市场与社会。据统计，"十五"期间，我国地方财政支出中，人均教育支出、人均卫生支出、人均社会福利救济费支出的比例均没有增长。① 根据中国社会科学院基做出的《中国城市基本公共服务力评价》(2010—2011)，9项基本公共服务得分都不及格，特别是住房保障、公共安全、基础教育、社会保障和就业几个项目的得分最低，这些民生项目发展的严重滞后，直接导致我国社会本身发育畸形，"丛林法则"盛行，使得"最不合理的社会分配和财富剥夺过程合法化"②。与此同时，行政管理费用及经济建设费用却居高不下。冯素水对中美财政支出结构进行比较后发现，从1978年到2004年26年间，中国行政管理费用增长了87倍，年均增长23%以上，占财政总支出的比例达19%以上。③ 我国的经济建设支出始终排在财政支出第一位，高达28%，而美国仅7%。美国财政总支出中排在第一位的是对民众的福

---

① 参见彭德琳《企业社会责任规避与地方政府社会安排》，载《学术界》2007年第5期，第40～46页。
② 王奎明、赵虹：《强化政府基本公共服务职能——破解"二元困局"的必然选择》，载《领导科学》2012年第10期，第17～21页。
③ 参见冯素水《中美财政支出结构的比较、借鉴和启示》，载《边疆经济与文化》2008年第8期，第58～61页。

利补贴，达31%，而中国仅5%。可以说，中国经济的高速增长正是以政府公共产品提供功能不足、企业社会责任监管的有效性降低为代价的。

第四节 研究结论与启示

综上所述，中美两国不同的价值观念与行为准则铸就了两国不同的经济、社会与政治运行机制，直接影响了中美两国对企业社会责任问题的观念态度和处理方式，在深层次上塑造了企业社会责任的行为范式。美国个人主义的文化价值观对个体权利的强调，对政府权力的怀疑与警惕，使美国形成了一种"大社会—小政府"的社会结构。社会的成熟与强大有效地保证或约束了政府与企业在以社会利益为本位的目标轨道上良性有序地运行。而中国集体主义的文化价值观强调整体价值，漠视个体权利。对权威的服从，对政府干预的路径依赖，使中国形成了一种"强政府—弱社会"的社会结构。地方政府权力的强势扩张及其"经济人"特征的不断突出，社会的极度幼稚与社会约束机制的缺失，导致企业社会责任政府监管与社会约束的"双重缺失"，加剧了企业的社会责任问题。通过以上研究，我们可以得出以下的研究结论与启示：

一、推动企业社会责任的政府治理向社会治理转变

美国企业社会责任治理的经验说明，强大的市民社会与发达的非政府组织是企业社会责任有效治理的基础和前提，包括形形色色的非政府组织、独立自由的新闻媒体、自主维权的社会公众、此起彼伏的社会责任运动，这些都构成了对企业社会责任行为生死攸关的社会压力机制，企业要么承担对社会的责任，要么被社会公众所抛弃。在中国，非政府组织先天不足、新闻媒体监督不足、消费者缺乏社会责任意识、社会公众不认可社会责任运动。所以，在美国推动企业承担社会责任的所有社会因素在中国都不存在。可以说，市民社会的幼稚及企业社会责任行为社会约束与社会控制的失败是中国企业社会责任缺失的最主要根源。

中国长期以来实施的是政府主导下的企业社会责任治理模式，然而企业社会责任问题的复杂性、分散性与严峻性，决定了单独依靠政府不可能实现企业社会责任的有效治理。要求政府必须改变传统的大包大揽的企业社会责任治理模式，广泛动员社会公众参与企业社会责任问题的解决，让居民从自身利益出

发参与企业社会责任问题的利益博弈，使企业社会责任问题从"政府的问题"变成"公众的问题"。政府应当大力推动非政府组织的成长发育，通过沟通与协调，而不是管理与控制的方式，建立起与非政府组织平等合作的伙伴关系，而不是领导与被领导的关系。通过非政府组织将社会中的不同利益群体整合起来，有序地参与到企业社会责任的治理中去。这种制度化的公众参与治理模式，将使公共决策和社会责任问题的治理更加公正，也减少了政府与社会的冲突，使政府获得了稳定的合法性基础。总之，要尽力使单独依靠政府治理的模式转变为依靠社会力量与资源为主的企业社会责任多元协同治理模式。只有公众参与的企业社会责任治理才是公正的治理，只有公众满意的企业社会责任治理才是有效的治理。

二、推动地方政府从投资型政府向社会责任型政府转变

美国秉承有限政府的理念，尽量减少政府对经济主体的干预，政府权力被置于公众的严格监督之下。各级政府职能定位简单清晰，就是公共服务和市场监管。严格的权力边界及清晰的社会结构，使美国政府违背公众利益的机会大大减少，有效地保证了各级政府全心专注于企业社会责任的监管。在中国，迄今为止，各级地方政府仍然定位于公共服务和经济发展的双重职能，且经济建设职能始终居于主导地位。政府还掌控着土地、资金等稀缺资源的配置权及大量经济活动的准入权，并通过行政管制或政府垄断的方式直接间接地主导经济活动，新旧项目层出不穷。这种全能主义的角色定位加上外部监督机制的缺失，加速了政府权力的扩张及其向理性经济人和投资型政府的转变，政府基本职能被异化，公共产品供给不足，企业社会责任监管缺失。

可以借鉴美国，建立起对地方政府权力的有效监督机制。如建立严格独立的审计制度，政府决策小事要听证，大事要公决，政府所有活动都完全透明公开，对政府的失职要实行问责罢免制。其次，要重新界定地方政府的职能，将经济建设职能逐步从地方政府的职能中剥离出来，推动地方政府从投资型和逐利型政府向社会责任型与公共服务型政府的本来职能回归。应对当前的行政体制、财税体制、干部选拔机制进行改革，在地方政府传统 GDP 增长目标模式中嵌入环境、社会、公民幸福等指标，将资源环境、公平就业、公共福利等生态价值及社会价值纳入地方政府的考核目标中去。推动地方政府从追求 GDP 总量的增长转到更加注重公平、注重质量、注重社会福利、注重生态的负责任的发展方式，推动地方政府从追求经济利益最大化向追求社会利益最大化的目标转变。

三、建构企业社会责任治理的多元网络治理体系

在美国，一个自主多元的市民社会，一个分权制衡的政治体制，一个自由竞争的市场体系，看似缺少硬性的约束与严格的监督，却有效地保证了企业社会责任的有效治理，根本原因在于美国形成公众、媒体、非政府组织、政府、企业协同参与的多元网络治理体系。因此，可以借鉴美国，通过政策激励与利益诱导的方式，将各种社会主体纳入到企业社会责任的治理中去，建立起全社会共同参与的企业社会责任多元网络治理体系，实现企业社会责任问题的根本治理。

要解构传统的政府统摄社会与经济的"全能主义"模式，推进政府对社会与市场的权力让渡，培育社会的自治能力，推动非政府组织成为社会责任监管的主体。要制定措施，使企业或公众在关注企业社会责任的同时也能实现自己的利益，从而真正参与企业社会责任问题的解决中来。如通过税收减免激励企业的社会责任行为，通过升学、就业的优先鼓励公众个人的企业社会责任活动，建立个人与企业的社会责任档案，推动媒体对企业社会责任的宣传报道。只有激活社会公众的自治能力，培育非政府组织的志愿精神，激发企业的道德自觉，才可能真正形成政府为主导、非政府组织为主体、社会公众全体参与、企业自觉履行的社会责任多元共治与监管体系。如果仅仅寄期望于企业道德或政府监管，而没有更深层次的社会变革与政治改革，没有公众主体的自觉参与，企业社会责任的有效治理依然遥遥无期，一个可持续发展的经济社会蓝图依然任重道远。

第十一章 丰田汽车中美召回案例比较研究

近年来,一些著名的跨国企业产品屡屡出现质量缺陷问题,企业社会责任事故不断,这在企业社会责任水平普遍不高的中国并不为怪。然而奇怪的是,每当企业社会责任事故发生时,绝大部分的跨国企业都选择了中外不同的处理标准。2013 年央视"3·15"晚会报道,苹果公司在其售后服务中对美国、韩国、澳大利亚等国家的问题手机都是整机更换,唯独中国不给换后盖,以避免重新计算保修期。2012 年 10 月,耐克公司同样一款篮球鞋,在国外销售时以前后掌双气垫为卖点,卖给中国消费者时却变成了单气垫,而且价格比国外还贵 500 多元。全球汽车巨头德国大众因其轿车 DSG 变速箱存在问题,早在 2009 年就开始在北美召回,却对中国消费者几年来的投诉视而不见。2009 年 9 月至 2011 年底,全球最大医药保健公司强生公司全球产品召回高达 22 次,多次被报道其婴幼儿用品含毒的消息。然而,强生公司的 22 次召回竟然都与中国市场无关,许多在美国早已撤架或已经停止生产或销售的产品却仍在中国销售。① 2002 年,日本本田汽车公司决定在全球召回 250 万辆有缺陷汽车,但中国市场不在召回范围之内。

跨国公司曾经是中国早期企业社会责任的先行者和推动者。然而,近些年来,越来越多的在华跨国公司因为社会责任"双重标准"问题被推向了风口浪尖。黄群慧等②从责任管理、市场责任、社会责任和环境责任四个方面评价中国 100 强企业社会责任发展水平,其中包括 80 家国有企业、11 家民营企业和 3 家外资企业构成。国有企业的平均得分为 33.1 分,高于民营企业(29.6 分)和外资企业(2.7 分)。2011 年社科院发布的《企业社会责任蓝皮书》显

---

① 参见何玉润、张雪萌、纪若雷《从强生召回事件看跨国公司社会责任信息披露》,载《中国内部审计》2012 年第 2 期,第 86~88 页。

② 参见黄群慧、彭华岗、钟宏武、张蒽《中国 100 强企业社昌责任发展状况评价》,载《中国工业经济》2009 年第 10 期,第 23~35 页。

示,外资百强企业社会责任发展指数近八成被归于"旁观者",落后于包括央企、民企在内的国内企业平均水平。

众多的"中国例外"和国别歧视,使中国的消费者在遭受物质损失的同时还要饱受心理的摧残。为什么在欧美践行企业社会责任的楷模,一到中国就大肆降低自己的社会责任标准呢?为什么在社会责任报告中声称在母国与东道国按统一的标准要求自己的跨国企业,在实践中却对中国消费者的正当要求如此的冷漠与傲慢呢?为什么中国消费者一次又一次的抗争却始终不能使问题有任何的改变呢?是跨国企业个体道德的沦丧,还是中国企业社会责任驱动机制与生成环境的缺失呢?本章试图以2009年中美丰田汽车召回为例,从企业、政府、社会三维互动的视角出发,探讨跨国公司在中美两国实施社会责任双重标准的根源。

丰田是日本汽车行业标杆企业,2008年丰田在全球汽车市场首次击败美国通用汽车公司,成为全球汽车销量冠军,这是日本经历了1992年至2003年所谓"失去的十年"以后,日本制造业的巨大骄傲。然而,2009年8月,美国发生了一起驾驶丰田汽车导致4人死亡的车祸,这一事件成了此次丰田全球"召回门"的起点。从2009年底开始,大大小小的丰田召回事件波及北美、欧洲、日本、中国等地,并在2010年初达到高峰。在整个召回活动中,丰田实际召回汽车总量853.7万辆,超过了其2009年其全球汽车销量的总和。丰田公司过于关注发展速度而忽视了产品质量问题,从而带来严重的教训,确实值得我们深入地思考和借鉴。然而,丰田公司在这次汽车召回中对中美两消费者截然不同的态度,更值得我们深思。

第一节 跨国公司社会责任双重标准研究概述

随着经济全球化的不断扩展及全球化进程中社会与环境问题的日益突出,跨国公司社会责任问题逐渐引起了各国政府、国际组织和理论界的广泛关注,对跨国公司社会责任问题的研究也日益增多。

一、跨国公司社会问题的研究概况

随着跨国公司的全球扩张及全球企业社会责任运动的兴趣,一些学者开始研究跨国公司的社会责任问题,以帮助跨国公司应对国际经营的不确定性风险及社会责任问题[①②]。也有些学者关注跨国公司社会责任的实践，以推动跨国公司更好地承担社会责任。[③] 然而这些研究多以欧美发达国家为背景。近些年来，一些学者也开始关注跨国公司在发展中国家或新兴经济体中的企业社会责任问题。[④] 如有学者指出，跨国公司跨国投资的重要原因就是寻找更低成本的制度环境和更廉价的资源，并利用东道国的低水平的环境标准再转移那些在本国被禁止生产的污染型企业。[⑤⑥] 吉尔伯索普与班克斯（Gilberthorpe & Banks）[⑦] 认为很少有证据表明跨国采掘业能促进当地的社会经济发展。即使跨国公司提高企业社会责任水平，如更安全的生产技术与更好的利益相关者管理，但仍然对意味着对当地环境的长期破坏及对当地利益的践踏。尽管这些研究指出了跨国公司社会责任的本质及后果，但从发展中国家立场出发系统研究跨国公司社会责任双重标准的深层次根源及其应对策略的几乎是空白。相反，一些国际机构如国际货币基金组织、世界银行、世界贸易组织都一直压迫发展中国家保护外国投资者利益，减少或取消对跨国公司的监管，[⑧] 加上发展中国家为吸引外资而形成的监管上的"向底部竞争"，导致跨国公司社会责任双重标准问题日益严峻。

从国内来看，在长期以来对GDP的追求和招商引资的热潮中，学者、政府和研究机构大多关注于跨国公司对中国经济发展和贸易增长溢出效应的宏观、微观分析。[⑨] 研究的结论也几近一致，即跨国公司对促进中国经济增长，

---

① Donaldson T, Dunfee TW. Ties that Bind: A Social Contracts Approach to Business Ethics [M]. Boston: Harvard Business School Press, 1999.

② Jurgens M, Berthon P, Papania L, Shabbir H A. Stakeholder Theory and Practice in Europe and North America: The Key to Success Lies in a Marketing Approach [J]. Industrial Marketing Management, 2010, 39: 769 – 775.

③ Levis J. Adoption of Corporate Social Responsibility Codes by Multinational Companies [J]. Journal of Asian Economics, 2006 (1): 50 – 55.

④ Reimann F, Ehrgott M, Kaufmann, Carter C R. Local Stakeholders and Local Legitimacy: MNEs' Social Strategies in Emerging Economies [J]. Journal of International Management, 2012 (18): 1 – 17.

⑤ He J. Pollution Haven Hypothesis and Environmental Impacts of Foreign Direct Investment: The Case of Industrial Emission of Sulfur Dioxide (SO_2) in Chinese Provinces [J]. Ecological Economics, 2006, 60 (1): 228 – 245.

⑥ Cole M A, Elliott R J R. FDI and the Capital Intensity of "Dirty" Dectors: A Missing Piece of the Pollution Haven Puzzle [J]. Review of Development Economics, 2005, 9 (4): 530 – 548.

⑦ Gilberthorpe E, Banks G. Development on Whose Terms?: CSR Discourse and Social Realities in Papua New Guinea's Extractive Industries Sector [J]. Resources Policy, 2012, 37: 185 – 193.

⑧ Lowe V. Regulation or Expropriation [J]. Current Legal Problems, 2002, 55: 447 – 466.

⑨ Cheung K Y, Lin P. Spillover Effects of FDI on Innovation in China: Evidence from the Provincial Data [J]. China Economic Review, 2004, 15 (1): 25 – 44.

创造就业，增加投资，促进竞争，提高当地企业管理水平和技术水平起到了积极的作用。但如菲斯切林等人（Fetscherin, et al.）[①]所说的，人们忽略了对跨国公司给中国带来的环境问题和社会责任问题的研究。近年来，一些国内学者开始关注和探讨跨国企业的社会责任双重标准问题及应对策略。如陈宏辉[②]与胡博[③]等从法律监管的视角，提出了如何应对跨国企业社会责任双重标准的问题。崔新健与张天桥[④]分析认为，对跨国企业社会责任的指责是社会期望超标导致的，提高中资企业的社会责任水平是促进跨国企业承担社会责任的重要途径。这些研究从法律、伦理、经济等不同的视角对跨国企业社会责任的双重标准问题进行了有价值的探讨与分析，然而，正如拉西尔和谢尔曼（Lussier & Sherman）所指出的一样，企业社会责任双重标准问题的发生实际上已经超出了一般的经济、法律或企业伦理的范畴，必须从更广阔的文化、社会与制度背景中才能找到问题的根源。[⑤]

综上所述，国际上对跨国公司社会责任问题的研究大多从跨国公司的利益和立场出发，研究跨国公司对跨国经营中社会问题及其不确定性风险的规避，以提升公司绩效，具有很强的目的性和实用性。[⑥]虽然有部分学者指出了跨国公司社会责任双重标准问题的本质及其严重性，但缺少对问题的根源和应对方案的探讨。并且，这些基于欧美语境中的研究结论并不一定适合于中国。从国内来看，对跨国公司社会责任问题的研究总量太少，研究视角单一，特别是对跨国公司社会责任双重标准的问题鲜有涉及，与媒体频繁密集的跨国公司社会责任问题的报道极不相称。因此，系统全面地探讨跨国公司社会责任的双重标准的成因及其应对策略具有重要的意义。

---

① Fetscherin M, Voss H, Gugler P. 30 Years of Foreign Direct Investment to China: An Interdisciplinary Literature Review [J]. International Business Review, 2010 (19): 235–246.

② 参见陈宏辉、陈利荣、王江艳《在华投资跨国公司弱化企业社会责任的原因分析》，载《现代管理科学》2007年第6期，第27～28页。

③ 参见胡博《跨国公司的社会责任——以天津为例的经验分析》，南开大学博士论文2009年。

④ 参见崔新健、张天桥《推进在华跨国公司社会责任前行的障碍——基于在华中外资企业社会责任现状的比较》，载《社会科学》2008年第10期，第56～65页。

⑤ Lussier R, Sherman H. Business, Society and Government Essentials [M]. Long Grove, IL: Waveland Press, 2009.

⑥ Amaeshi K M, Osuji O K, Nnodim P. Corporate Social Responsibility in Supply Chains of Global Brands: A Boundaryless Responsibility? Clarifications, Exceptions and Implications [J]. Journal of Business Ethics, 2008, 81, 223–234.

二、中美社会背景的概略比较

从更宏观的层面来看，企业社会责任的发生实际上涵盖了三个领域：市场、社会和国家，包括了三个主体：企业、社会和政府。只有从企业、社会与政府的相互关系，及更深层次的文化、社会与政治背景才可能找到企业社会责任发生的根源。近年来已经有越来越多的西方学者开始从企业、社会与政府三元结构的宏观视角来探讨企业的社会责任问题，[①] 但在中国类似的研究并不多见。并且，跨国公司社会责任中美双重标准的群体性行为选择也无法从企业伦理及其自身资源能力中寻找答案，而只能解释为跨国公司对中美两种不同的社会责任生成环境与驱动机制理性反应的结果。因此，本项目拟采用中美比较研究的方式，通过丰田汽车中美召回过程中两国社会、政府与企业三个主体的行为互动与利益博弈的对比分析，来探讨丰田公司社会责任双重标准的生成路径与演化机制，生动地展现跨国公司社会责任双重标准的生成图景，并清晰地揭示跨国公司社会责任双重标准的文化、社会与制度根源。

从文化背景来看，个人主义和集体主义一向被看成是中美两国文化的核心价值观。美国的个人主义价值观强调个人的权利和价值，强调人人平等、自立自主，反对政府和权威对个人的支配，有个人然后才有国家，保护个人权利是政府存在的价值和前提。与此相对应，集体主义被看成是中国文化的核心价值观，它深受儒家、道家、佛家文化的影响，重视整体价值而否定个体权利，强调权威和服从，崇尚统一与和谐，认为国家重于家庭，群体重于个人，对权威和集体的服从是个体存在的基础和前提。

由于两国文化价值观念的差异，导致中美两国社会结构及其对企业社会责任治理选择的差异。美国文化对个人权利的尊崇，对政府权力的警惕，使美国形成了一种"大社会—小政府"的社会结构。在这一特定的社会结构下，公众对企业社会责任问题的自主干预意识很强，维权的积极性较高。他们一方面利用手中的货币选票促使企业将对社会利益的考量纳入到与社会公众的市场交易行为之中；另一方面又利用手中的政治选票决定政治家在政治市场的命运去留，推动政府对企业社会责任问题积极监管，从而较好地约束了政府与企业在以社会利益为目标的轨道良性有序地运行。而中国文化对整体价值是强调，对权威的服从，对政府干预的路径依赖，使中国形成了一种"强政府—弱社会"

---

① Steiner G, Steiner R. Business, Government, and Society [D]. Irwin, Boston: McGraw-Hill, 2006.

的社会结构。在这一特定的社会结构下，公众对各种问题，包括企业社会责任问题的惰性与依赖心理较强，认为治理企业社会责任问题是政府的职责，应该通过强大的、无处不在的政治干预与行政监管来化解企业社会责任问题。与美国政府相比，中国政府的权威与控制力更为强大，其权力运行是高度自主的，几乎不受社会力量的监督制约。[①] 政府对企业的干预也比美国要明显得多，很多企业甚至直接为政府所有。[②]

中美两国不同的社会结构，以及政府、企业和其他社会力量之间利益博弈关系的差异，导致两国政府在丰田汽车召回事件中的行为和态度大不相同。

第二节 丰田汽车召回事件中的中美政府行为比较

2009 年 8 月，在美国发生了一起驾驶丰田汽车致人死亡的车祸。而早在几年前，中国也出现了一例丰田车断轴致人死亡的事故。中美两国政府在丰田汽车事件中的态度与处理方式却出现了较大的差异。

一、丰田汽车召回中的美国政府

2009 年 8 月 28 日，美国加利福尼亚州一辆丰田雷克萨斯汽车因发生碰撞事故致人死亡后，美国国家公路交通安全管理局立即介入调查。为了说明问题的严重性，12 月 15 日，美国国家公路交通安全管理局官员又前往日本，并敦促丰田公司迅速采取行动。在调查期间，美国国家公路交通安全管理局调阅、传唤了丰田公司的上万份文件和丰田美国公司的负责人，共向丰田发出三个"TQ"（Timeliness Query）传票，要求丰田提供尽可能多的文件。2010 年 4 月 5 日美国交通部对丰田开出 1637.4 万美元法定限额的最高罚款，年底再次对其处以两笔总计 3242.5 万美元的罚款。至此，美国政府对丰田的罚金达到了破记录的 4900 万美元。

2010 年 2 月 22 日，丰田公司表示，已经接到来自纽约南区美国联邦大陪

[①] 参见许开轶、李晶《东亚威权政治体制下的国家与社会关系分析》，载《社会主义研究》2008 年第 3 期，第 134～137 页。

[②] Jiyun W, Kirk Davidson D. The Business – government – society Relationship：A Comparison between China and the US [J]. Journal of Management Development, 2011 (1)：112 - 125.

审团的传票,要求其解释对汽车安全问题的处理办法。这意味着丰田汽车的召回事件可能被当作刑事犯罪调查,或至少是刑事犯罪调查的一部分。此外,丰田公司还接到来自美国证券交易委员会的传票。

美国国会也闻风而动。从 2 月 24 日到 3 月 2 日,美国国会、参议院商业、交通委员会等政府重要部门先后举行了三次听证会,就丰田汽车召回问题进行现场质询。丰田公司总裁丰田章男出席并接受质询。面对美国议员一连串的炮轰及各种刁蛮提问,丰田章男除了尴尬与耻辱外,就是道歉,道歉,再道歉。听证会后,丰田章男潸然泪下。

在整个丰田汽车召回事件中,美国政府一直扮演着非常重要的角色,连美国媒体都有些质疑这一事件是不是已经超出了普通商业活动的底限,日本媒体也认为这是美国政府的阴谋。但主持听证会的众议院监督和政府改革委员会主席唐斯(Edolphus Towns)却表示,政府部门以及国会介入丰田事件是在行使正常的职能,因为美国公众的生命安全就是国家的最高利益。① 即判断政府行为错误以否的标准就是公众利益和选民意志,即使事后证明是过度反应或错误的也无所谓,只要符合公众的利益和意志就行了。

二、丰田汽车召回中的中国政府

早在美国丰田汽车事故发生前,根据中国国家质检总局的报告,截至 2009 年 4 月 20 日,丰田凯美瑞因刹车故障引发的市场索赔就达到了 1249 件。中国还出现了一例丰田车断轴致人死亡的事故,几年来其家属奔走呼号一直未果——索赔很难,想告赢更难。不少断轴车主、气囊打不开的车主一直在与丰田进行艰难的交涉,但并没有哪个政府部门正式介入调查此事。②

2009 年 11 月 2 日,丰田因汽车脚垫问题在美国召回 380 万辆汽车,竟无一辆涉及中国。中国国家工商总局和工信部并未就此事表态,中国官方并未就中国境内同型号的丰田车是否存在安全隐患问题进行有力的质询。直到 11 月 27 日,国家质检总局才就丰田汽车公司部分车型可能存在安全隐患发出风险警示通告。③ 就在丰田先后宣布在美国召回 600 多万辆汽车之后,2010 年 1 月 29 日,丰田才决定就加速踏板问题在中国象征性地召回 7.5 万辆,约为美国

---

① 参见孙卓《"道歉总裁"丰田章男听证会后潸然泪下》,载《中国贸易报》2010 - 03 - 02 (004)。
② 参见曾业辉《中国召回车主能拿到丰田的赔偿吗》,载《中国经济时报》2010 - 03 - 18 (005)。
③ 参见谢鹏、金笛《浙江工商局为何单挑丰田》,载《南方周末》2010 - 03 - 25 (D13)。

的1%。2月22日，国家质检总局才发布丰田部分车型存在加速踏板和制动系统缺陷的风险警示通告。

为了平息中国汽车市场的不满，丰田章男在美国国会听证会后直接飞抵北京。在接任丰田公司社长之前，丰田章男就是丰田中国区第一位本部长、主管人，对中国的政治经济学相当谙熟，深知中国政府在企业社会责任问题中的地位和作用，也清楚中国政府纵向控制的权力层级结构。所以，丰田章男所做的第一件事不是安抚消费者，也不是会见媒体。有消息人士说，2月28日丰田章男首先拜见了中国副总理级别的领导。3月1日，又与商务部、国家质检总局进行了沟通。"中国政府部门目前没有对丰田发出强制性要求。"加藤雅大在透露中国政府的态度时说："我们对于政府的表态表示感激，我们希望调整，解决问题，尽快复活。"① 中国政府谅解丰田汽车的消息是准确的，中国消费者协会和国家质检总局始终没有出面维权，央视"3·15"晚会也刻意回避了丰田汽车问题。

面对丰田汽车的中美双重标准和消费者的极度不满，中国政府并未集体失声。浙江省工商局决定因"维稳"而出击，"我们接到了一百多起投诉，坐视不管的话将会演变成群体性事件，这逼着我们开始考虑维稳对策"②。3月14日浙江省工商局召开专项整治通报会，严厉批评丰田公司在汽车召回上对中国市场与对海外市场不同态度和做法，炮轰丰田汽车在中国召回时存在"同声不同步"、"同病不同治"、"同损不同赔"、"同命不同权"的歧视。3月22日，丰田第一次和中国官方的维权者浙江工商局坐下谈判。经过艰苦的谈判，3月29日，一汽丰田正式签署承诺书，同意接受浙江省工商局提出的五项要求：制定时间表、上门召回、提供代步车、允许全额退还订金和补偿经济损失。

但3月31日，一汽丰田总经理松木秀明在接受媒体专访时出尔反尔，称不会对召回车辆车主（包括浙江地区）给予额外的经济赔偿。因为中国法律没有赔偿的相关规定。那么中美两国有关汽车安全的法律规定分别是怎样的呢？

根据美国的"国家交通和机动车辆安全法"的规定，汽车制造商发现存在安全缺陷，须5日内通知美国国家公路运输安全管理局，并迅速执行召回，对相关车主需要进行适当经济补偿和赔偿。对不实施汽车强制召回的厂家罚款标准高达1500万美元。并且对造成人员死亡或严重身体伤害的机动车或装备

---

① 参见王秋凤《65小时丰田章男"中国公关"路》，载《经济观察报》，2010-03-08（035）。
② 参见谢鹏、金笛《浙江工商局为何单挑丰田》，载《南方周末》，2010-03-25（D13）。

安全缺陷隐瞒不报的公司负责人可判处 15 年的徒刑。

而根据中国 2004 年 10 月 1 日起开始实施的《缺陷汽车产品召回管理规定》，企图隐瞒缺陷的汽车制造商除必须重新召回、通报批评外，还将"被处以 1 万元以上 3 万元以下罚款"。而对消费者因召回而带来的相关损失并未要求补偿，更无刑事处罚的相关规定。根据规定，中国车主若因汽车质量问题遭受人身伤害和财产损失，欲投诉某个汽车厂商，须由车主先行举证，否则不予受理。要举证必先检测，而眼下中国的汽车质量检测不仅费用畸高（甚至高于汽车价格），而且具有汽车检测资质的单位全国仅有 3 家，这 3 家单位一般还不受理个人汽车检测。这实际上排除了消费者合法维权的可能性。

并且，即使消费者投诉，真正能够传达到质检总局手中的很少。作家林达发表文章说，质检总局公布了"进一步收集丰田车质量问题热线电话"，而热线就是丰田客服中心，其回应说"我们会把这个问题反映给厂家"。这好比你跟你老板的上级投诉你的老板，结果你老板的上级说你的意见已转达给你的老板，他会跟你联系。①

即使到了国家质检总局手中，也往往是石沉大海。2010 年 3 月 8 日，一名叫刘文俊的中国消费者向国家质检总局递交申请，要求国家质检总局公开 2004 年以来的关于丰田汽车投诉的数量、车型、伤亡及财产损失情况，及相关的调查结果与处理方法。4 月 21 日国家质检总局已书面回复申请，结果为"不公开"。大概理由是避免有人加以利用进行不正当竞争。

按正常的投诉和法律途径都很难解决问题，在中国也没有美国类似的国会听证制度对企业和政府进行问责，消费者剩下的最后的途径要么是放弃，要么就只能采取更激进这方式。所以，在 2010 年 3 月 1 日的丰田汽车召回说明会现场门口，就发生了一位凯美瑞车主现场发放题为"还我公道"的抗议书，抗议书表明，该车主驾驶的凯美瑞在高速路刹车突然失灵撞向护栏并引发翻车，安全气囊全部失效，险些酿成惨剧，此后车主经过一年多的艰难维权仍然没有得到解决。

---

① 参见谢鹏、金笛《浙江工商局为何单挑丰田》，载《南方周末》，2010-03-25（D13）。

第三节 中美社会对丰田汽车事件态度的比较研究

在整个美国丰田汽车召回事件中，积极活跃的非政府组织、独立自由的新闻报道、强有力的社会公众维权活动等，这些都成为推动政府与企业采取行动的重要压力。而中国情况则大不相同。

一、非政府组织

美国是一个存在着各种各样非政府组织的多元社会，美国政府赋予这些非政府组织以合法性，并为它提供畅通有效的利益表达途径。丰田汽车召回事件发生后，众多的美国非政府组织积极参与丰田汽车事故的宣传报道、调查研究及组织抗议活动。如安全研究与战略是一个积极致力于驾驶安全的非政府组织。该组织在美国国家航空航天局与美国国家公路交通安全管理局发布了关于丰田汽车电子系统不存在故障的报告后，研究发表了一篇长达51页的针锋相对的报告，详细论证了美国航空航天局对丰田汽车电子系统中存在的故障的事实进行了隐瞒。① 这一报告直接促成了2010年初美国国会的介入调查。同年2月23日，该组织负责人出席了美国众议院关于丰田汽车意外加速问题的听证会并做了证明。此外，一个由美国22家法律事务所组成的诉讼团体计划对日本丰田汽车公司提起"国家级诉讼"②。

与美国相比，中国非政府组织与政府的关系更多地表现为合作性和非对抗性，而非监督与制约。加上非政府组织本身存在的种种先天性不足，如缺乏诚信和公信力、管理混乱、资金不足、人才缺乏等。从而导致中国的非政府组织在丰田汽车召回事件中，既缺少像美国非政府组织那样与政府部门进行针锋相对的宣传报道的勇气，也缺少与跨国巨头不负责任的行为相抗衡的财力。在整个丰田汽车召回事件中，除了一些汽车行业协会或商会等组织通过网站或相应

---

① Jeff G. Watchdog Group Blasts Report That Exonerates Toyota [J/OL]. (2011-05-24) [2012-08-25]. http://www.autoblog.com/2011/05/24/watchdog-group-blasts-report-that-exonerates-toyota/.

② 参见何旭《丰田在美或遭团体诉讼，总裁或被召唤释疑》，载《新华每日电讯》2010-02-12 (005)。

媒体进行汽车召回活动的追踪报道外，很少有其他实质性的活动。

二、新闻媒体

在美国，新闻媒体极其发达，其影响力也相当惊人，被称为是政府、国会、法院之外的"第四个权力机构"。美国主流媒体往往拥有雄厚的财力，经济上的自主使其能够顶住来自政府和企业的压力，独立地承担起权力监督者和公众利益代表的角色。新闻工作者的道德规范也多强调社会责任和公众利益，通常为了追求真相而不顾其政治与社会后果。丰田汽车召回事件中，《美国汽车新闻周刊》、《美国商业周刊》、《汽车和司机》、《汽车趋势》、《大众机械》、《国家邮报》等各大媒体都对丰田汽车事件进行了全面的报道和批评，这些批评通常都十分苛刻，一致认为是丰田过度追逐利润导致了汽车制造的缺陷，从而引发事故，而很少考虑其他可能性原因。① 美国卓越新闻项目分析结果表明，在2010年1月25至31日一周内的美国所有新闻报道中，对丰田汽车召回的报道量位居第5，约占全部新闻报道总量的4%。② 接下来的一周，即2010年2月1日至7日，对其报道的排名上升到了第二位，占全部新闻报道总量的11%。③ 其实，在第一次因脚垫问题而导致的大规模汽车召回事件之后，美国监管部门已经对丰田的态度表示了认可与满意。但在随后的跟风投诉及铺天盖地的媒体报道下，美国政府被迫决定再次介入。

在我国，宪法虽然也规定了言论、出版、集会、结社的自由，但新闻媒体被明确要求必须服务于国家的价值观，必须坚持中国共产党的领导，服务于执政党的需要，政府意志几乎决定着新闻媒体的行为方向。在丰田汽车事件中，就报道数量而言，以报纸为例，根据对中国重要报纸全文数据库的搜索，国内有关丰田汽车召回的报道分别为：2008年8例，2009年29例，2010年365例，2011年68例，与美国相比，显然不可同日而语。从报道的内容来看，多为对丰田汽车召回事件的客观报道，以及从丰田事件中中国汽车行业应该吸取的教训，也有对丰田汽车中美召回双重标准的批评，这比美国对丰田汽车近乎一边倒的指责显然温和得多。相比于凯美瑞、RAV4和汉兰达上市的时候，媒

---

① Schitt B. 89 Dead In the NHTSA Complaint Database? It's a Sham [EB/OL]. （2010 - 05 - 30）[2012 - 08 - 15]. http://www.thetruthaboutcars.com/2010/05/89-dead-in-the-nhtsa-complaint-database-it%e2%80%99s-a-sham/.

② Jurkowitz M. On State of the Union Week, It's All About Obama [J/OL]. （2010 - 01 - 31）[2012 - 08 - 25]. http://www.journalism.org/index_report/pej_news_coverage_index_january_2531_2010.

③ Jurkowitz M. With Budget as Backdrop, Economy Leads the News [J/OL]. （2010 - 01 - 31）[2012 - 08 - 25]. http://www.journalism.org/index_report/pej_news_index_report.

体数以千计的报道和赞誉,也实在是相形见绌。浙江工商局举行的 3 月 15 日维权通报会邀请了多家媒体参加,但一家当地重量级媒体在参会后对通报会只字未提,而是刊登了两版的丰田广告。"我们很怕媒体被噤声,更怕舆论说我们在炒作。"浙江工商局内部人士说。①

三、消费者

在美国,消费者的社会责任意识普遍都很强,企业的社会责任行为更多地表现为对消费者行动的直接反应,这对具有广阔的市场、企业高度可见、企业产品具有强烈品牌标识的跨国企业尤为有效。② 美国消费者的维权活动直接促进了美国政府及丰田公司对汽车问题的关注。以丰田"普锐斯"轿车为例,2010 年 2 月 3 日调查这款油电混合动力车的刹车系统以前,国家公路交通安全局累计接获消费者投诉 124 份。2 月 6 日,丰田汽车宣布召回。2 月 11 日,投诉累计上升至 1120 份,飙升近 10 倍,涉及 34 起车祸、6 人受伤。③ 此外,据美国媒体报道,截至 2010 年 2 月上旬,全美累计有 44 宗针对丰田的集体诉讼,估计涉及 36 亿美元。④ 同时,美国消费者对丰田汽车的购买意愿迅速降低。民意调查结果也显示,31% 的美国民众认为"丰田车不安全",35% 的美国民众表示"丰田已失去信任",而 17% 的受访者明确表示不会再买丰田车,可见丰田在美国的品牌形象所受影响之大。⑤ 2010 年丰田成了美国唯一一个销量负增长的品牌。

而中国发展市场经济不久,人们财富积累水平低,大多数消费者最为关心的仍然还是产品的价格、功能等特征,对产品的社会效用(比如产品是在如何对待劳工、环境等社会共同利益的条件下生产出来的)则很少有人去关注,对产品的质量问题也更为宽容。尽管几年前中国就报道了丰田车断轴致人死亡的事故,尽管针对 2010 款的普锐斯车型的投诉在美国已经达到 1000 多起,但丰田(中国)的一名联系人说,我们没有听说过中国的普锐斯用户有相关投

---

① 参见谢鹏、金笛《浙江工商局为何单挑丰田》,载《南方周末》,2010 - 03 - 25 (D13)。

② Haufler V. A Public Role for the Private Sector: Industry Self - regulation in Global Economy [M]. Washington D C, USA: the Brookings Institution Press, 2001.

③ 参见罗茜《丰田汽车缺陷可能已致美 34 人身亡,投诉数量飙升》, http://news.xinhuanet.com/world/2010 - 02/17/content_ 12997238. htm. (2010 - 02 - 17) [2012 - 08 - 25]。

④ 参见王进雨、黎史翔《丰田面临全美 44 宗集体诉讼,涉索赔金额 36 亿美元》,载《法制晚报》2010 - 02 - 18, http://news.sohu.com/20100218/n270287616.shtml。

⑤ 参见严圣禾《丰田总裁在中国道歉之后》,载《光明日报》,2010 - 03 - 05 (012)。

第十一章 丰田汽车中美召回案例比较研究

诉或事故报告。① 即使网上对丰田汽车的双重召回标准及对中国消费者出尔反尔的轻蔑态度是一边倒的批评,但丰田在中国依然收获了靓丽成绩。据中汽协发布的数据显示:2010 年 1 月,丰田在华销量同比增长 53%,至 72000 辆;2 月份,同比增长 30%,至 45400 辆。就连"问题车"RAV4 也保持着月销量 6000 辆左右的销售水平。② 南北丰田 2010 年最终销售 84.6 万辆,超过了 80 万辆的预定目标。③

四、投资者

在美国,越来越多的投资者开始关注企业的社会责任问题,并将其作为是否进行投资的重要标准之一。几乎所有的大企业都遵循"三重底线"的原则,即所有投资都必须同时符合社会、环境和经济标准,否则就可能被投资者所抛弃。丰田汽车事故发生后,2010 年 1 月 27 日,丰田宣布停产 8 款在美出售车型,当日投资者在纽约市场大肆抛售丰田公司股票,使其股价大跌超过 8%,收在 79.77 美元。1 月 28 日丰田宣布全球汽车召回,投资者继续抛售丰田股票,丰田汽车东京股市的股价下跌 3.9%,纽约市场的股票下跌了 2.63%。同日,评级机构惠誉将其 A + 长期外币与发行人违约评级与高级无抵押评级,以及其 F1 + 短期评级置于负面观察名单上,并表示暂难量化其近日行动对其信贷组合带来的影响。在资本市场遭受挫折的同时,到 2010 年 3 月,美国法庭还接到了不少来自美国投资者发起的集体诉讼。诉讼认为,丰田企图通过召开新闻发布会、与股票分析师举行电话会议、接受电视采访等方式使公众确信汽车意外加速问题很容易修理,或汽车事故是司机的错误,从而误导投资者和公众,导致其资产缩水,要求丰田公司进行赔偿。这一赔偿数额将是不可估量的天文数字。

由于丰田的资本市场不在中国,丰田公司在中国的社会责任问题不会直接影响其在纽约和东京的资本市场价值。投资者因投资丰田公司股票而导致资产受损的报道或起诉也没有发生。因而,中国投资者对丰田汽车公司不负责任行为的压力几乎不存在。这也是众多跨国公司在中国拒绝承担社会责任的重要原

---

① 参见王雅思《丰田遭美消费者 36 亿美元索赔》,http://www.cenn.cn/News/20120319 - 112797.shtm。

② 参见寇建东、朱行远《中国政府:希望丰田尽快"复活"》,载《中国经营报》,2010 - 03 - 08(C04)。

③ 参见刘文俊《盘点丰田在华这一年:销量增长,份额下滑》,2011 - 02 - 25,http://auto.163.com/11/0225/18/6TOOIHP800084JTI_2.html。

因之一。

第四节 丰田公司汽车召回中美双重标准比较

中美两国政府与社会公众对丰田汽车的不同态度,决定了丰田公司在汽车召回问题的不同行为与应对策略。汽车召回的双重标准正是丰田公司理性选择的结果。

一、汽车召回态度的差异

在2009年美国丰田汽车事故后,丰田公司积极配合监管部门对问题汽车进行大规模的召回,对美国交通部开出的天价罚款都予以接受。2010年9月丰田汽车公司与4名"脚垫门"受害者家属达成庭外和解协议,共计支付1000万美元。据摩根大通分析师估计,在美召回汽车给丰田带来的直接损失高达18亿美元。此外,8种问题车型因修复油门踏板而被停售导致的损失也高达7亿美元。[①]

2010年1月28日,即在丰田因汽车脚垫问题在美大规模召回汽车的两个多月后,天津一汽丰田才宣布因国产RAV4使用了相同问题的油门踏板而召回7万余辆车。本次丰田汽车召回涉及车辆总数超过850万辆,美国召回600多万辆汽车,欧洲召回200多万辆,在中国仅仅召回了7.5万辆。从车型看,在北美召回16种之多,在中国只召回了RAV4一种车型。而在其他国家被列入召回车型的卡罗拉、凯美瑞、汉兰达和雅力士等车型,在中国也均有销售。而在中国众多的汽车投诉问题中,丰田车也最为突出。

二、汽车召回待遇的差异

对召回汽车的待遇中美也存在巨大差异。在美国市场,早在2月26日,丰田就承诺对召回汽车的车主提供额外的服务,包括:尽量缩短维修的时间;提供"上门召回"服务,由经销商代表取回和还回被召回车辆;提供车辆送车主到经销商处或者送其去上班;如车主不能或不愿驾驶自己的车,在合理期

[①] 参见刘浩远、张保平《丰田因召回损失惨重,或亏25亿美元》,2010-02-04,http://news.xinhuanet.com/fortune/2010-02/04/content_ 12930283。

限内为车主租车或提供乘坐出租车的补偿。另外,丰田公司还承诺将向与此次召回事件有关的全美 1200 多家经销商提供 7500 美元到 7.5 万美元不等的补偿金。而在中国,车主只能自驾至 4S 店完成召回,还有可能因零件缺货而多次往返退修,丰田公司对中国经销商只字不提赔偿。

然而,即使对中国车主进行经济补偿,每个车主的交通费和误工费加在一起不会超过 200 元,全国召回的 7.5 万辆 RAV4 汽车,补偿总额大概 1500 万元。而丰田公司在全球 2008 年、2009 年连续陷入亏损的境况下,2009 年却在中国市场依然获取了超过 10 亿美元的巨额利润。同等配置的车型,中国市场的销售价格总要比欧美市场高出 20%~30%,即使在剔除税收因素的影响后,丰田在中国的利润也高于其平均利润水平。区区 1500 万元与美国消费者向丰田提起的数十起集体诉讼,高达 30 多亿美元的索赔金额相比更是微不足道。而对这一赔偿,丰田公司居然不顾公司形象,以种种原因为借口加以拒绝,可以看出丰田公司对中国消费者的轻视与怠慢。

第五节 研 究 结 论

我们分析了丰田汽车召回事件中中美两国政府与社会不同的行为态度,及丰田公司在汽车召回事件中双重标准的成因与形成过程,通过以上分析,我们可以得出以下几点结论:

一、跨国公司社会责任的双重标准源于外部压力的差异

追逐利润是资本的天性。无论是资本主义早期对利润赤裸裸的追逐,还是今天在社会责任的靓丽外衣下的对利润的攫取都是如此。

为了节约成本,追逐利润,丰田公司同样可以置美国消费者的生命安危于不顾。早自 2000 年起,丰田共计 8 次召回了加速器有问题的车辆。对一而再、再而三的关乎消费者生命安全的严重事件,丰田公司依然置若罔闻。直到 2009 年,面临数百万汽车召回的严峻时刻,丰田还是把问题推给所谓的"防滑脚垫",在已经了解事情真相的情况下,依然迟迟不主动解决问题。直到美国政府出面干预才极不情愿地承担更换加油踏板责任。此后,丰田的"普锐斯"刹车问题被曝光,丰田公司仍然推诿搪塞,通知其下属的汽车零售商,"只要用户没有主动提出要求,就不要催促他们改装(问题部件)";而丰田系

汽车零售商对投诉刹车不灵的消费者只是建议:"再使劲踩一脚刹车,就可以刹住。"① 为了减少开支,丰田公司还不惜对美国政府公关谈判,减少召回某些存在"脚垫设计缺陷"的车型,并因此节省了1亿美元。② 为了节省成本,丰田的新车测试中不惜在室内台架和赛道等试验场地中进行。而欧系车的新车测试是经过 300 万公里长距离的实地行驶,有的高达 800 万公里。③ 连丰田章男也承认,在过去几年里,丰田因为过于追求增长的速度而放弃了对安全和质量的关注,这才导致今天问题的发生。④

为了节约成本和应付舆论,丰田在中国仅召回了 7.5 万辆。面对中国车主因车祸苦苦索赔无果的事实及涉事车主的围追堵截,丰田公司采取的措施就是拖字。浙江省工商局在与丰田经过艰苦的谈判后,双方签署赔偿协议,两天后,一汽丰田总裁松木秀明通过媒体公开否认经济赔偿。浙江省工商局局长郑宇民说:"如果说我对这次跟丰田的过招有什么估计不足的话,就是我对他们会如此不道义估计不足,对他们追逐利润本性如此顽固估计不足。"⑤ 而这种赔偿即使推广到全国,也不过 1500 万元左右,而面对年赚 10 多亿美元的中国汽车市场,丰田竟然可以为了这点利润而置公司形象于不顾。

所以,不管是在中国还是美国,跨国公司社会责任都只是政府与社会压力的结果。政府与社会维权意志的强弱与维权能力的高低决定了跨国企业社会责任水平的高低。

二、政府的主导与参与是跨国公司承担社会责任的基础

对于丰田这样的跨国巨头,没有政府的强力介入,要想实现维权成功几乎是不可能的。

丰田汽车事故发生后,美国国家公路交通安全管理局迅速介入调查,并促使丰田汽车公司对脚垫问题汽车进行召回。为了让丰田明白问题的严重性,美

---

① 张宇星:《三大反差折射丰田"诚意"》,载《国际商报》,2010-03-05(005)。
② 参见黄继汇《在安全问题上误导公众,丰田在美或遭起诉和巨额罚款》,载《中国证券报》,2010-02-24(A05)。
③ 参见李安定《绊倒丰田的是丰田自己》,载《中国经济导报》,2010-02-25(B02)。
④ Guardian. Toyota President Akio Toyoda's Statement to Congress [EB/OL]. (2010-02-24) [2012-08-30]. http://www.guardian.co.uk/business/2010/feb/24/akio-toyoda-statement-to-congress.
⑤ 章苒、傅丕毅、屈凌燕:《"我们为什么与丰田过招",对话浙江省工商局长郑宇民》,载《新华每日电讯》,2010-04-10(001)。

国官员亲自前往日本警告丰田高层，迫使其再度召回 200 多万辆问题车。① 2月 17 日，丰田章男还向媒体信誓旦旦地表示，他非常信任在北美的经营团队，不准备出席美国众议院的听证会。第二天，美国政府宣布正式启动对丰田畅销车型卡罗拉转向系统故障的调查。在美国政府和舆论的压力下，丰田章男 2 月 19 日改变态度，同意亲自赴美参加国会听证会。② 在国会听证会上，美国国会议员对丰田章男极尽挖苦、讽刺、责难、批评之能事，也促使丰田痛下决心，改变过去的发展模式，重视质量与安全问题。可以想象，没有美国政府的主导与参与，美国丰田汽车召回事件比中国实在强不了多少。

而在中国，除了国家质检总局两份迟来的风险警示通告和浙江地方工商局出于"维稳"与丰田汽车的谈判外，没有看到立法和司法机关直接、主动介入丰田汽车问题的调查，国家消费者协会和工信部也没有出面维权，也没有对丰田汽车的召回进行有力的质询。可以说，丰田在中国拒绝召回或赔偿的底气就来自于中国政府的谅解和低调。

三、成熟的市民社会是跨国企业承担社会责任的直接动力

美国有一个高度发达成熟的市民社会，社会对政府、对企业的制衡都相当有力。有强烈维权意识的社会公众、自由独立的媒体、强有力的社会组织、此起彼伏的社会责任运动，这些形成了对企业生死攸关的社会责任社会治理机制。企业要么服从公众的利益和意志，要么就会被社会公众所抛弃。并且，美国的市民社会还通过政治选举、社会舆论、社会团体压力等将公众的利益诉求转化为对政府的政治压力，促使其采取有效的措施确保社会利益的实现。

在中国，社会公众的社会责任意识比较淡薄，丰田车的质量问题与丰田公司的轻蔑换来竟是消费者购买的增加。以和谐稳定为第一目标的新闻媒体难以扮演企业社会责任监督者的角色，社会组织十分幼稚。所以中国没有形成对企业社会责任行为的社会制约机制。并且，社会的幼稚及地方政府权力运行的相对自主性导致了公众利益诉求向政府政治压力转换的迟滞及地方政府对企业社会责任问题的敏感性不足，加剧了跨国公司的社会责任问题。可以说，一个成熟强大的市民社会的缺失使跨国公司缺少了承担社会责任最根本最持久的动力。

---

① 参见刘洪、刘丽娜、刘浩远《美运输部批评丰田汽车反应迟钝》，载《中国证券报》，2010 - 02 - 04（A05）。

② 参见张宇星《三大反差折射丰田"诚意"》，载《国际商报》，2010 - 03 - 05（005）。

四、中国缺少企业社会责任的有效驱动机制

丰田汽车公司对中美汽车召回的不同态度,并非出于骨子里对中国消费者"本能"的歧视,或对美国消费者"本能"的敬畏,而是对一种完全不同的企业社会责任驱动机制理性反应的结果。

2009年8月,一辆丰田汽车因意外加速导致车上4人死亡的事件发生后,美国消费者的相关投诉迅速飙升,诉讼索赔接二连三,媒体的追踪报道层出不穷,美国监管部门迅速介入调查,最后,美国国会也高调介入,从2月24日到3月2日,先后举行了三次听证会。除此之外,美国司法部反垄断部门、联邦调查局、纽约南区检察部门、美国证券交易委员会、洛杉矶市检查部门等联邦和地方执法机构也都围绕丰田"召回门"展开了一系列审查。丰田公司除了面临巨额民事赔偿、政府天价罚款、汽车销量下降、企业形象受损外,丰田公司的总裁还面临追究刑事责任的可能。正是在美国政府、国会、消费者、非政府组织、社会媒体举国一致的强大压力下,才迫使强悍的丰田低下了自己高昂的头颅,召回、赔偿、接受罚款,直至在国会上痛哭流涕,并发誓痛改前非。

反观中国,早已发生多起丰田车集体"断轴门"致死致伤事故,家属索赔也一直无果,而中国却从未对丰田表现出任何激烈的反应。中央政府的谅解,媒体的集体低调,连"3·15"晚会也刻意回避丰田汽车问题,也没有维权组织积极活动的身影,更没有执法、司法部门积极主动地介入,对政府问责的"国会听证"机制在中国从来就不存在,汽车召回法律一直缺失而无人问津。孤苦无助的消费者要么选择无奈的宽容与忍让,要么与跨国巨头单打独斗,直到财力耗尽,索赔无果而最终放弃。如果没有美国的压力,中国连7.5万辆汽车也不会召回。

如果只有丰田一家如此怠慢中国,或许可以归咎于企业的个性或道德,但如果宝马、奔驰、斯巴鲁等顶着光环的国际车企,在汽车召回问题上无一不对中国消费者歧视怠慢的时候,我们就应该反思,中国是否存在企业社会责任生长的环境或机制了。而这种驱动机制的缺失,正是跨国企业集体歧视中国消费者的根本原因。

综上所述,美国政府的主导与参与,社会公众强烈的维权意识,高度发达的非政府组织,独立自由的新闻媒体,这些都促成了丰田公司在美国史无前例的汽车召回行动。

第十二章 结论与展望

本书从微观上检验了中国企业社会责任驱动机制的有效性，识别了企业社会责任的关键驱动因素。在宏观上探讨了企业社会责任驱动的企业、社会、政府三方博弈制衡关系，揭示了企业社会责任缺失的外在根源。通过规范分析，探讨了企业社会责任驱动的文化背景、社会背景与制度背景。在本部分内容中，我们主要介绍通过研究得出的有关中国企业的社会责任驱动机制问题的主要结论，企业社会责任治理的对策建议，本研究的不足与局限，以及未来进一步研究的方向。

第一节 研究结论

通过以上研究，我们得出如下研究结论。

一、企业社会责任是经济利益基础上的多因素驱动

企业社会责任的动机是复杂的。责任优先，还是利润优先？是纯粹付出，还是利益交换？是道德自觉，还是外部压力？学者们见仁见智，莫衷一是。但在现实中却并非是严格对立、清晰界分的。强调利润优先者，也强调企业经营的守法、不欺诈、不欺骗的法律、道德底线。强调责任优先者，也强调承担社会责任可以更好地提升公司利润，道德的动因也被解释为是为了长期的经济利益。所以，企业社会责任与企业利润目标的一致性，企业形象声誉与企业价值最大化的趋同性，为企业自觉主动地实施社会责任提供了主观上的可能性，构成了社会责任行为的内部驱动因素。而对社会与政府惩罚与激励所带来成本收益的考量，构成了企业承担社会责任的外部驱动因素。企业社会责任就是经济与非经济多因素驱动的统一。

但企业社会责任最终必须依赖于市场机制来实现，严格的市场竞争及成本收益核算中社会与环境成本的"零嵌入模式"，促使企业必须综合权衡自身的成本、收益（成本、收益包含着社会成本、社会收益），并在基于市场利益的基础上承担相应的社会责任。所以，尽管可能存在着利己的、互惠的，或者它们的混合形式的企业社会责任，但纯粹的超功利的企业行为是很少见的。企业社会责任的驱动更多地表现为利润目标基础上的多因素驱动。所以，承认企业经济功能的基本角色定位及其对经济目标的合理追求，并在此基础上构建起兼顾社会目标的社会责任多元驱动机制是实现企业社会责任的正确路径。

二、企业社会责任的"社会治理"是未来的发展方向

根据企业、社会和政府三者力量对比和权力边界的变迁，我们将企业社会责任问题的治理划分市场治理、国家治理和社会治理三种模式。而历史发展的不平衡性和复杂性，又使这些模式清晰地存在于当今世界各国。这三种模式中，自由主义的治理模式曾经带来了严重的社会责任问题甚至社会危机，而国家治理或政府治理又造成了治理与谈判的高昂成本、国家权力的膨胀、巨额的财政负担，以及腐败等问题。企业社会责任的社会治理模式强调通过社会干预与社会压力迫使企业将社会责任内化于与市民社会的市场交易行为之中，是一种"软约束"，不仅有效，而且成本更低，成了以上两种方式之外的最佳选择，也是未来中国企业社会责任治理的发展方向。

从现实看，在当今西方国家，随着市场取代权力成为资源配置的基本机制后，利益的分配就不再完全依靠国家或政府的意志，而主要是靠市场和社会的利益博弈。政府只能在法律框架的范围之内规范引导企业承担社会责任，对大量处于非法定义务状态的企业社会责任，就依赖于公众和企业这两大力量体系博弈制衡。企业社会责任也不是依靠企业家的道德自觉，或是政府的强制监管形成的，而主要是依靠社会压力集团和各种社会运动的推动发展起来的。正是这种社会团体和社会运动的压力，直接影响了企业利益的实现，然后通过企业趋利避害的动机来调整企业的行为，从而形成对企业行为的"社会治理"或"社会调控"。而只有充分发育的、成熟的市民社会才能承载各式各样的民众团体和组织，才能发起广泛而持久的社会运动，因而才能把体现社会公众利益的共同价值观确立为社会的道德准则令企业遵循，从而实现企业社会责任的"社会治理"。

三、成熟市民社会缺失是中国企业社会责任缺失的主要原因

成熟的市民社会是西方企业社会责任社会治理的基础和前提，包括高度发达的非政府组织、独立自由的新闻媒体、自主维权的社会公众、广泛持久的社会责任运动，这些都构成了对企业生死攸关的社会责任社会驱动机制。企业要么服从公众的利益和期望承担对社会的责任，要么在产品市场和资本市场被社会公众所抛弃。

然而在中国，市民社会的发育先天不足，具体表现在：消费者财富积累水平低，对产品背后的社会责任问题几乎漠不关心；劳动力市场普遍存在的供大于求和资本区域迁移的压力，使中国劳工也缺乏基本的维权意识和维权能力；公众也缺乏组织维权的意识，对社会责任运动都表示质疑和否定；在秩序与稳定成为政府第一选择的情况下，公众也不会获得组织和运动的合法性的资源；新闻媒体在很大程度上取决于政府的意志和态度；中国也缺乏有组织的社会力量，如果严格按萨拉蒙的五项特征衡量，中国几乎没有"符合标准"的非政府组织，从而导致西方社会的"国家—非政府组织—民众"的三层结构关系在中国变成了"国家—民众"的两层结构。由于公众的孱弱及其对企业社会责任行为制约的有限性，加剧了企业的社会责任问题。

四、地方政府监管缺位是企业社会责任缺失的重要根源

政府的主要职责在于保障公共物品的供给，实施市场秩序的监管，实现社会利益的最大化。然而中国地方政府的职责定位却主要是发展经济，如招商引资、土地经营、企业投入、资源配置等，这些都无不以行政力量来推进。加上法治不健全、监督不力、信息不透明或不对称、官场潜规则盛行，以及公有土地等资源成本为零所导致的"公有资产黑洞"，激发了地方政府强烈的投资冲动，使地方政府"双重人格"的"经济人"身份日益突出，日益从公共服务者变成了一个追求利润最大化的经济实体，导致"地方政府公司化"或地方政府基本职能的异化。

中国地方政府全能主义的角色定位及作为竞争主体参与市场竞争和利益分配的结果，致使地方政府自身已经成为企业社会责任问题的最大根源。全国每年十余万起的群体性冲突事件，绝大部分都是因地方政府参与的强制拆迁、影响生态环境的投资项目的引进所导致的。而地方政府为社会提供公共服务的基本职能和角色也日益被淡化。扩大投资的冲动及行政性投资的低效益，导致地方政府对公共产品和公共服务的资金投入始终不足，甚至将本应由政府为主供

应的某些公共服务推向市场与社会，各项民生项目发展长期严重滞后，直接导致我国社会本身发育畸形。可以说，中国经济高速增长正是以地方政府公共产品提供功能不足、企业社会责任监管的有效性降低为代价的。

第二节 对策建议

根据以上的研究结论，我们提出如下的对策建议：

一、推进市民社会的成长发育

成熟的市民社会的是中国社会结构现代化的基石，是中国企业社会责任问题解决的关键。虽然中国的市民社会的成长不可能是一帆风顺的，但推动中国市民社会的成长及企业社会责任问题的社会治理依然充满了希望。

首先应大力推进市场经济的发展。市场经济与市民社会之间具有内在的关联性，只要中国的市场化进程不停止，中国的市民社会就会在未来的发展中不断走向成熟。其次，要大力推进非政治性非政府组织的发展，减少对非政府组织的行政干预，以法律形式确立非政府组织的正当地位，优化非政府组织成长的政策环境，简化非政府组织的产生条件和管理程序，推进非政府组织自身可持续发展和规范化发展。此外，要从宪法和法律上保障公民监督政府的权力，要允许媒体更加自主的报道，鼓励非政治性社会团体的成立，允许法律许可范围内的社会责任运动，促进社会的自我服务、自我管理、自我调节等。总之，要求解构传统的政府统摄社会的"威权主义"模式，推动政府对社会的权力让渡，推动市民社会的发展与社会权力的扩展，实现社会对政府与企业的有效制衡。

二、促进地方政府从投资型政府向社会责任型政府回归

中国地方政府全能型的职能定位设计、自身独立的利益追求及其高度自主于社会的权力运行机制，使地方政府对企业社会责任的监管不仅没有带来预期的效果，甚至向着相反的方向发展。因此，应促使地方政府从投资型政府向社会责任型政府回归。

首先应加强对地方政府权力的监督。应推进有公众和社会群体支持参与的、独立于政府权力之外的外部监督机制的建立。只有外部监督与制约起作用

了，只有违背社会公众利益的成本太高了，政府官员才会置社会责任于经济理性之上，才会减少与企业合谋违背社会利益的行为。一句话，只有社会制约的权力才能承担起服务社会的责任，才能更好地监管起企业的社会责任问题。可以借鉴美国，建立起对地方政府的审计、听证、公决、透明公开、罢免等严格的监督机制，促使地方政府真正成为企业社会责任的有效监管者和社会利益的守望者。其次，要加快地方政府职能的转变，将招商引资、土地经营、企业投入等经济职能从地方政府的职能中剥离出来，使地方政府从投资型政府和逐利型政府回归公共服务型政府和社会责任型政府，切实专注于公共服务与社会责任监管的职能。

三、推动"负责任"的经济增长

在宏观上，应消除全社会对GDP增长的迷恋和崇拜。传统的经济增长模式是以单纯经济总量为目标的GDP增长模式。GDP只计算一个国家经济交易总量的货币价值，是衡量经济"繁忙"程度的一个标准，而对经济活动以外的因素，包括经济活动对生态或社会的破坏，如环境污染、资源消耗、医疗质量、教育水平、健康状况等都不加考虑。这是一种基于纯粹的经济成本与收益的社会责任"零嵌入模式"。GDP也不可能无限增长，一旦GDP增长所带来的经济收益等于甚至低于其造成的额外的环境与社会成本时，GDP增长的边际收益将为变为零或负，GDP增长将变为非经济性，对社会与环境来说是一个可怕的诅咒。有充分的证据表明我国正处于这个临界点上，经济滞胀，产能过剩，同时伴随着生态的恶化、资源的耗竭、社会责任事故频发等。所以，应在宏观上消除对GDP的迷恋和崇拜，在国民经济增长目标中嵌入环境、社会等因素，将资源成本、环境成本、公平就业、公平竞争等生态价值及社会价值纳入到国民经济成本收益的核算中去。实现从追求GDP总量的增长转到更加注重公平、注重质量、注重社会福利、注重生态的负责任的发展方式，真正实现低增长或"无增长的繁荣"①。要在总量上确立经济活动的生态限制，征收碳排放税和资源使用税，将赋税从经济商品（比如收入）向破坏生态经济（如污染）和违背社会公平（如垄断）转移，对有利于环境生态、增进就业、社会公平的企业减免税收。

在微观上，推进企业目标变革及建立社会责任会计制度。传统的主流经济

---

① （英）蒂姆·杰克逊：《无增长的繁荣》，乔坤、方俊青译，中国商业出版社2011年版，第189页。

学把经济利润设定为支配企业行为和推动市场竞争的唯一目标，将伦理道德、社会责任等因素全部视为经济学的外生变量，不纳入市场交易的成本收益核算中去。这种以经济利润为唯一目标的企业功能定位，结合企业层级式的权力控制体系，将企业及其员工训练成了一个个冰冷的、只精于功利计算的理性经济人，助长了企业唯利是图的本性，加重了企业的社会责任问题。因此有必要对企业的组织目标进行变革，在传统的经济目标之外，加上各种社会目标与环境目标。要求与国际接轨，运用法律手段强制推行企业社会责任会计制度，建立企业社会责任会计评价体系。要求改进现有的会计方法和会计技术，在对企业进行评价的单一经济指标之外，再加上社会指标和环境指标，严格地测定、计量和揭示企业的经济行为对社会和环境的影响，促进企业净社会贡献的最大化。推动企业以经济、社会、环境"三重底线"的方式向全社会披露企业年度发展报告，促使企业在追逐利润的同时承担起相应的社会责任与环境责任。

四、形成督促企业承担社会责任的良好社会环境

要提升全体公民的社会责任意识，培育全体公民形成关心他人、奉献社区、热心公益、保护环境、勇于承担责任的良好品格，通过全体公众负责任的行为为企业承担社会责任创造一个良好的外部环境。消费者不能一边被尊为"上帝"，一边又高碳消费、攀比消费；政府不能一边要求企业承担社会责任，一边以追求经济发展和财税收入为目标，对企业的社会问题与环境问题睁一只眼，闭一只眼；非政府组织也不能一边以推动企业承担社会责任为名，对企业拉赞助、搞摊派、做捐赠排名，一边却是企业捐款信息不透明，不公开，甚至没有被用于被资助的对象；供应商不能一边要求企业"负责任地购买"自己的产品，一边又把有三聚氰胺的牛奶、含瘦肉精的生猪推向市场；商学院不能一边倡导社会责任，一边又教育学生如何去帮助股东千方百计地挣钱，如何去实现公司利润的最大化，这是在"培训好人做坏事"[1]。

在一个负责任的社会责任氛围环境中，"坏"经理也会做出负责任的行为，反之，在一个不负责任的社会责任氛围条件下，"好"经理也可能做出不负责任的抉择。如果整个社会充满良知、正义、诚实、公平、友爱，法律完善并得到严格的执行，公司只有负责任的经营才能得到更高的利润，那么，公司的"善念"就会被激发出来，处处道德地行事，负责任地经营。相反，如果

---

[1] Gentile M C, Samuelson J. The State of Affairs for Management Education and Social Responsibility [M]. New York: Aspen Institute, 2003: 2.

整个社会充满贪婪、腐败、欺骗、算计、不公,加上不健全的法制及执法不力,企业只有不负责任的经营才能获得相应的竞争优势,那么企业的"恶念"就会被激发出来,处处进行不道德地钻营。

总之,只有企业、社会、政府等各个主体共同参与,全面推进经济、社会、政治领域的相应变革,才能真正推动企业社会责任问题的有效解决。如果仅仅寄期望于企业道德的提升,政府监管的加强,而没有更深层次的社会改革与制度变革,企业社会责任的有效治理依然遥遥无期,一个可持续发展的经济社会蓝图依然任重道远。

第三节 研究中的局限性及进一步研究的方向

现实企业社会责任问题的迫切性激发了众多的研究者从不同的角度切入到这一研究领域中来,很多学者从经济学、法学、管理学、政治学、伦理学等各不同的角度对这一问题展开了研究,出现了不少有价值的研究成果。但与国外的研究或其他成熟的研究领域相比,无论是企业社会责任的理论研究还是实证研究都还是一个有待发展和完善的课题,总会出现这样那样的一些问题。与其他研究者一样,由于本人主观客观条件的限制,在这一领域中的探索不可避免地会出现一些问题,这些问题与不足主要表现如下:

(1)在理论研究中,本书从管理学着笔,提出企业社会责任驱动问题,然后从其他学科领域,特别是从政治学和社会学的视角对企业社会责任缺失的根源进行了系统的分析,力图从中寻找解开中国企业社会责任问题的钥匙。事实上,许多管理领域与企业领域微观问题的解决,最终都取决于宏观社会结构的演进与政治变革的深化,这种跨领域的综合研究如此重要,而在这方面的学术探索却又如此之少。限于学科跨度与本人专业的局限,在很多方面只能浅尝辄止,未能深入展开,给本书留下了诸多缺憾。

比如,我们从企业、社会、政府利益博弈的视角,解析了中国企业社会责任驱动机制缺失的外在根源,即不成熟的市民社会导致的企业社会责任利益博弈中公众利益主体的缺位是中国企业社会责任外部驱动机制缺失的根本原因。但在如何培育一个成熟的市民社会的问题上,我们只能展望和期待,没有深入研究。这非本书研究的主题,也恐怕非本人能力所及。并且这一理论分析的结果,也有待进一步的实证检验。

另外,一些研究结论的有效性随着时间的推移将面临不断的修正。多年前看来还是中国企业社会责任导入者的跨国企业，近年来却因社会责任双重标准问题被推向了风口浪尖。其中原因较为复杂，如外来投资社会边际效益的降低、公众社会责任意识的觉醒，或跨国企业社会责任自始至终的形式主义"表演"等。但无论怎样，跨国公司在中国与母国社会责任标准的巨大"落差"及其普遍存在却是一个严峻的事实，如何评价跨国公司社会责任"双重标准"的问题，如何制定跨国公司社会责任"双重标准"的应对策略，这也是本书提出的有待进一步探讨的又一个课题。

（2）在实证研究中，如许多其他的实证研究一样，我们总难找到一种完美的解决方案，特别是在样本选择、指标选取、变量的测量上，具体表现如下：

第一，在对企业社会责任的测评上，由于缺乏西方的第三方社会责任评价体系，我们较多地运用了主观评分法，加上问卷回复者很多为营销经理或总经理，他们对企业综合绩效方面问题的回答可能较为清楚，但对企业社会责任，如员工满意度、环保投入等方面可能给予了过高的评价。

第二，在企业绩效的测评上，本书探索性地运用一系列财务与非财务指标对企业绩效进行综合评价。但由于对指标的相对重要性难以做出区分，没有为各个指标赋予相应的权重。

第三，企业样本的行业范围的限制。由于客观条件的限制，我们的实证研究主要限于制造业企业。并且受中国中小企业国际博览会本身性质的影响，许多行业的制造业企业没有参加，如水电、燃气、煤炭、石油、建筑等。加上被调查的企业多为出口企业，在对企业社会责任驱动因素的选择上，可能对跨国订单的驱动因素给予了更高的关注。

第四，在影响企业的社会责任驱动机制的内外驱动因素上，我们选择了经济动机、道德动机、员工压力、社区压力、非政府组织压力、消费者压力、采购商压力、市场竞争状况、法制环境、政府干预等因素，但可能还有更多的因素我们未能给予考虑。

所以，在今后的研究中，如果能进一步提高指标测量的准确性和客观性，进一步扩大研究的行业范围，进行制造业、服务业，甚至政府、非营利性组织的社会责任行为驱动机制的研究，并把影响企业社会责任驱动的因素进一步拓宽，那么得出的结论可能会更为全面，更为精彩。如果有条件得到企业社会责任与绩效的多年的数据资料，对不同角度下企业社会责任与绩效关系在时间变化上的连续性进程进行纵向分析和对比研究，也应该具有十分重要的意义。

附　　录

附录一　研究期间发表的主要论文

[1] 杨春方. 企业社会责任的生成机制及治理研究[J]. 生产力研究, 2015 (1).

[2] 杨春方. 中小企业社会责任缺失的非道德解读[J]. 江西财经大学学报, 2015 (1).

[3] 杨春方. 跨国公司社会责任双重标准的三维解读：以丰田汽车中美召回为例[J]. 特区经济, 2015 (7).

[4] 杨春方. 中小企业社会责任的评价模式及其影响测度[J]. 改革, 2013 (10).

[5] 杨春方. 企业社会责任的治理模式：自三个维度观察[J]. 改革, 2012 (05).

[6] 杨春方. 中国企业社会责任影响因素实证研究[J]. 经济学家, 2009 (01).

[7] 杨春方. 困境抉择：责任？利润？[J]. 中外管理, 2008 (06).

[8] 杨春方. 企业社会责任、绩效的外部性与自身因素[J]. 改革, 2008 (02).

[9] 杜兰英, 杨春方. 中国企业社会责任博弈分析[J]. 当代经济科学, 2007 (01).

[10] 杨春方. 中小企业国际营销困境解析[J]. 国际商务, 2009 (09).

[11] 杨春方. 基于文献计量的中国国际营销研究述评[J]. 江苏商论, 2008 (05).

[12] 杨春方. 基于资源的中小企业国际营销绩效研究[J]. 工业技术经济, 2009 (10).

[13] 杨春方，石永东. 旅游院校毕业生供需错位的实证解读[J]. 教育评论，2012（02）.

[14] 杨春方，石永东，于本海. 中国企业社会责任困境解析[J]. 科技与管理，2007（01）.

[15] 杨春方. 基于第五届中博会的企业国际营销调研报告[J]. 广东教育学院学报，2009（6）.

[16] 杨春方. 跨国并购中的文化整合案例研究[J]. 中国集体经济，2009（08）.

[17] 杨春方. 金融危机下中小企业国际营销影响因素实证研究[J]. 天津市经理学院学报，2009（08）.

[18] 杨春方. 跨国并购成败的文化解读[J]. 经济与管理，2009（09）.

[19] 杜兰英，石永东，杨春方. 基于项目群视角的战略管理层次观[J]. 科技进步与对策，2007（12）.

[20] 杜兰英，石永东，康乐，杨春方. 关于非营利组织公信力评估指标体系的探讨[J]. 经济纵横，2006（13）.

[21] 杨春方，石永东，吴水兰，康乐. 宏观视野下的企业创新投入与创新收益研究[J]. 经济师，2007（01）.

[22] 田志龙，艾展刚，杨春方. 对当代"三农"问题对策的反思[J]. 商业研究，2005（16）.

附录二　研究期间主持参与的科研课题

[1] 企业社会责任的社会治理机制研究：以珠三角为背景（S2011040003237）（主持），广东省自然科学基金课题。
[2] "用工荒"的长效破解与企业社会责任的社会治理机制研究（11B43）（主持），广州市哲学社会科学规划课题。
[3] 企业成长、战略意图与企业社会责任战略选择（71072087），国家自然科学基金项目。
[4] 强化企业社会责任问题研究（07BJY003），国家社会科学基金项目。
[5] 非营利组织个人捐赠吸引力与个人捐赠行为关联性研究（70872038），国家自然科学基金项目。

附录三 "企业社会责任问题"的调查问卷

尊敬的董事长/总经理/经理/主管：

您好！十分感谢您在百忙之中抽出时间填写此问卷。本次调查是国家哲学社会科学基金项目"强化企业社会责任研究"（批准号：07BJY003）及其相关子课题的研究内容。本问卷仅限于学术研究使用。我们郑重向您承诺，问卷所涉内容将对外严格保密。

---

1. 您的现任职位_____；您的教育水平：_____
2. 您的企业所在地：_____省_____市
3. 公司创办于_____年；从事出口贸易始于_____年
4. 公司的主要产品_____；公司员工总人数为_____人；
5. 公司员工中大专以上学历人数所占比重为：
   A. 0%～1%　　B. 2%～3%　　C. 4%～5%　　D. 6%～8%
   E. 9%～10%　 E. 11%～15%　F. 16%～20%　G. >20%
6. 公司去年的总体利润率为：
   A. 0%～5%　　B. 6%～10%　　C. 11%～15%　　D. 16%～20%
   E. 21%～25%　F. 26%～30%　 G. >30%
7. 公司2007年总销售额（人民币）为：
   A. 100万元以下　　　　　　　B. 100万～300万元
   C. 300万～500万元　　　　　 D. 500万～1000万元
   E. 1000万～3000万元　　　　 F. 3000万～5000万元
   G. 5000万元以上
8. 公司2007年出口额占总销售额百分比为：
   A. 0%～10%　　B. 11%～20%　　C. 21%～30%　　D. 31%～40%
   E. 41%～50%　 F. 51%～80%　　G. >80%
9. 公司近两年来出口增长率为：
   A. 负增长或零　B. 1%～10%　　C. 11%～20%　　D. 21%～30%
   E. 31%～40%　 F. 41%～50%　　G. >50%
10. 请结合贵公司的实际情况，对以下说法进行评分，并在相应的分值上

打"√"（1表示非常不赞同，5表示非常赞同）

评分指标	评分标准	1 极力反对	2 反对	3 不清楚	4 赞同	5 非常赞同
1. 公司社会责任						
员工	员工对工资福利水平的满意度非常高	1	2	3	4	5
员工	员工接受技能培训和职业发展的机会非常多	1	2	3	4	5
员工	工厂的生产环境和安全措施都非常好	1	2	3	4	5
环境	公司从未接受过环境问题的处罚	1	2	3	4	5
环境	公司每年的环保投入水平都非常高	1	2	3	4	5
环境	公司非常积极参与ISO 14000等环保标准的认证	1	2	3	4	5
社区	公司经常对社区教育、慈善、卫生等事业进行捐赠	1	2	3	4	5
社区	公司经常组织或积极参与社区的公益活动	1	2	3	4	5
社区	公司与社区居民和社区组织的关系非常良好	1	2	3	4	5
2. 公司绩效						
贵公司有非常清晰详尽的长期战略规划与战略目标		1	2	3	4	5
贵公司有严格详细的绩效考核标准		1	2	3	4	5
贵公司的员工激励与控制的能力非常强		1	2	3	4	5
3. 公司社会责任的外部驱动						
公司承担社会责任的主要目的是为了提升企业的利润		1	2	3	4	5
公司承担社会责任完全是经理的道德驱动和无私的目的		1	2	3	4	5
4. 公司社会责任的内部驱动						
公司承担社会责任是由于员工的强烈要求和巨大压力		1	2	3	4	5
公司承担社会责任来自社区的强烈要求和巨大压力		1	2	3	4	5
公司承担社会责任是由于非政府组织或民间社团的强烈要求或巨大压力		1	2	3	4	5
公司承担社会责任来自采购商的强烈要求与巨大压力		1	2	3	4	5
贵公司产品市场已经饱和，竞争非常激烈		1	2	3	4	5

附录四　主要参考文献

一、中文书目

[1] （美）艾伦·特拉登堡. 美国的公司化：镀金时代的文化与社会[M]. 邵重，金莉，译. 北京：中国对外翻译出版公司，1990.

[2] （美）理查德·A. 波斯纳. 法律的经济分析（下）[M]. 蒋兆康，译. 北京：中国大百科全书出版社，1997.

[3] （美）詹姆斯·E. 波斯特安妮·J. 劳伦斯，詹姆斯·韦白. 企业与社会：公司战略、公共战略、公共政策与伦理（第十版）[M]. 张志强，王春香，张彩玲，等译. 北京：中国人民大学出版社，2005.

[4] （美）布坎南. 自由，市场与国家[M]. 平乔新，莫扶民，译. 上海：生活·读书·新知三联书店，上海人民出版社，1989.

[5] （英）蒂姆·杰克逊. 无增长的繁荣[M]. 乔坤，方俊青，译. 北京：中国商业出版社，2011.

[6] （美）托马斯·詹纳森、（美）托马斯·邓菲. 有约束力的关系：对企业伦理学的一种社会契约论的研究[M]. 赵月瑟，译. 上海：上海社会科学院出版社，2001.

[7] （英）弗里德里希·奥古斯特·冯·哈耶克. 通往奴役之路[M]. 王明毅，等译. 北京：中国社会科学出版，1998.

[8] （英）弗里德里希·奥古斯特·冯·哈耶克. 自由秩序原理[M]. 邓正来，译. 上海：生活·读书·新知三联书店，1997.

[9] （英）霍布斯·托马斯. 利维坦[M]. 黎思复，黎廷弼，译. 北京：商务印书馆，1986.

[10] （美）杰斐逊. 杰斐逊文选[M]. 北京：商务印书馆，1963.

[11] （英）拉里·A. 萨姆瓦. 跨文化传通[M]. 陈南，龚光明，译. 上海：生活·读书·新知三联书店，1988.

[12] （韩）李哲松. 韩国公司法[M]. 北京：中国政法大学出版社，2000.

[13] 马克思. 马克思恩格斯选集（第1卷）[M]. 北京：人民出版社，1972.

[14] （美）迈克尔·埃默里，埃德温·埃默里. 美国新闻史（上）[M]. 展

江，殷文主，译. 北京：新华出版社，2001.

[15] （美）梅里亚姆. 美国政治思想：1865—1717（中文版）[M]. 朱曾汶，译. 北京：商务印书馆，1984.

[16] 美国大使馆文化处（编译）. 美国政府简介[M]. 美国大使馆文化处编译出版，1981.

[17] 孟德斯鸠. 论法的精神（上）[M]. 张雁深，译. 北京：商务印书馆，1982.

[18] （美）乔森纳·特纳. 社会学理论的结构（上册）[M]. 邱泽奇，译. 北京：华夏出版社，2001.

[19] （美）乔治·斯蒂纳，约翰·斯蒂纳. 企业，政府与社会[M]. 张志强，王春香，译. 北京：华夏出版社，2002.

[20] （日）松村歧夫. 地方自治[M]. 孙新，译. 北京：经济日报出版社，1989.

[21] （法）托克维尔. 论美国的民主[M]. 张杨，译. 长沙：湖南文艺出版社，2011.

[22] （德）韦伯. 新教伦理与资本主义精神[M]. 阎克文，译. 上海：生活·读书·新知三联书店，1987.

[23] （美）亚当·斯密. 国民财富的性质和原因的研究（上卷）[M]. 郭大力，王亚南，译. 北京：商务印书馆，1997.

[24] （美）亚当·斯密. 国民财富的性质和原因的研究（下卷）[M]. 郭大力，王亚南，译. 北京：商务印书馆，1974.

[25] （美）约翰·奈斯比特. 大趋势：改变我们生活的十个新方向（中译本）[M]. 梅雁，译. 北京：中国社会科学出版社，1984.

[26] 常凯. 经济全球化与企业社会责任运动[M]. 北京：人民出版社，2004.

[27] 陈宏辉. 企业利益相关者理论与实证研究[D]. 杭州：浙江大学企业管理专业博士论文，2003.

[28] 陈留彬. 中国企业社会责任理论与实证研究——以山东省企业为例[D]. 济南：山东大学企业管理专业博士论文，2006.

[29] 单忠东. 中国企业社会责任调查报告（2006）[M]. 北京：经济科学出版社，2007.

[30] 邓国胜. 非营利组织评估[M]. 北京：社会科学文献出版社，2001.

[31] 樊纲，王小鲁，朱恒鹏. 中国市场化指数[M]. 北京：经济科学出版社，2010.

[32] 费正清. 美国与中国[M]. 北京：世界知识出版社，2000.

［33］高新军. 美国地方政府治理——案例调查与制度研究［M］. 西安：西北大学出版社，2005.

［34］郭红玲. 基于消费者需求的企业社会责任供给与财务绩效的关联性研究［D］. 成都：西南交通大学企业管理专业博士论文，2006.

［35］国家质量监督检验检疫总局质量管理司，中国标准化研究院.《卓越绩效评价准则》国家标准理解与实施［M］. 北京：中国标准出版社，2005.

［36］胡博. 跨国公司的社会责任——以天津为例的经验分析［D］. 天津：南开大学企业管理专业博士论文，2009.

［37］黎信，曹文秀. 西方新闻作品选读［M］. 北京：中国广播电视出版社，1984.

［38］黎友焕. SA8000与中国企业社会责任建设项目［M］. 北京：中国商务出版社，2004.

［39］李立清，李燕凌. 企业社会责任研究［M］. 北京：人民出版社，2005.

［40］李文良. 中国政府职能转变问题报告［M］. 北京：中国发展出版社，2003.

［41］梁漱溟. 中国文化要义［M］. 上海：三联书店，1987.

［42］刘俊海. 公司的社会责任［M］. 北京：法律出版社，1999.

［43］刘连煜. 公司治理与企业社会责任［M］. 北京：中国政法大学出版社，2001.

［44］龙云安. 跨国公司社会责任研究［D］. 成都：四川大学企业管理专业博士论文，2007.

［45］卢代富. 企业社会责任的经济学与法学分析［M］. 北京：法律出版社，2002.

［46］清华大学当代中国研究中心. 跨国公司社会责任与中国社会［M］. 北京：社会科学文献出版社，2003.

［47］沈洪涛，沈艺峰. 公司社会责任思想起源与演变［M］. 上海：经济管理出版社，2006.

［48］谭深，刘开明. 跨国公司的社会责任与中国社会［M］. 北京：社会科学文献出版社，2003.

［49］田虹. 企业社会责任及其推动机制［M］. 北京：经济管理出版社，2006.

［50］屠巧平. 公司控制权市场研究——从利益相关主体行为视角［M］. 北京：中国经济出版社，2007.

［51］王国顺. 企业理论：契约理论/企业理论研究［M］. 北京：中国经济出

版社，2006.

[52] 王锦瑭，钟文范. 美国现代企业与美国社会[M]. 武汉：武汉大学出版社，1996.

[53] 王志乐. 软竞争力——跨国公司的公司责任理念头[M]. 北京：中国经济出版社，2005.

[54] 杨瑞龙. 企业理论：现代观点[M]. 北京：中国人民大学出版社，2005.

[55] 张开平. 英美公司董事法律制度研究[M]. 北京：法律出版社，1998.

[56] 赵丰年. 企业社会责任的宏观经济动因与促进策略研究[D]. 北京：北京邮电大学企业管理专业博士论文，2008.

[57] 中国企业管理研究会，中国社会科学院管理科学研究中心编. 中国企业社会责任报告[M]. 北京：中国财政经济出版社，2006.

[58] 周小虎. 企业社会责任与战略管理工作[M]. 北京：人民出版社，2006.

二、中文期刊

[1] 汤白露. 少数者的荣耀与多数者的缺席[N]. 21世纪经济报道，2005 - 12 - 08（33）.

[2] 曹军毅. 汉英语符结构透视——中西文化精神比较[J]. 外语学刊，2002（2）.

[3] 曹凯. 消费者社会责任：消费道德教育的新课题[J]. 湖南社会科学，2011（2）.

[4] 曹希岭. 杰斐逊关于权力制约与监督的思想[J]. 学海，2002（5）.

[5] 曾德金. 丰田面临美消费者30亿美元索赔[N]. 经济参考报，2010 - 03 - 11（007）.

[6] 曾令俊. 东莞中小企业利润总额同比下降12.5%[N]. 民营经济报，2013 - 10 - 23（008）.

[7] 曾业辉. 中国召回车主能拿到丰田的赔偿吗[N]. 中国经济时报，2010 - 03 - 18（005）.

[8] 陈爱清. 浅论中小企业战略管理中伦理道德缺失的原因和解决途径[J]. 管理世界，2009（6）.

[9] 陈宏辉，陈利荣，王江艳. 在华投资跨国公司弱化企业社会责任的原因分析[J]. 现代管理科学，2007（6）.

[10] 陈晖涛. 中小企业社会责任与社会和谐的相关性研究[J]. 哈尔滨商业大学学报（社会科学版），2009（1）.

[11] 陈力丹. 论我国舆论监督的性质[J]. 新闻知识，2003（11）.

[12] 陈孝兵. 论企业行为的有限理性及其社会责任[J]. 湖北经济学院学报, 2006 (7).

[13] 陈迅, 卢涛, 胡姝娟. 企业社会责任对我国企业出口竞争力的影响研究[J]. 科技管理研究, 2006 (10).

[14] 陈迅, 卢涛, 胡姝娟. 企业社会责任对我国企业出口竞争力的影响研究[J]. 科技管理研究, 2006 (10).

[15] 陈玉清, 马丽丽. 我国上市公司社会责任会计信息市场反应实证分析[J]. 会计研究, 2005 (11).

[16] 崔新健, 张天桥. 推进在华跨国公司社会责任前行的障碍——基于在华中外资企业社会责任现状的比较[J]. 社会科学, 2008 (10).

[17] 崔秀梅. 企业绿色投资的驱动机制及其实现路径——基于价值创造的分析[J]. 江海学刊, 2013 (3).

[18] 戴昌桥. 中国非政府组织现状探析[J]. 求索, 2012 (4).

[19] 邓婷, 刘兴阳. 生存即责任——漫谈企业社会责任[J]. 人力资源, 2008 (7).

[20] 邓泽宏. 国外非政府组织与企业社会责任监管——以美国、欧盟的NGO为考察对象[J]. 求索, 2011 (11).

[21] 董溯战. 美国社会保障制度中的国家、市场与社会功能之比较研究[J]. 经济体制改革, 2004 (2).

[22] 杜海燕. 目前我国企业伦理管理的障碍及对策分析[J]. 经济研究参考, 2012 (48).

[23] 杜啸天. 我国慈善捐赠额连续两年下降[N]. 南方日报, 2013-09-22 (004).

[24] 杜中臣. 企业的社会责任及其实现方式[J]. 中国人民大学学报, 2005 (4).

[25] 樊怀洪. 构建和谐社会视角下的政府责任与能力建设问题[J]. 学习论坛, 2005 (10).

[26] 高兵, 王丽艳. 矿产资源的税费制度初探[J]. 资源与产业, 2007 (3).

[27] 辜胜阻. 经济可持续发展亟需缓解小微企业困境[J]. 全球化, 2013 (2).

[28] 郭红玲. 国外企业社会责任与企业财务绩效关联性研究综述[J]. 生态经济, 2006 (4).

[29] 何晓星. 再论中国地方政府主导型市场经济（下）[EB/OL]. http://202.114.9.10. (2005-03-09) [2009-10-15].

附 录

[30] 何旭. 丰田在美或遭团体诉讼, 总裁或被召唤释疑[N]. 新华每日电讯, 2010-02-12 (005).

[31] 何玉润, 张雪萌, 纪若雷. 从强生召回事件看跨国公司社会责任信息披露[J]. 中国内部审计, 2012 (2).

[32] 贺远琼, 田志龙, 陈昀. 企业社会绩效及其对经济绩效的影响[J]. 经济管理, 2006 (7).

[33] 胡永红. 人性假设与企业社会责任[J]. 广东行政学院学报, 2008 (6).

[34] 胡泳. 美国增加企业社会责任的经验[J]. 中外管理, 1997 (9).

[35] 华晔迪. 税费高已成困扰中小企业头号难题: 企业平均税负在40%以上[N]. 中国信息报, 2013-04-28 (01).

[36] 黄继汇. 在安全问题上误导公众, 丰田在美或遭起诉和巨额罚款[N]. 中国证券报, 2010-02-24 (A05).

[37] 黄群慧, 彭华岗, 钟宏武, 张葱. 中国100强企业社会责任发展状况评价[J]. 中国工业经济, 2009 (10).

[38] 嘉骛. 企业社会责任离我们多远?[J]. 当代经理人, 2006 (6).

[39] 鞠芳辉, 谢子远, 宝贡敏. 企业社会责任的实现——基于消费者选择的分析[J]. 中国工业经济, 2005 (9).

[40] 寇建东, 朱行远. 中国政府: 希望丰田尽快"复活"[N]. 中国经营报, 2010-03-08 (C04).

[41] 劳动科学研究所课题组. 企业社会责任运动应对策略研究[J]. 中国劳动, 2004 (9).

[42] 黎友焕, 叶祥松, 谈企业社会责任理论在我国的发展[J]. 商业时代, 2007 (7).

[43] 李安定. 绊倒丰田的是丰田自己[N]. 中国经济导报, 2010-02-25 (B02).

[44] 李碧珍. 企业社会责任缺失: 现状、根源、对策——以构建和谐社会为视角的解读[J]. 企业经济, 2006 (6).

[45] 李春林. 对加强党政领导干部监督制度建设的几点思考[J]. 内蒙古财经学院学报 (综合版), 2007 (4).

[46] 李钢. 市民社会理论及其现代意义[J]. 北京行政学院学报, 2007 (2).

[47] 李建明, 缪荣, 郝玉峰. 10年来中国企业500强发展趋势[J]. 中国工业经济, 2011 (10).

[48] 李兰青. 中国新闻媒介与中国传统文化[J]. 新闻采编, 2004 (3).

[49] 李荣华. 对政府职能转变的思考[J]. 求实, 2013 (1).

［50］李松. 把脉企业社会责任"排行榜"［J］. 瞭望新闻周刊, 2011-08-22.

［51］李伟阳. 基于企业本质的企业社会责任边界研究［J］. 中国工业经济, 2009 (10).

［52］李文. 责任盘点——中国不平凡的 2008 年［J］. WTO 经济导刊, 2009 (1).

［53］李晓兰, 王晶. 中小企业吸纳劳动力就业的优势与问题分析［J］. 北方经贸, 2007 (6).

［54］李晓艳. 社会责任认证考验中国出口企业［N］. 南方周末, 2004-06-24 (C18).

［55］李源睃. 中国特色的非政府组织：挑战与应对［J］. 世界经济与政治, 2008 (9).

［56］李远方. 中国企业社会责任报告困局待解［N］. 中国商报, 2010-12-10 (006).

［57］李正. 企业社会责任信息披露影响因素实证研究［J］. 特区经济, 2006 (8).

［58］李志强, 郑琴琴. 中国"现代乡绅"——企业家的社会责任［J］. 上海企业, 2006 (8).

［59］梁云祥. 东亚市民社会与国家的统治［J］. 国际政治研究, 2004 (3).

［60］林军. 美国企业的社会责任及对我国的启示［J］. 经济管理, 2004 (1).

［61］刘鹏, 王国庆. 公司经理的法律地位探讨［J］. 学术交流, 2005 (4).

［62］刘洪, 刘丽娜, 刘浩远. 美运输部批评丰田汽车反应迟钝［N］. 中国证券报, 2010-02-04 (A05).

［63］刘军. 期待一杯"有社会责任感的咖啡"［J］. 中国计算机用户, 2005 (31).

［64］刘俊. 日本丰田总裁道歉［N］. 广州日报, 2010-02-06 (A3).

［65］刘笑霞. 论企业社会责任的多元性［J］. 现代财经, 2007 (4).

［66］刘新荣. 企业社会责任与我国民营企业可持续发展［J］. 经济管理, 2007 (8).

［67］刘亚娜. 我国慈善事业发展中的政府作用分析——基于中美比较的借鉴与启示［J］. 中国行政管理, 2008 (8).

［68］刘颖. 中小企业社会责任现状及对策研究［J］. 经济纵横, 2007 (11).

［69］卢代富. 发达国家企业社会责任运动［J］. WTO 经济导刊, 2006 (7).

［70］陆铭. 垄断行业高收入成因解析［J］. 人民论坛, 2010 (08).

[71] 马建国. 试论我国非政府组织成长困境及其政府规制因素[J]. 特区经济, 2008（2）.

[72] 马连福, 赵颖. 上市公司社会责任信息披露影响因素研究[J]. 证券市场导报, 2007（3）.

[73] 马震. 丰田消费者：哭诉与死神擦肩而过的噩梦[N]. 新华每日电讯, 2010-02-25（006）.

[74] 莫玲, 王磊. 我国新闻舆论监督的现状透视及完善路径[J]. 钦州师范高等专科学校学报, 2006（2）.

[75] 穆桂斌, 沈翔鹰. 农民工生存质量！满意度与心理健康状况调查——以河北省为例[J]. 调研世界, 2013（4）.

[76] 彭德琳. 企业社会责任规避与地方政府社会安排[J]. 学术界, 2007（5）.

[77] 钱明慧, 孙筠婷. 绿色消费现状与零售绿色经营对策研究——以北京市为例[J]. 生产力研究, 2009（16）.

[78] 任怀玉. 试论当前中国社会建设面临的困难及其对策[J]. 生产力研究, 2012（10）.

[79] 山立威, 甘犁, 郑涛. 公司捐款与经济动机——汶川地震后中国上市公司捐款的实证研究[J]. 经济研究, 2008（11）.

[80] 沈洪涛. 21世纪的公司社会责任思想主流[J]. 外国经济与管理, 2006（8）.

[81] 沈占波, 赵永新. 社会资本视角下企业社会责任的创新驱动分析[J]. 江苏商论, 2008（6）.

[82] 史明霞. 我国地方政府职能的理性回归[J]. 中央财经大学学报, 2010（4）.

[83] 宋鸿, 程刚. 企业社会责任对企业人才吸引力的影响[J]. 湖北大学学报（哲学社会科学版）, 2012（5）.

[84] 苏蕊芯, 仲伟周. 履责动机与民营企业社会责任观——由"富士康连跳"现象引发的思考[J]. 理论与改革, 2010（5）.

[85] 孙黎. 500强背后的中小企业眼泪[N]. 第一财经日报, 2009-09-20（30）.

[86] 孙丽娟. 探析文化因素对中外灾难新闻报道的影响——以《人民日报》和《纽约时报》为例[J]. 新闻传播, 2009（4）.

[87] 孙录宝. 关于鼓励扶持社会组织参与社会管理创新的若干思考[J]. 山东社会科学, 2012（9）.

[88] 孙韶华,张莫. 我国小企业平均税负约四成:纳税 20 余项缴费数十种[N]. 经济参考报,2013-03-13.

[89] 孙祥生. 关于完善我国人大财政监督制度的思考[J]. 江西行政学院学报,2006(1).

[90] 孙卓. "道歉总裁"丰田章男听证会后潸然泪下[N]. 中国贸易报,2010-03-02(004).

[91] 陶岚,郭锐. 企业环境管理行为的驱动因素分析——基于制度合法性理论[J]. 经济纵横,2013(12).

[92] 特蕾西·赛伟乐. 全球化时代的企业与社会责任[J]. IT 经理世界,2008(10):24.

[93] 田志龙,贺远琼,高海涛. 中国企业非市场策略与行为研究——对海尔、中国宝洁、新希望的案例研究[J]. 中国工业经济,2005(9).

[94] 王昶,陈昕. 美国社会责任投资的发展及启示[J]. 投资与融资,2012(4).

[95] 王丹,聂元军. 论政府在强化企业社会责任中的作用——美国政府的实践和启示[J]. 理论探索,2008(6).

[96] 王虹. 制度经济学视角下的企业社会责任标准[J]. 经济论坛,2005(7).

[97] 王怀明,宋涛. 我国上市公司社会责任与企业绩效的实证研究——来自上证 180 指数的经验证据[J]. 南京师大学报(社会科学版),2007(3).

[98] 王奎明,赵虹. 强化政府基本公共服务职能——破解"二元困局"的必然选择[J]. 领导科学,2012(10)(中).

[99] 王玲. 论企业社会责任的涵义、性质、特征和内容[J]. 法学家,2006(1).

[100] 王秋凤. 65 小时丰田章男"中国公关"路[N]. 经济观察报,2010-03-08(035).

[101] 王晓玲. "中国制造"里的"血汗"[J]. 商务周刊,2004(10).

[102] 王艳婷,罗永泰. 企业社会责任、员工认同与企业价值相关性研究[J]. 财经问题研究,2013(1).

[103] 魏彬. 我国中小企业发展现状与战略转型[J]. 中国市场,2013(10).

[104] 魏万青. 劳工宿舍:企业社会责任还是经济理性——一项基于珠三角企业的调查[J]. 社会,2011(2).

[105] 文炳洲. 社会责任,核心价值与企业国际竞争力[J]. 经济问题,2006

(8).

[106] 文婧,熊贝妮. 中小企业成污染"主力军"[N]. 经济参考报,2005-11-29(03).

[107] 谢鹏,金笛. 浙江工商局为何单挑丰田[N]. 南方周末,2010-03-25(D13).

[108] 辛杰. 企业社会责任对品牌资产的影响:消费者期望与动机的作用[J]. 当代财经,2012(10).

[109] 熊惠平. 盈利与责任和谐共进——西方公司社会责任思想的理论与实践[J]. 当代世界,2008(1).

[110] 徐光华,陈良华,王兰芳. 战略绩效评价模式:企业社会责任嵌入性研究[J]. 管理世界,2007(11).

[111] 徐平国,袁伦渠. 中小企业就业质量分析[J]. 中国国情国力,2010(5).

[112] 徐欣欣. 浅谈创业初期中小企业人力资源管理[J]. 商场现代化,2013(5).

[113] 许春燕,理性应对社会责任国际贸易新规则刍议[J]. 企业经济,2008(8).

[114] 许开轶,李晶. 东亚威权政治体制下的国家与社会关系分析[J]. 社会主义研究,2008(3).

[115] 许晓明,陈啸. 企业需求、企业能力与企业社会责任的匹配探讨[J]. 上海管理科学,2006(6).

[116] 严圣禾. 丰田总裁在中国道歉之后[N]. 光明日报,2010-03-05(012).

[117] 杨蕾. 略论舆论监督与政治文明建设[J]. 法制与社会,2006(9).

[118] 杨伟,刘益,王龙伟,刘婷. 国外企业不道德行为研究述评[J]. 管理评论,2012(8).

[119] 姚江舟,李键. 企业如何化社会责任为竞争力[J]. 中国企业家,2004(5).

[120] 姚详,杨雪. 制度供给失衡和中国财政分权的后果[J]. 战略与管理,2003(3).

[121] 叶帆. 基于社会契约理论的政府治理监督[J]. 领导科学,2010(2)(中).

[122] 余智梅. 低息贷款成就国企利润?[J]. 国企,2013(2).

[123] 袁敏. 从三鹿奶粉事件看企业内部控制的实施[J]. 财务与会计,2009

(2).

[124] 张宝良. 和谐视阈下的民营企业社会责任缺失及其规制[J]. 特区经济, 2010 (5).

[125] 张斌. 公司社会责任——从理论之争到实践[J]. 会计之友, 2006 (10).

[126] 张彩玲. 西方企业社会责任的演变及启示[J]. 经济纵横, 2007 (5).

[127] 张乐新. 论公司社会责任的国际践行与我国的实现路径[J]. 求索, 2012 (10).

[128] 张维迎. 正确解读利润与企业社会责任[J]. 长三角, 2007 (11-12).

[129] 张宇星. 三大反差折射丰田"诚意"[N]. 国际商报, 2010-03-05 (005).

[130] 章苒, 傅丕毅, 屈凌燕. "我们为什么与丰田过招"——对话浙江省工商局长郑宇民[N]. 新华每日电讯, 2010-04-10 (001).

[131] 章伟国, 吴海江. 加强企业社会责任建设和谐社会[J] 上海企业, 2005 (12).

[132] 郑方辉, 李振连. 绩效评价与地方政府职能定位[J]. 当代世界与社会主义, 2007 (5).

[133] 郑广怀. 消费者对公司社会责任的反应——一项国家社会关系的考察[J]. 社会学研究, 2004 (4).

[134] 郑若娟. 西方企业社会责任理论研究进展——基于概念演进的视角力[J]. 国外社会科学, 2006 (2).

[135] 中国企业联合会雇主工作部. 关于企业社会责任认证情况的调研报告[J]. 上海企业, 2004 (12).

[136] 周斌. 中国古代法律中伦理正义的三重意蕴[J]. 哲学研究, 2013 (9).

[137] 周霞. 试论我国地方政府主导企业社会责任运动的困境[J]. 求索, 2010 (5).

[138] 周燕, 杨惠荣. 现阶段我国民营企业的社会责任困境与政府应对[J]. 乡镇企业研究, 2004 (4).

[139] 朱建华, 徐龙震. 浅论矿业权的物权化法律调整[J]. 山西能源与节能, 2012 (2).

[140] 朱剑红. 民企普遍反映税费负担较重[N]. 人民日报, 2011-11-21 (19).

[141] 朱锦程. 政府、企业与社会三者关系中的中国企业社会责任监管机制

[J]. 社会科学战线, 2007 (1).

[142] 朱庆伟, 殷格非. 企业社会责任的含义和历史背景[J]. WTO 经济导刊, 2004 (11).

三、外文文献

[1] Aaronson S, Reeves J. The European Response to Public Demands for Global Corporate Responsibility [M]. Washington D. C.: National Policy Association, 2002.

[2] Ackerman R W. The Social Challenge to Business [M]. Cambridge, Mass: Harvard University Press, 1975.

[3] Ayres I, Braithwaite J. Responsive Regulation: Transcending the Deregulation Debate [M]. New York: Oxford University Press, 1992.

[4] Bakan J. The Corporation: the Pathological Pursuit of Profit and Power [M]. New York: Free Press, 2004.

[5] Baron D P. A Positive Theory of Moral Management, Social Pressure, and Corporate Social Performance [M]. Working Paper. Stanford University, 2007.

[6] Bartley T. Standards for Sweatshops: The Power and Limits of the Club Approach to Voluntary Labor Standards [M]. Cambridge: MIT Press, 2009.

[7] Baumol W J. Welfare Economics and the Theory of the State with a New Introduction [M]. London: The London School of Economics and Political Science, 1967.

[8] Bell D. The End of Ideology: on the Exhaustion of Political Ideas in the Fifties [M]. Glencoe: Free Press, 1960.

[9] Bendell J. Barricades and boardrooms [M]. Geneva: UNRISD Publication: 2004.

[10] Berger S. Organizing Interests in Western Europe: Pluralism, Corporatism and the Transformation of Politics [M]. Cambridge: Cambridge University Press, 1981.

[11] Berle A A, Means G C. The Modern Corporation and Private Property [M]. New Brunswick: Transaction Publishers, 1932 (reprinted in 1991).

[12] Berle A A. The 20th Century Capitalist Revolution [M]. New York: Harcourt, Brace and Company, 1954.

[13] Bowen H R. Rationality, Legitimacy, Responsibility: Search for New Directions in Business and Society [M]. Epstein D M &Votaw D. (ed.), Califor-

nia: Goodyear Publishing Company, Inc, 1978.

[14] Bowen H R. Social Responsibilities of the Businessman [M]. New York: Harper & Row, 1953.

[15] CED (Committee for Economic Development). Social Responsibilities of Business Corporations [M]. New York: 1971.

[16] Clarence C. Walton, Corporate Social Responsibility [M]. Wadsworth Publishing Company, Inc., 1967.

[17] Donaldson T, Dunfee TW. Ties that Bind: A Social Contracts Approach to Business Ethics [M]. Boston: Harvard Business School Press, 1999.

[18] Doz Y. Strategic Management in Multinational Companies [M]. Oxford: Pergamon Press, 1986.

[19] Elkington J. Cannibals with Forks: The Triple Bottom Line for 21st Century Business [M]. New Society Publishers, Gabriola Island, 1998.

[20] EU Commission. Green Paper: Promoting a European Framework for Corporate Social Responsibility [R]. 2001.

[21] Fobrun C. Reputation: Realizing Value from the Corporate Image [D]. Cambridge: Harvard Business School, MA, 1996.

[22] Fox T, Ward H, Howard B. Public Sector Roles in Strengthening Corporate Social Responsibility: A Baseline Study [M]. Washington DC: International Institute for Environment and Development (IIED), October, 2002.

[23] Freeman R E. Strategic Management: A Stakeholder Approach [M]. Boston: Pitman. 1984.

[24] Friedman M. Capitalism and Freedom [M]. Chicago: Chicago University Press, 1962.

[25] Friedman M. Social Responsibility of Business [M]. In "An Economist's Protest: Columns in Political Economy". New Jersey: Thomas Horton and Company, 1970.

[26] FSB. Social and Environmental Responsibility and the Small Business Owner [R]. Federation of Small Businesses Survey, 2007.

[27] Gentile M C, Samuelson J. The State of Affairs for Management Education and Social Responsibility [M]. New York: Aspen Institute, 2003.

[28] George H, Gallup E d. The Gallup Poll: Public Opinion 1935—1971 [M]. New York: Random House, 1972.

[29] Haufler V. A Public Role for the Private Sector: Industry Self – regulation in

Global Ecomony [M]. Washington D. C. , USA: the Brookings Institution Press, 2001.

[30] Hawken P. The Ecology of Commerce: A Declaration of Sustainability [M]. New York: HarperBusiness, 1993.

[31] Henderson D. Misguided Virtue: False Notions of Corporate Social Responsibility [M]. London: Institute of Economic Affairs, 2002.

[32] Hernes G. Makt og Avmakt: en Begrepsanalyse [D]. Norwegian University Press, Bergen, 1975.

[33] Homans G C. Social Behaviour: Its Elementary Forms [M]. London: Routledge & K Paul, 1961.

[34] Hussein M M. Corporate Social Responsibility from the Corporate Perspective: ADelphi Study of Selected Information Technology Companies [D]. U. S.: Capella University, 2006.

[35] James C. Worthy, Shaping an American Institution: Robert E, Wood and Sears, Roebuck [M]. Urbana: University of lllinois Press, 1984.

[36] Jones T. Corporate Killing: Bhopals will Happen [M]. London: Free Association Books, 1988.

[37] Kaplan R S, Atkinson A A. Advanced Management Accounting [M]. USA: 3 Prentice – Hall, 1998.

[38] Keynes J M. The General Theory of Employment Interest and Money [M]. London: Macmillan, 1936.

[39] Kooiman J. Governance and Governability: Using Complexity, Dynamics and Diversity [M]. In Modern Governance, London: sage, 1993.

[40] Korten D. When Corporations Rule the World [M]. Bloomfield, Connecticut: Kumarian Press and Berrett – Koehler, 2001.

[41] Kotler P. Marketing Management: Analysis, Planning and Control [M]. Prentice – Hall Englewood Cliffs NJ, 1967.

[42] Lankoski L. Determinants of Environmental Profit. An Analysis of the Firm – level Relationship between Environmental Performance and Economic Performance [D]. Helsinki, Finland: Helsinki University of Technology, 2000.

[43] Levi Strauss C. The Elementary Structures of Kinship, Transform the French by Bell J H, von Sturmen J R. and Needham R, Beacon Press [M]. Boston, MA, 1969.

[44] Lipset S M. American Exceptionalism: A Double – edged Sword [M]. New

York: W. W. Norton Company, 1996.

[45] Lipset S M. Political Man: The Social Bases of Politics [M]. New York: Anchor Books, 1963.

[46] Lussier R, Sherman H. Business, Society and Government Essentials [M]. Long Grove, I L: Waveland Press, 2009.

[47] Makower J. Beyond the Bottom-line [M]. New York: Simon & Schuster, 1994.

[48] Margolis J D, Elfenbein H A, Walsh J P. Does It Pay to Be Good? A Meta-analysis and Redirection of Research on the Relationship between Corporate Social and Financial Performance [D]. Working Paper, Harvard Business School, 2007.

[49] Margolis J D, Walsh J P. Social Enterprise Series No. 19 – Misery Loves Companies, Whether Social Initiatives by Business? [M]. Harvard Business School Working Paper Series, No. 01 – 058, 2001.

[50] Marin B. Generalized Political Exchange: Antagonistic Cooperation and Integrated Policy Circuits [M]. Boulder, CO: Westview, 1990.

[51] Maslow A H. Motivation and Personality [M]. New York: Harper Row, 1954.

[52] Miller A. Green investment, in Green Reporting: Accountancy and the Challenge of the Nineties [M]. Owen, D (ed.), London: Chapman and Hall, 1992.

[53] Milstein M, Hart S, York A. Coercion Breeds Variation: The Differential Impact of Isomorphic Pressures on Environmental Strategies [A]. Stanford: Stanford University Press, 2002.

[54] Pava M L, Krausz J. Corporate Responsibility and Financial Performance: The Paradox of Social Cost [M]. Greenwood Publishing Group, Inc., 1995.

[55] Post J E, Preston L E, Sachs S. Redefining the Corporation: Wealth [M], Stanford, CA: Stanford University Press, 2002.

[56] Reich R. Supercapitalism [M]. New York: Knopf, 2009.

[57] Saleem S. Corporate Social Responsibilities: Law and Practice [M]. London: Cavendish Publishing Limited, 1996.

[58] Scott W R. Institutions and Organizations [M]. Thousand Oaks, CA: Sage, 1995.

[59] Sheikh S. Corporate Social Responsibility: Law and Practice [M]. Cavendish Publishing Limited, 1996.

[60] Sheldon O. The Philosophy of Management [M]. London: Sir Isaac Pitman and Sons: 1924.

[61] Shue V. The Reach of the State: Sketches of the Chinese Body Politics [M]. Stanford University Press, 1988.

[62] Smith A. An Inquiry into the Nature and Causes of the Wealth of Nations: A Concordance [M]. Rowman & Littlefied, Lanham, MD, 1992.

[63] Steiner G, Steiner R. Business, Government, and Society [D]. Irwin, Boston: McGraw – Hill, 2006.

[64] Sully L M, Washburn N T, Waldman D A. Unrequited Profits: Evidence for the Stakeholder Perspective [D]. Washington D. C.: the Gallup Leadership Institute Summit, 2006.

[65] Tumin M. Business as a Social System [M]. Palo Alto, California: Behavioral Science Press, 1964.

[66] Weber M. The Theory of Social and Economic Organisation [M]. New York: The Free Press/Machmillan, 1964.

[67] Zadek S. The Civil Corporation: The New Economy of Corporate Citizenship [M]. London: Earthscan, 2001.

[68] Zerk J. Multinationals and Corporate Social Responsibility: Limitations and Opportunities in International Law [M]. New York: Cambridge University Press, 2006.

[69] Aguilera R V. Putting the S Back in Corporate Social Responsibility: A Multilevel Theory of Social Change in Organizations [J]. Academy of Management Review, 2007, 32 (3).

[70] Aguinis H, Glavas A. What We Know and Don't Know about Corporate Social Responsibility: A Review and Research Agenda [J]. Journal of Management, 2012, 38 (4).

[71] Amaeshi K M, Osuji O K, Nnodim P. Corporate Social Responsibility in Supply Chains of Global Brands: A Boundaryless Responsibility? Clarifications, Exceptions and Implications [J]. Journal of Business Ethics, 2008, 81.

[72] Andreas Wagener. Double Bertrand Tax Competition: A Fiscal Game with Governments Acting as Middlemen [J]. Regional Science and Urban Economics, 2001, 31.

[73] Arenas D, Lozano D J, Albareda L. The Role of NGOs in CSR: Mutual

Perceptions among Stakeholders [J]. Journal of Business Ethics, 2009, 88.

[74] Armstrong J S, Green K C. Effects of Corporate Social Responsibility and Irresponsibility Policies [J]. Journal of Business Research, 2013, 66.

[75] Ashforth B E, Mael F. Social Identity: Theory and the Organization [J]. Academy of Management Review, 1989 (14).

[76] Aupperle K E, Carroll A B, Hatfield J D. An Empirical Examination of the Relationship between Corporate Social Responsibility and Profitability [J]. Academy of Management Journal, 1985, 28 (2).

[77] Baden D A, Harwood I A, Woodward D G. The Effect of Buyer Pressure on Suppliers in SMEs to Demonstrate CSR Practices: An Added Incentive or Counter Productive? [J]. European Management Journal, 2009 (1).

[78] Bansal P, Roth K. Why Companies Go Green: A Model of Ecological Responsiveness [J]. Academy of Management Journal, 2000, 43 (4).

[79] Barnett M L, Salomon R M. Beyond Dichotomy: the Curvilinear Relationship between Social Responsibility and Financial Performance [J]. Strategic Management Journal, 2006, 27 (11).

[80] Barney J B. Firm Resources and Sustained Competitive Advantage [J]. Journal of Management, 1991, 17 (1).

[81] Baron D P, Diermeier D. Strategic Activism and Nonmarket Strategy [J]. Journal of Economics and Management Strategy, 2007 (16).

[82] Baron D P. Managerial Contracting and Corporate Social Responsibility. Journal of Public Economics, 2008 (92).

[83] Bartlett D. Management and Business Ethics: A Critique and Integration of Ethical Decision-making Models [J]. British Journal of Management, 2003 (14).

[84] Baughn C C, Bodie N L, McIntosh J C. Corporate Social and Environmental Responsibility in Asian Countries and Other Geographical Regions [J]. Corporate Social Responsibility and Environmental Management, 2007, 14.

[85] Baumhart R. Ethics in Business [N]. New York: Holt, Rinehart and Winston, 1968.

[86] Bell D. The Corporation and Society in the 1970s [J]. The Public Interest, 1971, 24.

[87] Berens G, Riel CBM, Bruggen G H. Corporate Associations and Consumer Product Responses: The Moderating Role of Corporate Brand Dominance [J].

Journal of Marketing, 2005, 69 (6).

[88] Berle A A. Corporate Powers as Powers in Trust [J]. Harvard Business Review, 1931, 44 (7).

[89] Berle A A. For Whom Corporate Managers Are Trustees: A Note [J]. Harvard Law Review, 1932, 45 (7).

[90] Berle A A. Modern Functions of the Corporate System [J]. Columbia Law Review, 1962, 62 (3).

[91] Bernea A, Rubin A. Corporate Social Responsibility as a Conflict between Shareholders [J]. Journal of Business Ethics, 2010.

[92] Bird R, Hall A D, Momente F, Reggiani F. What Corporate Social Responsibility Activities Are Valued by the Market? [J]. Journal of Business Ethics 2007, 76 (2).

[93] Blair M M. Corporate "Ownership": A Misleading Word Muddies the Corporate Governance Debate [J]. Brookings Review, 1995 (winter).

[94] Boiral O. Corporate Greening through ISO 14001: A Rational Myth? [J]. Organization Science 2007, 18 (1).

[95] Bowman E H. Corporate Social Responsibility and the Investor [J]. Journal of Contemporary Business, 1973, Winter.

[96] Brammer S, Pavein S. Building a Good Reputation [J]. European Management Journal, 2004, 22 (6).

[97] Branzei O. Ursacki-Bryant T J, Vertinsky I, Zhang W. The Formation of Green Strategies in Chinese Firms: Matching Corporate Environmental Responses and Individual Principle [J]. Strategic Management Journal, 2004, 25 (11).

[98] Brekke K A, Nyborg K. Attracting Responsible Employees: Green Production as Labor Market Screening [J]. Resource and Energy Economics, 2008 (30).

[99] Bridges S, Harrison J K. Employee Perceptions of Stakeholder Focus and Commitment to the Organization [J]. Journal of Managerial Issues, 2003, 15 (4).

[100] Brief A P, Dukerich J M, Brown P R, Brett J F. What's Wrong with the Tread Way Commission Report? [J]. Journal of Business Ethics, 1996, 15 (2).

[101] Buchholtz A K, Amason A C, Rutherford M A. Beyond Resources: The

Mediating Effect of Top Management Discretion and Values on Corporate Philanthropy [J]. Business and Society, 1999, 38.

[102] Calomiris R F, Wang Y. Profiting from Government Stakes in a Command Economy: Evidence from Chinese Asset Sales [J]. Journal of Financial Economics, 2010, 96 (3).

[103] Campbell J L. Why Would Corporations Behave in Socially Responsible Ways? An Institutional Theory of Corporate Social Responsibility [J]. Academy of Management Review, 2007, 32 (3).

[104] Carroll A B. A Three-Dimensional Conceptual Model of Corporate Performance Business and Society Review [J]. The Academy of Management Review, 1979, 4 (4).

[105] Carroll A B. Corporate Social Responsibility: Evolution of a Definition Construct [J]. Business & Society, 1999, 38 (3).

[106] Carroll A B. The Pyramid of Corporate Social Responsibility: Toward the Moral Management of Organizational Stakeholders [J]. Business Horizons, 1991, 7-8.

[107] Catchpowle L, Cooper C, Wright A. Capitalism, States and Accounting [J]. Critical Perspectives on Accounting, 2004, 15 (8).

[108] Chand M. The Relationship between Corporate Social Performance and Corporate Financial Performance: Industry Type as a Boundary Condition [J]. The Business Review, Cambridge, 2006, 5 (1).

[109] Chapple W, Moon J. Corporate Social Responsibility in Asia: A Seven Country Study of CSR Website Reporting [J]. Business and Society, 2005, 44.

[110] Cheung K Y, Lin P. Spillover Effects of FDI on Innovation in China: Evidence from the Provincial Data [J]. China Economic Review, 2004, 15 (1).

[111] Christopher E P. Social Loafing and Collectivism: A Comparison of the United States and the People's Republic of China [J]. Administrative Science Quarterly, 1989, 34 (4).

[112] Clark J M. The Changing Basis of Economic Responsibility [J]. The Journal of Political Economy, 1916, 24 (3).

[113] Clarkson M B E. A Stakeholder Framework for Analyzing and Evaluating Corporate Social Performance [J]. Academy of Management Review, 1995,

20 (1).

[114] Cole M A, Elliott R J R. FDI and the Capital Intensity of "Dirty" Dectors: A Missing Piece of the Pollution Haven Puzzle [J]. Review of Development Economics, 2005, 9 (4).

[115] Coleman J S. Individual Interest and Collective Action: Selected Essays [D]. Cambridge University, 1986.

[116] Communication from the Commission, Concerning Corporate Social Responsibility: A Business Contribution to Sustainable Development [R]. 2002.

[117] Cooper S M, Owen D L. Corporate Social Reporting and Stakeholder Accountability: The Missing Link [J]. Accounting, Organizations and Society. 2007, 32 (7-8).

[118] Cordano M, Frieze I H. Pollution Reduction Preference of US Environmental Managers: Applying Ajzen's theory of Planned Behavior [J]. Academy of Management Journal, 2000, 43 (4).

[119] Cordeiro J J, Sarkis J. Environmental Proactivism and Firm Performance: Evidence From Security Analyst Earning Forecast [J]. Business Strategy and the Environment, 1997, 6 (2).

[120] Cottrill M T. Corporate Social Responsibility and the Marketplace [J]. Journal of Business Ethics, 1990, 9 (9).

[121] Cropanzano R, et al. Accountability for Corporate Injustice [J]. Human Resource Management Review, 2004 (14).

[122] Dam L, Scholtens B. The Curse of the Haven: The Impact of Multinational Enterprise on Environmental Regulation [J]. Ecological Economics, 2012, 78.

[123] Davis K. Can Business Afford to Ignore its Social Responsibilities? [J]. California Management Review, 1960, 2 (3).

[124] Deborah Doane. Beyond Corporate Social Responsibility: Minnows, Mammoths and Market [J]. Futures, 2005 (37).

[125] Deegan C, Blomquist C. Stakeholder Influence on Corporate Reporting: An Exploration of the Interaction between the Worldwide Fund for Nature and the Australian Minerals Industry [J]. Accounting Organisation and Society, 2006, 31 (4-5).

[126] Deegan C, Gordon B. A Study of the Environmental Disclosure Practices of Australian Corporations [J]. The Accounting Review, 1996, 26 (3).

[127] Delmas M A, Toffel M W. Organizational Response to Environmental Demands: Opening the Black Box [J]. Strategic Management Journal, 2008, 29 (10).

[128] DiMaggio P J, Powell W W. The Iron Cage Revisited: Institutional Isomorphism and Collective Rationality in Organizational Fields [J]. American Sociological Review, 1983 (48) April.

[129] Doane D. Beyond Corporate Social Responsibility: Minnows, Mammoths and Market [J]. Futures, 2005, 37.

[130] Dodd E M. For Whom Are Corporate Managers Trustees? [J]. Harvard Business Review, 1932, 45 (7).

[131] Doh J P, Guay R. Corporate Social Responsibility, Public Policy, and NGO Activism in Europe and the United States: An Institutional – stakeholder Perspective [J]. Journal of Management Studies, 2006, 43 (January).

[132] Donaldson J. Multinational Enterprises, Employment Relations and Ethics, Employment Relations [J]. The International Journal, 2001, 23 (6).

[133] Donaldson T, Dunfee T W. Integrative Social Contracts Theory: A Communitarian Conception of Economic Ethics [J]. Economics and Philosophy, 1995, 11 (1).

[134] Donaldson T, Preston L E. The Stakeholder Theory of the Corporation: Concepts, Evidence, and Implications [J]. Academy Management Review, 1995, 20 (1).

[135] Donaldson T. The Stakeholder Revolution and the Clarkson Principles [J]. Business Ethnics Quarterly, 2002, 12 (2).

[136] Dummett K. Drivers for Corporste Environmental Responsibility [J]. Environment, Development and Sustainability, 2006 (8).

[137] Eberstadt N. What History Tells Us About Corporate Responsibilities [J]. Business and Society Review, 1978, 18.

[138] Editorial. Corporate Responsibility: Reflections on Context and Consequences [J]. Scandinavian Journal of Management, 2009, 25.

[139] Egri C P, Ralston D A. Corporate Responsibility: A Review of International Management Research from 1998 to 2007 [J]. Journal of International Management, 2008 (14): 319 – 339.

[140] Ellen P S, Mohr L A, Webb D J. Charitable Programs and the Retailer: Do They Mix? [J]. Journal of Retailing, 2000, 76.

[141] Etzioni A. The Moral Dimension [M]. New York: The Free Press, 1988.

[142] Faccio M, Masulis RW, McConnell J J. Political Connections and Corporate Bailouts [J]. Journal of Finance, 2006, 61 (6).

[143] Fetscherin M, Voss H, Gugler P. 30 Years of Foreign Direct Investment to China: An Interdisciplinary Literature Review [J]. International Business Review, 2010 (19).

[144] Fomhrun C, ShanlBy M. What's in a name? Reputation Building and Corporate Strategy [J]. Academy of Management Journal, 1990 (33).

[145] Foster K. Associations in the Embrace of an Authoritative State: State Domination of Society? [J]. Studies in Comparative International Development, 2001, 35 (4).

[146] Frankle A, Anderson J. The Impact of the Disclosure of Environmental Effects of Organizational Behavior on the Market: Comment [J]. Financial Management, 1978, 7 (2).

[147] Freedom M. Freedom and Philanthropy: An Interview with Milton Friedman [J]. Business & Society Review, 1989, 71.

[148] Freeman R E, Evan W. Corporate Governance: A Stakeholder Interpretation. Journal of Behavioral Economics, 1990, 19 (4).

[149] Freeman R E, Reed D L. Stockholders and Stakeholders: A New Perspective on Corporate Governance [J]. California Management Review, 1983, 25 (3).

[150] Friedman M. Freedom and Philanthropy: An Interview with Milton Friedman [J]. Business & Society Review, 1989, 71.

[151] Friedman M. The Social Responsibility of Business Is to Increase Its Profits [N]. New York Times Magazine, 1970-09-13 (122-126).

[152] Frooman J. Stakeholder Influence Strategies [J]. Academy of Management Review, 1999, 24 (2).

[153] Frooman J. Socially Irresponsible and Illegal Behavior and Shareholder Wealth [J]. Business & Society, 1997, 36.

[154] Gamberta D. "Can We Trust Trust?" —Trust, Marketing and Breaking Cooperative Relations [J]. Blackwell: Oxford, 1988.

[155] Garay L, Font X. Doing Good to Do Well? Corporate Social Responsibility Reasons, Practices and Impacts in Small and Medium Accommodation Enterprises [J]. International Journal of Hospitality Management, 2012, 31

(2).

[156] Garvin T, McGee T K, Smoyer-Tomic K E, Aubynn E A. Community-company Relations in Gold Mining in Ghana [J]. Journal of Environmental Management, 2009 (90).

[157] Gaski J F. Dangerous Territory: The Societal Marketing Revisited [J]. Business Horizon, 1985, 28.

[158] Gilberthorpe E, Banks G. Development on Whose Terms?: CSR Discourse and Social Realities in Papua New Guinea's Extractive Industries Sector [J]. Resources Policy, 2012, 37.

[159] Givel M. Motivation of Chemical Industry Social Responsibility through Responsible Care [J]. Health Policy, 2007 (81).

[160] Grant R M. The Resource-based Theory of Competitive Advantage: Implications for Strategy Formulation [J]. California Management Review, 1991 (Spring).

[161] Gray R, Kouhy R, Lavers S. Corporate Social and Environmental Reporting: A Review of the Literature and a Longitudinal Study of UK Disclosure [J]. Accounting, Auditing, and Accountability Journal, 1995, 8.

[162] Griffin J J, Mahon J F. The Corporate Social Performance and Corporate Financial Performance Debate: Twenty-Five Years of Incomparable Research [J]. Business and Society, 1997, 36 (1).

[163] Haines R, Leonard L N K. Situational Influences on Eethical Decision-making in an IT Context [J]. Information & Management, 2007, 44.

[164] Hambrick D C, Mason P A. Upper Echelons: The Organization as a Reflection of Its Top Managers [J]. Academy of Management Review, 1984, 9 (2).

[165] Hart S L. A Natural-Resource-based View of the Firm [J]. Academy of Management Review, 1995, 20 (4).

[166] He J. Pollution Haven Hypothesis and Environmental Impacts of Foreign Direct Investment: The Case of Industrial Emission of Sulfur Dioxide (SO_2) in Chinese Provinces [J]. Ecological Economics, 2006, 60 (1).

[167] Henderson H. Should Business Tackle Society's Problems? [J]. Harvard Business Review, 1968, July-Aug.

[168] Ho V H. Enlightened Shareholder Value: Corporate Governance Beyond the Shareholder-Stakeholder Divide [J]. Journal of Corporation Law, 2010,

36 (1).

[169] Hofstede G. The Cultural Relativity of Organizational Practices and Theories [J]. Journal of International Business Studies, 1983 (2).

[170] Holtbrügge D, Dögl C. How International is Corporate Environmental Responsibility? A Literature Review [J]. Journal of International Management, 2012 (18).

[171] Husted B W, Allen D B. Corporate Social Responsibility in the Multinational Enterprise: Strategic and Institutional Approaches [J]. Journal of International Business Studie, 2006, 37.

[172] Husted B W, Allen D B. Strategic Corporate Social Responsibility and Value Creation among Large Firms: Lessons from the Spanish Experience [J]. Long Range Planning, 2007 (40).

[173] Husted B, Jesus S J. Taking Friedman Seriously: Maximizing Profit and Social Performance [J]. Journal of Management Studies, 2006 (43).

[174] Ingram RW. An Investigation of Information Content of (certain) Social Responsibility Disclosure [J]. Journal of Accounting Research, 1978, 16 (2).

[175] Jamali D, Mirshak R. Corporate Social Responsibility (CSR): Theory and Practice in a Developing Country Context [J]. Journal of Business Ethics, 2007, 72.

[176] Jawahar I M, McLaughlin G L. Toward a Descriptive Stakeholder Theory: An Organizational Life Cycle Approach [J]. Academy of Management Review, 2001, 26 (3).

[177] Jennings M M. Incorporating Ethics and Professionalism into Accounting Education and Research: a Discussion of the Voids and Advocacy for Training in Seminal Works in Business Ethics [J]. Issues in Accounting Education, 2004, 19 (1).

[178] Jessop B. Regulationist and Autopoieticists' Reflections on Polanyi's Account of Market Economies and the Market Society [J]. New Political Economy, 2001, 6 (2).

[179] Jessop B. The Changing Governance of Welfare: Recent Trends in its Primary Functions, Scale and Modes of Coordination [J]. Social Policy and Administration, 1999, 33 (4).

[180] Jiyun W, Kirk Davidson D. The Business – government – society Relation-

ship: a Comparison between China and the U. S. [J]. Journal of Management Development, 2011 (1).

[181] Johnson, H H. Corporate Social Audits: This Time Around [J]. Business Horizons, 2001, 44 (3).

[182] Jones T M, Wicks A C. Convergent Stakeholder Theory [J]. Academy of Management Review, 1999, 24 (2).

[183] Jones T. Instrumental Stakeholder Theory: A Synthesis of Ethics and Economics [J]. Academy of Management Review, 1995, 20 (2).

[184] Juholin E. For Business or the Good or All? A Finnish Approach of Corporate Social Responsibility. Corporate Governance [J]. 2004, 4 (3).

[185] Jurgens M, Berthon P, Papania L, Shabbir H A. Stakeholder Theory and Practice in Europe and North America: The Key to Success Lies in a Marketing Approach [J]. Industrial Marketing Management, 2010, 39.

[186] Kang K H, Lee S, Huh C. Impacts of Positive and Negative Corporate Social Responsibility Activities on Company Performance in the Hospitality Industry [J]. International Journal of Hospitality Management, 2010, 29 (1).

[187] Kanter R M. From Spare Change to Real Change: The Social Sector as Beta Site for Business Innovation [J]. Harvard Business Review, 1999, 77 (3).

[188] Karpoff J M, Lee D S, Martin G S. The Cost to the Firm of Cooking the Books [J]. Journal of Financial and Quantitative Analysis, 2008, 43.

[189] Kikeri S, Nellis J. An Assessment of Privatization [J]. World Bank Research Observer, 2004, 19 (1).

[190] Kim Y, Li H, Li S. Corporate Social Responsibility and Stock Price Crash Risk [J]. Journal of Banking & Finance, 2014, 43 (6).

[191] Koennenn C. Attack of the Anti – Far Man [N]. Los Angeles Times, 1995 – 05 – 04: E1.

[192] Kolk A, Pinkse J. Stakeholder Mismanagement and Corporate Social Responsibility Crises [J]. European Management Journal, 2006, 24 (1).

[193] Kreie J, Cronan T P. How Men and Women View Ethics [J]. Communications of the ACM, 1998, 41 (9).

[194] Kreie J, Cronan T P. Making Ethical Decisions: How Companies Might Influence the Choices One Makes [J]. Communications of the ACM, 2000,

43 (12).

[195] Kuznetsov A, Kuznetsova O, Warren R. CSR and the Legitimacy of Business in Transition Economies: The Case of Russia [J]. Scandinavian Journal of Management, 2009, 25 (1).

[196] Lamertz K, Heugens P, Calmet L. The Configuration of Organizational Images among Firms in the Canadian Beer Brewing Industry [J]. Journal of Management Studies, 2005, 42 (4).

[197] Lane J E. Transformation and Future of Public Enterprises in Continental [J]. Western Europe. Public Finance & Management, 2003 (3).

[198] Lee S, Park S. Do Socially Responsible Activities Help Hotel and Casino Achieve Their Financial Goals? [J]. International Journal of Hospitality Management, 2009, 28 (1).

[199] Leuz C, Oberholzer – Gee F. Political Relationships, Global Financing, and Corporate Transparency: Evidence from Indonesia [J]. Journal of Financial Economics, 2006, 81 (2).

[200] Leventis S, Weetman P. Voluntary Disclosure in an Emerging Capital Market: Some Evidence from the Athens Stock Exchange [J]. International Accounting, 2004, 17.

[201] Levis J. Adoption of Corporate Social Responsibility Codes by Multinational Companies [J]. Journal of Asian Economics, 2006 (1).

[202] Levitt T. The Dangers of Social Responsibility [J]. Harvard Business Review, 1958, Sept – Oct.

[203] Li H B, Meng L S, Wang Q, Zhou L A. Political Connections, Financing and Firm Performance: Evidence from Chinese Private Firms [J]. Journal of Development Economics, 2008, 87.

[204] Lichtenstein D R, Drumwright M E, Braig B M. The Effects of Corporate Social Responsibility on Customer Donations to Corporate – supported Nonprofits [J]. Journal of Marketing, 2004, 68 (4).

[205] Logsdon J M, Yuthas K. Corporate Social Performance, Stakeholder Orientation, and Organizational Moral Development [J]. Journal of Business Ethics, 1997, 16 (12/13).

[206] Lowe V. Regulation or Expropriation [J]. Current Legal Problems, 2002, 55.

[207] Luetkenhorst W. Corporate Social Responsibility and the Development Agen-

da [J]. Intereconomics, 2004, 39 (3).

[208] Luo X M, Bhattacharya C B. Corporate Social Responsibility, Customer Satisfaction, and Market Value [J]. Journal of Marketing, 2006, 70 (4).

[209] Luo Y, Sun J, Wang S L. Comparative Strategic Management: An Emergent Field in International Management [J]. Journal of International Management, 2011, 17 (3).

[210] Bommer M, Gratto C, Gravander J, Tuttle M. A Behavioral Model of Ethical and Unethical Decision Making [J]. Journal of Business Ethics, 1987 (6).

[211] Manne H G. The "Higher Criticism" of the Modern Corporation [J]. Columbia Law Review, 1962, 62 (3).

[212] Margarete O, Elainem W. License to Ill: the Effects of Corporate Social Responsibility and CEO Moral Identity on Corporate Social Irresponsibility [J]. Personnel Psychology, 2013, 66.

[213] Marz J W, Powers T L, Queisser T. Corporate and Individual Influences on Managers' Social Orientation [J]. Journal of Business Ethics, 2003, 46.

[214] Matten D, Moon J. "Implicit" and "Explicit" CSR: A Conceptual Framework for a Comparative Understanding of Corporate Social Responsibility [J]. Academy of Management Review, 2008, 33 (2).

[215] McGuire, Sundgren, Schneeweis. Corporate Social Responsibility and Firm Financial Performance [J]. Academy of Management Review, 1988 (4).

[216] McKinnon J L, Dalimunthe L. Voluntary Disclosure of Segment Information by Australian Diversified Companies [J]. Accounting and Finance, 1993, 33 (1).

[217] McWilliams A, Siegel D. Corporate Social Responsibility and Financial Performance: Correlation or Misspecification [J]. Strategic Management Journal, 2000, 21.

[218] McWilliams A, Siegel D. Corporate Social Responsibility: A Theory of the Firm Perspective [J]. Academy of Management Review, 2001 (26).

[219] Menguc B, Ozanne L K. Challenges of the "Green Imperative": A Natural Resource – based Approach to the Environmental Orientation – Business Performance Relationship [J]. Journal of Business Research, 2005, 58 (4).

[220] Midttun A, Gautesen K, Gjolberg M. The Political Economy of CSR in

Western Europe [J]. Corporate Governance, 2006, 6 (4).

[221] Midttun A. The Weakness of Strong Governance and the Strength of Soft Regulation: Environment Government Governance in Postmodern Form [J]. Innovation, 1998, 12 (2).

[222] Mitchell R K, Agle B R, Wood D J. Toward a Theory of Stakeholder Identification and Salience: Defining the Principle of Who and What Really Counts [J]. Academy of Management Review, 1997, 22 (4).

[223] Mohr L A, Webb D J. The Effect of Corporate Social Responsibility and Price on Consumer Reponses [J]. The Journal of Consumer Affairs, 2005, 39 (1).

[224] Montabon F, Sroufe R, Narasimhan R. An Examination of Corporate Reporting, Environmental Management Practices and Firm Performance [J]. Journal of Operations Management, 2007, 25.

[225] Murillo-Luna J L, Garcés-Ayerbe C, Rivera-Torres P. Why Do Patterns of Environmental Response [J]. Strategic Management Journal, 2008, 29 (11).

[226] Nash J. Industry, Self-regulation for Environmental Improvement: Pretence or Reality? [C]. Rome: The 7th International Conference of the Greening of Industry Network, 1998.

[227] O'Dwyer B, Unerman, Bradley J. Perceptions on the Emergence and Future Development of Corporate Social Disclosure in Ireland: Engaging the Voices of Non-governmental Organizations [J]. Accounting, Auditing and Accountability Journal, 2005, 18 (1).

[228] Orlitzky M, Schmidt F L, Rynes S L. Corporate Social and Financial Performance: A Meta-analysis [J]. Organization Studies, 2003, 24 (3).

[229] Orlitzky M, Swanson D L. Value Attunement: Toward a Theory of Socially Responsible Executive Decision Making [J]. Australian Journal of Management, 2002 (27).

[230] Orlitzky M. Social Responsibility and Financial Performance: Trade-off or Virtuous Circle? [J]. Business Review, 2005 (8).

[231] Patten D M. The Relation between Environmental Performance and Environmental Disclosure: A Research Note [J]. Accounting, Organizations and Society, 2002, 27 (8).

[232] Pava M L, Krausz J. The Association between Corporate Social Responsibil-

ity and Financial Performance [J]. Journal of Business Ethics, 1996 (15).

[233] Perrini F. SMEs and CSR theory: Evidence and Implications from an Italian Perspective [J]. Journal of Business Ethics, 2006, 67 (3).

[234] Petrick J A, Scherer R F. Competing Social Responsibility Values and the Functional Roles of Managers: Implications for Career and Employment Professionals [J]. Journal of Managerial Psychology, 1993, 8 (3).

[235] Phillips F. Corporate Social Responsibility in an African Context [J]. Journal of Corporate Citizenship, 2006, 24.

[236] Porter M, Kramer M R. The Completive Advantage of Corporate Philanthropy [J]. Harvard Business Review, 2003, 80 (12).

[237] Power C. The Burden of Good Intentions [J]. Time, 2008, 23.

[238] Preston L E, O'Bannon D P. The Corporate Social – Financial Performance Relationship: A Typology and Analysis [J]. Business and Society, 1997, 36.

[239] Qian W, Burritt R. The Development of Environment Management Accounting: An Institutional View [C]. Eco – Efficiency in Industry and Science, Sponger Science & Business Media B. V: 2008.

[240] Qu R. Corporate Social Responsibility in China: Impact of Regulations, Market Orientation and Ownership Structure [J]. Chinese Management Studies, 2007 (3).

[241] Quazi A M, O'Brien D. An Empirical Test of a Cross – national Model of Corporate Social Responsibility [J]. Journal of Business Ethics, 2000, 25.

[242] Randall D M. Taking Stock: Can the Theory of Reasoned Action Explain Unethical Conduct [J]. Journal of Business Ethics, 1989 (8).

[243] Reimann F, Ehrgott M, Kaufmann, Carter C R. Local Stakeholders and Local Legitimacy: MNEs' Social Strategies in Emerging Economies [J]. Journal of International Management 2012 (18).

[244] Rezaee Z. Causes, Consequences, and Deference of Financial Statement Fraud [J]. Critical Perspectives on Accounting, 2005, 16 (3).

[245] Roberts R W. Determinants of Corporate Social Responsibility Disclosure: An Application of Stakeholder Theory [J]. Accounting Organisations and Society, 1992, 17.

[246] Rojsek I. From Red to Green: Towards the Environmental Management in

the Country in Transition [J]. Journal of Business Ethics, 2001, 22.

[247] Roman R M, Hayibor S A, Bradley R. The Relationship between Social and Financial Performance: Repainting a Portrait [J]. Business and Society, 1999, 38 (1).

[248] Rooij B V. Greening Industry without Enforcement? An Assessment of the World Bank's Pollution Regulation Model for Developing Countries [J]. Law and Policy, 2010, 32 (1).

[249] Roome N. Innovation, Global Change and New Capitalism: A Fuzzy Context for Business and the Environment [J]. Human Ecology Review, 2004, 11 (3).

[250] Rowley T J. Moving beyond Dyadic Ties: A Network Theory of Stakeholder Influences [J]. Academy of Management Review, 1997, 22 (4).

[251] Ruf B M, Krishnamurty M, Brown R M, Janney J J, Karen P. An Empirical Investigation of the Relationship between Change in Corporate Social Performance and Financial Performance: A Stakeholder Theory Perspective [J]. Journal of Business Ethics, 2001, 32 (2).

[252] Rynes S L, Barber A E. Applicant attraction strategies: An organizational perspective [J]. Academy of Management Review, 1990 (15).

[253] Savage G T, Nix T W, Whitehead C W, Blair J D. Strategies for Assessing and Managing Organizational Stakeholders [J]. Academy of Management Executive, 1991, 5 (2).

[254] Schäfer A. Contrasting Institutional and Performance Accounts of Environmental Management Systems: Three Case Studies in the UK Water & Sewerage Industry [J]. Journal of Management Studies, 2007. 44 (4).

[255] Scherer A G, Smid M. The Downward Spiral and the US Model Business Principles: Why MNEs Should Take Responsibility for Improvement of Worldwide Social and Environmental Conditions [J]. Management International Review, 2000, 40 (4).

[256] Schwartz M S, Carroll A B. Corporate Social Responsibility: A Three - Domain Approach [J]. Business Ethics Quarterly, 2003, 13 (4).

[257] Sen S, Bhattacharya C B. Does Doing Good Always Lead to Doing Better? Consumer Reactions to Corporate Social Responsibility [J]. Journal of Marketing Research, 2001 (5).

[258] Shamsie J. The Context of Dominance: An Industry - driven Framework for

Exploiting Reputation [J]. Strategic Management Journal, 2003, 24 (3).

[259] Sharma S, Pablo A L, Vredenburg H. Corporate Environmental Responsiveness Strategies: The Importance of Issue Interpretation and Organizational Context [J]. The Journal of Applied Behavioral Science, 1999: 35 (1).

[260] Shleifer A, Vishny R. Politicians and Firms [J]. Quarterly Journal of Economics, 1994, 109 (4).

[261] Siegel D, Vitaliano D. An Empirical Analysis of the Strategic Use of Corporate Social Responsibility [J]. Journal of Economics and Management Strategy, 2007, 16 (3).

[262] Simpson G W, Kohers T. The Link between Corporate Social and Financial Performance: Evidence from the Banking Industry [J]. Journal of Business Ethics, 2002, 35 (2).

[263] Skjaerseth J B, Skodvin T. Climate Change and the Oil Industry: Common Problems, Different Strategies [J]. Global Environmental Politics, 2001, 1 (4).

[264] Smith J L, Adhikari A, Tondkar R H. Exploring Differences in Social Disclosures Internationally: A Stakeholder Perspective [J] Journal of Accounting and Public Policy, 2005 (24).

[265] Spence C. Social Accounting's Emancipatory Potential: A Gramscian Critique [J]. Critical Perspectives on Accounting, 2009, 20 (2).

[266] Spencer B A, Taylor G S. A within and between Analysis of the Relationship between Corporate Social Responsibility and Financial Performance [J]. Akron Business and Economic Review, 1987 (3).

[267] Stanwick P A, Stankwick S D. The Relation between Corporate Social Performance and Organizational Size, Financial Performance and Environmental Performance: An Empirical Examination [J]. Journal of Business Ethics, 1998, 17 (2).

[268] Starik M. The Toronto conference: Reflections on Stakeholder Theory [J]. Business and Society, 1994, 33.

[269] Stecklow S, White E. What Price Virtue? At Some Retailers, "Fair Trade" Carries a Very High Cost [J]. The Wall Street Journal, 2004 (6).

[270] Stephen B, Pavein S. Building a Good Reputation [J]. European Management Journal, 2004, 22 (6).

[271] Streeck W, Schitter P C. Private Interest Government: Beyond Market and

State [M]. London: Sage, 1985.

[272] Swanson D L. Addressing a Theoretical Problem by Reorienting the Corporate Social Performance Model [J]. Academy Management Review, 1995: 20 (1).

[273] Teoh H Y, Shiu G Y. Attitudes Towards Corporate Social Responsibility and Perceived Importance of Social Responsibility Information Characteristics in a Decision Context [J]. Journal of Business Ethics, 1990, 9 (1).

[274] Teoh S H, Welch I, Wazzan C P. The Effect of Socially Activist Investment Policies on the Financial Markets: Evidence from the South African Boycott [J]. Journal of Business, 1999, 72 (1).

[275] Terlaak A. Order without Law? The Role of Certified Management Standards in Shaping Social Designed Firm Behavior [J]. Academy of Management, 2007, 32 (3).

[276] Thomas T, Schermerhorn J R, Dienhart J W. Strategic Leadership of Eethical Behavior in Business [J]. Academy of Management Executive, 2004, 18 (2).

[277] Tim R, Shawn B. A Brand New Brand of Corporate Social Performance [J]. Business and Society, 2000, 39 (4).

[278] Turban D B, Greening D W. Corporate Social Performance and Organizational Attractiveness to Prospective Employees [J]. Academy of Management Journal, 1996, 40 (3).

[279] Tuzzolino F, Armandi B R. A Need Hierarchy Framework for Assessing Corporate Social Responsibility [J]. Academy of Management Review, 1981, 6 (1).

[280] Tversky A, Kahneman D. Judgement under Uncertainty: Heuristics and Biases [J]. Science, 1974, 185.

[281] Unerman J, Bennett M. Increased Stakeholder Dialogue and the Internet: Towards Greater Corporate Accountability or Reinforcing Capitalist Hegemony? [J]. Accounting Organizations and Society, 2004, 29 (7).

[282] Verdier P. Transnational Regulatory Networks and Their Limits [J]. Yale Journal of International Law, 2009, 34.

[283] Waddock S A, Graves S B. The Corporate Social Performance—Financial Performance Link [J]. Strategic Management Journal, 1997, 18 (4).

[284] Waldman D A, Siegel D. Theoretical and Practitioner Letters: Defining the

Socially Responsible Leader [J]. The Leadership Quarterly, 2008 (19).

[285] Warhurst A. Corporate Citizenship and Corporate Social Investment: Drivers of Trisector partnerships [J]. The Journal of Corporate Citizenship, 2001 (1).

[286] Warhurst A. Future Roles of Business in Society: the Expanding Boundaries of Corporate Responsibility and a Compelling Case for Partnership [J]. Futures, 2005, 37 (2-3).

[287] Wartick S L, Cochran P L. The Evolution of the Corporate Social Performance Model [J]. Academy of Management Review, 1985, 31 (1).

[288] Watts R I, Zimmermann J L. Towards a Positive Theory of the Determination of Accounting Standards [J]. The Accounting Review, 1978, 53.

[289] Wei Q, Burritt R. The Development of Environment Management Accounting: An Institutional View [A]. Schaltegger S. Environmental Management Accounting [C]. Eco-Efficiency in Industry and Science, 2008, 24.

[290] Wilcke R W. An Appropriate Ethical Model for Business and a Critique of Milton Friedman's Thesis [J]. Independent Review, 2004, 9 (2).

[291] Williamson D, Lynch-Wood G, Ramsay J. Drivers of Environmental Behaviour in Manufacturing SMEs and the Implications for CSR [J]. Journal of Business Ethics, 2006, 67.

[292] Windsor D. Corporate Social Responsibility: Three Key Approaches [J]. Journal of Management Studies, 2006, 43 (1).

[293] Wood D J, Jones R E. Stakeholder Mismatching: A Theoretical Problem in Empirical Research on Corporate Social Performance [J]. The International Journal of Organizational Analysis, 1995, 3 (3).

[294] Wood D J. Corporate Social Performance Revisited [J]. Academy Management Review, 1991, 16 (4).

[295] Wright P, Ferris S P. Agency Conflict and Corporate Strategy: the Effect of Divestment on Corporate Value [J]. Strategic Management Journal, 1997, 18 (1).

[296] Wu M L. Corporate Social Performance, Corporate Financial Performance, and Firm Size: A Meta-analysis [J]. Journal of American Academy of Business, 2006, 8 (1).

[297] Wyld D C, Jones C A. The Importance of Context: the Ethical Work Climate Construct and Models of Ethical Decision-making—An Agenda for Re-

search [J]. Journal of Business Ethics, 1997, 16 (4).

[298] Yang X, Rivers C. The Antecedents of CSR Practices in MNCs' Subsidiaries: A Stakeholder and Institutional Perspective [J]. Journal of Business Ethics, 2009, 86 (2).

[299] Yang X, Rivers C. The Antecedents of CSR Practices in MNCs' Subsidiaries: A Stakeholder and Institutional Perspective [J]. Journal of Business Ethics, 2009, 86 (2).